高职高专“十二五”规划教材

网店经营与管理

王淑清　主编

杨秀义　吕品　副主编

化学工业出版社

·北京·

本书是一本任务驱动型网店经营与管理教材。主要讲述了网店经营应具备的素质要求、前期准备和条件、货源的选择、买卖流程的操作、网店安全、网店装修、交易技巧、店铺营销等内容。本书按照电子商务专业人才岗位能力需求编写，以具体工作项目为载体，设计、组织课程内容，形成以工作任务为中心、以技术实践知识为焦点及以技术理论知识为背景的课程内容结构，体现了对电子商务知识的优化重组。以网店经营管理应用为导向，对课程内容进行了设计，使独立、离散的知识点得到有机串接，实现了学科课程向工作（任务）体系课程的跨越。

图书在版编目(CIP)数据

网店经营与管理 / 王淑清主编. —北京：化学工业出版社，2011.7（2019.9 重印）
高职高专“十二五”规划教材
ISBN 978-7-122-11542-3

Ⅰ. 网… Ⅱ. 王… Ⅲ. 网上销售-商业经营-高等职业教育-教材 Ⅳ. F713.36

中国版本图书馆 CIP 数据核字（2011）第 113942 号

责任编辑：李彦玲　　装帧设计：王晓宇
责任校对：陈　静

出版发行：化学工业出版社（北京市东城区青年湖南街 13 号　邮政编码 100011）
印　　装：大厂聚鑫印刷有限责任公司
787mm×1092mm　1/16　印张 17¼　字数 442 千字　　2019 年 9 月北京第 1 版第 9 次印刷

购书咨询：010-64518888　　售后服务：010-64518899
网　　址：http: // www. cip. com. cn
凡购买本书，如有缺损质量问题，本社销售中心负责调换。

定　　价：**33.00 元**

前　言

根据教育部2006年第16号《关于全面提高高等职业教育教学质量的若干意见》等文件精神，高职高专院校要积极构建与生产劳动和社会实践相结合的学习模式，把工学结合作为高等职业教育人才培养模式改革的重要切入点，带动专业调整与建设，引导课程设置、教学内容和教学方法改革。

本书是一本任务驱动型网店经营与管理教材，通过对职业教育教学规律的深入研究，立足实际，以任务导入、任务提出、工作过程、相关知识点、任务训练、素质拓展、小知识、小案例作为主线进行教材内容编排。本书具有以下特色。

1．强调课程内容与岗位技能零距离对接，突破实践技能的培养，充分利用互联网培养学生网店经营管理的能力，避免电子商务模拟软件的购买及使用带来的弊端，提高实训环节的可操作性和真实性。任课教师可以在能够与网络连接的场地授课，充分利用网上资源进行教学。

2．突出“以能力为本位，以就业为导向”的特色。根据网店经营管理相关岗位技能要求调整教材内容，重点介绍网店经营与管理的方法，对目前主流的淘宝网上开店以及店铺经营管理的方法进行了详细的介绍，通过应用案例、小知识、素质拓展等内容拓展了学生的视野，方便教师教学与读者自学成才。

3．突出“实用、够用、实战”特色。本书没有大量的理论知识，更多的是操作方法和网店经营管理的技巧，按照工作过程进行的编写。本书严格按照电子商务专业人才岗位能力需求编写，以具体工作项目为载体，设计、组织课程内容，形成以工作任务为中心、以技术实践知识为焦点及以技术理论知识为背景的课程内容结构，体现了对电子商务知识的优化重组。以网店经营管理应用为导向，对课程内容进行了设计，使独立、离散的知识点得到有机串接，实现了学科课程向工作（任务）体系课程的跨越。

4．任务驱动统领教学过程。本书以任务驱动统领教学过程实施，提高了学生学习的自主性、积极性，可以使学生由被动听课变为主动探索行为（完成某项工作），从而进一步促使学生通过课程学习切实获取所需的职业能力。

5．教材体例设计新颖。本书一方面吸纳了国外教材的优点；另一方面考虑到我国高职高专学生的文化背景和基础教育养成的吸纳知识的习惯，兼容并蓄，形成了本教材的功能体系。

本教材是多位老师合作的成果，许多内容是作者在多年教学、科研实践中思考的结晶。河北能源职业技术学院的王淑清编写情景四、情景六和情景七，开滦集团人力资源部的杨秀义编写情景一和情景二，南昌工学院（原江西赣江职业技术学院）吕品和曹静雅共同编写情景三、情景十二和情景十三，廖运文编写情景八和情景九，安徽六安职业技术学院高于十编写情景五、情景十和情景十一。王淑清设计编写方案并担任主编，对全书进行了总撰。杨秀义、吕品担任副主编，并为本书的编写提供了大量的帮助，在此一并表示感谢。

本书有配套的电子教案，请到化学工业出版社教学资源网(www.cipedu.com.cn)下载或联系 a64518888@sina.com 索取。

在编写过程中，我们参阅了国内外一些专家学者的研究成果及相关文献，还得到化学工业出版社的大力支持，在此一并表示衷心的感谢！由于作者的水平和时间有限，本书难免有不足之处，敬请用书老师和广大读者指正！

王淑清
2011 年 6 月

目　录

情景一　分析网店经营者应具备的素质 ······ 1

任务 1　网店经营者的素质要求 ······ 2

任务 2　网店岗位设置及岗位要求 ······ 5

任务 3　分析自己的能力素质，找到适合的工作岗位 ······ 7

情景二　撰写网上商店经营情况调研报告 ······ 13

任务 1　利用搜索引擎查找资料 ······ 13

任务 2　整理资料，分析资料 ······ 20

任务 3　撰写调研报告 ······ 27

情景三　分析网店经营者如何制订管理方案 ······ 34

任务 1　如何选择网店经营平台 ······ 35

任务 2　分析自己店铺的盈利模式 ······ 38

任务 3　网店的定位 ······ 41

情景四　建立自己的店铺 ······ 47

任务 1　开店前的物质准备 ······ 48

任务 2　认识不同网络平台网店交易规则 ······ 50

任务 3　网上开店 ······ 55

情景五　开设店铺时货源的选择 ······ 68

任务 1　虚拟商品与实体商品的选择 ······ 69

任务 2　利用网络平台寻找供应商 ······ 71

情景六　学习买卖流程操作 ······ 76

任务 1　淘宝网上购物操作 ······ 77

任务 2　淘宝网上订单处理操作 ······ 90

任务 3　在拍拍网、易趣网等平台网上开店的操作步骤 ······ 96

情景七　网络安全和识别骗子的技巧 ······ 99

任务 1　网络信誉等级机制 ······ 100

任务 2　账号防盗，交易防骗 ······ 107

任务 3　分析网络骗局 ······ 123

情景八　如何让自己的店铺别具一格 ······ 135

任务 1　宝贝拍摄技巧 ······ 136

任务 2　宝贝图片处理与美化 ······ 139

任务 3　店铺装修与功能使用 ······ 147

情景九　掌握网店经营中商家工具的使用 ······ 158

任务 1　阿里旺旺下载安装及使用方法 ······ 159

任务 2　淘宝助理软件的应用方法 ······ 163

任务 3　拍拍助理软件的应用方法 ······ 169

任务 4　淘宝分销平台的应用技巧 ······ 171

情景十　网店交易技巧 ······ 174

任务 1　客服心态分析 ······ 175

任务 2　客服能力、服务技巧 ······ 180

任务 3　谈判与沟通技巧 ······ 192

情景十一　如何宣传自己的店铺 ······ 197

任务 1　店铺宣传与推广体系 ······ 198

任务 2　运用淘宝网免费活动资源宣传店铺 ······ 200

任务 3　运用店内常规宣传方式宣传店铺 ······ 209

任务 4　运用店内促销工具宣传店铺 ······ 215

任务 5　运用淘宝网付费营销方式宣传 ······ 223

任务 6　店铺宣传技巧 ······ 229

情景十二　分析电子商务物流服务对网店运营的影响 ······ 233

任务 1　如何选择物流商 ······ 234

任务 2　如何进行物流包装 ······ 242

任务 3　如何利用物流加强网店品牌建设 ······ 247

情景十三　学习网店数据的搜集、统计与分析 ······ 250

任务 1　如何在淘宝上添加量子恒道工具 ······ 251

任务 2　如何解读量子恒道数据 ······ 255

参考文献 ······ 270

情景一　分析网店经营者应具备的素质

知识目标

了解网店经营者应具备的素质要求，熟悉网店岗位的设置及岗位要求，利用 SWOT 分析方法分析自己的能力，找到适合的工作岗位。

技能目标

会利用互联网查找资料，分析不同的网店经营者的素质和能力。分析自己进行网店经营的优势，充分发挥优势并采取有效的方式来弥补不足。

素质目标

通过查阅成功网店经营者具备的素质，分析自己从事网店经营管理的优势与不足，充分发挥优势弥补不足，树立信心，做一个成功的网店经营管理者。

任务导入

厦门网店运营经理招聘

工作地区：厦门市　　职位性质：全职　　人数：5 人

职位月薪：面议　　学历要求：大专　　工作经验：两年以上

语言要求：英语　　综合能力：一般　　英语口语能力：一般

汉语综合能力：熟练

年龄要求：25～35 岁　　性别要求：不限　　身高要求：不限

公司基本信息

性质：民营/私营企业/非上市公司

规模：50～150 人

公司网站：http://www.×××.com

公司所在地：厦门

岗位职责

1. 负责制订网店的战略运营规划及各个时期的营销推广计划，完成公司下达的业绩目标。

2. 对网站经营及营销推广进行页面浏览访问、销售情况、老客户回访等各方面数据分析，检测经营策略及营销推广效果，根据数据反馈及时调整策略。

3. 制作部门广告、活动及备用款预算，保证网店正常经营。

4. 协调与生产物流沟通，做好生产计划，使物料充足，良好的生产计划满足销售需求，控制合理的库存成本，保证物流顺畅和良好的客户体验。

5. 做好与商品部门沟通，实现新品上架和节日集体营销活动的对接，保证营销计划的图片、文字等各种素材准时到位（特别是大型活动方案的制作）。

6. 与品牌战略部一起协调与各平台的合作关系，保证充足的资源需求，稳步推进销量增长。

7. 管理团队，团队运营及销售能力培训，营销推广的指导，组织框架完善，销售和运营团队引进和培养打造，保证所有工作顺利高效执行。

任职要求

1. 具有两年以上电子产品行业销售经验及网店管理经验。
2. 诚实踏实、进取心强，有较强沟通协调能力及网络营销能力。
3. 对淘宝网、Ebay 等网络营销工作有较深的认识，有完整网店零售销售系统策划思路和能力。
4. 熟悉淘宝的各种操作规则，通过淘宝的相关软件进行网店的日常管理。
5. 能独立完成网店营销工作，能够具有较强的管理能力和统筹策划能力。

任务提示

类似招聘信息网上随处可见，通过这些招聘信息可以看出电子商务企业对网店经营者的素质要求和能力要求。随着电子商务的发展，网上开店的人也越来越多，网店管理就成了新的问题。并不是所有的人都能经营管理好网上商店，那到底什么样的人才能经营管理好网上商店呢？换句话说，网店经营管理者应该具备哪些素质呢？请利用搜索引擎在互联网络中进行搜索，然后，对收集到的信息加以整理，归纳出网店经营管理者应该具备的素质。然后再充分分析自己的优缺点，根据优点去选择适合的职业岗位。请以积极的态度、饱满的热情去完成各分项任务。

任务提出

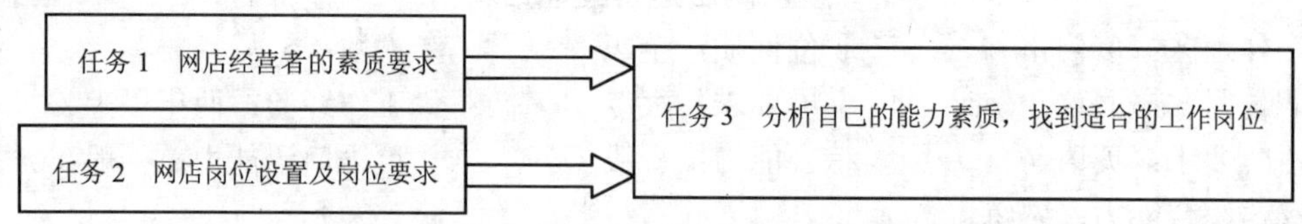

任务 1　网店经营者的素质要求

利用搜索引擎查找关于网店经营者的素质资料，然后，对相关资料加以整理，并注明出处，注意信息的客观性和真实性。

工作过程

搜索引擎的选择→关键词的选择→信息的收集整理→总结网店经营者的素质

相关知识点

一个好的经营者需要有良好的个人经营素质和良好的心理素质，只有两个都具备才能经营好一个店铺。

一、良好的经营素质

（1）具有良好的市场判断能力，根据不同的市场，选择经营不同的商品，使所经营的商品始终适销对路。（2）具有良好的价格分析能力，主要表现在两个方面：一方面在保证质量的前提下能进到价格更低的商品；另一方面在保证利润和竞争优势的前提下能将商品标出一个适宜的出售价格。（3）具有良好的网络推广能力，可以通过各种方式让更多的浏览者进入自己的网店，而不坐等顾客上门。（4）具有敏锐的市场观察力，可以随时把握市场的变化，据此调整自己经营的商品种类与经营方式。（5）具有热情的服务意识，可以通过良好的售后服务建立起自己的忠实客户群体。源源不断地吸引客源，增强忠实客户群体的队伍。

二、良好的心理素质

网上开店，除了具备必要的经营技巧外，心理素质也是很重要的，作为一个成功的网店掌柜，必须要有过硬的心理素质。

（一）有很强的责任心

责任，是一个人对他人、对社会应尽的义务，责任感、责任心是个人对待自己所承担责任的认识和态度。网店就像是婴儿，有责任让它健康地成长，不生病，成为社会的栋梁之才。网店经营者不仅要为网店负责，为员工负责，还要为所有接受这个网店商品的顾客负责，担子是很重的。

难忘的“4.28”

2008 年 4 月 28 日凌晨 4 时 41 分，T195 和 5034 两列客车在胶济铁路山东周村至王庄间相撞造成特大交通安全事故。事故中死亡人数达到 72 人，受伤人数达到 416 人。经初步调查认定，列车相撞是一起人为责任事故。

此次特大责任事故的发生，是文件及调度令传递混乱、漏发调度命令、安全生产责任不到位等错误的积累所导致的。如果其中的任何一个人具有高度的责任心，那么这起震惊世界的灾难就不会发生。

探讨“4.28”特大交通事故，谈谈从中得到的启示。

（二）有激情

这种激情从表面上来看是吃饭睡觉都想着它，但在更深的层面上是作为网店经营者遇到很多困难、坎坷的时候，仍能全身心地投入。如果是职业经理人，那就只是当它是个身外之事，这就像许多华尔街的人拿着别人的钱做投资一样，对他们而言，钱只是个数字而已，但自己开网店不一样，网店经营者是需要倾注感情的。

（三）坚持的精神

在通往成功的道路上，会遇到很多困难和挫折，最重要的是要对自己和自己的团队有信心，坚持走下去，笑到最后的人笑得最甜。人不可避免地会犯错误，关键在于要从中吸取教训，不能因害怕犯错而缩手缩脚。社会上骗子很多，互联网上骗子更多，所以，必须要有被骗的心理准备。时刻警惕骗子的光临，能做的就是擦亮自己的眼睛，时刻准备把骗子打回原形。刚开店时骗子更多，有可能第一个顾客就是一个骗子，千万不要因此打击信心，如果遇到这样一个小小的打击就趴下了，那在网络上经营管理自己的店铺是不可能成功的。

（四）跟上时代

网店经营者必须有敏锐的商业嗅觉，随时关注周围的动态，注意观察世界的变化，跟上时代的节奏。在信息时代，信息就是一切，尽可能多地获取信息、丰富自我是获得灵感的最好途径。

（五）有诚信的经营理念

虽然创业者都很想马上赚钱，但有一点不能失去——诚信。诚信是一辈子的事情，不要因为一些蝇头小利而丧失了最基本的做人原则，那样失去的反而要比得到的更多。

（六）执行力

创业者光靠概念和想法是不够的，一定要把它落实到实处，一件件地执行下去，即使这个想法是错的也要去试试，不然这一大堆想法永远只是概念。

（七）有一个良好的心态来面对挑战

虽然我们对事业倾注了全身心，希望也努力使它成功，但也必须接受一个事实，那就是在网店经营过程中一定是有大量坎坷的，可能成功，也可能失败。网店经营管理的成功是“天时、地利、人和”的综合体，缺一不可，并非创意好就足够了，所以，即使不成功也不要懊恼。要珍惜整个网店经营管理的过程，在网店经营管理过程中尽力去克服种种困难，是个让人非常受益的过程，对将来整个一生都是笔很好的财富。

态度决定一切

某公司的裁员名单公布了，其中有内勤部的小灿和小燕，规定一周后离岗。

第二天上班，小灿心里憋气，情绪仍然很激动，逢人就发牢骚，该干的活全扔在一边，别人只好替她干。

小燕也哭了一个晚上，可是难过归难过，离走还有一周呢，新人还没到岗，工作总得有人干。于是她默默地继续着自己的工作。同事们知道她要下岗，不好意思再找她，她就主动揽活。她说：“新人还没到，我的活还得干，你们有事尽管说，别不好意思。”于是，同事们又像从前一样，小燕总是随叫随到，坚守着她的岗位，坚守着她的职责。

在这个星期里，小燕把她经手的工作都认真地做了一个总结；在最后三天，她把借公司的东西一一送还，把她借出的东西一一列表送给主管；在最后一天，把自己手头上还未做完的工作列了一个清单，详细地说明了进展和遇到的问题；在最后一个小时，她把自己的工作室和工作台收拾得干干净净、利利索索；在最后的一分钟，她向主管和同事微笑着道别，向他们表示感谢。

在她挥手准备离开时，老板微笑着走了进来，宣布了一个出人意料的消息：“小燕留下来！尽管她的工作谁都能做，但她高度的敬业精神和强烈的责任意识并不是谁都具备的，像小燕这样的员工公司永远也不会嫌多！”

☞小燕的哪些品质让她保住了自己的工作？从小燕身上你得到了什么启迪？

很多时候，买家是来购买服务的，服务态度直接决定成交量。设身处地地想，自己做买家的时候，也是选择服务态度好的，那些不耐烦的店主一概飘过。为什么？同样的商品淘宝上有成千上万家，为什么要在这里受气？将心比心，为买家服务是最天经地义的事。永远比别人谦逊一分，是开店的基本要素。

任务训练

利用互联网络查找不同类型网店经营者的素质有什么不同，举例说明网店经营者共同的特征。

素质拓展

成功的网店经营者，必须具备的四项能力

身为一个网店卖家，不但要有勇还要有谋，这样才能成就大业。以下几个条件你都做好准备了吗？

（一）懂得换位思考，网店问题好解决

其实淘宝上的卖家们大部分也都是买家，卖家往往在抱怨买家不理解自己的同时，忘记了自己作为买家的时候对产品或者对卖家的期待。之前有位卖家发帖喊冤，说是快递私下自己转了物流，造成买家冒着大雨打车去取货，买家最后给了中评，说是付了几十块钱的快递费用还需要自己冒雨打车去取，太不像话了。当时帖子里大家回复意见不一，部分卖家认为该买家也是卖家，应该体谅卖家不容易，可也有部分卖家认为，事态发展到最后，买家给出差评都不为过，因为就交易的过程及结果来说，买家经济精神上都有不同程度的损失，换位思考一下，谁买东西能接受这样的结果呢？物流有异常时，卖家要积极作出响应，通知买家，与快递公司沟通，双方面协调，就不会出现这样的中评了。

（二）善于沟通，是作为一个成功者必备的素质

提前准备并非指做好被中评然后申诉的准备，而是提前开始做售后服务，将这个中差评

的苗头扼杀在摇篮里。这里所谈的售后，不是指买家接到商品收货后的过程，而是指卖家发货之后的过程。那么期间就牵涉到一个物流问题，这里很多卖家都有抱怨过物流快递怎么怎么，沟通真的很重要，不同的人用不同的沟通手法，不要因为在途中的出现失误让买家失去对自己物品的购买欲望，买家也是人，除了少部分利用漏洞牟利的黑心人，大部分买家都是通情达理的。所以只要用心多多沟通，还是能找到解决之道的。

（三）中差评不可怕，巧用中差评

这里所讲的是关于售后的解释部分，随着店铺的发展壮大，遇到不同的买家，能维持100%好评到永久的必然是少数，这中间有一些说不清道不明的因素。遇到实在是无法协调的问题，除去沟通和申诉，卖家还有一条渠道来申冤，那就是差评下面的解释。这点可能很多卖家都没有注意到。回复信息不要用词尖锐，不要把对方的电话、地址、姓名等私人信息公布出来，有理有据地解释，用词不卑不亢，这样就算是多几个差评也会让人产生好感。所以说，中差评解释有的时候还能起到正面的影响。当然，遇到差评不解释的等同于默认，这是必然的想法了。

（四）网店经营的省钱秘诀，选用好的图片存储空间

相信大多数的店家都会认识到，随着网店的不断扩大，网店空间也就越来越小，能存储的图片越来越少，选用一个好的图片存储空间就成了一件必要的事情。不过在挑选图片存储空间这方面，很多店家往往都以为随便选用一个就行了，其实这样不但让网店没有保障，还花费了不少的金钱。挑选好的图片存储空间能省去这些麻烦，推荐挺棒网上提供的图片存储空间，比较好用也放心。

能够真真正正地做到以上四点，离网店成功的日子就不远了！

摘自：http://blog.china.alibaba.com/blog/tingbang08/article/b0-i22489128.html

任务2　网店岗位设置及岗位要求

分析网店的岗位设置及岗位要求，为自己的店铺编写岗位招聘启示，同时也能找到自己从事网店经营更适合的岗位方向。

工作过程

网店岗位设置情况→岗位能力要求→编写网店岗位招聘启示

相关知识点

淘宝网店运营岗位设置及岗位职责、岗位要求。

一、淘宝网店运营总监

岗位职责：（1）负责公司淘宝店的全面运营、管理、推广，提高店铺点击率和浏览量，领导团队完成店铺销售目标；（2）负责在公司现有商品中选定推广商品，制订商品推广方案，制订营销方案及执行，通过策划各类活动，结合各种互联网资源有效地提升淘宝商城旗舰店及旺铺在淘宝网的知名度，聚集流量和人气，形成销售；（3）负责直通车关键字的设定、文字编辑、文案，并配合美工方面做好页面规划。

职位要求：（1）熟悉淘宝的运营环境、交易规则、淘宝的推广ROI，有淘宝等购物网站五钻以上推广实战工作经验，有成功的推广成功案例；（2）熟悉网店运营和淘宝网的各种营销工具，精通网络推广，熟练掌握淘宝直通车、淘宝客等推广技巧，熟悉淘宝各类社区的状况以及可利用的资源；（3）具有良好的文案撰写能力，善于运用感性文字打动买家，熟练掌

握软文、交换链接、邮件推广、SNS 推广、论坛推广以及其他推广方式；（4）有丰富的淘宝网网站运营团队建设及全局管理经验，全面负责整个团队的业绩考核工作；（5）有独立和独到的营销思维，善于把握重点，制订推广计划和营销突破点。

二、淘宝网店页面设计师

岗位职责：（1）淘宝店面以及网站整体形象设计更新；（2）商品描述页面美化；（3）图片编辑处理；（4）促销活动及其他相关平面设计支持，与销售策划人员做好沟通，有创造性地体现栏目策划意图；（5）网店整体维护更新。

职位要求：（1）从事过网页设计、网站美工两年以上，具有良好的美工灵感与功底；（2）熟练掌握 Photoshop、CorelDraw、Illustrator 等各类设计软件和 Dreamweaver、Flash 等各类网页设计软件；（3）对图片具有较高的鉴赏和编辑能力；（4）能根据主管要求，体现网页或杂志的风格；（5）工作态度积极，处理事情责任心强，有较强的独立工作能力和团队合作精神；（6）有极佳的设计感觉；（7）了解网页或杂志的主旋律；（8）了解印刷和后期制作流程。

三、淘宝商城网店客服

岗位职责：（1）通过在线聊天软件淘宝旺旺、QQ 等通讯工具为网络买家介绍商品、解答疑问，促成交易；（2）中文打字速度 65 字/分钟以上，具有良好的语言沟通能力，脾气好，有耐心，思维敏捷能同时应对多个客户的购买需求；（3）商品上下架及其他网店商品信息修改维护；（4）认真学习网购平台各项规则，不断提高销售技巧，提高接待成交率；（5）售后问题的处理，为客户提供超越期望值的服务；（6）积极完成团队当月各项任务目标，积极反馈客户需求信息；（7）其他与销售相关的工作。

职位要求：（1）对电子商务有浓厚兴趣，熟悉淘宝网等电子商务平台基本操作流程，有志于在此领域长期发展；（2）身心健康，为人诚实正直，思维敏捷，工作耐心细致，待人热情，有良好的服务意识；（3）具有较好的网络及电话沟通能力和技巧，具有较好的学习能力，能独立思考和解决问题；（4）有团队合作精神，能吃苦耐劳，能承受较大工作压力，能适应较长的工作时间，且能够长期稳定工作至少一年以上；（5）熟练使用日常办公软件，普通话流利；（6）要有很强的自律性和主人翁精神，能把网店当成自己的店来做，这点最关键，因为客服的收入来源于店主店铺的营业总收入。

因为网店经营模式到目前为止并没有完全成型，所以，对于电子商务岗位设置还没有一个统一的标准，在此仅站在 C2C 网店经营管理的角度进行分析，还请读者继续拓展知识。

任务训练

1. 通过互联网查找淘宝网招聘信息，了解岗位设置以及岗位职责要求。
2. 了解拍拍网上网店招聘信息及其岗位职责。
3. 了解易趣网上人才招聘信息，了解网店岗位设置情况及技术能力要求。

素质拓展

电子商务运营总监——三际网上商城

岗位职责：全面负责公司独立网店三际商城及淘宝商城、拍拍、乐酷天的运营及管理。

工作细则：

1. 负责公司淘宝店铺推广、提高店铺点击率和浏览量，辅助客服部完成店铺销售目标；
2. 熟练运作淘宝网店、门户网站后台建设及操作各类网络营销方法；

3. 熟练运作网站排名、流量原理，了解搜索引擎SEO优化，负责公司网站的策划与搜索引擎匹配，网站检测等相关技术性推广，善于利用多种技术形式迅速提升网站人气，熟练掌握软文、交换链接、邮件推广、SNS推广、论坛推广及其他特殊的推广方式；

4. 定期针对推广效果进行跟踪、评估，并提交推广效果的统计分析报表，及时提出营销改进措施，给出切实可行的改进方案；

5. 管理自己的团队。

（注：本岗位需要一定的能力及工作经验，非诚勿扰。）

应聘要求：

1. 大专以上学历，男女不限，3年以上电子商务类网站的运营工作经验，26周岁以上；

2. 有事业心，希望在创业公司工作，疯狂热爱电子商务；

3. 熟悉电子商务的运作流程，管理淘宝网、拍拍、乐酷天、独立站以及其他网络的分销渠道，努力完成既定的销售目标；

4. 针对销售任务制订相应销售目标、销售策略和实施计划，调动各部门以配合运营方案的实施和销售目标的达到；

5. 拥有电子商务网站平台的销售管理经验、懂得把控销售流程中的关键点，带领并激励销售团队努力完成既定目标；

6. 管理企业品牌覆盖的各类网站的日常销售、促销互动、供应链流程的高效执行；

7. 熟悉并擅长对网站导购、网上销售、客户意见处理、客户资料管理、通过电脑和电话与客户进行沟通、文字上传等工作的培训，有电子商务类网站，如独立购物型网站、淘宝网、拍拍等电子商务销售及推广经验；

8. 有较强的目标客户分析能力和产品规划能力；

9. 对电子商务的运作模式有较为深刻的理解同，理解国内电子商务的发展进程，熟悉国内外常见的电子商务操作模型。

摘自：http://www.bingojob.cn/post/e0b95e8d-5398-417a-8114-efc7f2855de1.html

任务3 分析自己的能力素质，找到适合的工作岗位

工作过程

自我能力分析→根据网店岗位能力要求选择最适合自己的工作岗位→编写自我能力分析报告

相关知识点

“认识你自己!”据说这是镌刻在古希腊宗教中心戴尔菲阿波罗神庙墙上的一句箴言，又据说古希腊哲学家苏格拉底曾对这句话进行过论证和解说，更据说，这句箴言是古希腊哲学里面一个重要的命题，深深地影响了人类两千多年来的思辨和认识。

一、SWOT分析

找到适合自己的工作类型之后，还需要进一步分析自己的优势和劣势以及所面临的机遇和威胁，以提高自己在激烈的竞争环境中求职的成功率。下面将介绍一种常用的竞争分析方法——SWOT分析法。

SWOT分析法又称为态势分析法，它是由旧金山大学的管理学教授于20世纪80年代初提出来的。所谓SWOT分析，就是将与研究对象密切相关的各种主要内部优势、劣势、机会

和威胁等，通过调查列举出来，并依照矩阵形式排列，然后用系统分析的思想，把各种因素相互匹配起来加以分析，从中得出一系列相应的结论，而结论通常带有一定的决策性。

运用SWOT分析法进行选择分析，就是将密切相关的各种主要内部优势因素（Strengths）、劣势因素（Weaknesses）、机遇因素（Opportunities）和挑战因素（Threats），通过调查和挖掘罗列出来，并对这些因素进行综合分析，找到利用或弥补的方法，如图1-1所示。

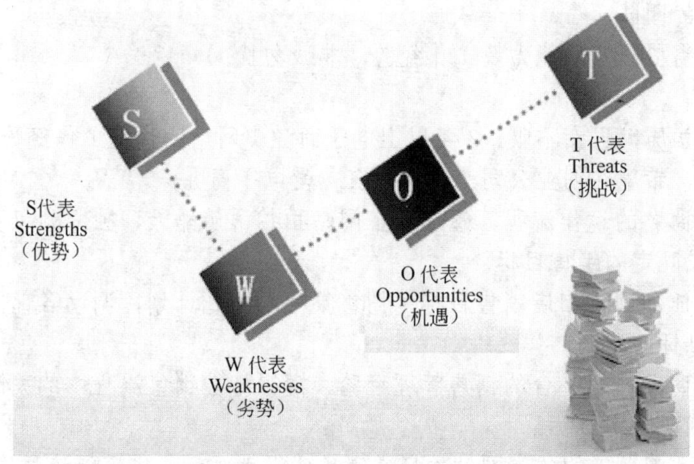

图1-1 SWOT分析法示意

使用SWOT模型对自己作进一步分析后将得到一个关于自我的系统认识，从而对自己准确的定位和进行正确的选择奠定坚实的基础。进行SWOT分析，主要有以下几个方面的内容。

（一）分析环境

就是要分析目前的各种环境因素，包括外部环境因素和内部能力因素。

（二）构造SWOT矩阵

将调查得出的各种因素根据轻重缓急或影响程度等排序方式，构造SWOT分析矩阵，见表1-1。

表1-1 SWOT分析矩阵

内部	优势 S （1）擅长什么？ （2）有什么新技能？ （3）能做什么别人做不到的？ （4）和别人有什么不同？ （5）最近因何成功？ （6）什么领域适合自己？	劣势 W （1）什么做不来？ （2）缺乏什么技能？ （3）别人有什么比自己好？ （4）不能够满足哪种学习领域？ （5）最近因何失败？
外部	机遇 O （1）这个领域有什么适合自己的机会？ （2）可以学到什么技术？ （3）可以提供什么新的技能？ （4）可以吸引什么新的顾客？ （5）怎样可以与众不同？ （6）在5～10年内的发展？	挑战 T （1）最近有什么改变？ （2）竞争者最近在做什么？ （3）是否赶不上学习领域需求的改变？ （4）环境改变的时候有伤害学习？ （5）是否有什么会威胁学习情形？

小案例

某学生个人 SWOT 分析案例

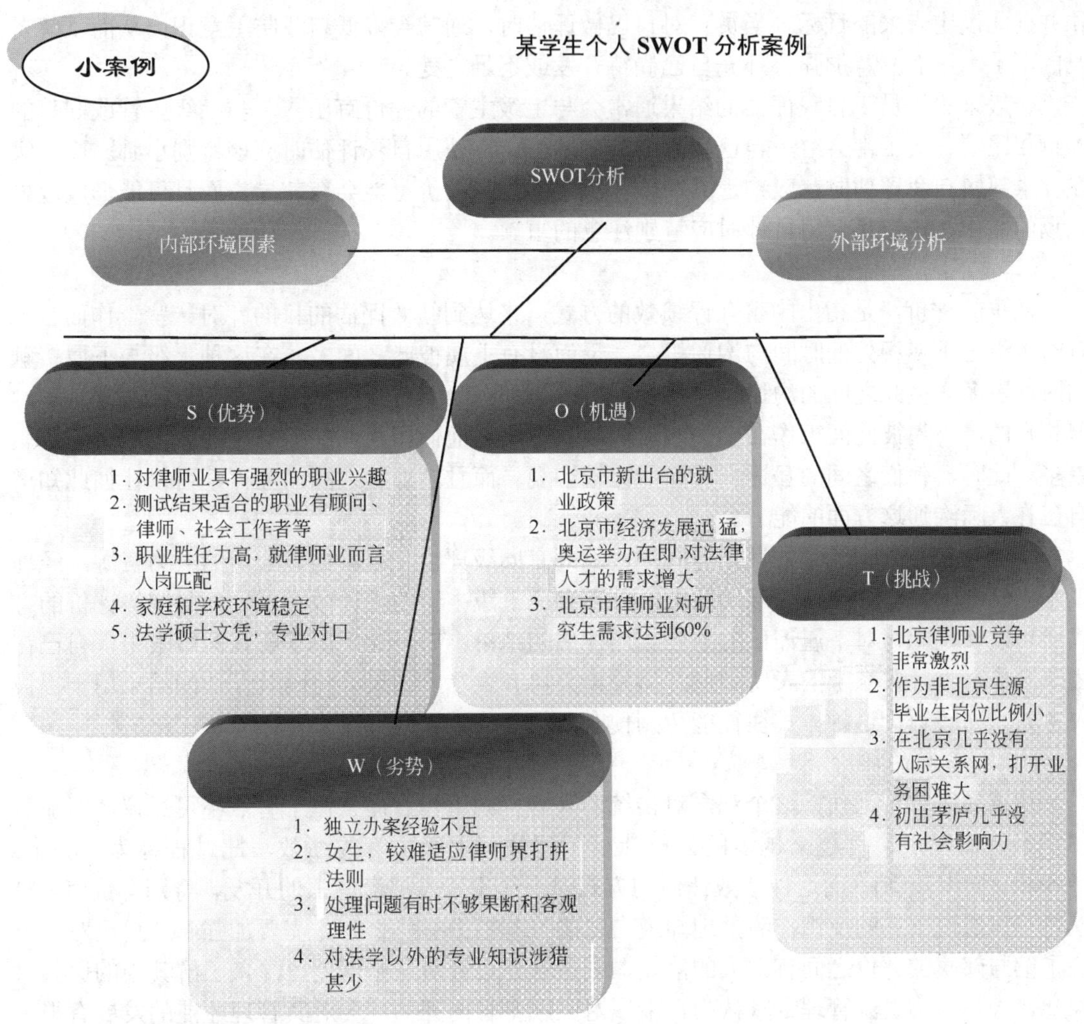

二、360 度绩效评估法

360 度绩效评估法是 20 世纪 80 年代由美国 Edwards & Ewen 等学者在一些企业组织中不断研究发展而成，由于“360 度”体现了组织（员工满意度）调查（Organization Survey）、“全员质量管理”（Total Quality Management）、“发展回馈”（Development Feedback）、“绩效评估”（Performance Appraisal），以及“多元评估系统”（Multisource Assessment System）等多个组织绩效原则，不但符合“公开、公平、公正”的管理精神，更符合时代的潮流与趋势，此一名词在 1993 年经美国著名的《华尔街时报》（Wall Street Journal）与《财富》杂志（Fortune）引用之后，在短时间之内，即在美国与全球蔚为一股组织绩效管理风潮。

360 度绩效评估，又称“360 度绩效反馈”或“全方位评估”，最早由被誉为“美国力量象征”的典范企业英特尔首先提出并加以实施的。

360 度绩效评估是指由员工自己、上司、直接部属、同仁同事甚至顾客等全方位的各个角度来了解个人的绩效：沟通技巧、人际关系、领导能力、行政能力……通过这种理想的绩效评估，被评估者不仅可以从自己、上司、部属、同事甚至顾客处获得多种角度的反馈，也可从这些不同的反馈清楚地知道自己的不足、长处与发展需求，使以后的职业发展更为顺畅。

（一）自我评价

自我评价是指：让经理人针对自己在工作期间的绩效表现，或根据绩效表现评估其能力和并据此设定未来的目标。当员工对自己做评估时，通常会降低自我防卫意识，从而了解自己的不足，进而愿意加强、补充自己尚待开发或不足之处。

一般来说，员工自我评估的结果通常会与上级主管的评价有出入。与上级主管或同事的评价相比较，员工常会给予自己较高的分数。因此，使用自我评估时应该特别小心。而上级在要求部属自我评估时，应知道其评估和员工的自我评价可能会有差异，而且可能形成双方立场的僵化，这也是使用自评时应特别注意的事项。

（二）同事的评价

同事的评价，是指由同事互评绩效的方式，来达到绩效评估的目的。对一些工作而言，有时上级与下属相处的时间与沟通机会，反而没有下属彼此之间多。在这种上级与下属接触的时间不多，彼此之间的沟通也非常少的情况下，上级要对部属做绩效评估也就非常困难。但相反的，下属彼此间工作在一起的时间很长，所以他们相互间的了解反而会比上级与部属更多。此时，他们之间的互评，反而能比较客观。而且，部属之间的互评，可以让彼此知道自己在人际沟通这方面的能力。

例如北京某外企的绩效评估方式中，就列有同级评价一项。据该公司的人力资源部经理表示，这种考评方式在评估准确度上，并不会比上级主管的考评效果差。而且同级评价的方式还可以补足上司对下属评估的缺陷。而评估的结果，亦可让下属了解在同事眼中，自己在团队合作、人际关系上的表现如何。另外该公司亦表示，如果要将绩效评估的结果用于提拔人才时，同级评价这种方式往往能达到使众人信服的效果。

（三）下属的评价

由部属来评价上司，这个观念对传统的人力资源工作者而言似乎有点不可思议。但随着知识经济的发展，有越来越多的公司让员工评估其上级主管的绩效，此过程称为 upward feedback(向上反馈)。而这种绩效评估的方式对上级主管发展潜能上的开发，特别有价值。管理者可以通过下属的反馈，清楚地知道自己的管理能力有什么地方需要加强？若自己对自己的了解与部属的评价之间有太大的落差，则主管亦可针对这个落差，深入了解其中的原因。因此，一些人力资源管理专家认为，下属对上级主管的评估，会对其管理才能的发展有很大的裨益。

（四）客户的评价

客户的评价对从事服务业、销售业的人员特别重要。因为唯有客户最清楚员工在客户服务关系、行销技巧等方面的表现与态度如何。所以，在类似的相关行业中，在绩效评估的制度上不妨将客户的评价列入评估系统之中。

事实上，目前国内一些服务业（例如金融业、餐饮业等）就常常使用这种绩效评估方式(如评选最佳服务人员)。因为服务人员的服务品质、服务态度唯有顾客最清楚。国内很多知名公司的客户服务部门，就会定期以抽样的方式，请顾客评估该公司客户服务人员的服务成绩。

（五）主管的评价

主管的评价是绩效评估中最常见的方式，即绩效评估的工作是由主管来执行。因此身为主管必须熟悉评估方法，并善用绩效评估的结果作为指导部属、发展部属潜能的重要武器。

（六）多主管、矩阵式的评价

随着企业的调整，一些公司常常会推动一些跨部门的合作方案，因此一些员工可能同时会与很多主管一起共事。所以在绩效评估的系统建立上，亦可将多主管、矩阵式的绩效评估方式纳入绩效评估系统之中。

通常认为，360 度绩效评估具有以下优点：通过评估反馈，受评者可以获得来自多层面的人员对自己素质能力、工作风格和工作绩效等的评估意见，较全面、客观地了解有关自己优缺点的信息，以作为制订工作绩效改善计划、个人未来职业生涯及能力发展的参考；360 度绩效评估中，反馈给受评者的信息是来自与自己工作相关的多层面评估者的评估结果，所以更容易得到受评者的认可。而且，通过反馈信息与自评结果的比较可以让受评者认识到差距所在；360 度绩效评估有助于促进组织成员彼此之间的沟通与互动，提高团队凝聚力和工作效率，促进组织的变革与发展。

正因为有以上特点，目前 360 度绩效评估已经广泛应用于高层领导自我觉察与发展、员工绩效评估，企业高层候选人的评荐、组织学习与变革等领域。

小案例

普渡资源管理公司的 360 度绩效评估应用

美国普渡资源管理公司有员工近千人，旧的绩效考核系统缺乏明确的考核标准，实施中也未能保证公正与公平，在旧的考核过程中，员工也不知道公司对他们的期望是什么。通过考核来发现绩效优异的员工并给予他们相应的报酬，这是任何一个有效激励体系的内在组成竞争。许多公司实施绩效考核的目的就是为了激励员工。然而，总有经理或雇员认为绩效考核是一个虽然必要，但却毫无结果和令人讨厌的过程。普渡公司在 1994 年改革之前就处于这种情形之中。改革的结果是，绩效考核不再仅仅是一种对员工“打分”的制度，更是给员工以重要信息反馈的来源。每年，所有的员工都同他们的上级坐到一起讨论今年的个人目标。为此，绩效考核系统实际上成为了一种重要的协调工具。比如，在普渡公司中，团队工作变得越来越重要。为促进员工相互间的合作，公司制订了一项政策，要求所有员工以一名团队成员的身份来分别回答一系列问题。同样，在绩效考核中，不仅由上级进行考核，同事和下级也要对其进行考核。仅由上级考核也许成本更低、更节省时间，但 360 度绩效评估对于团队运作很重要的公司来说非常有价值。此外，增加考核者的人数会提高考核的准确性。

许多其他公司也曾用类似的考核技术。比如，处于激烈变化环境中的公司为其员工确定第二年的目标，这是一项非常有效的政策。但同样的措施如果运用于一个处于稳定环境中的公司就显得浪费和有些愚蠢。事实上，这类公司完全可以将这些目标转化成固定的职务说明书。相反，处于运态环境中的公司，其员工和他们的经理最了解发生了什么变化以及应当如何调整目标以适应新的环境。

三、橱窗分析法

橱窗分析法是一种借助直角坐标系不同象限来表示人的不同部分的分析方法，它以别人知道或不知道为横坐标，以自己知道或不知道为纵坐标，如图 1-2 所示。

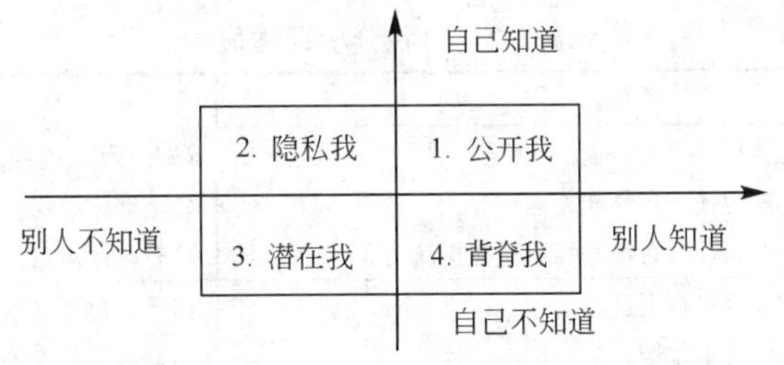

图 1-2　橱窗分析法示意

橱窗 1：“公开我”，即自己知道、别人也知道的部分，其特点是个人展现在外，无所隐藏。

橱窗 2：“隐私我”，即自己知道、别人不知道的部分，其特点是属于个人私有秘密，不外显。

橱窗 3：“潜在我”，即自己不知道、别人也不知道的部分，其特点是开发潜力巨大。

橱窗 4:"背脊我",即自己不知道、别人知道的部分,其特点是自己看不到,别人却看得清清楚楚。

将人的心灵分为四个窗户:

已开的窗户——自己能坦然让别人知道的领域;

隐闭的窗户——自己刻意隐闭,不让别人知道的领域;

盲目的窗户——别人能看得很清楚,自己却全然不知的领域;

黑暗的窗户——自己和别人都不知道的无意识领域,暗藏专知的可能性,也是人们潜力所在的地方。

运用橱窗分析法进行自我分析,主要是要了解"潜在我"和"背脊我"。对于"潜在我",根据现代科学研究结果,人类平常只发挥了极小部分的大脑功能,95%以上的功能都没有发挥出来,所以开发的空间非常广阔。因此,了解和认识"潜在我"是自我认识的一个非常重要的内容。

对于"背脊我",则要求个人需要有诚恳的态度和博大的胸怀,真心实意地去征询他人的意见和看法,有则改之,无则加勉。否则,别人不会对你说实话,你也就无从进步。

大学生要成长,要制订好职业生涯规划,就需扩大已开的窗户,缩小隐闭的窗户,靠着自我洞察开发黑暗的窗户及通过别人的影响打开盲目的窗户,沿着此途径即可认清自己,并改善自己。

小毛驴和小猴共同生活在一个主人家。一天,小猴玩得起兴,就爬到了主人家的房顶,上蹦下跳的,主人一个劲地夸小猴灵巧。为了得到主人的夸奖,小毛驴也爬到了房顶,费了好大劲,但是却把主人的瓦给踩坏了。主人见状,便大声赶它下来,并又打了它一顿。小毛驴感到很委屈:为什么小猴能上房,而且还能得到夸奖,而我却不能呢?

小毛驴和小猴子做一样的事情为什么结果却不一样?从小毛驴身上你得到了什么启迪?

任务训练

1. 收集整理阿里巴巴首席执行官马云身上有哪些值得学习的地方?
2. 分析自己更适合什么工作或者什么岗位?写一个个人能力分析书。

素质拓展

利用 360 度绩效评估法对自己的优点和缺点进行评估,从多角度分析自己。可以参照表 1-2 进行评估测试。

表 1-2 自我分析评估表

项　目	优　点	缺　点
1. 自我评价	√生活乐观自信 √自我控制能力强,自学能力强 √做事执着有韧性,有很好的承受挫折能力	☒对自己不感兴趣的事缺乏耐心 ☒不够成熟稳重 ☒有时候对自己要求过于苛刻
2. 朋友评价	√勤奋好学,执着有上进心 √乐观开朗,善于言谈 √对专业热爱,文笔好	☒有时过于追求完美 ☒情绪容易受外界影响 ☒忙碌时容易忽略与朋友的交流
3. 父母评价	√好学,学习态度认真 √孝顺父母,生活俭朴,不与人攀比 √知识面较广,爱好广泛	☒日常支出有时缺乏计划 ☒社会经验不足 ☒有时脾气倔强
4. 老师评价	√虚心好学,学习主动 √学习兴趣浓厚,勤于思考 √基础知识扎实,成绩优秀	☒对重大问题稍显焦虑 ☒对数学缺乏钻研精神 ☒有时回答问题思路凌乱

调查评估完毕,写一份个人评估资料。

情景二　撰写网上商店经营情况调研报告

知识目标

了解网上商店的发展规模，引导学生正确认识网上商店的经营前景。

技能目标

会利用互联网查找资料，分析不同的网上商店经营模式，根据自身特点确定今后店铺的发展经营模式。

素质目标

建立经营管理模式的理念，培养学生分析网上商店经营管理模式的能力。

任务导入

电子商务专业学生小李的苦恼

小李是某高校电子商务专业大一的学生，为了能尽早地了解和熟悉电子商务，他通过向学长们请教认识到，要想学好电子商务首先得在网上开一家小店，并且自己经营和管理，只有这样，才能够把在课堂上学到的理论知识应用到实践中去，只有在实践中才能更深刻地理解电子商务理论知识。

因此，小李开始张罗网上开店的事情了，可是，在哪个网络平台开店？开点以后卖什么东西？小李开始犯难。

任务提示

类似的事情也可能发生在我们的身上，那么，你认为小李在开店之前应该做哪些准备工作呢？可能有的同学马上会想到"到网上搜搜"，然后再写一个调研报告。是这样的，下面我们就逐步完成这个市场调研任务。

任务提出

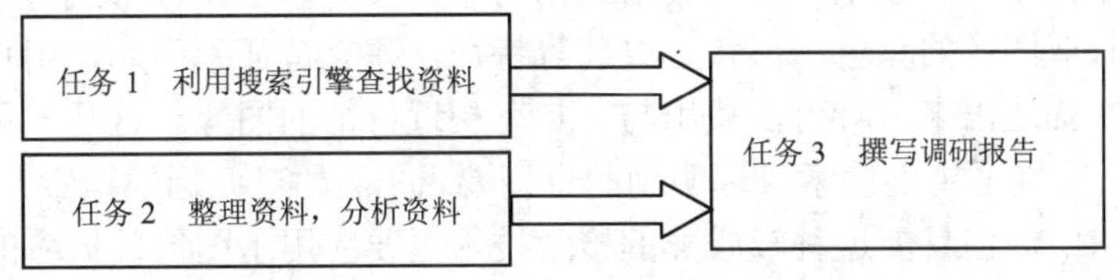

任务 1　利用搜索引擎查找资料

要想查找资料必须学会使用搜索引擎，利用搜索引擎查找关于网店经营者的素质资料，然后对相关资料加以整理，并注明出处，注意信息的客观性和真实性。

作为我国彩电四强之一的创维集团，早已在深圳发布了"数码之春"的宣言，正式将创维品牌定位在以研发数字技术、网络为基础，数字电视为主导，带动传统彩电产业升级的国际化品牌。"数码之春"的发布，标志着中国传统优势产业面临重大的历史变革，创维集团以实际行动推动了这场中国传统产业数字化、信息化、网络化的

变革。在如今瞬息万变的时代，管理者需要最新的信息以便及时作出决策。

创维集团一方面借助“外脑”，如一些市场评测公司的调查结果对某些项目进行专项的信息采集、分析，还分阶段进行许多专题市场调查，提高信息可用度；另一方面创维集团为提高管理人员素质，定期、不定期地进行人才培训，在培训中，信息化成为一项重要主题，集团派人员赴国外学习国际知名企业的成功经验，还建立信息知识考核制度，务求使更多的人能明了知识经济的内涵，掌握信息化管理的相关知识。

创维集团的成功经验启示：要想让企业成功，必须掌握更多的现代信息，学会利用现代化的网络工具进行市场调研，与时俱进地学习现代化知识。

工作过程

搜索引擎的选择→关键词的选择→信息的收集整理→总结适合网店经营的产品

相关知识点

一、搜索引擎的基本概念

搜索引擎(search engine)是指根据一定的策略、运用特定的计算机程序从互联网上搜集信息，在对信息进行组织和处理后，为用户提供检索服务，将用户检索的相关信息展示给用户的系统。

互联网发展早期，以雅虎为代表的网站分类目录查询非常流行。网站分类目录由人工整理维护，精选互联网上的优秀网站，并简要描述，分类放置到不同目录下。用户查询时，通过一层层的点击来查找自己想找的网站。也有人把这种基于目录的检索服务网站称为搜索引擎，但从严格意义上讲，它并不是搜索引擎。1990 年，加拿大麦吉尔大学（University of McGill）计算机学院的师生开发出 Archie。当时，万维网（World Wide Web）还没有出现，人们通过 FTP 来共享交流资源。Archie 能定期搜集并分析 FTP 服务器上的文件名信息，提供查找分别在各个 FTP 主机中的文件。用户必须输入精确的文件名进行搜索，Archie 告诉用户哪个 FTP 服务器能下载该文件。虽然 Archie 搜集的信息资源不是网页（HTML 文件），但和搜索引擎的基本工作方式是一样的：自动搜集信息资源、建立索引、提供检索服务。所以，Archie 被公认为现代搜索引擎的鼻祖。

二、搜索引擎的分类

搜索引擎根据不同的分类标准可以分成不同的类别，目前比较常用的分类如下。

（一）图片搜索引擎

图片搜索引擎是全新的搜索引擎，目前国内有安图搜。基于图像形式特征的抽取：由图像分析软件自动抽取图像的颜色、形状、纹理等特征，建立特征索引库，用户只需将要查找的图像的大致特征描述出来，就可以找出与之具有相近特征的图像。这是一种基于图像特征层次的机械匹配，特别适用于检索目标明确的查询要求（例如对商标的检索）。产生的结果也是最接近用户要求的。但目前这种较成熟的检索技术主要应用于图像数据库的检索，在网上图像搜索引擎中应用这种检索技术还具有一定的困难。

（二）全文索引引擎

全文索引引擎是名副其实的搜索引擎，国外代表有 Google，国内有知名的百度搜索。它们从互联网提取各个网站的信息（以网页文字为主），建立起数据库，并能检索与用户查询条件相匹配的记录，按一定的排列顺序返回结果。根据搜索结果来源的不同，全文搜索引擎可分为两类：一类是拥有自己的网页抓取、索引、检索系统（Indexer），有独立的“蜘蛛”（Spider）程序[或“爬虫”（Crawler）程序、“机器人”（Robot）程序，这三种叫法意义相同]，能自建网页数据库，搜索结果直接从自身的数据库中调用，上面提到的 Google 和百度就属于此类；

另一类则是租用其他搜索引擎的数据库，并按自定的格式排列搜索结果，如 Lycos 搜索引擎。

（三）目录搜索引擎

顾名思义就是将网站分门别类地存放在相应的目录中，因此用户在查询信息时，可选择关键词搜索，也可按分类目录逐层查找。如以关键词搜索，返回的结果跟搜索引擎一样，也是根据信息关联程度排列网站，只不过其中人为因素要多一些。如果按分层目录查找，某一目录中网站的排名则是由标题字母的先后顺序决定（也有例外）。目录搜索引擎虽然有搜索功能，但严格意义上不能称为真正的搜索引擎，只是按目录分类的网站链接列表而已。用户完全可以按照分类目录找到所需要的信息，不依靠关键词（Keywords）进行查询。

（四）元搜索引擎

元搜索引擎（Meta Search Engine）接受用户查询请求后，同时在多个搜索引擎上搜索，并将结果返回给用户。著名的元搜索引擎有 InfoSpace、Dogpile、Vivisimo 等，中文元搜索引擎中具代表性的是搜星搜索引擎。在搜索结果排列方面，有的直接按来源排列搜索结果，如 Dogpile；有的则按自定的规则将结果重新排列组合，如 Vivisimo。

（五）垂直搜索引擎

垂直搜索引擎为 2006 年后逐步兴起的一类搜索引擎。不同于通用的网页搜索引擎，垂直搜索专注于特定的搜索领域和搜索需求（例如机票搜索、旅游搜索、生活搜索、小说搜索、视频搜索等），在其特定的搜索领域有更好的用户体验。相比通用搜索动辄数千台检索服务器，垂直搜索需要的硬件成本低、用户需求特定、查询的方式多样。

（六）其他非主流搜索引擎形式

（1）集合式搜索引擎：该搜索引擎类似元搜索引擎，区别在于它并非同时调用多个搜索引擎进行搜索，而是由用户从提供的若干搜索引擎中选择，如 HotBot 在 2002 年底推出的搜索引擎。（2）门户搜索引擎：AOL Search、MSN Search 等虽然提供搜索服务，但自身既没有分类目录也没有网页数据库，其搜索结果完全来自其他搜索引擎。（3）免费链接列表（Free For All Links 简称 FFA）：一般只简单地滚动链接条目，少部分有简单的分类目录，不过规模要比 Yahoo！等目录索引小很多。

三、搜索引擎应用的技巧

根据调查发现，目前常用的搜索引擎主要有百度、Google，下面就介绍这两种搜索引擎的应用技巧。普通搜索方法很简单，只需要将关键词输入，回车就可以找到相关信息，这里主要介绍搜索引擎的高级功能。

（一）百度高级搜索功能

1．减除无关资料

有时候，排除含有某些词语的资料有利于缩小查询范围。百度支持“-”功能，用于有目的地删除某些无关网页，但减号之前必须留一空格，语法是“A　-B”。

例如，要搜寻关于“电子商务岗位设置”，但不含“广告”的资料，可使用如图 2-1 所示查询。

图 2-1　百度搜索示例

2．并行搜索

使用“A|B”来搜索“或者包含关键词 A，或者包含关键词 B”的网页。

例如：要查询“图片”或“写真”相关资料，无需分两次查询，只要输入“图片|写真”搜索即可。百度会提供跟“|”前后任何关键词相关的网站和资料。

3．相关检索

如果无法确定输入什么关键词才能找到满意的资料，就可以使用百度的相关检索功能。先输入一个简单词语搜索，然后，百度搜索引擎会提供“其他用户搜索过的相关搜索词”作参考。点击任何一个相关搜索词，都能得到那个相关搜索词的搜索结果。

4．百度快照

百度搜索引擎已先预览各网站，拍下网页的快照，为用户储存大量应急网页。点击每一条搜索结果后的“百度快照”，可查看该网页的快照内容。百度快照不仅下载速度极快，而且搜索用的词语均已用不同颜色在网页中标明。原网页随时可能更新，跟百度快照内容不同，请注意查看新版。

（二）Google 高级搜索功能

1．搜索结果要求包含两个及两个以上关键字

一般搜索引擎需要在多个关键字之间加上空格。如需要了解电子商务的教育问题，因此期望搜得的网页上有“教育”和“电子商务”两个关键字。用了两个关键字，查询结果就可以减少许多。

2．搜索结果要求不包含某些特定信息

Google 用减号“-”表示逻辑“非”操作。“A-B”表示搜索包含 A 但没有 B 的网页。

示例：搜索所有包含“教育”但不含“计算机”的中文网页，如图 2-2 所示。

图 2-2　Google 搜索示例

搜索：教育（空格）-计算机。**注意：**这里的“-”号，是英文字符，而不是中文字符的“—”。

3．或运算

Google 用大写的“OR”表示逻辑“或”操作。搜索“A OR B”，意思就是说，搜索的网页中，要么有 A，要么有 B，要么同时有 A 和 B。搜索：教育 OR 计算机。注意：“或”操作必须用大写的“OR”，而不是小写的“or”。

在上面的例子中，介绍了搜索引擎最基本的语法“与”、“非”和“或”，这三种搜索语法 Google 分别用“ ”（空格）、“-”和“OR”表示。顺着上例的思路，也可以了解到如何缩小搜索范围，迅速找到目的资讯的一般方法：目标信息一定含有的关键字（用“ ”连起来），目标信息不能含有的关键字（用“-”去掉），目标信息可能含有的关键字（用“OR”连起来）。

小知识　每年两次由中国互联网络信息中心（CNNIC）开展的中国互联网应用调查主要就是通过在互联网上采取问卷的方式进行的。在网站发放问卷时，问卷上就附有调查背景说明及相关指标与术语的界定与解释。如调研背景资料的说明为：中国网民人数与结构特征、上网条件、上网行为、互联网基础资源等方面情况的统计信息，对国家和企业掌握互联网络发展动态和决策有着十分重要的意义。1997 年，经国家主管部门研究，决定由中国互联网络信息中心联合互联

网络单位来实施这项统计工作。为了使这项工作制度化、正规化，从 1998 年起，中国互联网络信息中心决定于每年 1 月和 7 月发布“中国互联网络发展状况统计报告”。

相关术语界定：(1) 网民，半年内使用过互联网的 6 周岁及以上中国公民；(2) 上网计算机，指至少有 1 人通过该台计算机连入互联网；(3) 域名，域名是与 IP 地址相对应的更方便记忆的互联网地址标识。

四、市场调研的方法

在网上开店销售商品之前，都必须先搜集相关产业的资讯、消费者动态，以便充分了解市场状况并能随时应变。但因市场情报不容易取得，即使偶然获得某些情报，也往往是不完全，甚至是有偏差的。所以，情报必须以有组织的方式去取得较好。

市场变化很快，21 世纪由于大众传播、交通、通讯的发达，这种变化更有加速的倾向。所以，曾经搜集过的资料并不能作为长期判断市场的根据，必须随时不断地搜集最新的情报，以察觉市场变化的方向。商店或企业成败，受市场状况的影响很大。但市场状况并不是企业单方面可一意加以控制的，必须采取随时准备应变的态势。因此，市场变化状况的掌握和企业的行动及其成果有非常密切的关联。

市场调研的方法很多，依情报形式主要分为以下两种。

(一) 资料分析法

即利用现有资料。资料可分为企业内部资料和外界资料。近来电脑技术发达，利用前面提到的搜索引擎应用技巧很容易得到需要的资料，外界资料则可从政府机关发布的统计资料取得。

将市场调研的资料加以搜集、分析、处理，使其成为所需要的“资讯”。

1. 内部资料分析

通过内部资料的分析可获得多种情报，如销售资料；从网店经营平台的资料可以得知哪些商品最受消费者欢迎，作为未来产品开发路线的参考。所以，内部资料可说是最有效的资料。

大学生在淘宝网上开店首先可以通过淘宝导航网定位行业，收集整理淘宝网各种热销时尚精品，淘宝网女装、男装、女鞋、箱包饰品、数码、美容护肤用品等都是近期热门商品，无论从销售额还是销售数量都是名列前茅。大学生淘宝网的网站特色：(1) 人工收集淘宝各类店铺，品牌旗舰店、100%好评店、大码男女装、各类代购店、品牌专卖店、商城店铺等，方便了有各种需求的网友；(2) 分类非常详细，把所有淘友找不到或者不知道怎么找的淘宝店铺都详细罗列出来，一目了然，这样大家会更节省时间，而且还会买到正品；(3) 很多页面都是淘宝网提供的，图片更多，展示效果更好，可以方便广大淘友参考和选择，不用再浪费时间搜索了。

2. 外部资料分析

外界资料种类众多，但以政府机关的统计资料、业界和团体资料及从新闻、杂志上所取得的即时资料最为有用。外界资料由于相当庞大，必须经过仔细整理、分类，才能得到所需要的资料。也就是说，如果能善加选择有效的资讯，同时配合内部资料和实际调研所得结果，将可提高情报的正确性。

(二) 实地调研法

直接从市场上搜集情报，特别是货源的选择。网上商店在设立时，一般多采行此种方法进行货源的考察，这种方法最直接也最有效，但成本较高。当所需要的资料无法从内部资料和外界资料取得时，就要从事市场实地调研工作。市场实地调研法大致可分为下列三种。

1. 问卷调研法

此法常为企业界所采用。即采用问卷方式，让受访者回答问题，如盖洛普民意调研、空气品质调研等，这是最直接、准确度也最高的方法。

小知识

美国民意调研创始人：乔治·盖洛普（George Gallup）

盖洛普民意调研以其准确性和权威性在世界各地享有极高的声誉。它涉及人们社会生活的各个方面，其中有关政治领域的调研以其敏感性和新闻性更受到人们的注意。如今美国的大选之年，美国各大新闻机构每天都要对民主党和共和党两党候选人进行报道，而谁在选举中领先了几个百分点则是其中很重要的一部分。领先的根据是什么呢？就是几大民意调研，其中盖洛普民意调研是非常重要的一个。

2．观察法

即利用观察的方式搜集资料，如计算十字路口的交通流量或行人数量，都可采用此法。但观察法受外界因素影响很大，准确度不高，只能作参考。

3．实验法

这种方法即是以实验的方式来获得资料，准确性很高。但由于实验需要一些外部设备和一定的时间，并且数据资料不易取得，所以只有大型企业才可能采用。

五、市场调研的步骤

在开店之前，如何进行市场调研？它涉及的面极广，为了确保调研能取得良好的效果，就要做出合理的调研步骤。下面介绍四个简要的调研步骤。

（一）明确调研问题

在开始调研之前，调研人员必须明确调研的问题是什么、目的要求如何。应根据要调研的对象，拟定出需要了解的内容，然后定出调研的目标，以便调研能合理进行。大学生要想网上开店首先要考虑在哪个网络平台上开店，这样，就需要进行网上开店平台的选择，比较当前开网店平台如淘宝网、拍拍网、易趣网、百度有啊等的特点，不同的目标顾客群，还有就是这些网络平台本身的顾客群的大小。

（二）初步情况分析

确定调研目标后，往往还会有很多繁杂的问题，这时就需要对这些问题进行缩减。通过能马上了解的一些资料（如竞争网店的优势和特点）进行删减，以缩小调研的范围。

（三）进行正式调研

当有了初步资料后，就要通过访问专家，向精通本问题的人员了解信息并了解用户意见。制订调研方案，方案内容包括调研哪些资料、由谁调研、用什么方法进行调研、在什么地方调研、什么时间调研、调研一次还是多次、问卷设计等。

（四）资料整理和分析

当资料收集完后，要对其进行编辑整理，检查调研资料是否有误差。误差可能是统计错误、询问冲突设计不当、访问人员偏见、被询问人回答有问题等。在整理资料时，要把错误的信息剔除掉，然后把剩余的资料分类统计，最后得出结论。通过分析资料，决定是否开店、在哪里开店、什么时候开店等。

以上四步是简要的步骤，也是大体的步骤。如果在调研中有什么特殊情况，可以重复或增加一些步骤（具体的资料整理和分析方法后面有详细讲解）。

任务训练

根据介绍的常用搜索引擎的基本方法，要求分别用“百度”和“Google”搜索网店开店前市场分析，可以从以下方面进行调研。

1．相关行业的市场是怎样的，市场有什么样的特点，如何可以在互联网上开展业务。产品的运营情况，如产品的最高价格、最低价格、均匀价格，购买人群具有什么样的花费特性等都是需要分析和考虑的。

2. 市场重要竞争者分析，竞争对手上网情况及其网店的定位、网店营销战略、购买人群分析。

3. 掌柜开店前提分析，市场风险分析，建设网店的成本（费用、如何宣传、人力等），能够利用网店带来哪些收益。

素质拓展

十大高明的Google搜索技巧

技巧一：使用正确的方法

无论你是使用一个简单或是高级的Google搜索，在此都存在你应该使用的某种可靠的方法。遵循适当的方法你就能获得非常准确的结果；要是忽略这条建议的话，你也许就会看到大量不相关的结果或是缺乏你想要的相关结果。虽然有很多不同（且同样有效的）方法用于网络搜索，我保证这个特别的方法将能带来最棒的结果。这是一个分六步骤的过程，如下。

1. 首先，想好你想要寻找什么。哪些词能够最好地描述你要寻找的信息或者概念？哪些词是你能够用来替换的？有没有哪些词是可以不必包括在你想要搜索的更好定义你的需求之内？

2. 构建你的搜索要求。使用尽可能多你所需要的关键词，越多越好。如果皆存在可能的话，试着用适当的搜索操作来使你的搜索更精炼——或者，如果你愿意的话，可以使用高级搜索页面。

3. 点击“搜索”按钮进行搜索。

4. 评估一下搜索结果页面上的匹配程度。如果一开始的结果与你想要的不一致，再精炼你的搜索要求并重新搜索——或转向更合适的搜索站点再进行搜索。

5. 选择你想要查看的匹配的页面，点击进行浏览。

6. 保存这些最符合你需求的信息。

换言之，这需要你在搜索之前思考清楚，接着在获得最初结果后精炼你的搜索。这些多做的努力都是轻微的，但确实很值得。

技巧二：合理利用一个“与/或”的搜索

大多数的用户都没有意识到，Google会自动假定一次搜索要求中所有的词之间都是一种“和”的关系。也就是，如果你输入两个词，它就会假定你所寻找的页面是包含这两个词的。它不会反馈给你仅包含其中一个词的页面。

技巧三：你的搜索中包括或不包括的词

关于这些“and”和“or”的词，Google 会自动地将这些在你输入的搜索要求中的不重要的、普通的词忽略掉。这些被称作是“忽略的单词”，包括“and”、“the”、“where”、“how”、“what”、“or”。

想要做到这点，你可以在你确实需要的词之前加上一个“+”符号。例如，要在搜索要求中包含“how”，你应该输入“+how”。请确保在“+”符号之前有一个空格符，而不是在它之后。

从另一方面来说，有时你会想要通过排除一些包含特定词的页面来精炼你的搜索结果。你可以通过使用一个“-”符号来去掉搜索结果中不想包括在内的词；在你的搜索要求中任何之前加上了“-”符号的词都会自动地排除在搜索结果之外。同样地，也请记住在“-”符号之前留一个空格符。

技巧四：搜索近似的词

Google 能够让你搜索近似的词——同义词，通过使用“~”符号。只要在想要搜索的词之前加上“~”符号，Google 就会搜索所有包括这个词以及合适的近义词的页面。

技巧五：搜索特定的词组

当你搜索一个特定词组时，如果你只是简单地输入词组中所有的词是无法得到最好的结果的。Google 也许能够反馈出包含这个词组的结果，但它也会列出包含你所输入所有词的结果，却未必让这些词按照正确的顺序。如果你要搜索一个特定的词组，你应该将整个词组放在一个引号内。这样就能让 Google 搜索规定顺序的精确的关键词。

技巧六：列出相似的页面

你是否发现过一个网页是你确实很喜欢的，又想知道是否还有与它类似的其他网页呢？你可以使用 Google 的相关来寻找：这个操作算符所显示的页面会与特定的页面在某些方面是相似的。

技巧七：通过其他的操作算符调整你的搜索

使用相关操作算符只是众多你可用来调整 Google 搜索结果的方法之一。所有的这些输入的操作算符都是以相同的方式工作的，将这些算符作为你搜索请求的一部分输入，再将变量紧接在这些输入的操作算符之后的冒号之后（而不是空格），就像这样：“‘操作算符’：‘变量’”。

技巧八：搜索特定的事实

如果你要搜索一些客观事实，Google 也许能够帮得上忙。是的，Google 总是能够反馈给你一个匹配你指定的搜索要求的清单，只要你能够正确地描述了你的搜索要求，且接着搜索的事实是 Google 已经预先鉴定了的，你就能在搜索结果页面的最顶端得到你所需要的精确信息。

我们在此谈到的有哪些类型的信息呢？是一些事实性的信息，例如诞生日、诞生地、人口等。你所需要做的就是输入你想要知道的描述事实的搜索要求。

技巧九：搜索 Google Directory

Google 在它的搜索数据库中将成千上万的网页索引化——这就能使得不会产生压倒性数量的搜索结果。量确实已经够了，但有时你也许会更愿意得到一些高质量的结果。

技巧十：使用 Google 的其他专业搜索

Google Directory 不是 Google 所提供的除了主搜索引擎之外的唯一选择。根据你所做的搜索类型，你也可以通过使用其中 Google 更为专业的搜索站点之一来得到更好的结果。

摘自：http://publish.it168.com/2006/1213/20061213001101.html

任务 2 整理资料，分析资料

利用搜索引擎查找关于网店经营者的素质资料，然后，对相关资料加以整理，并注明出处，注意信息的客观性和真实性。

工作过程

资料归类→初步筛选→精选→分析资料

相关知识点

整理资料就是根据研究的目的，运用科学的方法，对研究所获得的资料进行审查、检验、分类、汇总等初步加工，从而使收集到的资料系统化和条理化，并以集中、简明的方式，反映研究对象的总体背景和资料间的相互关系。因此，整理资料具有十分重要的意义。

具体的讲，整理资料的意义有三点。第一， 整理资料是提高所收集资料的质量和使用价值的必要步骤。这是因为，运用各种方法从研究的过程中得来的资料，往往是分散的、零乱的，而且难免出现虚假、差错、短缺等现象。所有这些现象，都会在很大程度上降低资料的质量和使用价值。第二，整理资料是分析资料的重要基础。众所周知，分析的目的就在于获得正确的结论，而正确的结论来源于科学的统计分析和思维加工；科学的统计分析和思维加工，又有赖于所收集资料的真实、准确、完整和统一。因此，必须把各种错误，特别是数据上的错误，消灭在统计分析和思维加工之前。实践证明，如果到统计分析和思维加工过程中才发现资料有错误，再去修改资料的错误信息，其难度和工作量都会加倍提高，有时甚至影响到最后的研究结果。所以，在分析资料之前，一定要认真鉴别、整理资料，保证分析工作的顺利进行。第三，整理资料还是保存资料的客观要求。原始资料不仅是当时作出分析结果的客观依据，而且对将来研究同类课题时也具有重要的参考价值。因此，将原始资料按一定的格式整理后，便于以后的长期保存和研究。实践证明，一份真实的、完整的原始资料，往往具有长久的研究价值，并且随着时间的推移，其价值将会越来越大。

一、网络营销信息的整理和加工

（一）信息的存储

信息的存储就是把获得的大量信息用适当的方法保存起来，为进一步的信息加工处理，正确地认识和利用这些信息打好基础。从网上下载信息有多种方法，具体如下。

1．下载全文 HTML 文档

对需要保存的 HTML 文档，在“File”下选择“Save As”（中文版则选“另存为”），把它作为一个 HTML 文档保存在硬盘或软盘的适当位置。

2．下载图像

将光标置于图像上，按住鼠标右键，出现工具栏，点击“Save Image As”（中文版则选“保存图像为”）即可出现是否保存图像的对话框，选择适当的文件夹，即可保存图像。

3．连图像一起保存为 HTML 文档

Netscape Communicator 4 提供了一个非常强大的“编辑页面”功能，它不仅能连图像一起保存主页，还能对保存的页面进行编辑、修改，比如删除没有用的信息，修改成合适自己需要的版式等。具体做法是：查看到需要下载保存的页面后，在“File”（文件）菜单中选择“Edit Document”（编辑文件），就会弹出一个编辑窗口，这时候需要的文件也会被调入这个窗口。接着就可以对页面进行适当编辑、修改，然后在“File”（文件）菜单中选择“Save As”（另存为），就会弹出保存文件窗口，选择硬盘或软盘上合适的目录并为文件起一个文件名，图片文件和 HTML 文件就可以一起保存下来了。

从网上下载的各种信息不同于一般的信息，有时候由于种种条件的限制（如线路阻塞、通讯费用高昂），不能很方便地或很从容地选择所需要的信息。在这种情况下可以采用断点续传下载的方法，或者采用离线浏览的方法，也可以调整下载的时间（一般来说，夜间线路比较空闲，下载的速度比较快）。

4．离线浏览和下载

离线浏览软件可以将希望浏览的内容先下载下来，等离线后的适当时机再详细阅读。离线浏览功能可以由专门的离线浏览软件（如 Webzip）来实现，也可通过设置 Netscape Communicator 4，使它按照一定的计划来订阅 Web 站点，在设定的时间自动下载到电脑上供以后离线阅读。有关浏览器的设定方法如下：打开“Netcaster”组件，在 “Channel Finder”

（频道设置中）按“New”（新）钮，在地址栏中键入网址。选择“Update this channel or site every.”（以最新信息更新这一频道），将希望的更新间隔时间输入，比如每 30 分钟、每小时，或者一天一次、一周一次等。

除了直接以订阅方式下载，还可利用网站的内容更新邮件了解最新情况。大多数网站发出的邮件通知包括更新内容的精确位置及简要介绍，因此利用这些新闻信件能有效地提高网上的搜索效率。

（二）信息的整理

信息的整理是将获取和储存的信息条理化和有序化的工作，其目的在于提高信息的价值和提取效率，防止信息库中的信息滞流，发现所储存信息内部新的联系，为信息的加工做好准备。收集到的和储存的信息往往是片断的、零散的，不能反映系统的全貌，甚至其中可能还有一些是过时的或无用的信息。通过信息的合理分类、组合、整理，就可以使片面的信息转变为全面的信息。这项工作一般分为以下几个步骤。

1．明确信息来源

对于重要信息，一定要有准确的信息来源（标明下载的网站或网址），没有下载信息来源的，一定要重新检索补上。否则，等以后希望查找全文的时候，会因为 Internet 太大了而无从下手，怎么都找不到。下载信息时，常常由于各种原因而没有将确切的网址下载下来，这时首先应查看前后下载的文件中是否有同时下载或域名接近的文件，然后用这些接近的文件域名作为原文件的信息来源。如果没有域名接近的文件，应尽量回忆下载站点，以便以后有机会还可以再次查询。

2．浏览信息，添加文件名

从 Internet 在线下载的文件，由于时间的限制，一般都是沿用原有网站提供的文件名。这些文件名基本上都是数字或字母构成的，以后使用起来很不方便。因此，从网上下载文件后，需要将文件重新浏览一遍，添加文件名。

3．信息分类

从 Internet 上收集到的信息非常零乱，必须通过整理才能够使用。分类的办法，可以采用专题分类，也可以采用建立自己的检索系统，前一个方法比较简便。例如，可以将网络营销的信息分为产品信息、客户资料、销售情况三个领域，按照这三个领域，建立三个文件夹，叫做一级文件夹。在每个一级文件夹下，如客户资料文件夹下，又设立若干个二级文件夹，包括供应商资料、购买者资料等，如图 2-3 所示。这样，在需要信息时，可以随时调用。

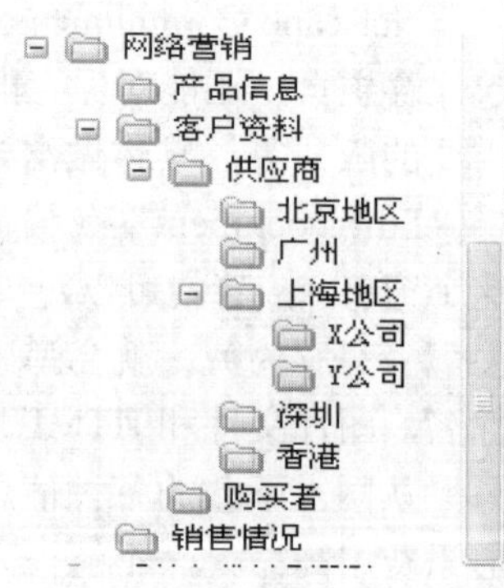

图 2-3　信息分类示意图

4．初步筛选

在浏览和分类过程中，对大量的信息有一个初步筛选的任务，完全没有用的信息应当及时删去。不过应当注意，有些信息单独看起来是没有用的，但积累起来就有了价值，比如市场销售趋势必定是在数据的长期积累和一定程度的整理后才能表现出来；还有一些信息是相互矛盾的，如你是一家纸业公司的经理，想了解一下新闻纸的市场行情，你检索到的结果可能会出现两种情况，一类信息告诉你，新闻纸供大于求，而另一类信息则说新闻纸供不应求，这时候你就要把这些信息进行分类整理，然后进入下一个加工处理环节。

二、资料筛选的方法

如果使用的是二手资料，就需要对二手资料进行评估和筛选。在对二手资料进行评价之前，调研者首先必须弄清楚以下 6 个问题，即 6W 问题。

（一）是谁收集的资料（who）

对于这个问题，调研者可以了解三方面内容。首先弄清楚这个二手资料是从哪来的？收集者是谁？因为二手数据的来源是其正确性关键，不同的组织所能得到的资料以及对数据质量的把握都不同。可以从以下三点着手：首先是向业内人士请教，间接地了解他们对该二手资料和数据收集机构的评价；其次是检验报告本身，胜任的公司一般都会详尽地叙述所使用资料的收集程序和方法；第三是接触该公司的委托方，判断他们对这家机构提供的报告质量满意度如何。

（二）调研的目的是什么（why）

目的不同导致其材料的不同倾向，了解二手资料最初的调研动机可以提供评估其质量的线索。因此，作为二手资料的收集者，最理想的状态是收集和自己调研目标相同的二手资料，它们具有的价值较大。

（三）收集的是什么资料（what）

调研主题可以通过多种途径收集到许多研究资料，例如，市场潜力、销售进行榜、经济影响、居民生活水平等方面的内容都有比较多的相关资料。二手资料的收集者必须了解所收集资料的具体内容，不能盲目地加以使用。

（四）资料是如何收集的（how）

资料的收集方法是评价二手资料质量的另一个重要标准。资料的准确性和合理性产生不同的影响，资料收集方法的缺失往往影响二手资料质量的最终评价。因此，调研者必须了解二手资料获得数据的方法，是邮寄问卷、电话访问，还是个人访谈等。

（五）资料是什么时候收集的（when）

调查时间、调查时的社会背景不同对数据资料的质量有影响。此外，资料收集的时间也会影响资料的价值，有些类型的过期资料常常是没有利用价值的。

（六）收集的二手资料和其他同类资料是否一致（whether）

二手资料可能存在一些潜在的质量问题，要完全识别这些问题是不容易的，最好的办法是再收集一些同类的可以用做比较的资料，从而了解资料的一致性状况。

结合上述六个问题的基础上，调研者可进一步评价二手资料的质量，一般有以下几个准则。(1) 准确性。收集到的二手资料必须准确、真实、完整，避免资料内容的虚构、歪曲或以偏概全，一般要求收集的二手资料有关于来源、形成过程等内容的相关说明。(2) 时效性。二手资料可能不是当前的资料，其发表时间可能远远迟于收集时间。部分市场调研需要反映研究对象当前情况的二手资料，时间越近，越有价值。(3) 切题性。辨别二手资料最初的研究目的，把为了特殊利益关系或为了进行宣传而出版发表的资料，以及与目前调研目的不符、相冲突的调研资料都过滤掉。(4) 权威性。所收集的二手资料必须有一定的深度和实际内容，对于泛泛而谈、缺乏权威的资料应该慎用或少用。因此，调研者一般使用权威机构发布的材料。

三、分析资料的方法

资料分析前首先要进行信息的加工处理，信息的加工处理是指将各种有关信息进行比较、分析，并以自己企业的目标为基本参照点，发挥人的才智，进行综合设计，形成新的网络营销信息，如市场调查报告、营销规划、销售决策、广告策略等。

信息加工的目的是要进一步改变或改进企业的现实运行状况，使其向着目标状态运行。所以，信息加工处理是一个信息再创造的过程，它不是停留在原有信息的水平上，而是通过智慧的参与，加工出能帮助人们了解和控制下一步计划的程序、方法、模型等信息产品。

信息加工处理的方式主要有两种，即定性分析和定量分析。

（一）定性分析

主要以人工处理为主。人工处理是指由人脑，包括专家和专家集团进行信息处理。人脑神经系统可以识别和接受多种多样的明确信息和模糊信息，大脑具有丰富的想象力和创造力，专家系统可以把握极广泛的知识，并可以在处理中合理地加入一定的人情因素。Internet 是一个“没有首脑、没有法律、没有警察、没有军队”的机构，人们在网上可以自由地发表自己的言论，甚至可以造谣、说谎。因此，从网络上得到的信息有时候会是自相矛盾的，还有一些可能是竞争对手散布的虚假的东西。对于同一件事出现两条完全不同的信息，就要更多地运用人的因素进行处理。首先要对这两条信息的发源地、时间等进行比较，如果发源地和时间都基本相同，就要参考其他信息来进行比较，最终获得真正的信息。

（二）定量分析

以机器处理为主，机器处理是指计算机的信息处理。计算机有强大的计算能力，在速度和准确性上要大大超过人脑。网络营销信息的数据成千上万，用手工处理这些数据，不仅费时费力，而且极其容易出差错。而用计算机处理这些网络营销的数据，正可以弥补这种缺陷。

常见的定量处理方法有计算平均数、测量离散度和资料交叉列表的统计方法等。另外，研究人员可运用各种多变数统计技术去发现资料中的重要关系。统计方法本身就是一门技术，利用计算机可以大批量地、准确地、快速地处理统计数据。

在实际处理网络营销信息时应当综合人工处理中的“人脑”和计算机处理中的“电脑”这两种处理器的优点，形成合理的人、机结合的“人-机”信息处理系统，这是当前信息处理的较好办法。

（三）多用图表

图表能简洁、形象、系统地说明各种有关的数字资料，是一种较好的数据分析表现形式。通过图表的视觉效果，可以直接查看数据的差异和发展趋势，并能对有关数据进行对比，了解反应变量的变化趋势及其相互关系。图表是网络市场调研与分析专业人员和其他行业非专业人员沟通的一种重要方式。常用的图表有以下几种。

1．圆饼图

圆饼图是以圆的整体面积代表被研究现象的总体，按各构成部分占总体比重的大小，把圆面积分割成若干扇形来表示部分与总体的比例关系，如图 2-4 所示为 2010 年发表的 CNNC 调研报告中网购花费中各类商品所占份额。

2．曲线图

曲线图是利用线段的升降来说明现象的变动情况，主要用于表示现象在时间上的变化趋势、现象的分配情况和两个现象之间的依存关系。曲线图可分为简单曲线图（图 2-5）和复合曲线图（图 2-6）。简单曲线图用于描述一段时间内单个变量的历史状况及发展趋势，复合曲线图描述两个或两个以上变量一段时间内单个变量的历史状况及发展趋势。

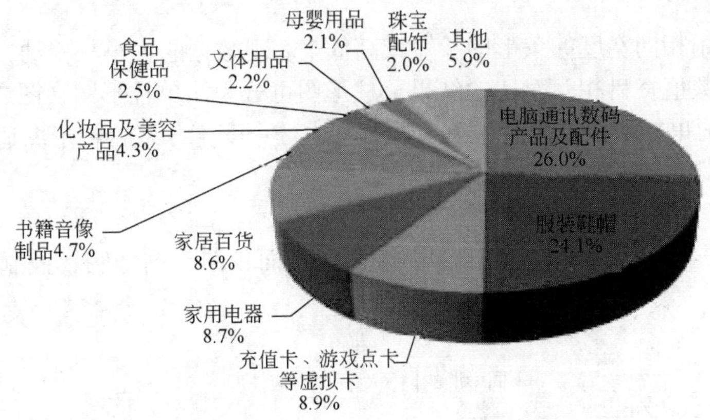

图 2-4　2010 年用户网购花费中各类商品所占份额（%）

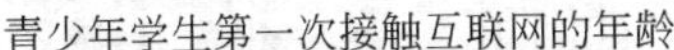

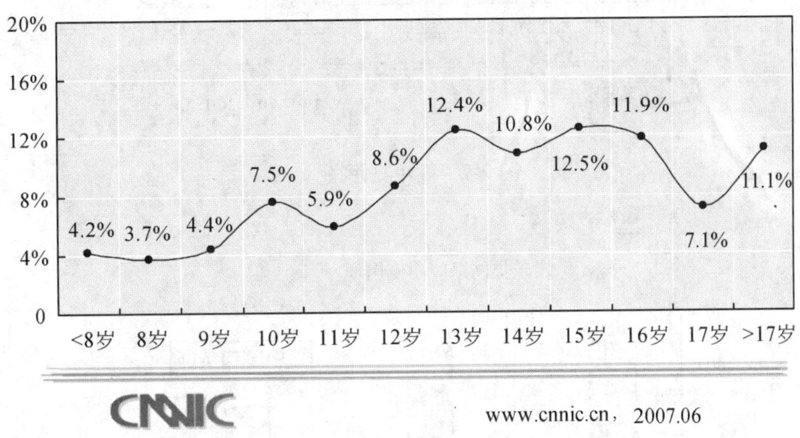

图 2-5　简单曲线图

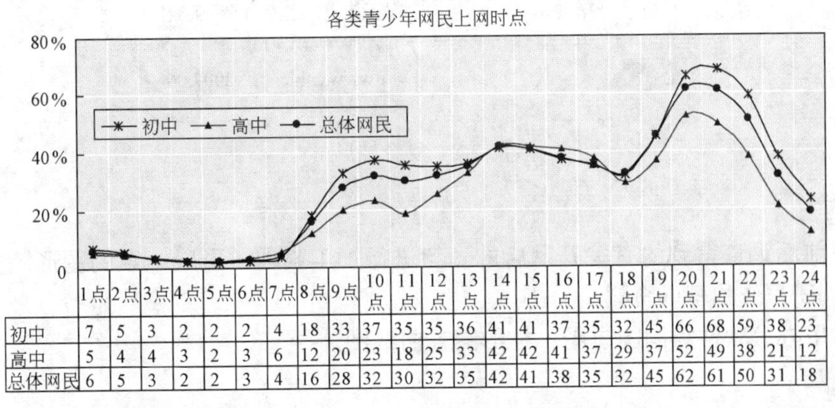

	1点	2点	3点	4点	5点	6点	7点	8点	9点	10点	11点	12点	13点	14点	15点	16点	17点	18点	19点	20点	21点	22点	23点	24点
初中	7	5	3	2	2	2	4	18	33	37	35	35	36	41	41	37	35	32	45	66	68	59	38	23
高中	5	4	4	3	2	3	6	12	20	23	18	25	33	42	42	41	37	29	37	52	49	38	21	12
总体网民	6	5	3	2	2	3	4	16	28	32	30	32	35	42	41	38	35	32	45	62	61	50	31	18

图 2-6　复合曲线图

3．柱形图

柱形图是利用相同宽度的条形的长短或高低来表现数据的大小与变动。柱形图可以清楚地表现各种不同数值资料相互对比的结果。柱形图可分为简单柱形图（图 2-7）和复合柱形图（图 2-8）。简单柱形图适用于说明一段时间内一个变量，复合柱形图适用于说明两个或两个以上变量及其对比关系。

4．其他图形

此外，还有一些其他常用的图形，如散点图、面积图、高低图、控制图、雷达图、箱图等。

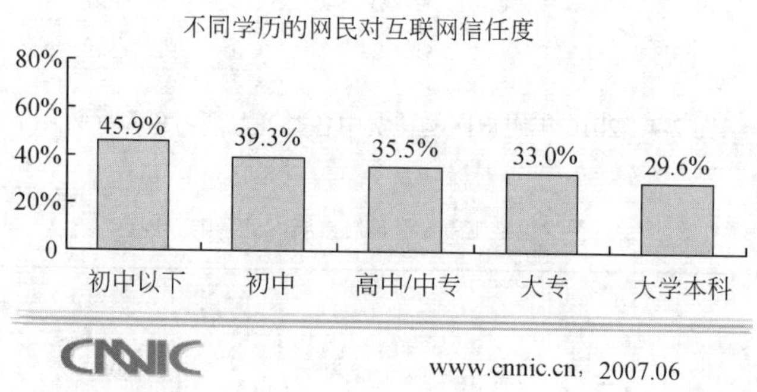

图 2-7 简单柱形图

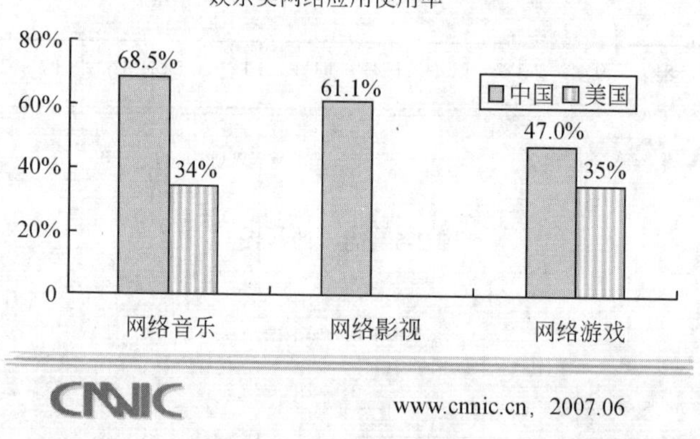

图 2-8 复合柱形图

任务训练

1. 把前面调查得到的有关开网店的资料进行加工整理，形成一定的图形、文字资料，准备撰写调研报告的基础资料。

2. 利用办公软件绘制圆饼图、柱形图、曲线图。

素质拓展

未来发展：88.6%的用户看好平板电脑市场前景

根据 ZDC 数据统计，在参与调查的用户中，有累积 88.6%的用户表示看好平板电脑市场的前景（图 2-9）。其中 47.4%的用户表示“非常看好”，41.2%的用户表示“比较看好”。2010

年平板电脑市场的飞速发展给用户带来了信心，目前平板电脑市场尚未发展成熟，还有较多空间待挖掘，市场整体水平仍有进步空间。对于平板电脑市场的未来，绝大多数用户持有乐观态度。

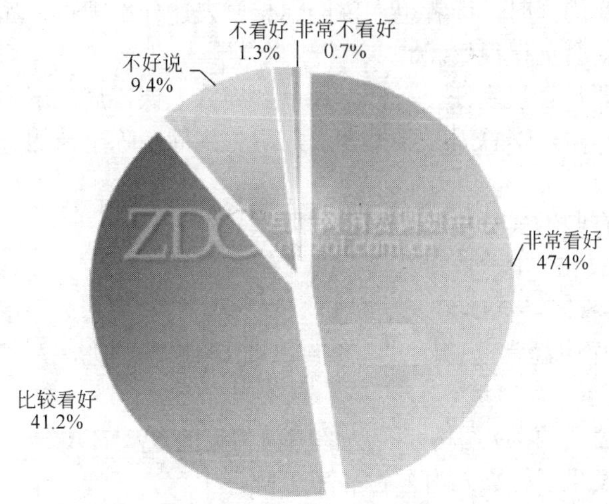

图 2-9 用户对未来平板电脑市场发展的看法

任务 3 撰写调研报告

工作过程

调研报告格式的确定→调研报告的撰写→调研报告的评价分析

相关知识点

一、市场调研报告原则

（一）回答问题原则

不是为了报告而报告，不是说报告就是结构、品牌竞争、价格、畅销型号这么简单。报告要有主题，应该是帮助客户解决或回答问题，这就要求报告必须能够回答客户希望了解的问题。不回答问题的报告是没有思想的报告，体现不出研究者的观点和水平，也很难对客户起到帮助。

（二）mece 原则

mece 原则是麦肯锡最基础的分析原则，其含义就是将问题从一开始分解成各个相互独立、完全穷尽的不同层次子问题。好处：条理化，完善度。比如：分析××品牌占有率为什么下降？常规思路：产品、价格、渠道、促销，是否还有其他因素？比如企业供应链——上游资源、内部资金、渠道供应。市场结构变动每一个子问题下面是否还能细分新的子问题？比如产品：产品外观、功能的独特卖点，竞争对手新品上市，与竞品对比的优劣势。价格的变动，不同地区/渠道价格的变动，竞争对手价格的变动。技巧：在分解的子问题下面设其他，这样可以把想不到的问题都放到这里，随时发现随时增加。

（三）结构化原则

经常会有领导、客户抱怨报告不知所云，晦涩难懂。原因有二：一是文字运用能力，这个应该是长期磨炼的结果，短期很难有明显提高；另一个就是结构化的原因，改变报告结构相对容易，而且更容易出效果。

结构化的基本原理在于：人们的思维是有结构的，而且往往是自上而下的金字塔结构。也就是说人们总是想先知道你要说什么，才会听你去进一步阐述。如果不是这样的结构，你在阐述你的论据、事实的同时，读者也在琢磨你想要表述什么观点，如果论据、事实间联系并非十分明显，读者就会觉得很累。

比如：周一张良要在会议室开会，彭煜周一到周二上课，周二下午小谢要去执行周三才能回来，老贾周五要出差，李总周三要见客户，周二到周三陈宁请假。结论是周四会议室有空，而且人齐才能开会。

常用的结构主要有归纳式结构和演绎式结构。

归纳式：由 A、B、C、D、E 到 F

演绎式：A->B B->C C->D D->E E->F

在平时的报告写作中经常是归纳式与演绎式混合使用。但是是在不同层面、部分分别使用。

此外，还有兰德公司的 4w 结构（有些像国内常见的 5W1H)。

what happened？发生了什么？海尔占有率下降。

why？为什么？由于西门子××、××两款型号的上市影响，海尔的××、××型号占有率下降（功能相近，价格相近，但西门子品牌更有吸引力)。

What ahead?前景如何？影响如何？可能会改变海尔在 210～230L 市场的优势地位。

What？如何应对？原有产品在现场宣传上注意与西门子产品的区别，突出独特卖点，同时在这一规格段推出与西门子相类似，但功能相对简单、价格略低的新产品。

（四）报告要有主题原则

要知道报告究竟要回答客户哪些问题？哪些问题是客户最为关心的？这些问题是否能用一两句话解释清楚？整个报告是否能用简短的文字概括出来。

（五）记住报告是作品而非作业

报告非常重要，客户是用来制订自己的战略、市场策略、战术，报告的任何错误都有可能给客户带来巨大的损失。报告是体现公司和个人的研究水平。

作品要求：精益求精、不断进步。

作业：按时完成，及格即可。

二、市场调研报告的格式与内容

（一）格式

市场调研报告的格式一般由标题、目录、概述、正文、结论与建议、附件等几部分组成。

1．标题

标题和报告日期、委托方、调研方，一般应打印在扉页上。关于标题，一般要在与标题同一页，把被调研单位、调研内容明确而具体地表示出来，如《关于北京市家电市场调研报告》。有的调研报告还采用正、副标题形式，一般正标题表达调研的主题，副标题则具体表明调研的单位和问题。

2．目录

如果调研报告的内容、页数较多，为了方便读者阅读，应当使用目录或索引形式列出报告所分的主要章节和附录，并注明标题、有关章节号码及页码，一般来说，目录的篇幅不宜超过一页。

3．概述

概述主要阐述课题的基本情况，它是按照市场调研课题的顺序将问题展开，并阐述对调研的原始资料进行选择、评价、作出结论、提出建议的原则等。主要包括三方面内容：第一，简要说明调研目的，即简要地说明调研的由来和委托调研的原因；第二，简要介绍调研对象和调研内容，包括调研时间、地点、对象、范围、调研要点及所要解答的问题；第三，简要介绍调研究的方法。介绍调研究的方法，有助于使人确信调研结果的可靠性，因此对所用方法要进行简短叙述，并说明选用方法的原因。例如，是用抽样调研法还是用典型调研法，是用实地调研法还是文案调研法，这些一般是在调研过程中使用的方法。另外，在分析中使用的方法，如指数平滑分析、回归分析、聚类分析等方法都应作简要说明。如果部分内容很多，应有详细的工作技术报告加以说明补充，附在市场调研报告的最后部分的附件中。

4．正文

正文是市场调研分析报告的主体部分。这部分必须准确阐明全部有关论据，包括问题的提出到引出的结论，论证的全部过程，分析研究问题的方法，还应当有可供市场活动的决策者进行独立思考的全部调研结果和必要的市场信息，以及对这些情况和内容的分析评论。

正文的结构有不同的框架。（1）根据逻辑关系安排材料的框架有纵式结构、横式结构、纵横式结构。这三种结构，以纵横式结构常为人们采用。（2）按照内容表达的层次组成的框架有：“情况—成果—问题—建议”式结构，多用于反映基本情况的调研报告；“成果—具体做法—经验”式结构，多用于介绍经验的调研报告；“问题—原因—意见或建议”式结构，多用于揭露问题的调研报告；“事件过程—事件性质结论—处理意见”式结构，多用于揭示案件是非的调研报告。

5．结论与建议

结论与建议是撰写综合分析报告的主要目的。这部分包括对引言和正文部分所提出的主要内容的总结，提出如何利用已证明为有效的措施和解决某一具体问题可供选择的方案与建议。结论和建议与正文部分的论述要紧密对应，不可以提出无证据的结论，也不要没有结论性意见的论证。

6．附件

附件是指调研报告正文包含不了或没有提及，但与正文有关必须附加说明的部分。它是对正文报告的补充或更详尽说明，包括数据汇总表及原始资料背景材料和必要的工作技术报告，例如为调研选定样本的有关细节资料及调研期间所使用的文件副本等。

（二）市场调研报告的内容

市场调研报告的主要内容包括以下几方面：（1）说明调查目的及所要解决的问题；（2）介绍市场背景资料；（3）分析的方法，如样本的抽取，资料的收集、整理、分析技术等；（4）调研数据及其分析；（5）提出论点，即摆出自己的观点和看法；（6）论证所提观点的基本理由；（7）提出解决问题可供选择的建议、方案和步骤；（8）预测可能遇到的风险、对策。

（三）调研报告撰写的步骤

调研报告的撰写主要经过以下五个步骤。

1．确定主题

主题是调研报告的灵魂，对调研报告写作的成败具有决定性的意义。因此，确定主题要注意：报告的主题应与调研主题一致；要根据调研和分析的结果，重新确定主题；主题宜小，且宜集中；与标题协调一致，避免文题不符。

2．取舍材料

对经过统计分析与理论分析所得到的系统的完整的“调研资料”，在组织调研报告时仍需精心选择，不可能也不必都写上报告，要注意取舍。如何选择材料呢？（1）选取与主题有关的材料，去掉无关的、关系不大的、次要的、非本质的材料，使主题集中、鲜明、突出；（2）注意材料点与面的结合，材料不仅要支持报告中某个观点，而且要相互支持，形成面上的“大气”；（3）在现有有用的材料中，要比较、鉴别、精选材料，选择最好的材料来支持作者的意见，使每一材料以一当十。

3．布局和拟定提纲

这是调研报告构思中的一个关键环节。布局就是指调研报告的表现形式，它反映在提纲上就是文章的“骨架”。拟定提纲的过程实际上就是把调研材料进一步分类、构架的过程。构架的原则是：“围绕主题，层层紧逼，环环相扣”。提纲或骨架的特点是它的内在逻辑性，要求必须纲目清晰、层次分明。

调研报告的提纲有两种：一种是观点式提纲，即将调查者在调查研究中形成的观点按逻辑关系一一地列写出来；另一种是条目式提纲，即按层次意义表达上的章、节、目，逐一地一条条地写成提纲。也可以将这两种提纲结合起来制作提纲。

4．起草报告

这是调研报告写作的行文阶段。要根据已经确定的主题、选好的材料和写作提纲，有条不紊地行文。写作过程中，要从实际需要出发选用语言，灵活地划分段落。

在行文时要注意：（1）结构合理（标题、导语、正文、结尾、落款）；（2）报告文字规范，具有审美性与可读性，如“制定优惠政策，引进急需人才”，“运用竞争机制，盘活现有人才”（文章段落的条目观点）；（3）通读易懂。注意对数字、图表、专业名词术语的使用，做到深入浅出，语言具有表现力，准确、鲜明、生动、朴实。

5．修改报告

报告起草好以后，要认真修改。主要是对报告的主题、材料、结构、语言文字和标点符号进行检查，加以增、删、改、调。在完成这些工作之后，才能定稿向上报送或发表。

三、市场调研报告的撰写技巧

市场调研报告的写作技巧主要包括表达、表格和图形表现等方面的技巧。 表达技巧主要包括叙述、说明、议论、语言运用四个方面的技巧。

（一）叙述的技巧

市场调研的叙述，主要用于开头部分，叙述事情的来龙去脉，表明调研的目的和根据以及过程和结果。此外，在主体部分还要叙述调研得来的情况。市场调研报告常用的叙述技巧有：概括叙述、按时间顺序叙述、叙述主体的省略。

1．概括叙述

叙述有概括叙述和详细叙述之分。市场调研报告主要用概括叙述，将调研过程和情况概略地陈述，不需要对事件的细枝末节详加铺陈。这是一种“浓缩型”的快节奏叙述，文字简约，一带而过，给人以整体、全面的认识，以适合市场调研报告快速及时反映市场变化的需要。

2．按时间顺序叙述

这是指在交代调研的目的、对象、经过时，往往用按时间顺序叙述方法，次序井然，前后连贯。如开头部分叙述事情的前因后果，主体部分叙述市场的历史及现状，就体现为按时间顺序叙述。

3．叙述主体的省略

市场调研报告的叙述主体是写报告的单位，叙述中用“我们”第一人称。为行文简便，叙述主体一般在开头部分中出现后，在后面的各部分即可省略，并不会因此而令人误解。

（二）说明的技巧

市场调研报告常用的说明技巧有数字说明、分类说明、对比说明、举例说明等。

1．数字说明

市场运作离不开数字，反映市场发展变化情况的市场调研报告，要运用大量数据，以增强调研报告的精确性和可信度。

2．分类说明

市场调研中所获材料杂乱无章，根据主旨表达的需要，可将材料按一定标准分为几类，分别说明。例如，将调研来的基本情况，按问题性质归纳成几类，或按不同层次分为几类。每类前冠以小标题，按提要句的形式表述。

3．对比说明

市场调研报告中有关情况、数字说明，往往采用对比形式，以便全面深入地反映市场变化情况。对比要清楚事物的可比性，在同标准的前提下，作切合实际的比较。

4．举例说明

为说明市场发展变化情况，举出具体、典型事例，这也是常用的方法。市场调研中，会遇到大量事例，应从中选取有代表性的例子。

（三）议论的技巧

市场调研报告常用的议论技巧有：归纳论证和局部论证。

1．归纳论证

市场调研报告是在占有大量材料之后，作分析研究，得出结论，从而形成论证过程。这一过程，主要运用议论方式，所得结论是从具体事实中归纳出来的。

2．局部论证

市场调研报告不同于议论文，不可能形成全篇论证，只是在情况分析、对未来预测中作局部论证。如对市场情况从几个方面作分析，每一方面形成一个论证过程，用数据、情况等作论据去证明其结论，形成局部论证。

（四）语言运用的技巧

语言运用的技巧包括用词方面和句式方面的技巧。

1．用词方面

市场调研报告中数量词用得较多，因为市场调研离不开数字，很多问题要用数字说明。可以说，数量词在市场调研报告中以其特有的优势，越来越显示出其重要作用。市场调研报告中介词用得也很多，主要用于交代调研目的、对象、根据等方面，如用“为、对、根据、从、在”等介词。此外，还多用专业词，以反映市场发展变化，如“商品流通”、“经营机制”、“市场竞争”等词。为使语言表达准确，撰写者还需熟悉市场有关专业术语。

2．句式方面

市场调研报告多用陈述句，陈述调研过程、调研到的市场情况，表示肯定或否定判断。祈使句多用在提议部分，表示某种期望，但提议并非皆用祈使句，也可用陈述句。

网购商品系列分析之——2010 年网购商品排名

中国互联网络信息中心分析师 孟凡新

发表日期：2011-04-20

2010 年，我国网络购物用户规模达到 1.61 亿人，网购渗透率达到 35.1%。全年市场交易金额达到 5231 亿元，较 2009 增长 109.2%。从用户购买的商品类别看，消费的生活化趋势更加明显，服装、家居等生活用品的网购消费群体继续扩大。根据 CNNIC 的网购年度调查，用户购买比例排名前六的商品类别如下。

排名第一：服装，2010 年，网络购物市场上销售最旺盛的商品依然是服装鞋帽，购买的用户比例为 70.1%，即十个网购用户中就有 7 个购买服装鞋帽。

排名第二：3C 数码，电脑通讯数码产品是购买用户群第二大的商品，购买的用户比例为 31.6%。

排名第三：图书，购买图书音像的用户比例为 31.4%。

排名第四：虚拟卡，充值卡、游戏点卡等虚拟卡购买的用户比例也达到了 27.7%。

排名第五：家居百货，有 18%的网购用户购买家居百货。

排名第六：化妆品，有 17.2%的网购用户购买化妆品和美容产品。

图 2-10 为 2010 年网购各类商品的用户比例情况。

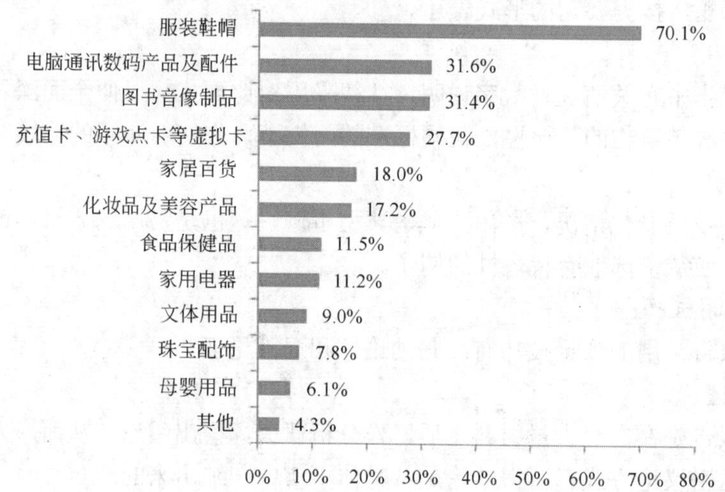

图 2-10 2010 年网购各类商品的用户比例（%）

从用户购买各类商品所花费的金额来看，服装和 3C 产品的分量依然最重，占到了用户消费总金额的 50.1%。由于单价差异相对较高，家用电器跻身网购消费金额前四，而图书音像落到第六位。具体排名如下。

排名第一：3C 数码，用户网购电脑通信数码产品及配件花费最多，占用户整体消费金额的 26%。

排名第二：服装，用户购买服装鞋帽花费的金额占用户整体消费金额的 24.1%，与 3C 产品花费几乎均等。

排名第三：虚拟卡，购买充值卡、点卡、游戏卡等虚拟卡的花费占用户整体消费网购金额的 8.9%。

排名第四：家用电器，虽然购买家用电器的用户排名仅为第八，但是购买家用电器的花费的金额提升到第四，占总网购消费金额的 8.7%。

排名第五：家居百货，用户购买家居百货花费的金额占到了 8.6%。

排名第六：书籍音像，用户购买书籍音像花费的金额占了 4.7%。

图 2-11 为 2010 年用户网购花费中各类商品所占份额情况。

资料来自：www.cnnic.com.cn

任务训练

为自己将要开张的网上商店撰写一个“大学生开网店的市场调研报告”，为以后的网店经营做好准备。

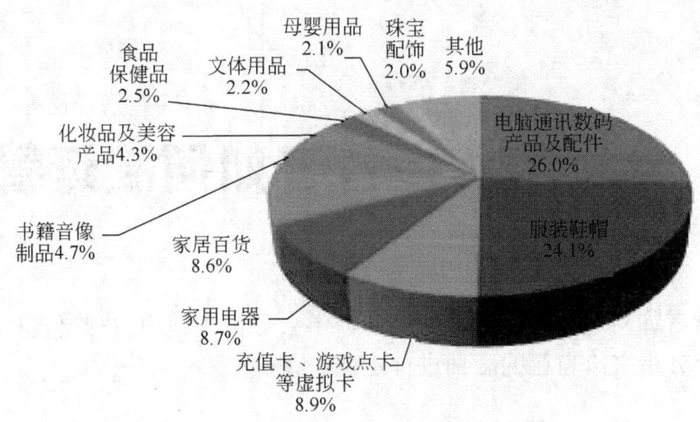

图 2-11　2010 年用户网购花费中各类商品所占份额（%）

素质拓展

对大学生网上开店情况进行调查，分析大学生在校期间网上开店创业需要什么样的环境和条件？

情景三　分析网店经营者如何制订管理方案

知识目标

了解网店经营者如何选择网店的经营平台，学会分析店铺的盈利模式和经营模式，通过各方面条件的综合分析来给自己的店铺进行定位。

技能目标

学会利用互联网查找有关的平台信息，了解各个经营平台的特点，根据平台给出的政策，以及自身现有条件对店铺的盈利模式进行分析和设定，从而理性地对店铺进行定位。

素质目标

能够正确选择网店经营平台，通过盈利模式的分析与网店定位的分析来制订网店的经营管理方案，并能够对方案的可执行性进行理性分析。

任务导入

小刘的苦恼

小刘是一名刚毕业的大学生，和所有的大学生一样，在拿到毕业证书的那一刻也就意味着需要面对社会了。然而找工作面临的问题有很多，好的工作竞争对手也多，差点的工作又觉得白瞎了这张毕业证。辗转了几个单位，都因为受不了工作压力和老板的谩骂而辞职，于是小刘决心自己创业。考虑到网购已经被人们认可，有不少朋友在淘宝上开了网店都赚了不少钱，而且开网店的成本要比开实体店的成本低得多，还有许多实体店不能比拟的优势，小刘觉得可以筹划着开个网店试试。

在了解了淘宝的开店规则之后，小刘便按照要求发布了宝贝，简单布置了一下店铺便开始经营了。可是店铺开了两个月了也没有人购买商品，店铺的点击量少得可怜。他百思不得其解，于是找了一些有经验的朋友询问意见，寻求解决办法。有朋友说是因为商品不够新颖，价格不够便宜，店铺也不够精美。为了能够吸引客户，小刘找了一些旺铺逛了逛，找出这些店铺的热卖产品，随即在自己店铺里摆上了这些进行销售。又借鉴了一些皇冠卖家的店铺风格进行了店铺装修。原本以为这下子生意该变得兴旺起来，可是等了一段时间，发现销量和点击率还是没什么提高。卖同样的东西，为什么差别这么大呢？

小刘想了很久也没想清楚，有细心的朋友了解到这个情况，问小刘：你开店是为了赚钱，那你打算赚谁的钱？能赚多少？怎么赚？这些问题在开店之前有没有细细思索过？你的店铺商品摆放凌乱，产品多而杂乱，价格设置一没有考虑到市场，二没有考虑到同业竞争者，与其他卖同类商品的卖家相比，没有任何优势力量。除此之外也没有一套有效的运营管理方案。

小刘回头一想，说的的确很有道理。搞清楚原因以后，小刘静下心来仔细分析，进行了大量的信息搜索和市场调查，经过整顿以后，店铺又重装上线了。按照新的管理方案，小刘终于得偿所愿，店铺的生日开始蒸蒸日上。

任务提示

类似小刘这样的网店经营者还有许许多多，很多人在开店之时想的都是开网店能赚钱，所以要开网店，却没有认真思考如何利用网店赚钱，去赚谁的钱，能赚多少钱。这也就是为什么有的卖家的店铺能够日进斗金，而有的卖家的店铺却是门可罗雀。无论是网店还是实体店，要想盈利必须要有一套明确的经营管理方案。因此，作为网店经营者，在经营店铺以前就要思考，网店的经营平台怎样选择？网店的盈利模式是什么？网店的定位是什么？请好好思考这些问题，并通过本任务的学习与实践来设计自己店铺的经营管理方案。

任务提出

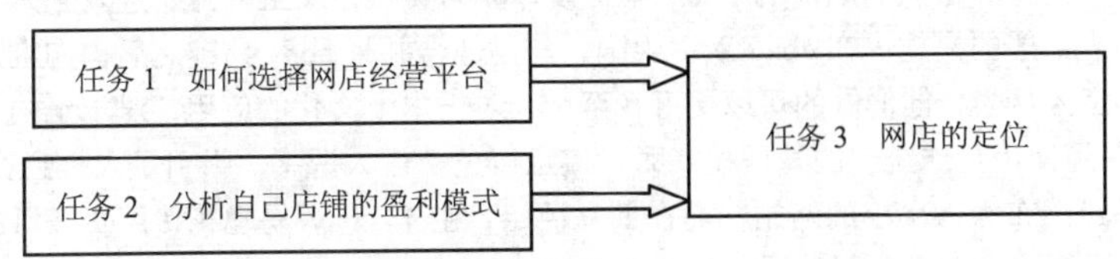

任务1　如何选择网店经营平台

请利用互联网搜索现有的网店经营平台，了解各个经营平台的特点以及存在的优势与劣势，通过对比来分析自己开网店会选择哪一家平台，并说明原因。

工作过程

搜索网店经营平台→分析网店经营平台的特点→比较优势、劣势→为网店选择经营平台

相关知识点

一、网店经营平台的类型

（一）网店经营平台的概念

所谓网店经营平台就是指能够让人们在互联网上通过注册店铺，发布商品信息，使用相关工具软件实现商品和店铺的经营管理的，并通过支付工具完成交易的网站。

（二）网店经营平台的类型

根据不同的电子商务模式，可以把目前的网店经营平台划分为B2B（企业对企业）、B2C（企业对消费者）和C2C（消费者对消费者）三种。

B2B网店经营平台主要是为给生产企业、流通企业和分销企业选择合作伙伴提供一个服务平台，生产商和分销商可以通过自建网站来实现网店的经营管理，也可以通过缴纳一定的费用，依托相关的第三方B2B行业网站来实现目的。

B2C网店经营平台主要是企业依托网上平台直接面对消费者，不需要寻找分销商来实现商品和服务的销售。同样既可以依托第三方平台，也可以通过自建网站来实现网店经营与管理。

C2C网店经营平台多是依托第三方平台实现的，消费者可以在网站上直接购物，也可以通过平台进行销售。

二、几大C2C网店经营平台简介

目前人们熟知的C2C网店经营平台主要有淘宝网、易趣网、拍拍网、百度有啊、卓越网、慧聪网以及各大门户的商城，以下就这几个平台进行分析。

（一）淘宝网（http://www.taobao.com）

淘宝网于2003年5月10日在中国杭州诞生，是阿里巴巴旗下的C2C电子商务平台。从诞生到现在，先后经历了几次改版，从页面到功能，从免费到功能性收费等，吸引了无数的

网民前来开店和消费。

淘宝的几次变革都非常成功，不仅给网民提供了购物的场所，还提供了娱乐和发表意见评论的平台。作为后起之秀，淘宝很快超越了易趣，成为C2C电子商务平台的领军者。

小知识

搬金币的蚂蚁

提到蚂蚁，让人很容易想起淘宝的吉祥物，无处不在的小蚂蚁。马云在多个场合使用“蚂蚁雄兵”这个词，他认为淘宝的员工就应该像蚂蚁一样，虽然渺小，但是团结、有秩序、坚持、勤奋。在风雨飘摇的2003年，以非典为契机，淘宝网开始进入到人们的视线。而摆在他们面前的是一头大象般的易趣。在ebay入主中国，与易趣合并为ebay易趣之后，淘宝没有被这个世界级的对手所吓倒。淘宝人认为，他们做的可以更好，至少，对于本土文化的应用，对本土的人情世故了解得更为透彻。在ebay易趣使用全球统一的管理模式时，淘宝以免费巨大诱惑，吸引了大批会员注册。

淘宝的广告踪迹遍布大大小小的网站，而在创立伊始，由于ebay易趣花费巨资签订的排他性协议，淘宝被搜狐、新浪、网易这三大门户网站拒之门外，但是这无法阻挠淘宝的发展。当淘宝的广告像雪片一样在无数的小网站上纷纷扬扬的时候，意味着淘宝走农村包围城市路线是成功的。淘宝雄兵们扛着扳倒大象的大旗，果真在淘宝网成立一年以后成功超越了ebay易趣。

（二）易趣网（http://www.eachnet.com）

1999年8月，两位哈佛商学院毕业生，邵亦波和谭海音在中国上海创办易趣网。2000年1月，易趣成为中国最受欢迎的拍卖网站。同年7月，易趣推出个人网上开店服务培养起中国首批真正靠网络来赚钱的网民。

但是易趣网被ebay易趣收购以后，经营模式老套，不适应中国的电子商务发展，有些策略对于卖家来说觉得很不合理，在对比淘宝的优惠政策之下，有大量的用户流失。

小知识

ebay与eachnet

ebay的创办人Pierre Omidyar出生于巴黎，从小对计算机就表现出很浓厚的兴趣，也一直以计算机技术作为谋生手段。在1995年，时值28岁的Pierre Omidyar在一个周末的下午编写了ebay的源代码，据说是为了方便妻子Pam在互联网上把闲置物品进行拍卖，交换一些PEC Candy的玩具。有传闻说Pam非常喜欢买新衣服，但许多衣服都只穿一两次就被搁置了，于是Omidyar想到了通过网上拍卖来把闲置的衣物变成现金，进行再次购买。也有其他说法的。不管ebay的创立初衷是什么，1995年9月4日，这个以拍卖为目的的电子商务平台在美国加利福尼亚州圣荷西上线了。Omidyar卖掉的第一件物品时一只坏掉的镭射指示器，这件旧物以14.83美元成交。购买者告诉Omidyar他的兴趣就是搜集坏掉的镭射指示器。从这件事情当中Omidyar看到了ebay的商业前景，你认为是垃圾的东西，别人会当成宝贝，他决心把ebay打造成世界的网上购物市场。如今，ebay成为全球范围内最大的电子商务交易平台。

eachnet（易趣网）是中国的两个青年捣鼓出来的，到两千年初，易趣网成为中国第一个网上拍卖平台，通过与新浪的结盟，易趣在国内的影响力和惠及面得到了进一步的扩张。越来越多的人在易趣平台上进行交易，并为中国培养出第一批真正意义上的网上购物者。2003年7月由于美国ebay的全球扩张计划，出资一亿五千万元合并了易趣，于是eachnet更名为ebay易趣，以拍卖为主。易趣成为ebay的一员，正准备抢占中国大好的几乎处于空白的C2C电子商务市场时，阿里巴巴旗下的淘宝网异军突起，顺利地完成了市场的抢夺。在2005年ebay易趣的市场份额为29.1%，而淘宝的市场份额有67.3%，这项数据明确反映出ebay在中国的扩张失败。失败的原因不仅在于竞争对手的强势崛起，更多的在于ebay没能及时迎合本土市场的需要。为了打破这个局面，2006年12月，ebay与TOM在线宣布联手，以TOM占有ebay易趣51%的股份的方式解除eachnet的合作。自此TOM易趣重归本土。

（三）拍拍网

拍拍网作为腾讯“在线生活”战略的重要业务组成，在创立之初就定位于“中国电子商务的普及者和创新者”，以促进电子商务在中国的全民普及和发展。以腾讯QQ的广大用户群体作为强大的支持，发展势头迅猛。

由于拍拍与腾讯的QQ面板集成在一起，只要是腾讯QQ的用户就能够不用注册，直接使用，而且通过 QQ 能够直接发布商品信息，一些促销活动也与 QQ 的其他活动联系在一起，很容易进行推广。

拍拍网的简介

淘宝在打败 ebay 之后，马云曾经计划开始收费，但是这个收费计划夭折得很快，其中一个很重要的因素就得是腾讯从即时聊天平台走了出来，也走进了 C2C 市场。

拍拍网的发展比淘宝曾经的发展势头要迅猛得多。在拍拍网运营满百天的时候即进入了“全球网站排名”的前 500 强，创立了电子商务网站进入全球 500 强的最短时间纪录。

（四）百度有啊

百度有啊是全球最大的中文搜索引擎百度旗下的网络购物平台，依托于百度强大的社区资源和搜索技术，于 2008 年开始面向广大网络用户，与淘宝、拍拍、易趣等一起分割网络零售市场。

由于起步较晚，因此在支付网点上不如淘宝和拍拍的全面，网上支付的合作银行也没有淘宝和拍拍的多。

小知识

C2C 的新生代——百度有啊

与易趣、淘宝、拍拍相比起来，有啊无疑是电子商务 C2C 平台的新生代。2007 年 10 月 18 日，百度宣布正式进入电子商务领域，而在这之前，为了能在与三大网络交易平台的竞争中雄起，百度有啊经过了一段时间的内测，成绩斐然。

由于起步晚，有啊与淘宝、易趣、拍拍的差距不是一天两天能缩小的。但在有啊开店的卖家也越来越多，这些卖家都看中了有啊的坚实背景，也相信有啊会有较为理想的发展前景，更重要的是，在初始阶段，从竞争对手来讲，竞争相对淘宝、拍拍来讲不会太过激烈，意味着机会也更大一些，从花费上来讲，比起淘宝的各项收费性服务，在有啊上花费的成本更低。

在淘宝、易趣、拍拍的夹击下，有啊于 2011 年 3 月 30 日开始宣布关闭一个月，准备重新在服务、功能、版面上进行整合，目前还未开放。

三、如何选择网店经营平台

从网络上经常能看到相关的提问帖子，例如：能告诉我选择哪个网店经营平台比较好吗？或者：新手卖家，找哪个平台比较好呢？有免费的吗？等等诸如此类的。

从这一类的问题中，可以看出卖家在选择网店经营平台的时候经常会考虑这样一些前提：是不是能够免费开店，开店以后能不能有大量的消费群体，平台是否操作便利等。

在选择网店经营平台的时候，首先要从以下四点来考虑：

第一，是以企业还是以个人的名义进行销售；

第二，开网店的目的是直接服务于消费者，还是为了选择上游或者下游企业；

第三，有没有足够的资金和人力物力来自建网站平台；

第四，是自建网站的经济效益大还是依托第三方平台更划算。

通过思考这四个问题，可以得出以下结论：在企业或个人拥有足够的资本、人员和技术的前提下，根据自己的经营目的和销售模式来选择相应的网店经营平台。当然，并不是说只能选择某一种经营方式，根据推广需要，可以选择多种经营方式。

像沃尔玛就属于企业自建网站实现对消费者的直接销售，属于 B2C 电子商务模式。沃尔玛的平台就是沃尔玛自建的网上商城。自建商城的优势表现在能够与实体企业的经营方式结合起来，宣传力度大，个性，独立，系统。选择第三方中介平台的优势在于花费小，借助平台优势则工作量少，能够更专心地考虑经营问题等。众多的个人卖家都选择淘宝、拍拍作为销售平台，第一能够省去建站的费用，第二这两个平台上的消费群体人数众多，客流量有足够的保障。

任务训练

在淘宝网、拍拍网、易趣网、百度有啊等平台中任意选择一个作为网店经营平台注册为卖家用户，并说明选择该平台的理由。

操作步骤：

1. 将淘宝、拍拍等网络平台的优缺点进行比较，选择合适自己的网店经营平台；
2. 选好平台后，登录相应的网站，例如选择了淘宝，则登录 http://www.taobao.com；
3. 新用户点击注册并激活，老用户直接登录，然后在我的淘宝里选择我是卖家，点击我要开店；
4. 按要求发布宝贝以后，激活店铺。

素质拓展

淘宝、拍拍、有啊的 PK

项目	淘宝	拍拍	有啊
页面设计	灵活、多样，针对不同的商品种类采用了不同的设计，二级页面更注重资讯	对于热门种类，采用了不同的专门设计，页面展现上比较灵活	有啊的页面外观精简、清新，是很多人所喜欢的风格，但是在页面的内容呈现上就相应的有所不足
人气	在流量上，淘宝网目前Alexa排名为全球第45名左右	拍拍网目前 Alexa 排名为全球第318名左右	由于新上线不久，Alexa排名目前并不足以提供参考
商品分类	种类划分、字母划分	种类划分、字母划分	种类划分
商品丰富程度	★★★★★	★★	★★
搜索	首页搜索支持自动完成功能，高级搜索中提供了十分详细的搜索辅助选项	首页搜索支持自动完成功能，将商品搜索与店铺搜索一分为二	不支持自动完成的搜索提示，提供了特色的“相同卖家合并”选项
个人资料管理	支持大量资料的填写和修改，支持保留5个收货地址	支持大量资料修改，支持保留10个收货地址	需要填写的项目很少，可以预设10个收货地址，并可随时进行修改和删除，并可设置默认地址
购物方式与流程	提供了一口价和拍卖，并加入了非会员快速购买的功能	提供了一口价和拍卖，并在购买时多了一个“加入购物车”的按钮	购买流程与前两者相似，但无特色服务，只支持一口价
支付方式	淘宝通过支付宝提供了三种付款方式，分别为网上银行、支付宝卡通和网点充值，提供了灵活多样的支付手段	通过财付通提供了银行卡充值、网吧充值和上门收款充值三种方式，但每种支付方式的可选方案不如淘宝多	通过百付通收款，只支持网上银行的支付方式
订单和配送的跟踪得分	提供了快速查看物流配送的链接	跟淘宝相似，提供了快速查看物流配送的链接	交易详情页面给人的感觉非常好，可以说是三者中最为出色的
信用评价体系得分	★★★★	★★★★	★★★★
安全功能对比	提供全方位的安全保护措施	提供全方位的安全保护措施	不提供数字证书，在高级保护上还有所欠缺；不提供安全综合检查功能

任务2　分析自己店铺的盈利模式

请通过淘宝搜寻一些品牌店铺，如麦包包、小也香水、御泥坊等，学会分析这些店铺的经营特点及盈利模式，通过对比来分析自己的网店会选择怎样的盈利模式，提交分析报告。

工作过程

登录淘宝→找到相关店铺→比较店铺特点→分析盈利模式→对自己的店铺进行分析

相关知识点

一、盈利模式概念

做生意的目的是什么？很多人都会回答：赚钱。尽管现在的企业在经营过程中提出的概念是为客户提供服务，但是满足客户的需要仍然是为了达到赚钱这一目的。商人逐利本能使得许多人转战到电子商务平台上来进行经营，原因在于，无论企业大小，无论资本多少，在互联网上的机会是均等的。无论是实体店经营也好，网店经营也罢，企业或个体经营者都会遇到赚钱和亏本这两种结果。因此，能否盈利成为关键问题。

盈利模式指按照利益相关者划分的企业的收入结构、成本结构以及相应的目标利润，通俗的说，盈利模式就是采取什么样的方式和手段，利用什么样的渠道赚钱的。与商业模式不同之处在于，商业模式是为了赚钱采取的方式方法，以盈利为目的，而盈利模式则是能够赚钱的方式方法，是以盈利为结果。而网店的盈利模式就是网店赚钱的渠道和方式。

二、盈利模式的分类

盈利模式分为自发的盈利模式和自觉的盈利模式两种，前者的盈利模式是自发形成的，企业对如何盈利、未来能否盈利缺乏清醒的认识，企业虽然盈利，但盈利模式不明确不清晰，其盈利模式具有隐蔽性、模糊性、缺乏灵活性的特点；后者，也就是自觉的赢利模式，是企业通过对赢利实践的总结，对赢利模式加以自觉调整和设计而成的，它具有清晰性、针对性、相对稳定性、环境适应性和灵活性的特征。

作为网店经营者，一定要明确自己的盈利模式，而不能盲目地进行销售等待自发盈利，明白网店的盈利点，能够更好地制订营销策略，达到盈利的目的。

三、分析自己网店的盈利模式

网店的盈利来源是商品销售以后除去成本的利润。能够帮助提高销量的方法有很多，例如加入消保、加入直通车、通过博客和BBS营销等。

（一）加入消保

消保是指淘宝卖家加入了消费者保障协议，这个协议对于消费者的利益起到很好的保障作用。例如假一罚三，例如7天无条件退款，只要消费者提出有效证据那么卖家就会照赔照退。因此消费者对于加入了消保的店铺比较信任，买的放心。所以，在产品相同，价格合适的情况下，加入消保的店铺的成交量会大大提高。

（二）直通车

直通车也是一个很好的营销方式，通过首页的直通车，消费者不需要搜索就能够看到店铺的促销活动或者新奇产品，大大提高了店铺的点击率，成交量也会大大提高。因此新手卖家和资深卖家都愿意花费一定的资金开通直通车。

要知道，在淘宝里搜索店铺一般来说是根据是否商城卖家，是否加入消保，是否热销商品，是否即将下架等，要在众多的店铺中迅速到达你的店铺，概率很小。而直通车则能把你的店铺挂在淘宝的首页，无需通过搜索，只要点击就能到达。

当然，直通车也存在弊端，例如恶意点击事件的发生。恶意点击事件的发生因素有很多，通俗的讲就是很多人故意去点击首页上的直通车，导致卖家的店铺流量上去了，花费的费用增加了，但是无实际销售行为发生，这也是恶性竞争的表现。当然，从许多网评中也看到了，大部分人对于开通直通车的做法还是赞同的，也有部分人认为这是淘宝变相收费的手段，有淘宝员工专门点击直通车造成恶意点击现象的发生。

无论如何，从客观上来讲，不能否认直通车的优势力量是其他营销方式难以匹敌的。

（三）博客营销

淘宝论坛里有很多卖家写的博文，有很多专业性很强的博文点击率很高。这些博文能够引起消费者的共鸣，给消费者提供购物帮助，因此消费者对于发帖的卖家较为信任，愿意去该店铺选购商品。作为新手卖家，可以好好研究博客带来的经济效应。

比如淘宝的卖家岚姐姐曾经在淘宝社区发表了一篇关于钻石的博文，教大家在五分钟内学会辨别真假钻石，以及辨别钻石品级的高低。岚姐姐在文中用风趣幽默的语言从综合衡量钻石品质和价值的标准的 4C 角度进行分析，也就是从就是钻石的大小、净度、颜色、切工来分析，形象地把钻石变为美女，使得阅读过的人能够很通俗地学会简单挑选钻石的方法。这篇博文发表以后点击率暴涨，被多个论坛转帖。从头到尾都是关于钻石的，没有一句话是在推销自己的店铺，但是很多消费者在看到这篇帖子以后到岚姐姐的店铺里选购商品。

这个案例告诉我们博客营销的好处，当然也要注意博文的写作方式，如果博文从头至尾都是一味地推销店铺，那么反而会引起不良效果。

（四）加入淘宝客

除了自身店铺商品的营销，卖家还可以通过加入淘宝客来获取利润。淘宝客也是淘宝提供的一项营销服务，卖家可以通过淘宝客获取推广链接，通过店铺内的友情链接位来赚取佣金，在加入淘宝客以后可以通过其他的卖家的友情链接来获取更多的客户，也可以通过发布别人的店铺链接来赚取佣金。

当然，选择友情链接时要注意，不要添加竞争者的店铺，否则，当顾客通过你店铺里的友情链接进入到竞争对手的店铺发现他的商品和服务比你的要好时，你等于把你的顾客双手送给了竞争对手。

任务训练

写出自己店铺的盈利模式计划，并进行分析。

素质拓展

一般网站的盈利模式

中国网站盈利模式是多样化的，目前大多数中国网站采用广告盈利模式。靠广告盈利基本上要靠流量，这是不容置疑的事实，中国网站盈利模式有一部分是小型网站和个人网站，那么个人网站盈利模式是什么？先看下小型网站吧，小型专业网站细分受众的特点，决定了其与流量——广告这种模式是背道而驰的，当然，由于目标用户的明确，可以相应地投放专业的广告，但以目前的情况来看，这仍然需要一个大的流量基础。比如采取部分内容只允许付费会员浏览查询等。这种模式适合于专业性强的网站，我认为这将是一个未来网站盈利的主流模式，尽管在现在网络环境下看起来是比较难以实现。但有很广大的未来将属于这种模式。

中国网站盈利模式分析可分为以下几种。

1．依靠传统广告获得收入模式

早期的互联网时代主要模式之一，要求访问量达到一定规模，人均访问量至少要在万级以上。

2．与传统媒体行业的合作模式

通过网站增值服务进行收费，例如：互联星空的电影、电视节目收费。

3．电子商务模式——B2C、B2B

网上销售，会员收费制或交易额提成，如：当当书店、阿里巴巴。统计流量＋广告模式。这种模式属于大投入、低产出的模式。虽然现在网站媒体很多还是依赖于这种模式，但这种低产出的模式没有充分发挥优势，特别在全球媒体都在尽量减少广告收入在整体收入中的比重的今天，继续奉行这种模式无疑是不可取。即依靠其专业性极强、有独特价值的内容而向用户收费。

4．网上商城模式

相对于付费内容，网店一般卖的都是实物商品，随着电子商务发展速度的不断加快，诚信、支付、物流等制约因素将逐步缓解，同时，消费观念也将逐步成熟，可以预见，这种模式也将成为未来网站盈利大潮中的主流力量。

5．宽带娱乐型模式

随着带宽不断扩展，娱乐也在不断升级，基于宽带的在线游戏、电影、电视点播将是浏览者娱乐消费的主流形式。

中国网站盈利方式一:个人交易平台服务(C2C)模式

这种方式代表站是 eBay(电子海湾)，其交易方式主要是以个人竞拍的形式，在纳斯达克上市的网站公司中，是市值最高的一家(510 亿美元左右)，这足以证明这种个人交易在美国以及其他发达国家的影响。

中国网站盈利方式二:在线广告

在线广告是网站盈利比较普遍的方式，其形式繁多，从 Banner(旗帜)、LOGO(图标)广告，到 Flash 多媒体动画、在线影视等多种多样，从收费方式来看，现在比较受欢迎的是按点击次数收费。

总之，中国网站盈利是企业最关心的问题，如何盈利也是企业和建站公司共同开发讨论的问题。

摘自：http://www.795.com.cn/wz/93478.html

任务 3 网店的定位

任务要求

能够清楚地了解网店的消费群体，能够根据消费群体的需求以及自身条件来给网店定位。

相关知识点

一、影响网店定位的因素

（一）消费者需求

在计算机和网络的普及应用下，随着电子支付的安全性在逐步加强，越来越多的网民选择在网上购物。网店定位在很大程度上是由消费者的需求决定的。

因此，开网店首先要考虑的是准备把东西卖给谁，这个消费群体喜欢哪些商品或服务，需求量是大还是小，这些商品或服务是使用周期短的还是周期长的等。通过消费群体的消费习惯和消费水平来确定网店是走高档品牌，还是中低档。

把网上的群体进行分类可以发现，喜欢网购、经常网购的人可以分为白领阶层、大学生群体以及专职太太。其中大部分皆为女性。因此在选择商品的时候，目标要放在女性消费者身上。

而女性消费者感兴趣的商品主要有化妆品、服装、饰品、玩具、家居用品、母婴用品、礼品等。所以商品可以在这些范围内进行选择。当然，每天都有新的产品出现，而女性朋友们的消费习惯很容易更改，所以卖家要随时根据市场变动来进行商品的调整。

当然，学生群体也是很重要的，他们的消费水平算中下，但是需求量大，主要需求的商品有虚拟游戏类和充值类，还有书籍、饰品、服装、电子产品、精品礼品等。卖家如能够针对学生的消费需求和消费水平设计合理的商品促销活动，则可以抓住大批的客户。

小故事

脚趾上的财富

没有设计不来的产品，只有满足不了的需求。

穿五指袜在时下已经成为一种潮流，很多俏皮的可爱的五指袜深受人们的喜爱。这是为什么呢？因为在享受时尚的同时，很多人看中的是五指袜的健康生活的理念。它能帮助解决灰指甲、脚气、脚臭等问题，还能够帮助促进脚部的血液循环。而继五指袜之后，近年在街头也能看到五指鞋的踪影。不同于在淘宝上所看到的具有美体瘦身效果的五指拖鞋，这种具有欧洲风格的五指鞋是根据人体的脚部形态所设计的，从外观上来讲就像一双赤脚，具有良好的舒适度，而且对人体健康很有好处。不仅如此，在工作生活的压力下，现代人越来越喜欢亲近自然，而这种类似赤脚行走的鞋子能够满足人们这种回归自然的感觉。于是从欧美国家传来的时尚很快风靡起来。也有越来越多的生产商和经销商从脚趾上赚取到巨额的利润。

探讨五指袜与五指鞋的消费者定位，谈谈从中得到的启示。

（二）竞争对手

竞争对手也是网店定位的营销因素之一。古语有云：知己知彼，百战不殆。在确定消费群体以后，通过研究竞争者的店铺情况可以了解到相应的市场份额占有情况，并且，通过对竞争对手的分析，能够找出相应的市场空隙，通过空隙定位等方式打入网络市场。

在网上经营店铺的卖家有很多，但针对的消费者是既定的群体，这一群体的喜好和消费需求是不变的，因此同行业的竞争者很多，他们的店铺也许风格不同，但是从整体来看经营的产品都是一样的，价位也都差不多。

通过对竞争者的研究，可以了解他们的营销策略，有针对性地制订自己的营销策略，做到即使是卖同一件商品也能做的与众不同，从而达到吸引客户的目的。

小知识

知己知彼，百战不殆

《孙子·谋攻篇》中说："知己知彼，百战不殆；不知彼而知己，一胜一负；不知彼，不知己，每战必殆。"意为：既了解敌人，又了解自己，百战都不会有危险；不了解敌人而只了解自己，胜败的可能性各半；既不了解敌人，又不了解自己，那只有每战都有危险。在我国古代许多著名的战役中，都对这句话给出了很好的诠释。

秦朝被推翻以后，刘邦、项羽两江割据，形成楚河汉界。为了一统天下，两人进行了长期的斗争。相比之下西楚霸王项羽无论文治武功人品心性都要胜过刘邦，为何在楚汉之争中，项羽最后饮恨乌江呢？就是因为刘邦熟知项羽的习性，进而针对其弱点进行各个击破。历史上"鸿门宴"的典故就出自这里。在鸿门宴上，项羽完全有杀死刘邦的机会，因为性格因素放过了这个机会，而刘邦的谋士张良却很好地利用了这点，帮助刘邦一直到最后取得胜利。

历史上著名的赤壁之战是典型的以少胜多的战例，而其取胜的原因固然有天时地利的因素，更多的是对于曹操此人性格的分析比较透彻，进而能够采取相应的对策。诸葛亮草船借箭是因为曹操的多疑，周瑜打黄盖是利用曹操的自负，而后火烧连锁船，使得曹操一路丢盔弃甲。至此赤壁之战以孙刘联军获胜告捷。

孙子兵法在古今中外都被奉为军事宝典，而俗话说商场如战场，在这没有硝烟的战场上，很多的成功的企业家都是抱着孙子兵法决胜帷幄的。你有张良计，我有过墙梯，谁才能最终赢得消费者的青睐？这就要看在了解消费者的同时，对竞争对手的策略了解多少，能否针对其策略做出正确的应对了。

查找相关的案例，试说明知己知彼、百战不殆的重要性。

（三）成本

确定了消费群体和市场需求情况之后，需要考虑的一个因素就是确定网店销售的商品或服务以及进行店铺推广需要花费的成本。

无论是开通直通车还是加入消保，使用量子恒道统计工具还是加入淘宝客，这些推广方式都需要一定的费用。一个店铺的运营除了推广，还有产品的库存。换句话说，只要做生意就需要投入成本。

二、如何进行网店定位

（一）选择消费群体

确定营销对象，了解消费群体的需求，有目的地进行营销。可以从消费者身上找共性的东西，例如兴趣爱好、文化背景、生活习惯等。可以根据不同的地域、年龄层次、收入水平进行划分。只有选好了消费群体，接下来才能够制订针对性的营销策略。

因此，给网店定位的首要前提就是确定网店的消费群体。

（二）确定商品

选择营销商品，这类商品应该能够满足消费者的消费需求，符合消费者的消费习惯。但单纯的销售能满足需求的商品是不够的，商品的特色很重要。淘宝网商中，很大一部分是依靠销售新、奇、特产品发家的。即使是现在，新奇特商品依然能够吸引许多买家的眼球。因此卖家应当考虑商品的特色和卖点。

在考虑商品的卖点和特色时要注意，作为卖家应当注意把消费者的感情需求放在重要的地位。卖的不仅仅是简单的商品，而是感情。在建立了情感共鸣后，才能够赢得消费者。例如卖给肥胖者衣服，应该注意到胖人的自卑以及他们对美的追求。要对他们给予鼓励和赞美，告诉他们胖也可以很美。在销售商品时附带一些礼品，也能够赢得消费者的情感，从而产生二次消费。

（三）价格

很多人上网购买商品都是因为网上商品的价格较为便宜。但是很多店主在进行网店商品定价时，都会遇到难题。为什么同样的商品，别人的定价比我高还卖的特别好？为什么有些商品他们的价格比我的成本价还低了很多？诸如此类的。

因此在考虑打价格牌的时候不应该走竞价这条道路，在网络上拼低价的最终结果就是两败俱伤。如何进行商品的价格组合，是店主应该考虑的。以低价商品和促销商品带动盈利商品的销售不失为一个明智的选择。

可以利用商品的橱窗位以及推荐位。在发布商品的时候给商品进行相关组合。选择一两款商品进行促销活动，给出低价位，可以比其他卖家的同类商品价格都要低。以低价吸引消费者购买。根据消费者的购买习惯可以发现，大多数消费者都不愿意只买一样便宜的商品，付一件的邮费。他们都希望在不超重的前提下让邮费的利用率最高。因此在选购了促销商品后，大多数买家都会再选择其他的商品。这时候可以在促销商品的旁边放置相关的利润又比较高的商品。通过商品组合达到盈利的目的。

而且在设置价格的时候也有讲究，9.9 元的商品远比 10.1 元的商品卖得好，39 元的商品也比 40 元的商品容易被顾客所接受。当然，不是所有的商品都是价格便宜的好。例如一件很漂亮的蕾丝裙子进价 10 元，卖 15 元，消费者在看到这条裙子的时候就会考虑一个问题，是不是很差的料子，我穿这么便宜的衣服出去会很没面子。如果送人的话，这也会显得很没有档次没有格调。因此有些商品，哪怕进价真的很便宜，在定价时要考虑到消费者的情感需求，适当地调高价格，这样，既赚足了银子，又给足了买家面子，一举两得。

（四）专业

事实证明，专业的店铺更能够赢得消费者的认同。在前期，商品不应该做的像杂货铺，而应该从消费者身上获取认同感。一个专业的店铺做出来的商品能够让消费者相信品质。因此，作为卖家应当在销售商品时，提供一些专业的附加服务。例如卖服装时，教给顾客如何进行服装搭配，如何辨别商品的材料，如何辨别真伪等。这样，顾客才不会认为你在卖假货。

很多的网店在做商品描述时，都会添加上使用说明。例如卖蜂蜜产品的店家会告诉买家如何辨别蜂蜜的好坏，如何食用蜂蜜才能够发挥蜂蜜的效用，如何避免不当使用蜂产品等。卖内衣的卖家也都会详细说明内衣尺寸的测量方式，内衣的洗涤和保养方式，如何选择合适的内衣等。卖化妆品的会写明化妆品的有效成分以及功效，针对不同的皮肤应该使用怎样的产品搭配等。这些都能够给买家提供购买帮助。

要知道，买家也许比卖家都专业，也许完全不懂得这一领域的知识，也许懂一些但又存在误解。不管是哪种类型的买家，提供专业知识都能够很好地帮助买家进行识别，最起码能够表现出卖家的专业。而这份专业也将给店铺带来庞大的销售量。

案例分析

皇冠与金冠的背后

一、背景

在淘宝上有着无数向着成功的后天爬行的人们，每一个成功和失败的故事都有着辛酸的背后，许多卖家都为亮闪闪的皇冠与金冠而努力地不分白天黑夜地在网络上经营。而成功，总属于能抓住机遇的有准备的人们。

1. 从卡普家居到公子茶道

淘宝的网络红人胡公子胡为之所以为人们津津乐道，原因在于他对于买家中差评的犀利评价。在几乎所有的淘宝卖家为中差评捶胸顿足、伤心落泪时，胡公子终于扛不住这种不公平的待遇，用犀利而新奇的语言向买家进行反击。这种行为非但没有使得胡公子被封杀，反而人气一度飙升，店铺的访问量和销售量也开始走红。

不得不说中差评的确不是能让卖家感到荣耀的，哪怕是由于中差评而吸引到的众多点击与购买。在呼声四起和名声大噪之后，胡公子很聪明地选择了转型，冬天做皮草专营，夏天做茶叶专营。在做皮草专营时，店铺内以高档皮草为主，界面精致、华贵；在做茶叶专营时，页面健康清新。从产品介绍来看，专业性强，针对的消费群体也划分得清楚明白。如今胡公子的店铺已经有三皇冠，销量继续风生水起。

2. 木木家——您的私人魔衣橱

木木家是一家淘宝原创女装品牌店铺，目前已达一金冠，店铺主打产品是蕾丝风格的女装，风格多样，品种繁多。木木家的店铺装修浪漫唯美，符合女生的公主情怀，因此深受广大青少年女性及白领女性的喜爱。价格较之同行来讲偏高，但营销手段较多，有下线分销商，与淘宝官方推广联合，并且定时推出特价、折扣、秒杀等活动，通过直通车和首页广告吸引到众多买家。

3. 柠檬绿茶

柠檬绿茶也是淘宝具有影响力的网商之一，在 2010 年时已到达三金冠，号称化妆品第一购物网。柠檬绿茶的商品品种繁多，不仅经营化妆品，还经营服装、食品、器材、家居、饰品等，而且价格与同行相比相对低廉。其店铺界面友好，类目明确，辅助音乐，让访问者心情舒缓，而且有停留的兴趣，从而提高了购买的转化率。柠檬绿茶在做大之后从销售向培训转移，通过网商的培训获得了大批下级代理商，是淘宝第一个到达三金冠的卖家。

二、案例分析

从上述案例中可以看到无论是皇冠买家还是金冠卖家，都拥有各自店铺的经营方案。

胡公子的店铺随时根据市场需求来进行调整，亮点在于善用“名气”打造专属品牌经营。以“胡公子”为品牌的茶品销量可观。而在冬季销售的皮草也借助了店主名气和信誉，销量也比较可观。因此，胡公子的店铺主要以名人效应经营理念。

木木家所经营的女装抓住了女人的梦幻需求，无论哪个年龄段的女人都会有公主情怀。这也是木木家取得成功的原因，在商品定位上成功地抓住了消费者需求。而各种促销策略也是木木家赢得众多回头客的原因之一。

柠檬绿茶期初主要走价格路线，超低的价格和折扣，以及大量的促销、秒杀使得柠檬绿茶迅速在众多网商中脱颖而出。而多而全的商品则吸引了众多访问者的眼球，这不亚于是淘宝化妆品的“亚马逊”模式。

从关键字搜索中，也能看到柠檬绿茶、蕾丝、胡公子等的搜索排行是靠前的，搜索结果众多。综上所述，无论是皇冠卖家还是金冠卖家，在经营店铺的时候一定要找准店铺定位，包括价格、营销方式、商品、目标群体等，制订一套适合自身店铺的经营方案。通过实践不断完善方案，提高方案可行性。

任务训练

根据所学知识，给自己的网店定位，写出计划方案。

素质拓展

全球最大零售企业沃尔玛终于出手，现身中国电子商务市场的乱战中。沃尔玛深圳山姆会员网上商店(http://www.samsclub.cn)近日悄悄上线，虽然仍然在测试阶段，但沃尔玛这个重量级角色的进入，无异为本已如火如荼的中国电子商务市场又添加了助燃剂。

关于沃尔玛将在中国试水电子商务的消息已经在零售圈以及电商行业流传已久，实际上无论是现在还是未来，沃尔玛都是中国电子商务企业最大的梦魇。 2009 年沃尔玛在美国电子商务业务的收入已经达到 35 亿美元左右，虽然与线下业务相比，收入差距甚远，但是，在美国的电子商务市场，沃尔玛却已成为继亚马逊之后，最具影响力的玩家之一，并且上升势头明显。

对于这家全球最大零售企业，沃尔玛进军电子商务在供应链领域拥有巨大优势，那就是它强大的全球采购体系，强大的供应链整合能力和价格优势，不仅仅是零售企业，也是任何电子商务公司无法超越的门槛。而在中国，沃尔玛的电子商务战略却被赋予了更重要的意义。

截至 2010 年 8 月 5 日，沃尔玛已经在中国 20 个省的 101 个城市开设了 189 家商场，但是另一个不容忽视的事实却是，中国零售市场异常复杂，几乎在每个区域市场，都存在地方性龙头企业，他们在店面位置、本地供应链等领域制造门槛，抵御新的进入者。而且，中国广阔的二三线甚至四六级市场，也让沃尔玛很难依靠地面点做到全面覆盖，而电子商务在中国市场的作用之一，就是成为沃尔玛实体店的补充，通过互联网上的覆盖，开辟第二战场，打入这些沃尔玛地面店无法占领的疆域。

据悉，沃尔玛在中国电子商务业务作为独立部门在运作，由沃尔玛中国 CFO 直接负责。不过目前来看，沃尔玛在中国试水电子商务还将以深圳的山姆会员店为依托，山姆会员店为线上业务提供仓储服务，双方共用山姆会员店的仓库，服务范围也仅限深圳。在运行初期，沃尔玛线上业务也不会很快采用美国的自提以及第三方配送等形式，而是从深圳山姆会员店由第三方物流公司配送到用户。有推测，在收入结算上山姆会员店和网上商店可能采用分成方式进行。

目前，沃尔玛网上商城的配送和客服都是外包给第三方，而产品价格与实体店差距不大。品类涉及日用百货、食品饮料、母婴用品、办公用品、文体以及 3C，而比较有特色的是酒类和有机食品。对于中国电子商务市场，沃尔玛已经开始了试水和布局。如果在深圳的试验效果不错，沃尔玛将很快在中国布局电子商务大型仓储和物流体系，依靠电子商务进入广阔中国的梦想之地。

摘自：http://www.599cn.com/dispbbs.asp?boardid=19&ID=133952

情景四　建立自己的店铺

知识目标

熟悉淘宝网（拍拍网、百度有啊、易趣）上开店的流程，掌握网上开店的规则。

技能目标

会利用互联网提供的网上开店平台建设自己的店铺。

素质目标

建立网上开店创业的理念，培养学生网上开店的动手能力。

任务导入

电子商务领域再创业的发展方向

电子商务已经成了人们普遍关注的一个创业领域，在这个领域中，人们也都看到了创业前景的广阔，但是与此同时，有很多的人都开始认为这个事物在走过一定的热潮之后将会没有发展前途，而纵观创业市场，电子商务又将引领一个创业的二次高潮。

在第一次电子商务领域的创业高潮中，淘宝店铺的进货已经成了过去时，尽管淘宝创业也还是受到人们的青睐和喜爱，但这已经成了一个发展之后的行业，新的电子商务创业模式也即将兴起。由于电子商务创业思路简单易行，而且投资成本相对比较低廉，因此成为非常实用的创业办法。

进行二次电子商务领域的创业的发展方向如下。

1．给传统品牌做网上销售的分销商。因为现在很多的企业没有自己的网络销售，但他们同样认识到了网络在销售中的重要作用，因此要更多地发现这个商机，引起人们关注，这也是中国的电子商务最有利可图的好方法。

2．利用身边的传统店面资源网上卖货。未来大部分店面无论是连锁店还是个人的小店，实体店也要结合网店来进行销售，所以这是一个不错的时机。

3．外包传统企业的淘宝旗舰店。现在对于传统企业来说，最关心的是该怎么来做好这个电子商务领域，而不再是考虑要不要做的问题，因此这也将是一个很好的发展机会。加上很多的传统企业没有能力来做这个，所以进行这方面的创业将会有很大的收获。

任务提示

既然大学生在电子商务领域进行网上创业成功的可能性很大，那么作为在校大学生特别是电子商务专业的学生应该如何去准备网上创业呢？创业之前需要做哪些物质准备呢？准备好了之后又需要按照什么样的流程去开设网店呢？带着以上问题，完成以下任务。

任务提出

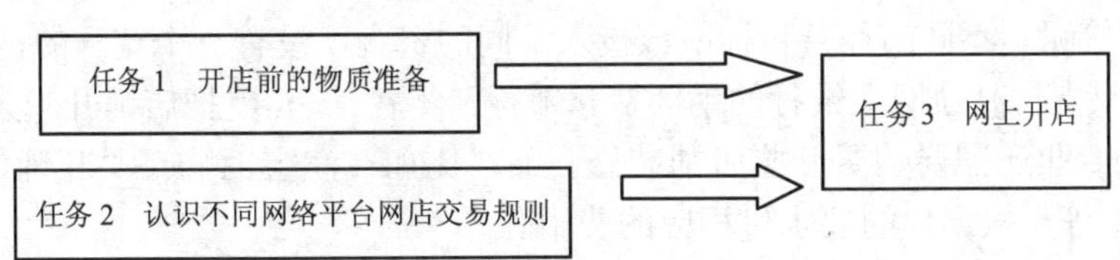

任务1 开店前的物质准备

看到一个个在校大学生创业成功的案例，每个同学也都想实现一下自己创业的梦想吧？如果做好了思想准备，那么就开始着手准备一些设备，尽快行动起来吧。

工作过程

了解每一个硬件设备和软件设备的功能→购买设备，调试软件

相关知识点

一、开网店前设备的准备

“欲善其事必先利其器”，这个道理谁都明白，所以在开店之前必须做好物质准备，那么都需要哪些设备和软件呢？通过走访在淘宝网开店的大卖家，总结了一下，发现相对规模比较大的都有如下设备。

1．联系电话、手机。这是商家和消费者网下联系的主要手段，所以，要想网上开店必须要准备一台电话和一部手机。

2．身份证。这是开店者身份的象征，也是开店前实名认证中必须提交的资料，在实名认证中必须上传二代身份证正反两面的扫描件。这也是办理网上银行的重要依据。

3．网上银行卡。带上身份证和一定量的现金到银行柜台，找到银行服务人员，告诉他要办理网上银行业务，在银行服务人员的指导下填一个开通网上银行申请表，就可以办理网上银行了。

4．上网的电脑。这是开网店的必备物件，没有上网电脑没办法进行任何网上开店工作。电脑配置没什么特殊要求，当前流行的一般配置即可。

5．扫描仪。一些图片输入的工具，比如：营业执照的电子图片，许可经营证的电子图片，产品安全检疫检验证书等纸介质证书都需要扫描到网上去。所以，扫描仪是大型卖家的必备设备，对于一些在校大学生在网上给人做代销，暂时就不需要这个设备。

6．数码相机。主要是采集照片时用到的设备，对于不同的商品，它的像素要求也不一样，服装类商品的拍照就要求像素高一些，根据打算销售的商品特性选择数码相机。

7．打票机。打票机的应用主要是业务量比较大的卖家使用，每天进行出单业务，便于物流配送处理。

以上设备不一定非要全部配置，根据网店经营规模，只要方便经营就可以了。

二、开网店前的软件准备

下面再介绍一下开网店前需要的软件。首先要安装网上的即时通讯工具，例如淘宝网平台的“阿里旺旺”软件、拍拍网平台的“QQ”软件等。其次是一些商家帮助工具软件，如淘宝助理、拍拍助理等软件。

三、开网店前的资金准备

打算在网上开店的人经常会问一个共同的问题，那就是“网上开店需要多少资金？”这个问题怎么回答呢？不同的经营目标应该投入不同的资金，没有一个统一的标准。就拿淘宝网为例，可以只支付开通网上银行的手续费和银行卡年费15元就把店铺开起来，当然要想把店铺装修的更专业还需要购买一些店铺装修商品，比如在淘宝网购买“旺铺”需要支付30元到1000元不等，根据你的要求付相应的费用。

任务训练

根据自己网店的预计经营规模，进行开网店前的设备准备，到银行柜台办理一张银行卡，并开通网银，体会网上银行办理过程及数字证书的下载安装过程，学会电子银行安全产品的应用，如 “U 盾”或“K 宝”或“动态口令卡”等的使用方法。

素质拓展

新手卖家在准备开店初期要做好的几点准备

1. 准备跪着过冬天

在淘宝开一家店很容易，但要坚持并获得成功并不容易。人做一件事一定要有自己的坚定不移的信念才可能做好。没有信念是非常可怕的，如果你没有信念那么你已经失败了。我很喜欢马云先生说过的一句话:让我们跪着过完冬天!不管开店过程有多么辛苦，只要你能跪着过完小店成长的冬天，那么一定能在春暖花开之时迎得成功。

2. 给自己小店做好定位，你将要卖什么？

我的意见是一定要卖自己喜欢和熟悉的产品。因为网络销售不同于线下，卖家跟买家沟通主要是通过聊天工具或者 Email，那么作为卖家我们一定要非常熟悉自己所卖的产品才能在回答买家问题时如鱼得水，让买家更信赖你，更有机会促成交易。如果你不喜欢你所出售的产品，你又怎么会去了解它呢？还有就是新手卖家因为经验缺乏，如果商品上的过多过杂，反而不利于销售。一口气吃不成一个胖子，等积累了一定经验，再去扩充销售规模会事半功倍。

3. 了解产品价格体系.

当确定了要销售的产品类别以后，接下就是了解该类商品网络销售价格体系，为找货源谈价格做准备了（这个在淘宝里一搜去掉最高价和最低价取中间价就差不多啦!）。做到心里有数，你才知道你应该跟代理商争取什么样的批发价格你才能在淘宝出售的同类商品里有价格优势。如果傻乎乎就跑去谈代理连个基本价格心里都没数，当然是人家所给你多少你也只能接受多少了。

4. 找代理谈价格

关于找代理谈价格有两种方式。

（1）直接利用淘宝或者阿里巴巴

阿里是个巨大的批发市场，上面什么产品都有，同时淘宝上很多大卖家都是某类产品省一级代理或者是厂家。你直接找大卖家做他的代理，谈好价格，利用他的产品资源，你所需要的就是把商品图片放上去，然后标上价格，并不需要存货到家。等顾客拍下你商品后，你可以通过支付宝把款和邮费支付给你的代理，让他替你把货发给你的顾客。既安全又方便，何乐而不为呢？

（2）去产品官方主页查询你所在地产品一级代理信息

打个比喻：我希望代理爱国者 mp3，而我又不知道当地一级代理是谁？那么我可以去爱国者官方网站查询广东区域代理联系方式，一查就知道了。如果网站查不到，也可以直接打电话去爱国者问，厂家一定会很乐意告诉你相关信息。找到一级代理信息后，接着就是谈价格，只要诚恳一般代理都会在最终给你个比较合适的价格。更好的价格就等你销售量上去了去谈。

5. 谈好快递公司控制运输成本

邮寄费用是网店销售不可回避的一个问题，平邮一般走邮局。但快递，因为邮局的 EMS

费用特贵，因此在你准备开店之前一定要找一家合适的快递公司来替你运送货物。快递公司各个城市都很多，规模大小不一，一定要在快递规模和价格之间做个合适的选择。安全第一，如果为了追求超低价格而选择了一家不负责任的快递也是非常痛苦的。

6．制订合理价格，登录商品准备开业

上面的5步都准备好了以后，就可以网上开店了。商品描述很重要，一定要把宝贝拍得非常漂亮，自己如果拍不出来也可以去相关网站找图片。关于商品定价，我的意见是开店初期一定不要价格定的过高，除去邮费每件商品能有微薄利润就可以，在卖家信誉度没有上去前，用较低价格吸引顾客不失为一个好办法。记住一句话：薄利多销，诚信经营，绝对是成功的不二法则。

摘自：http://www.51dxpf.com/szjy/a/kdjyzj/20100607/78975.html

任务2　认识不同网络平台网店交易规则

“没有规矩不成方圆”，做什么事情都要有规矩，网上开店也一样，开网店之前首先要了解相关的规则，只有熟悉了交易规则才能在这个平台上更好地经营自己的店铺，进而实现预期的经济利润。下面以淘宝网为例了解一下在淘宝网开店的规则。

工作过程

了解每一个网络平台的交易规则→在会员模拟考试中心测试→重点学习自己打算开店经营的行业规则

相关知识点

一、淘宝网交易规则

首先在IE地址栏里面输入“http://www.taobao.com”，打开淘宝网首页，就能看到有关规则的板块，如图4-1所示。

图4-1

鼠标点击进入“规则”，就会看到淘宝规则部的“大淘宝宣言”。

要想查看详细规则，用鼠标点击右侧的“淘宝规则”就可以看到2011年4月14日新修订的淘宝规则，如图4-2所示。

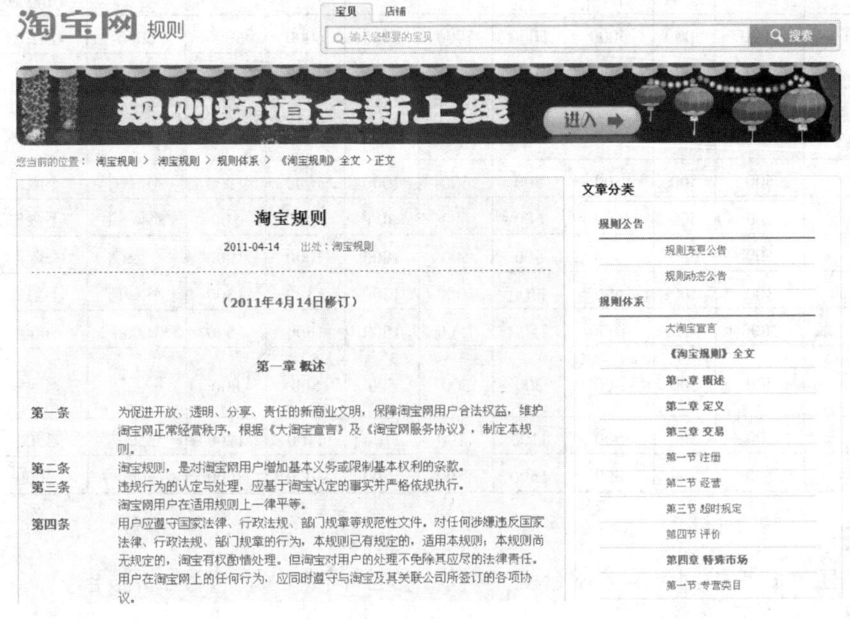

图4-2

二、规则考试

通篇阅读了淘宝规则以后，为了验证阅读理解能力，就要通过一个测试模块进行检验。从右侧的“会员模拟考试中心”进入考试界面。

三、重点行业规则学习

从前面2010年用户网购花费中各类商品所占份额圆饼图中可以发现3C数码配件行业占26.0%，服装鞋帽行业占 24.1%，这两个行业占 50%以上，同时据调查在校大学生网上开店也多以3C数码配件、服装行业为主，所以在这重点学习一下这两个行业的交易规则。

1．属性不符

指发布商品时填写的品牌、材质、规格等商品属性与商品标题或商品描述不符。如：将实际为兰蔻品牌的商品发布到鳄鱼品牌下等。

2．类目不符

指商品放置的类目与淘宝网要求放置的类目不一致。例如：将应该放在户外/登山/野营/旅行类目下的登山鞋放在了运动鞋类目下。

对于属性不符和类目不符的情况，小二会把商品下架，不会累计扣分，请卖家尽快调整到正确的类目下。如果是明显恶意的或者同样商品多次被下架仍然错放类目的，比如放错的类目和应该放的类目差距甚远，明显没有任何关系，就会直接删除或扣分。初学者一定要注意这些。

3．商品发布数量限制说明

见表4-1。

表 4-1 商品发布数量限制说明表

类目	两心及以下	三心	四心至五心	一钻	两钻	三钻	四钻	五钻	一皇冠	两皇冠至五皇冠	一红冠及以上
3C 数码配件	5000	5000	5000	5000	5000	5000	6000	6000	6000	不限制	不限制
笔记本	150	150	300	500	500	500	500	500	2000	2000	2000
电脑硬件/台式整机/网络设备	300	500	500	1000	1000	1000	2500	2500	5000	5000	5000
男鞋	500	500	500	500	500	1000	1000	1000	不限制	不限制	不限制
男装	500	500	600	600	600	800	800	800	不限制	不限制	不限制
女鞋	500	500	500	500	500	1000	1000	1000	不限制	不限制	不限制
女装女士精品	300	500	500	1300	1300	1300	1300	1300	不限制	不限制	不限制
童装/童鞋/亲子装	1000	1000	1000	1500	1500	1500	1500	1500	10000	10000	10000
女士内衣/男士内衣/家居服	300	300	300	500	500	500	800	800	不限制	不限制	不限制
运动服	500	500	500	1100	1100	1100	1100	1100	3500	3500	不限制
运动鞋	800	800	800	1500	1500	1500	3000	3000	5000	5000	不限制

任务训练

分析淘宝网和拍拍网这两个平台的交易规则的异同点，写一个分析报告。

素质拓展

一、拍拍网交易规则

首先在 IE 地址栏里面输入“http://www.paipai.com”，打开拍拍网首页，能看到帮助中心里面的交易规则板块。

拍拍规则包括：拍拍交易规则、财付通交易规则、推荐位申请规则等几项内容。

（一）拍拍交易规则

主要包括：禁止或限制交易商品管理规则；商品发布规则；举报规则；投诉处罚规则；腾讯雇员交易规则；拍拍限制交易规则；拍拍店铺自定义区域设置规范；关于腾讯类相关商品交易管理补充规定；在交易中用户违规受处罚的原因和细则；拍拍交易维权规则；官字&商城卖家监管罚款细则；交易超时规则；交易退款退货规则；各类目商品缺货退款处罚细则；拍拍网交易投诉相关处罚等级对应表；拍拍网诚信安全及类目管理相关处罚等级对应表（适用基础诚保）；拍拍网商品审核相关处罚等级对应表；裳品廊“7 天无理由退换货”实施细则；类目保证金服务协议；关于店铺使用特定文字及图片的相关规定；拍拍相关处罚如何申诉；严禁发送第三方平台广告信息的管理规则；处罚规则中“时尚类目”包含的类目范围；诚信安全及类目管理相关处罚申诉方法（适用基础诚保）；交易投诉相关处罚申诉方法；商品审核相关处罚申诉方法等。

（二）财付通交易规则

财付通交易规则主要包括：交易超时规则；交易退款退货规则；拍拍网财付通全额赔付及奖励规则等内容。详细情况可上网站查看。

（三）推荐位申请规则

推荐位申请规则主要包括推荐位规则和促销活动推荐位申请规则两个方面。

二、百度有啊交易规则

首先在 IE 地址栏里面输入“http://www.youa.com”，打开百度有啊网首页，能看到帮助中心里面的交易规则板块。

百度有啊规则包括：用户基本信息发布规则、论坛信息发布规则、留言和评论规则、平台禁止和限制发布的信息管理规则等几项内容。

（一）用户基本信息发布规则

1．用户注册 ID

（1）严禁违反法律法规、违背公序良俗的用户 ID。

（2）严禁涉嫌作弊或存在安全风险的用户 ID。

2．商户信息发布规则

商户名称、商户别名、商户地址、联系方式、商户网站禁止发布包含但不限于：（1）黄色、反动信息，违反法律法规规定的信息；（2）违背社会公德，违背公序良俗的信息；（3）涉及隐私透露、知识产权侵犯的信息；（4）广告关键词含如“最好的”、“最便宜的”等违反广告法的信息；（5）发布的商户名称简称为与企业全称无关或有争议的简称；（6）填写的商户网站包含病毒、木马或无法打开的网站，或者跳转至非本企业官方网站的地址或二级域名址；（7）商户名称、别名不真实、不确切，与企业真实名称不相符；（8）其他按照法律法规要求禁止发布的信息。

3．推广客户信息发布规则和资质要求

（1）资质要求　①身份证信息真实、完整、清晰、准确（姓名、身份证号及二代身份证图片）。②营业资质信息真实、完整、清晰、准确（个体/工商营业执照号码、营业执照所在地及营业执照图片和委托书图片）。③各行业所需提交的专业资质，特许、专卖行业需提交的经营许可证。④其他按照法律法规要求提供的资质证明资料。

（2）客户信息内容要求（同上文商户信息发布规则）　①信息发布内容需符合合同要求所限定的要求。②如无合同规定许可，联系方式中不可填写 QQ 等 IM 联系方式。③无合同规定许可，名称、标题、地址中不得发布电话、手机、即时通讯等联系方式。

（二）论坛信息发布规则

1．文字和图片

（1）无意义信息　以下情形视同无意义信息，一律删除：①在标题和内容里堆积关键词，严重影响用户浏览体验的信息；②标题、内容、图片之间没有任何关联，明显偏离主题的信息；③主题不明或描述不清，可能会引起读者不合理的猜测及误解的信息；④无法确定意图或影响用户浏览体验的信息，如输入无意义的文字、符号等。

（2）重复信息　以下情形视同重复信息，一律删除：①同一账户或同一 IP 在一个自然日内发布的多条信息中，只变动对同一事、物的描述或根本没有任何变动的信息；②一个自然日内同一张图片用来发布多条信息，保留最新发布的一张，其他图片删除。

（3）非法/虚假信息　①一切涉嫌违法、违规、低俗的文字、图片等信息，一律删除；②提供无效的电话、QQ、Email 等联系方式，一律删除；③标题、内容、图片不相符或是物品图片与实物严重不符，删除信息或者图片；④其他刻意隐瞒或歪曲事实的信息，情节严重者直接删除信息。

（4）涉嫌欺诈或违反社会道德规范或法律法规的信息　如发现此类信息有啊可以在不事先通知的情况下删除并要求发布者澄清事实，必要时将会全力协助公安机关进行查处。①侮辱性语言信息：粗口或侮辱、恐吓、中伤他人、庸俗淫秽的词句；②发布了未注明信息来源的转载自其他非本网站的信息；③侵犯他人隐私的信息。如在未经过当事人同意的情况下，利用他人的联系方式（电话、QQ、MSN、住宅地址等）进行信息发布的行为；④冒充他人，或来源非法、刻意隐瞒事实、欺诈等行为的信息；⑤发布了不良信息，诸如传播网络赚钱、多层市场推广以及“快速致富计划”等通过发展上下线的非法传销信息等；⑥发布的信息严重违反事实；⑦其他按照法律法规要求不得发布的信息。

2．链接

（1）广告性质的链接。

（2）有病毒、木马或安全风险代码的链接。

（3）涉嫌下载、注册等内容的链接。

（4）涉嫌黄色、反动及违法信息的链接。

（5）其他对有啊会产生不利影响的链接。

3．分类不当

信息所属类别与物品的真实属性不一致，则判定为分类不当。

4．其他政府、上级主管部门严令禁止的违法违规信息

（三）留言和评论规则

1．必须是有啊的注册用户才能发表评论。

2．评论必须为原创，抄袭评论一经发现，将严厉处理。有啊将立即删除抄袭的内容，并保留诉诸法律追究责任的权利。

3．有啊保留或删除站内各类不符合规定的评论且不通知用户的权利。

（1）商家自己发表的虚假评论：出于明显商业利益的点评。

（2）言辞过于激烈、带有恶意或中伤性的评论。

（3）无亲身经历的虚假评论。

（4）违反相关法律法规的评论。

（5）重复评论。

（6）抄袭评论：抄袭网站简介、他人点评、媒体资料、官方介绍等，频繁引用他人或他处文字。

（7）带有政治色彩及有敏感字眼的评论。

（8）灌水点评：相似内容反复发布，缺少实质体验的点评等。

（9）其他恶意评论（如含有人身攻击和性别、种族、地区等歧视性语言或不良语言等）。

（10）不当披露商家或店主个人信息及其他隐私信息的评论。

（四）平台禁止和限制发布的信息管理规则

平台严禁发布含有下列内容，或包含其特征的一切相关信息。

（1）违反宪法确定的基本原则，损害国家机关荣誉和利益的。

（2）危害国家安全，泄露国家秘密，颠覆国家政权、社会主义制度和破坏国家统一的。

（3）煽动民族仇恨、民族歧视，破坏民族团结的。

（4）破坏国家宗教政策，宣扬邪教和封建迷信的。

（5）散布谣言或歪曲事实，扰乱社会秩序，破坏社会稳定的。

（6）宣扬封建迷信、传播疑似淫秽、色情、赌博、暴力、恐怖或者教唆犯罪的。

（7）侮辱或者诽谤他人，侵害他人合法权益的。

（8）煽动非法集会、结社、游行、示威、聚众扰乱社会秩序的。

（9）以非法民间组织名义活动的。

（10）侵犯知识产权、他人隐私及其他合法权益的。

（11）国家相关监督机构、管理部门通告严令禁止的。

（12）含有法律、行政法规禁止的其他内容的。

三、易趣网交易规则

首先在 IE 地址栏里面输入“http://www.eachnet.com”，打开易趣网首页，能看到帮助中心里面的交易规则板块。

易趣规则是为所有易趣用户创造安全而公平的交易环境而订立的规则和指南。了解易趣的规则有助于用户避免发生违规行为（包括违法），也有助于用户与可靠、可信的买家和卖家交易。易趣规则分为以下几类。

（一）用户协议和隐私权保护规则

在这两条规则中最重要的就是用户协议，请务必仔细阅读了解；而易趣保护用户隐私权方面的首要规则就是隐私权保护规则。请阅读有关如何保护、如何使用您的个人资料的规则。

（二）买家规则

适用于买家购买物品时需要遵守的规则。

（三）卖家规则

适用于出售重要物品的登录规则，例如“禁售和限售物品”、“抬价和自买自卖”等规则。易趣用户在发布物品之前，应当仔细阅读《卖家规则》的条款及相关法规，并予以遵守。对违反规则的行为，本网站将根据卖家违规的情节和程度，根据《处罚规则》对卖家做出相应处罚（特别是因违规而被删除的物品所涉及的费用，例如为物品购买的推荐位费将不会退还）。请各位卖家确保上传的物品信息真实有效并符合中华人民共和国有关法律法规，由此产生的任何交易纠纷由卖家自行负责，并应承担违反规则所导致的任何行政责任、民事及刑事法律责任，请各位用户自觉遵守。

（四）诚信规则

由信用评价、安付通协议、虚假信息、恶意注册、交易争议规则、处罚规则组成的有关易趣用户声誉系统的规则和指南。

（五）其他规则

可查看有关社区和员工交易方面的规则。

任务3 网 上 开 店

一切准备就绪，下面就开始网上开店，可以在淘宝网、拍拍网、易趣网、百度有啊等网络平台开设属于自己的网店，现在就开始步入开店流程。

工作过程

会员注册→阿里旺旺工具下载安装→实名认证→免费开店

相关知识点

由于目前有很多网上开店的平台，但是这些平台之间有很多相似的开店流程，因为网店经营首选淘宝网的居多，所以下面主要以在淘宝网平台开网店为例进行分析。

一、会员注册

要在淘宝网开店和购物，首先要注册成为淘宝会员，下面就介绍淘宝网会员注册的具体步骤。注册淘宝会员相当简单，打开淘宝网首页“www.taobao.com”，就会看到网页右侧有“免费注册”板块。点击进入会员注册界面，首先要想好一个会员名，因为淘宝网的会员名一旦注册成功就不允许修改，将来开店了就是“掌柜名字”，所以一定要根据将要开设的店铺商品特点选择一个合适的会员名，最好用汉字会员名，如图 4-3 所示。

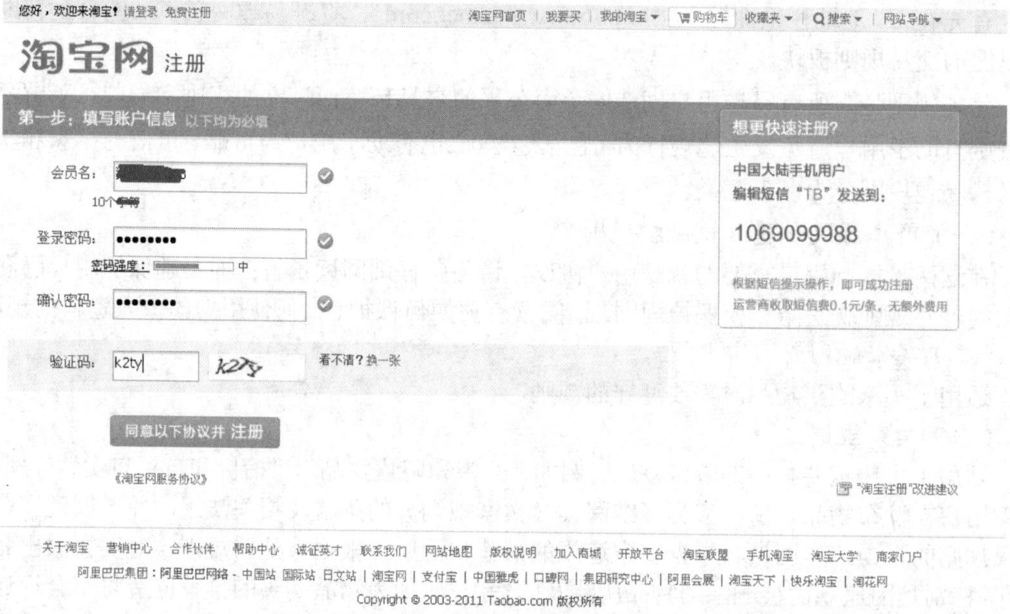

图 4-3

系统将会提示会员名是否可以使用，如果可以使用就按照提示接着往下注册，需要“验证账户”，这里面有两个验证方式，一是使用手机验证，二是使用邮箱验证。假设使用手机验证，就会出现如图 4-4 所示。需要手机接收有验证码的短信，输入验证码就会提示会员注册成功，如图 4-5 所示。

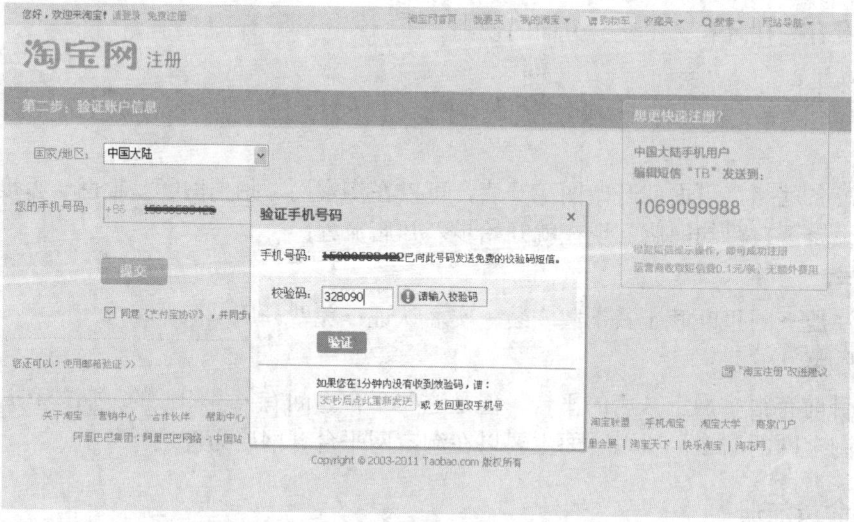

图 4-4

图 4-5

使用刚刚注册成功的会员名进行会员登录，进入“我的淘宝”就会出现如图 4-6 所示的界面。

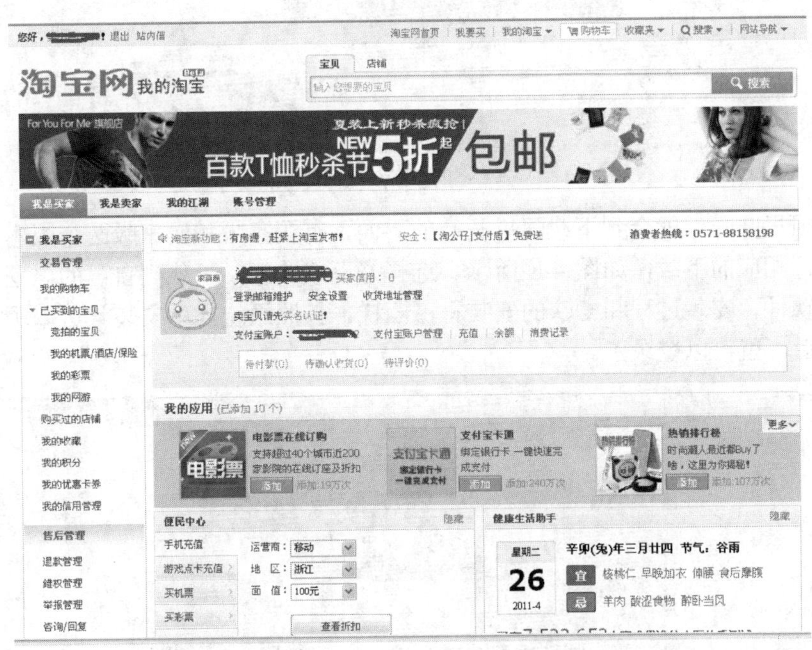

图 4-6

小知识

为了顺利地完成注册，在填写会员注册表时，应注意以下各项要求。

1. 会员名：5～20 个字符（包括小写字母、数字、下划线、中文），一个汉字为两个字符，推荐使用中文会员名。如果不能确认注册的会员名是否已有人使用，可以单击“检查会员名是否可用”按钮来查看。

2. 密码：密码由 6～16 个字符组成，使用英文字母加数字或者符号的组成密码，不能单独使用英文字母、数字或者符号作为密码。建议不要使用自己的生日、手机号码、姓名以及连续的数字作为密码，以防被盗取。

3. 确认密码：需要跟上面填写的密码一致。

4. 手机确认和邮箱确认：目前最常用的是手机确认，输入手机号，通过短信发送的验证码进行确认，也可以通过邮箱确认，到指定的邮箱激活一下就可以了。

二、阿里旺旺的下载、安装、应用

阿里旺旺是在淘宝网上开店经营和网购不可缺少的即时通信工具，主要解决网店经营管理过程中的“信息流”问题。首先下载阿里旺旺软件，在淘宝首页就有显示，如图 4-7 所示。.

图 4-7

点击“阿里旺旺”就会到下载阿里旺旺的界面，有买家版和卖家版两个版本，根据消费者的要求进行相应的下载，如图 4-8 所示。选择好下载路径，下载到自己的电脑上。双击安装阿里旺旺软件，安装过程和 QQ 的安装程序一样，按照系统提示安装就可以了。安装阿里旺旺软件以后，就可以登录了。

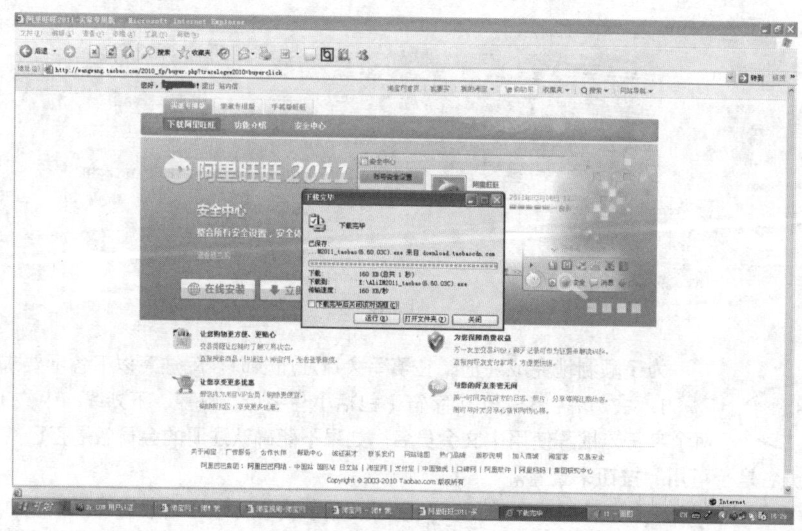

图 4-8

阿里旺旺和QQ类似，也可以添加好友，进行信息沟通。添加好友的时候，直接查找好友的会员名就可以了。

三、实名认证

淘宝网为了营造诚实可信的交易环境，为买卖双方设置了支付宝认证的程序。淘宝网通过会员提交的身份证或者营业执照等证件核实会员的真实身份，并与公安部门、银行系统接轨，防止交易欺诈行为的发生。支付宝实名认证的具体操作步骤如下。

（一）买家实名认证过程

第一步：进入“我的淘宝”，点击页面上的“实名认证”，如图4-9所示。

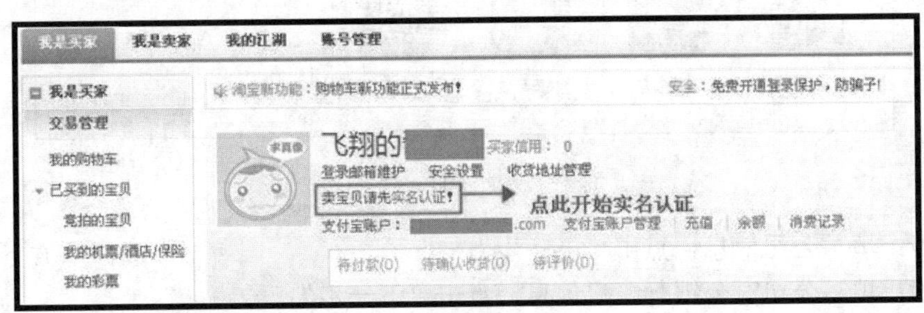

图4-9

第二步：点击“申请支付宝个人实名认证”，如图4-10所示。

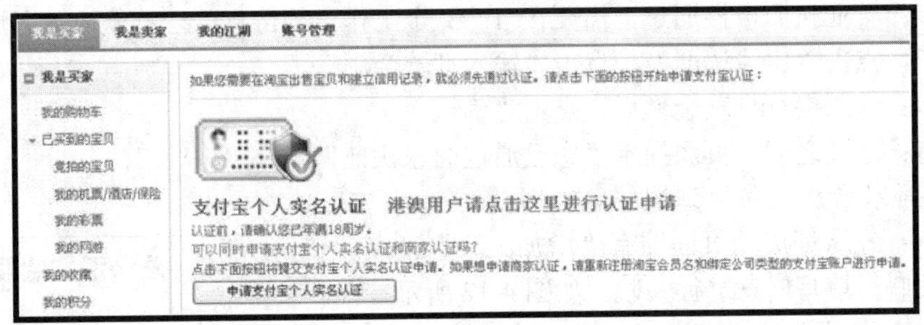

图4-10

第三步：确认自己是否已经满18周岁，并同意《支付宝实名认证服务协议》。

第四步：个人实名认证，有以下两种认证方式。

方式一：在线开通支付宝卡通。（我们不重点讲解）

方式二：通过确认银行汇款金额来进行认证。

第五步：选择一家您已经开户的银行。

第六步：输入真实姓名和身份证号码。

提醒：输入的姓名和身份证号码需和银行卡的登记信息一致。

第七步：进入对应银行的网站进行操作。

提醒：不同银行的页面显示会有区别，请注意区分，仔细填写。

第八步：回到“我的淘宝”，刷新页面，实名认证就成功了。

（二）卖家实名认证过程

第一步：打开 www.alipay.com，登录支付宝账户，点击“立即点此申请”，如图4-11所示。

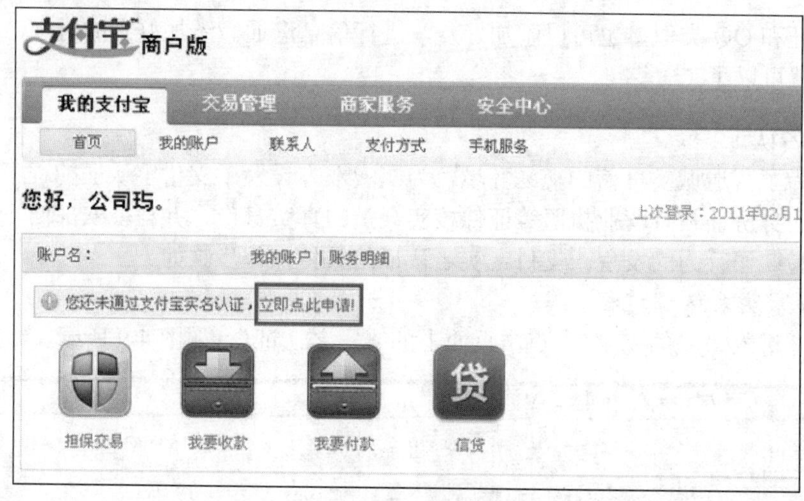

图 4-11

第二步：填写公司信息，点击“下一步”。

第三步：填写公司对公银行账户信息，点击“下一步”。

第四步：填写申请人信息（若申请人非法人，需要提供委托书），点击“下一步”。

第五步：填写完毕之后，进入确认信息页面。

第六步：点击“确认信息并提交”页面提示“提交成功，等待客服审核”。

第七步：营业执照审核通过，需要在 1～3 个工作日等待打款，打款成功之后，登录到支付宝账户，点击“申请认证”，点击“输入打款金额”。

第八步：输入银行打款金额后，点击“确认”。

第九步：通过之后，页面提示“您已通过商家认证”。

（三）商家账户关联认证图解

方法一：在认证成功页面即有“增加关联”，点击“增加关联”填写信息进行关联，如图 4-12 所示。

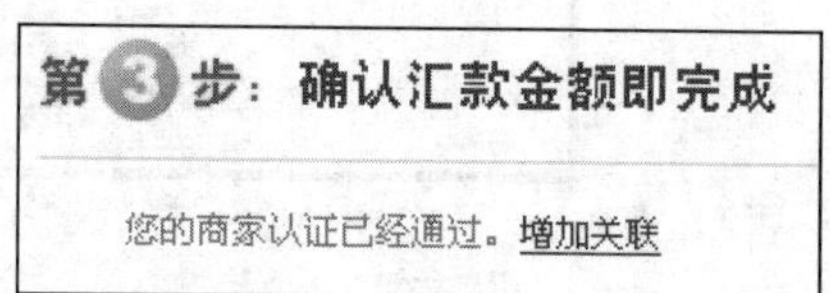

图 4-12

方法二：登录支付宝账户（www.alipay.com）—我的账户—账户信息，增加关联账户，进行关联账户，如图 4-13 所示。

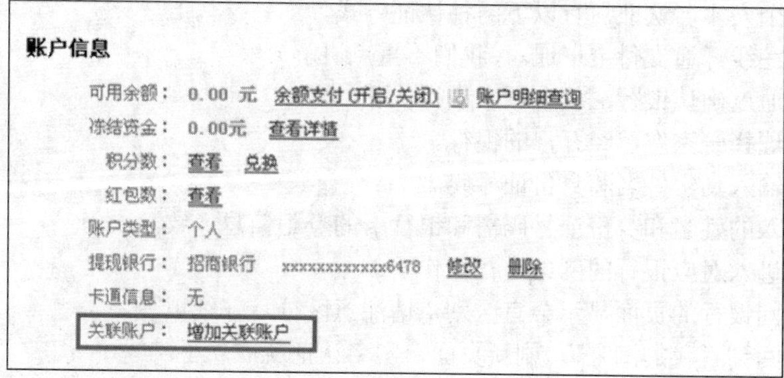

图 4-13

方法三：（1）登录 www.alipay.com—我的支付宝—商家认证。

（2）点页面上的“增加关联”。

（3）输入本账户的支付密码和营业执照的号码，点击“下一步”。

（4）输入您要关联的支付宝账户及关联账户的支付密码，点击“下一步”。

（5）提示“您的商家支付宝认证关联成功”，点“点此查看”即可以看到关联账户认证信息。

四、免费开店

淘宝网上开店的步骤：支付宝实名认证→开店考试→我要开店。

因为前面已经进行了实名认证，开店考试主要是考察淘宝规则的掌握程度，前面也进行过详细的说明，在这里就不再论述。下面重点介绍淘宝网免费开店流程。

第一步：首先登录到“我的淘宝”，选择“我是卖家”—“店铺管理”—“我要开店”，如图 4-14 所示。

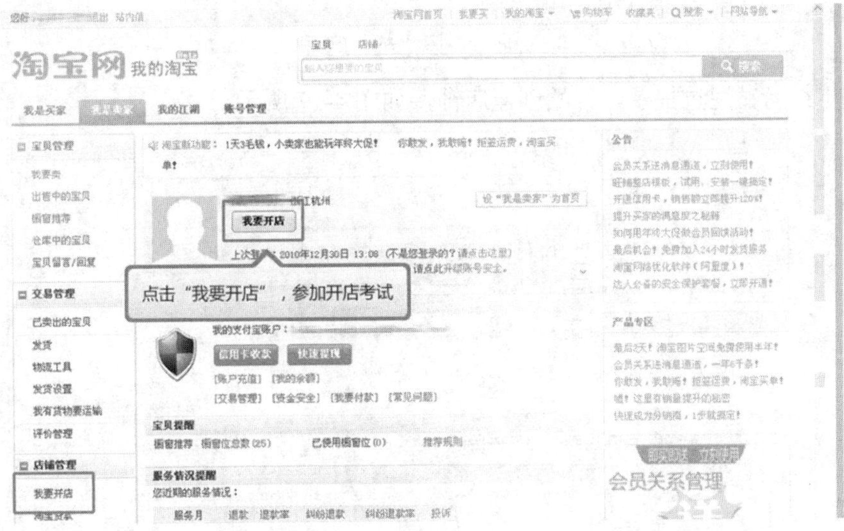

图 4-14

第二步：参加考试，了解淘宝规则，如图 4-15 所示。

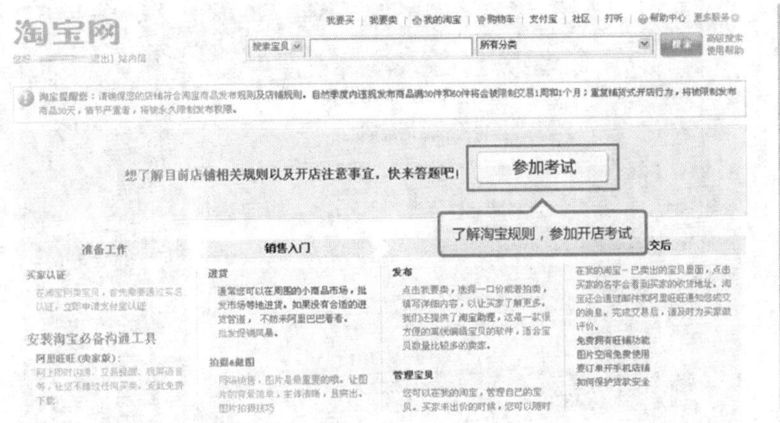

图 4-15

第三步：免费开店考试，如图 4-16 所示。

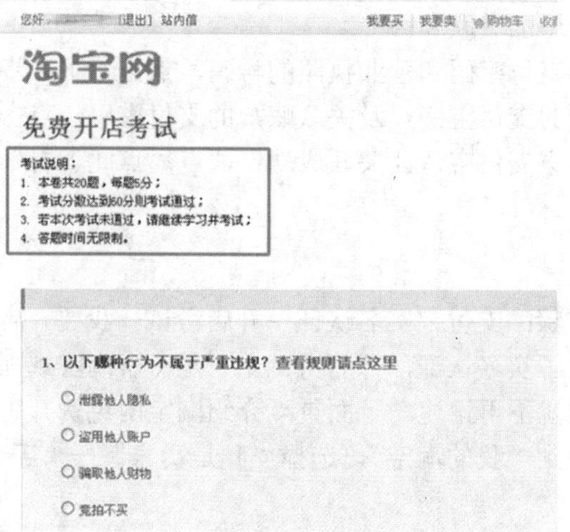

图 4-16

第四步：考试通过提示，开始创建店铺，如图 4-17 所示。

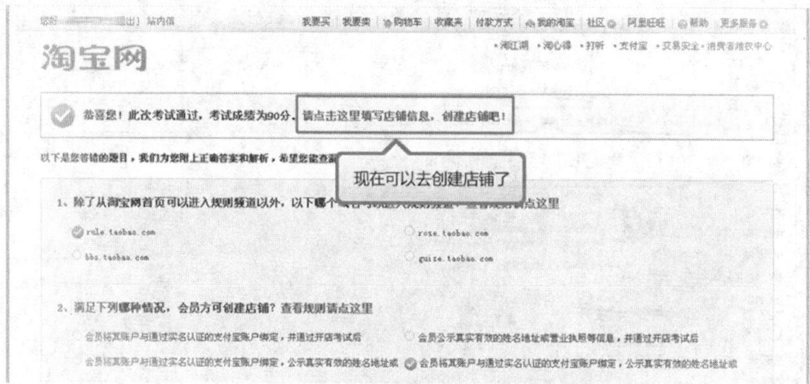

图 4-17

第五步：阅读诚信经营承诺书，同意后去开店，如图 4-18 所示。

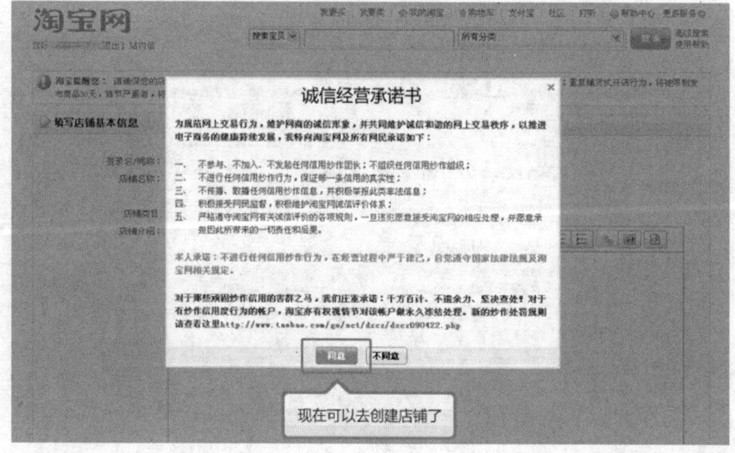

图 4-18

第六步：填写店铺基本信息，就可以开店了，如图 4-19 所示。

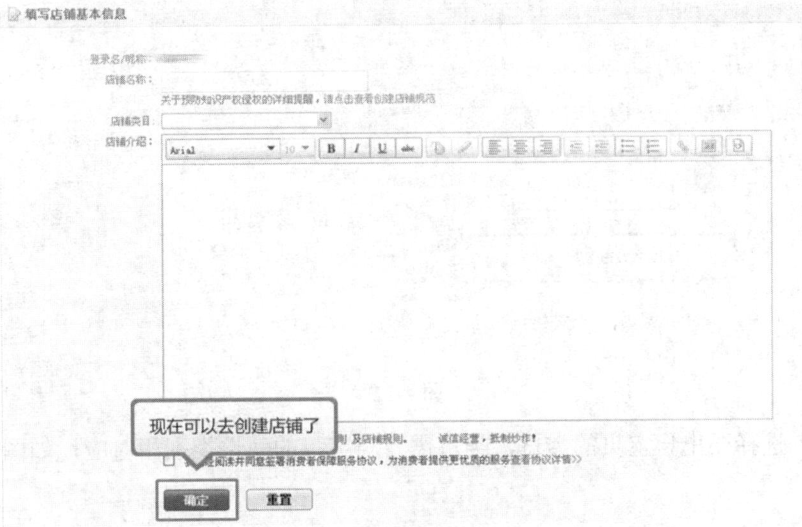

填写店铺基本信息

登录名/昵称：

店铺名称：

关于预防知识产权侵权的详细提醒，请点击查看创建店铺规范

店铺类目：

店铺介绍：

现在可以去创建店铺了

诚信经营，抵制抄作！

确定　重置

图 4-19

第七步：店铺创建成功提示，如图 4-20 所示。

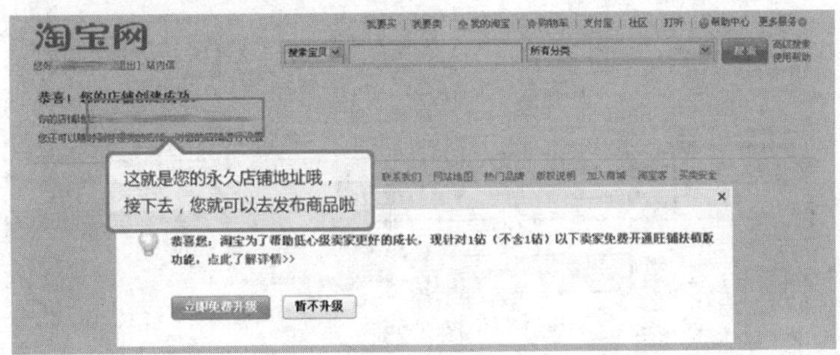

图 4-20

第八步：登录“我的淘宝”—“我是卖家”—“宝贝管理”—“我要卖”去发布宝贝，添加店铺商品，如图 4-21 所示。

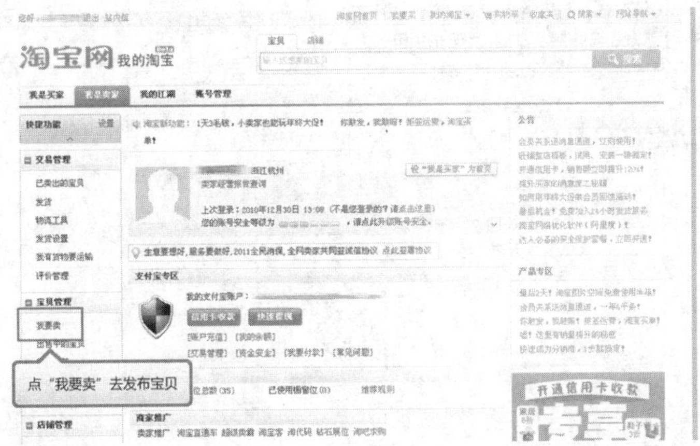

图 4-21

第九步：选择“一口价”发布方式，如图 4-22 所示。

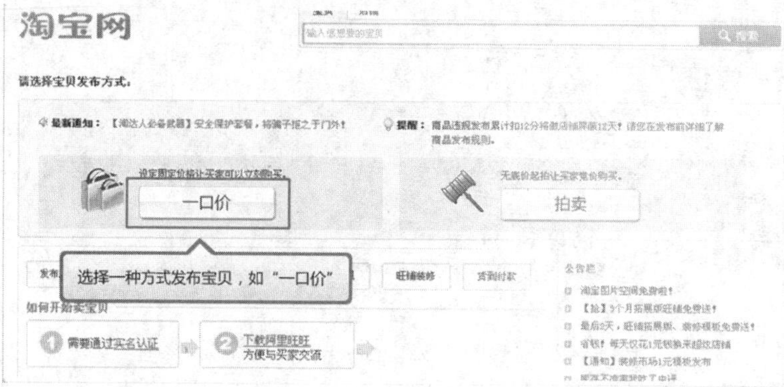

图 4-22

第十步：选择要出售宝贝的类目，类目需要与宝贝的属性类别相对应，如图 4-23 所示。

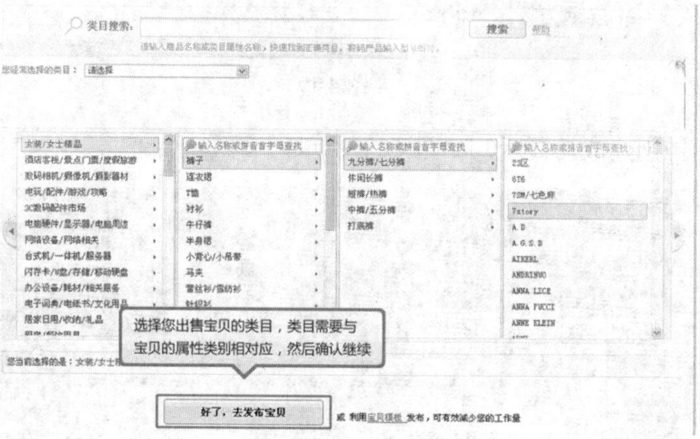

图 4-23

第十一步：填写宝贝基本信息，如图 4-24 所示。

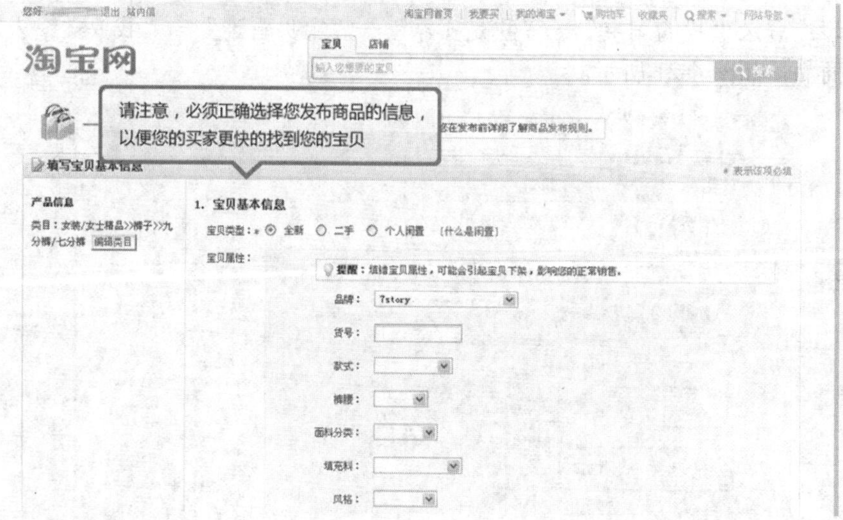

图 4-24

第十二步：宝贝发布成功，以后的宝贝发布就是重复工作，如图 4-25 所示。

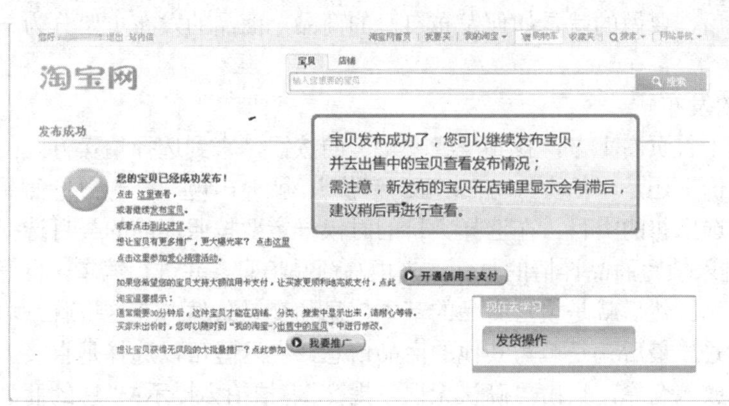

图 4-25

任务训练

1. 认真学习淘宝网、拍拍网、易趣网、百度有啊网的网店交易规则，分析这四个网点平台关于“网规”的相同点和不同点。

2. 分别在这个平台学习网上开店的过程，并亲自分别在这四个平台免费开店。写出这四个平台开店的过程分析。

素质拓展

一、拍拍网

（一）身份认证

高级认证，认证过程中客服会和你进行电话确认，通过认证后可同时出售商品数种且将不受限制。认证过程中需要身份证照片扫描件。认证方法如下。

第一步：登录“我的拍拍”在整个页面的中上方，有一个认证窗口，点击进入。

第二步：然后选择“我要认证”进入认证方式选择，选择“免费个人认证”。

第三步：填写相关资料，选择上传身份证扫描件。系统购认收到申请后会提示“申请成功”，最后就可以等待认证结果了。认证申请会在 3 个工作日内进行审核，耐心等待就可以了。

认证注意事项如下。

（1）可用证件：暂时仅支持身份证，有效期 3 个月内的证件不予受理。

（2）如选择直接上传证件，必须是原件扫描件。

（3）二代身份证需要同时提交正反两面。

（4）未满 18 周岁不可以成为腾讯的认证卖家。

（5）通过认证的卖家不允许修改真实姓名和身份证号码。

（二）认证步骤

登录后点击“我的拍拍”在个人信息框中点击“我要认证”进入正式的认证页面，看到相关的认证须知，建议用户仔细阅读该页内容后点击“同意协议，继续”。点击后进入个人资料的填写，在该页填写的资料必须真实，以便成功通过审核。提交以后，拍拍便会提示，成功提交认证申请，这样就成功了，这个时候你就已经拥有自己的店铺了。

（三）发布商品

店铺开始以后，要做的就是如何发布自己的商品，商品的发布主要分为一口价和拍卖两种形式。

1．一口价的发布

登录以后点击首页右上方，找到“我要卖”的按钮，来到选择拍卖方式的页面，在这里可以选择“一口价”还是“拍卖”，点击“一口价”，就会出现一个一口价商品填写的窗口，接着就要选择所选出售的类目，在选择类目的时候一定要按照商品的类目选择。选择好后，点击“继续”，进入填写商品详情的页面，先填写商品信息，并进行编辑，良好的商品信息有助于商品的成交率。然后就是填写商品的基本信息和交易条件，在这里就是填写商品的出售价格和邮寄的方式。最后就是填写其他的商品信息，在这里可以选择是直接上架还是放在仓库。如果是选择放入仓库，点击“确认无误，提交”，拍拍会提示：“您的商品已经成功放入仓库”，如果选择立即上架，拍拍就会提示：“您的商品已经成功上架”。

2．拍卖商品的发布

拍卖是多个买家以竞争出价的方式购买商品。拍卖商品的发布首先还是点击首页的“我要卖”来到选择出售方式的页面，点击“拍卖”按钮，进入选择商品分类的页面，正确选择商品的类目，点击“继续”，进入填写商品详情的页面，与一口价相同，对应填写商品资料。接下来就是与一口价不相同的地方，交易条件多了“起拍价”和“最低加价幅度”，填写完成后，就是提交。在这里可以选择是直接上架还是放在仓库，同样可以分成放在仓库和立即上架两种形式，方式和前面“一口价”相同。

二、易趣网

想在易趣开网店的看过来，易趣开店的主要流程是这样的。

（一）注册易趣网帐号

进入易趣网站后，首先先好好看看易趣网现在的首页，给自己一个大概的印象，点击注册后，进入到注册页面窗口，这一步是在易趣网上开网店的必经之路，而想要在易趣网上买东西和卖东西，就必须要在易趣网拥有自己的用户名。

以上注明一下，就是所有的包括用户名、密码和电子邮件地址，都要反复检查核实，自己要记住，并且电子邮件是自己的有效电子邮件，因为下一步，就是需要进行电子邮箱核实的，而用户名一定要是以前易趣网用户没有使用过的，两次密码的内容要完全一致。

如果想在易趣网开好网店，就必须保证现在填写的资料属实，如果有虚假的信息在里面，以后会很难修改的。

以上的资料填写完毕后，点击底下的按钮，就进入了最后一个注册程序。这时，简单的注册程序就已经全部完成了，需要做的就是马上进入刚才填写的那个邮箱，找到易趣网发来的注册确认信件，然后确认自己的账号即可，这样，就在易趣网上拥有了一个自己的独立账号，完成了在易趣网上开网店的第一步。

（二）认证易趣网账号

点击了确认键后，窗口就自动跳转，说明你的账号已经成功地被易趣网激活了，在这一刻开始，只要进行简单的设置，就可以在易趣网上购物了，但如果想要在易趣网上开网店，请大家点击“用户认证”这四个字，马上进行易趣网帐号的认证工作。

现在易趣提供了两个模式。一个是银行实名认证，一个是手机认证，大家可以对比下不同，银行实名认证的主要优点：（1）提高用户信任；（2）登录物品不受限制，可以开设店铺。

缺点：（1）只有三家银行可供验证；（2）时间长，需要三个工作日才能完成。

而手机认证的优点：快速，方便。缺点也比较明显：（1）仅限中国移动手机用户；（2）仅能登录不超过十件并且单价 1000 元以下的物品；（3）不能开设易趣店铺。

这样一比较，手机认证的用户，更像是摆地摊、卖零货的人，而对于想在易趣网开店的准网店店主来说，这样的模式显然并不适用。

经过了身份证验证和银行卡验证后，易趣账号才能正式地卖东西，易趣网店也就算正式的开起来了。在易趣网开网店，并不是一个完结，而是网商之路的一个开始，如何在易趣网开网店以及如何将易趣网店开好，才是作为易趣网店店主最应该关心的问题。

三、百度有啊

登录后，点击页面右上角的“我的有啊”，查看页面左侧列表“我是卖家”，点击“免费开店”链接，就可以进入开店流程了，这里就不做详细介绍了。

情景五　开设店铺时货源的选择

知识目标

熟悉实体商品与虚拟商品的特征及货物选择，掌握开店时如何选择商品及如何利用网络平台寻找供应商的相关知识。能独立判断开店时的商品选择及订购方式。

技能目标

具备对店铺商品的定位、对供货方的正确判断及网络货源抉择的能力，具备通过阿里巴巴货源平台、淘宝分销商平台及其他货源渠道对店铺商品进行找货的能力，能结合自己的实际情况独立开展对个人店铺的进货工作。

素质目标

具备对供货商真假判断及合理取舍的素质，学会对市场产品与产品市场的特征分析，懂得与网络供货商的沟通要领及事项。

任务导入

网店货源选择之经验谈

1. 如果您没有实体店，是第一次开网店，我建议选择一些自己比较熟悉的产品或者大众化的产品（不用很专业的介绍，比如掌柜我现在选择卖的手绘鞋，每个买家咨询起来我自己都可以回答得很好，不会再心虚自己不专业了）。

2. 选择出售的产品最好是比较有特色的，你可以想象，如果你卖的宝贝有统一的规格（比如数码产品），买家很容易在相同的产品里选择最低的价格，那你被迫也得将产品价格标得很低去适应市场的竞争，如果你的产品没有太大的可比较性，我相信卖家的利润相对会高很多的哟（比如非品牌服饰），我现在也在寻找符合条件的好的进货渠道，如果有好的我会及时和大家分享的。

3. 进货渠道，我觉得选择在淘宝找厂家是不错的选择，他们会有比较专业的人士指导网店卖家如何在网上开店（我最初选择的虽然是亲戚，但是就算是亲戚也不可能负责提供开网店所需要的所有电子资料吧，但是比较好的淘宝厂家就可以做到这点哟）。

4. 选择进货的厂家时，在网上有很多要求我们先存预存款的，这里面有不少的骗子哟，大家要提防上当呀，最好先从自己居住地所在的厂家开始选择吧，我现在的产品就是选择我居住地的厂家，我亲自到其厂址、公司考察过，而且也从各方面考察过其可信任度才决定在网店卖该公司的产品的。

5. 另外在我的店铺里，还是保留了一部分数码产品，因为这部分产品是亲戚自己代理的品牌，所以我可以直接拿到出厂价，而且可以拿样品回家自己拍照再还回去，我这话的意思是在淘宝价格对于卖家太重要了，特别是新手卖家，如果你的信用度本来就不高，价格又没什么优势，你想你的生意能够好起来吗？所以可能的话争取直接到厂家进货。

（文章节选《网店经验谈》http://wenku.baidu.com/view/507f610ef12d2af90242e687.html）

任务提示

货源选择直接关系到店铺的经营情况，是网上开店的关键环节之一，不会找货就谈不上能开好网店，为了让大家深入理解店铺货源的正确判断及选择，现将本项目分为两个分任务，即虚拟商品与实体商品的选择、利用网络平台寻找供应商，希望大家能认真完成每一个任务，并能结合自己的实际情况能有效地为自己的店铺寻找货源。

任务提出

任务1　虚拟商品与实体商品的选择	任务2　利用网络平台寻找供应商

任务1　虚拟商品与实体商品的选择

要求能理解实体商品和虚拟商品的各自优缺点，能结合自己的实际情况判断自己适合选择什么产品进行开店。

工作过程

网络虚拟商品概述→网络虚拟商品与实体商品的选择

相关知识点

一、网络虚拟商品

（一）网络虚拟商品概述

网络虚拟商品是指完全依赖于网络空间而存在的一组存储于服务器上的电磁记录，能为人们提供一定特定使用价值的劳动产品，在交易过程中，无需物流部门为其提供直接的流动服务，在使用（消费）时也不需要依赖于任何物质实体的虚拟化产品。

网络虚拟商品主要分为游戏虚拟商品、网页虚拟商品和环境虚拟商品的类型，具有虚拟化、数字化、全球化、唯一性和个性化的特点。

（二）虚拟商品的交易特点

（1）网络交易市场的形成时期较早，交易过程较为简便，不受时空限制。

（2）以游戏、装备、音乐、影视、网络教学服务、信息平台等虚拟产品为主要交易对象。

（3）市场具有很强的特定性，客户群体容易定位。

（4）市场空间相对较狭窄。

（5）产品具有期限性，通常售后服务体现比较明显。

（6）附加价值相对较小，综合成本也相对较低，但是利润空间加大。

（7）不占用实体库存，但是安全隐患较大等。

二、网络虚拟商品与实体商品的选择

（一）实体商品在交易中的优、缺点

优点：（1）实体商品比较大众化，需求量较虚拟商品大；（2）实体商品客户群体广泛，交易具有很强的可见性；（3）实体商品的价格定位相对比较稳定，容易形成价格比较。

缺点：（1）实体交易操作繁琐；（2）开店时卖家投资成本较大；（3）需要库存和物流服务支持；（4）投资风险相对较大；（5）产品送达的滞后性较强，容易降低消费者的满意度，对提升店主个人信誉度难度较大；（6）实物商品容易出现质量问题，因而对于一个开店新手来讲销售实体商品的交易难度较大。

（二）虚拟商品在交易中的优、缺点

优点：（1）货源寻找难度较小，一般只需要支付一定费用就可以获得代理权；（2）开店投资小、风险也小；（3）虚拟商品单价较小，但利润空间较大，因为虚拟商品只需要一次购买软件就能终身使用，不会产生二次成本，因此利润能达到80%以上；（4）虚拟商品不需要物流、库存等服务支持，交易过程中程序简单，易于操作；（5）购买群定特定性相对较强，容易锁定客户群体；（6）虚拟商品产品质量问题较少，交易过程中比较省心；（7）很少出现产品质量问题，虚拟商品能快速提升店铺信誉，因为虚拟商品交易时间短，在同样的时间内可以完成很多笔交易，因而店铺信誉也提升很快。

缺点：（1）特定性、专业性较强，开店时货源选择相对有限，不适合某一个特定个人（群）；（2）不容易形成气候；（3）价格弹性较大，随意性较强，具有一定的潜在交易价格风险。

（三）商品选择

从二者的优缺点看，实体交易难度比虚拟交易难度大，比较适合店铺商品选择，但是，由于虚拟商品缺乏大众化，专业性较强，对产品的性能掌握不彻底，加之多半虚拟商品都集中于游戏类产品，不适合大众人员开店选择。总体而言，是选择实体商品还是选择虚拟商品，应该根据两者的优缺点，结合自己的实际情况慎重选择为好。

任务训练

对自己将要开设的店铺进行货源选择，写出货源的选择途径，为什么选择这个货源的内容的一个货源选择方案。

素质拓展

全国服装批发市场汇总

深圳嘉宾路南洋海燕服装批发市场　主要产品：外贸、精品时装
深圳深南东路黄贝岭经泽大厦五楼　主要产品：外贸、精品时装
深圳福田华强北富民外贸服装市场　主要产品：外贸、尾货时装
深圳福田华强北嘉年华外贸服装市场　主要产品：外贸、尾货时装
深圳南山东滨路世纪广场二楼　主要产品：外贸、尾货时装
富民商业大厦　广东省东莞市虎门镇
沙溪休闲服装城　广东省中山市
广州白马服装市场　广州市站南路
西柳服装市场　东北西柳镇
慈溪市胜山服装布角料市场　中国浙江省慈溪市胜山
无锡招商城服装专业商场　无锡市解放西路
无锡市通运路服装市场　无锡市通运路
深圳黄贝岭经泽大厦五楼
沈阳五爱市场服装城　沈阳市沈河区热闹路77号
流沙服装专业市场　广东省普甯市南平路
福州服装鞋帽城　台江区台江路
深圳服装批发市场　龙华镇民治路
浙江皮革服装城　浙江海宁
天乐服装批发市场　北京
大红门服装批发市场　北京

北京京温服装市场　北京
玉林市工业品服装市场　玉林市十里长街
杭州杭城精品服装市场　杭海路 32 号
杭州四季青服装市场　杭海路 11-29 号
江南服装大世界　徐州市淮海食品城韩世市场
黄贝岭商城　深圳深南东路黄贝岭
新港服装批发城　山西省侯马市
黑马服装批发商场　广州市人民北路 921 号
邵东服装城　湖南邵东
深圳福田华强北富民外贸服装市场
广州　广州国宏服装批发市场　各种男女装
浙江海宁　浙江皮革服装城　皮具
浙江杭州　杭州中国丝绸城　丝绸服装和面料
浙江嵊州　中国领带城　各种领带
辽宁海城　西柳服装市场

任务 2　利用网络平台寻找供应商

要求熟悉店铺销售商品选择定位，熟悉各种不同供货商的供货优缺点，掌握对不同供货店铺商品的合理订货，能结合自己的情况，为自己的店铺寻找最佳的货源。

工作过程

销售商品选择定位→供货方选择→利用网络平台寻找供应商

相关知识点

一、销售商品选择定位

（一）适合网上个人开店销售的商品应具备的条件

如果网上开店是以赚钱为目的，在网上开店之前，就应该分析自己是否具备网上开店的货源条件，不是所有商品都适合网上销售，也不是所有适宜网上销售的商品都适合个人开店销售。要在网上开店，首先就要有适宜通过网络销售的商品，根据业内人士的建议，合适网上开店销售的商品一般具备下面的条件。

1．体积较小：主要是方便运输，降低运输的成本。

2．附加值较高：价值低过运费的单件商品是不适合网上销售的。

3．具备独特性或时尚性：网店销售不错的商品往往都是独具特色或者十分时尚的。

4．价格较合理：如果网下可以用相同的价格买到，就不会有人在网上购买了。

5．通过网站了解就可以激起浏览者的购买欲：如果这件商品必须要亲自见到才可以达到购买所需要的信任，那么就不适合在网上开店销售。

6．网下没有，只有网上才能买到，比如外贸订单产品或者直接从国外带回来的产品。

根据以上的条件，目前适宜在网上开店销售的商品主要包括首饰、数码产品、电脑硬件、手机及配件、保健品、服饰、化妆品、工艺品、体育与旅游用品等。

所以，网上开店要放弃一些不适合个人网上销售的商品，同时网上开店要也要注意遵守国家法律法规，切记不要销售以下商品。

1．法律法规禁止或限制销售的商品，如武器弹药、管制刀具、文物、淫秽品、毒品。

2．假冒伪劣商品。

3．其他不适合网上销售的商品，如医疗器械、药品、股票、债券和抵押品、偷盗品、走私品或者以其他非法来源获得的商品。

4．用户不具有所有权或支配权的商品。

（二）网上销售商品的一般选择原则

1．个性化原则：在网上开店如果自己所选商品能较其他商品独具特色，这将有利于后期的推广，甚至很多客户如果不在网上购买，在线下就买不到，如区域性特色产品。

2．标准化原则：一般而言在网上销售的商品，是该在大家的心目中都有一个明确标准衡量，如产度、尺码、规格等，否则不利于买家选购。

3．就近原则。

4．合法原则。

总体而言，选择产品一定要慎重，开网店找货源一定要选择适合自己的产品，选择自己熟悉的行业的产品，选择自己喜欢、感兴趣的产品。假设你喜欢服装，那你就不要选择化妆品行业的产品，喜欢虚拟的，你就不要选择实物的，只有这样，做起来才有激情，才能体会到网络销售的乐趣。

（三）价格定位

在网上销售的产品，在价格定位上没有统一的标准，应该根据自己的爱好、市场定位，同时结合自己的资金实力考虑而定。价格高的商品有网络市场，而价格低的商品也有自己的市场，只要自己觉得价格合理，符合自己的爱好和资金条件即可。

二、供货方选择

产品已经定位选择好了行业，那接下来就要去认真地寻找该行业的货源了，网店货源渠道大致有以下几种。

（一）厂家供货

直接从厂家拿货价格最为便宜，相对而言，利润空间也比较大。但是一般的厂家都是面向一定的大客户，通常不会和小卖家合作。所以开店时应该考虑自己的订货批量，是否有能力进行大批量的订货；考虑自己的库存问题以及人手问题等，同时，厂家进货还有很多需要注意的地方，例如产品调换货以及产品质量的问题等，这些都应该事先与厂家协商好，以免日后出现不必要的纠纷，一般不建议直接到厂家拿货。

（二）批发市场供货

批发市场供货需要的资金相对较少，但是也需要自己花费精力拍照处理等。要想在批发市场拿到一手的货源，而且是质量好的，就需要有相关方面的经验，或者多下点功夫，经常腾出点时间去批发市场逛逛、蹲点调查。批发市场供货有以下几个优势。

1．批发市场的商品比较多，品种数量都很充足，有较大的挑选余地，而且很容易实现“货比三家”。

2．批发市场很适合兼职卖家，这里进货时间和进货量都比较自由。

3．批发市场的价格相对很低，对于网店来说容易实现薄利多销，也能有利于网店交易信用度的累积。

相比较而言，批发市场是新手卖家不错的选择，有其身处具有大型批发市场的大城市的店主，将具有得天独厚的优势。

（三）网络代销供货

网络代销就是在网上展示商家给的产品图片、产品介绍等资料，代销者（卖家）向网络代销支付一定货款，同时再给商家一定的资金后，代售商或商家负责为卖方发货，在商品出售后，代销者从中赚取其中的差额。有两种新手适合选择代销。一是自己没有太多本钱，二是害怕风险而只想先尝试一下。网络代销具有以下优点。

1．网络代销几乎不需要什么资金投入，很适合新卖家和小卖家。

2．网络代销也不用准备仓库，不用自己负责物流，商家会在收到定金和资料后给买家直接发货，所以也为卖家节省了邮寄的麻烦。

3．网络代销省去了卖家给商品拍照，描写商品介绍的麻烦，这些信息通常可以直接从商家处获得商品图片，一般效果都比较好，也更容易吸引买家。

当然，网络代售也有很多不足之处：第一，因网络代销不能直接接触商品，所以不便于对商品质量、库存和售后服务进行把关；第二，由于代销商具有“联系商家和买家，但是看不见商品”这个特点，所以使得代销有时候能成为一朵带刺的玫瑰；第三，而且网络代销因为牵扯第三方交易，所以它的利润相对偏低，准备代销的卖家要做好心理准备。所以在挑选的时候也要找一些比较正规的公司，根据自身的要求选择最合适的代销商。

（四）寻找商家余货

这里所谓的商家，主要指商品的前一两道的卖家，比如说外贸服饰加工厂或是批发商之类的。

比如平时所说的“A 货”，就是外贸公司一般生产的尾货、订单退货或是临时取消订单所造成的库存。

此外，比较大的批发商一般都会有一定的库存积压，有时甚至还会有名牌商品的积压。不过款式相对较老式化，但是它的名牌效应还是在的，所以寻找到好的商家余货，其实也是很不错的货源选择。

1．商家余货一般市场需求量较大，商品的品质也有一定的保证，属于中高档的货物，在网络交易中很容易换取买家的好评。

2．商家余货的货源相对较少，所以竞争小，网络竞争力很强。而且还可以利用网店的地域性差异，从而提升积压产品的品质，提高销售价格。

相比较而言，商家余货在几种货源中属于最好的货源，但是也是很难找到的，尽管很多的厂家会有库存积压，但找到的难度系数也很大，但是如果你居住城市有很多生产厂家，那就得另当别论。

（五）阿里巴巴网站批发供货

全国最大的批发市场都主要集中在几个城市里，而且有很多卖家也没有条件千里迢迢地跑到这几个批发市场。所以，阿里巴巴作为一个网络批发平台，充分显示了它的优越性。为很多小地方的卖家提供了很大的选择空间，该平台不仅查找信息方便，也专门为小卖家提供了相应的服务，并且起拍量很小。

1．阿里巴巴不仅有批发进货，还有小额的拍卖进货，这都是淘宝卖家很喜欢的进货方式。

2．大家在网站进货时最好选择支持支付宝或是诚信通会员的产品。阿里巴巴推出“诚信通”已经有 4 年时间了，一般，如果诚信通会员是两年或三年以上的，诚信通指数达到近百或是上百的都是比较值得信赖的，不过，这也只能作为一个参考，具体还是要看沟通了。

3．阿里巴巴有很强大的搜索功能，进货时可以最大限度地进行货比三家。

另外，建议和商家商量时尽量使用贸易通，如果一旦发生什么纠纷，也好作为证据之一；第一次进货的时候也可以选择本地的厂家或公司，这样方便上门取货。

网络进货不比批发市场，因为存在一定的虚拟性，所以大家选择商家的时候一定要谨慎，一定要选择比较可靠的公司进行交易。

三、利用网络平台寻找供应商

在淘宝网上找货源，淘宝网除了一些小卖家还有很多大型批发商，无论是卖家还是自己的实体店需要产品都可以在淘宝上找到，而且比去阿里巴巴的批发平台或者 1688 上找的效果还好，因为在淘宝上可以更清晰地看到买家对于产品和价格以及卖家信誉的评价，相对安全系数、信用度要高很多。

通过淘宝旺旺工具寻找分销货源的操作流程如下。

（一）选择厂家

从阿里旺旺上点击“淘”列表中，点击“分销平台”，进入分销页面。按照自己所想要分销的产品或者品牌来寻找。这里提醒大家的是，最好找品牌，这样可以避免部分卖家出现销售后，发生所谓的侵权之类的问题。勾选 “我能代理的产品”与“品牌授权”，点击“搜索”按钮即可，而且很直接地找到自己想要的厂家。

当然，可以根据框中的选项来具体寻找销量、售价、利润等不同类别的厂商产品。

（二）确认货源产品的价格

在选择货源时，要将供货商的定价与市场价进行对比，尽可能选择利润空间较大的产品。

（三）确认货源产品的名称与图片

关于商品的名称，不管是自家的货，还是供应商的货，名称都是非常重要。其中最起码应该包含的是产品的材质、类型、款式、颜色、风格等，不一定要全部要，但是要针对自己的产品而具体定义。

（四）确认货源产品的发货和质量保证

在选货源时需要和供应商确认好。订单几点之前下并且付款，可以在何时发货。只有这样才能更准确地告诉买家，商品可以什么时候出发。从而避免供应商当天不发货，第二天下午才发货，从而使自己变得被动，甚至遭到不好的买家评价。

任务训练

1．通过网络及其他途径查询资料，了解虚拟商品的交易市场或虚拟商品店铺的经营情况，进一步分析虚拟商品的市场发展情况，分析虚拟商品客户群体的特征。

2．通过 Google、百度等网络查询目前我国大型的商品供货市场，分析所供货的类型，谈谈现在哪些商品最具有市场潜力？哪些商品是网络上最受欢迎的商品？

3．试阐述我国各种货源供货方的优缺点，结合自己的实际情况，说明你更偏好哪一种货源供货模式？

素质拓展

如何防网上进货陷阱

南京做服装生意的王女士在去年 8 月找到一个网上货源，没想到把货款汇给对方后，网上那个供货商给她寄去的服装却与网上登出的服装照片差异很大，甚至还有好多根本没有销路的“垃圾”服装，导致她损失 5000 多元。

近两年，为了节省时间，不少人开始通过网络进货，但受骗上当的人也不少。那么，对于那些网上供货商的真实性该如何进行考察呢？

第一招：搜地址

网上供货商应该有一个固定地址，即便是骗子也会编一个地址出来。你可以利用网上搜索引擎搜一下这个地址，从中可以找到很多的信息。骗子的地址漏洞最主要的表现是，地址与公司名称所包含的地址不符。另外，你可能会搜索到一些受骗者曝光骗子公司的信息，从中就可以直接判断该公司是否为骗子。

第二招：查黄页

查看供货商所在地的网络黄页，查找供货商的公司名称。要是有的话，看他的经营范围有什么，是否和你进货的商品类型相符。如果不符，最好不要交易。

第三招：看执照

去当地工商部门官方网查询其营业执照，看看这个公司是不是确实注册。如果是一个空壳公司，最好不要与之交易。但不是所有工区的工商部门官方网都可以查，可以打电话去工商部门查询。

第四招：查电话

首先直接打他所在地的114，去查一下这个号码的归属。如果归属地与公司所在地不符，最好不要与之交易。其次，可以去网上搜索这个电话号码，看这个号码是否对应他的公司和地址。

第五招：看账号

一般来说，正规公司进行网络批发的时候，应当提供的是公司账号而不是个人账号。因此个人账号值得怀疑，但也有不确定性。你可以通过快递公司货到汇款的服务来防范汇款风险。

第六招：QQ号

直接把QQ号或者淘宝号进百度搜索，就是把他提供给你的信息全部搜搜。

（文章选自《阿里巴巴—生意经—问题大全》http://www.ywbb.com/news/show-29630.html）

情景六　学习买卖流程操作

知识目标

熟悉网上购物的基本操作，掌握网上销售的订单处理过程。

技能目标

能够熟练地在各个网络平台上进行网上购物，能够处理淘宝、拍拍等网站的订单，进行网上销售处理工作。

素质目标

培养独立网上购物的能力，同时能够熟练掌握网上销售的技巧。

任务导入

被骗多次的伤心买家

偶尔的一个机会，在百度贴吧服装论坛中发现了这样一条消息“我的网购故事”，主人翁是这样描述他的网购经历的。

第一次网购，我买到了假货，我很气愤。

第二次网购，我没有买到假货，我更加气愤，因为我的钱没有了，货也没有收到。

第三次网购，我没有预付钱，得到的回答是衣服绝对没有问题，我仍然不预付，接着被说成没有主见，最后我坚持不付钱，让我滚蛋骂我是骗子。

第四次网购，我直接留言说网购骗子太多，假货太多，很快收到卖家消息，叫我删除差评，否则危及人身安全。

第五次网购，浏览了很多网站，发现一家新成立的服装基因网，促销、活动、优惠券、代金券我统统视而不见，我默默观察每一家网店，精心挑选，像一匹饿狼发泄被骗的愤怒，带着目标直接到了网店的实体门店拿货付钱。

任务提示

看完这个故事你的感想如何？同情故事中的主人翁，憎恨骗子，还是可怜主人翁不懂网上购物的流程和网购规则呢？据互联网信息中心统计的网购人数统计，截止到2010年底，我国的网购用户已经达到了1.61亿人，占总体网民4.57亿的35.23%，2011年网购的人数仍然在快速增长。所以，网购已经成了一种趋势，作为新一代的消费者必须掌握网购的方法和技巧；作为新一代的商家，必须会进行网上销售处理，这是时代发展的要求。所以，下面主要分析网购的流程与网上订单处理的流程。

任务提出

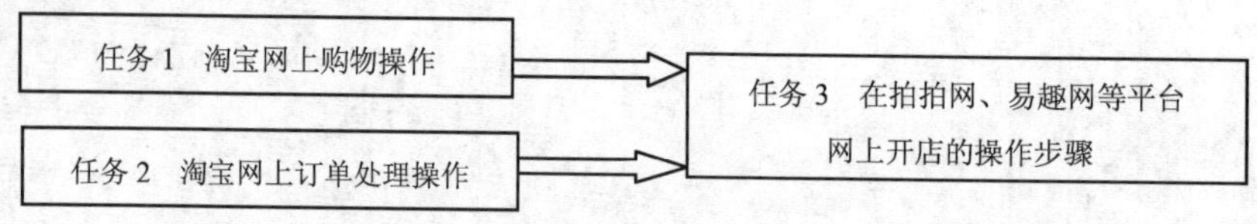

任务1　淘宝网上购物操作

要想网上开店，除了要熟悉卖家订单处理流程外，还必须熟练掌握购物流程。因为顾客可能是刚刚涉足网购的消费者，对网购流程并不熟悉，所以，卖家就要承担起引导消费者购物的任务。本任务要求体会网购的流程，结合自己的网购经历完成这一任务的学习。

工作过程

在网购平台选择宝贝→下订单→网上付款→收货确认→售后评价

相关知识点

一、选择宝贝

也就是淘自己喜欢的宝贝，打开淘宝网，在首页右上角点击“我要买”，再在感兴趣的分类中挑选自己喜欢的宝贝。

通过站内搜索引擎可以看到上万种的商品，信息太多也苦恼，不知道该相信哪个店铺，哪个卖家是值得去信赖的，哪些是不值得去信赖的，很多的买家不知道该如何去分辨。下面就从以下几个方面提出选择商品的建议。

（一）信用评价

当买家进到一家店铺的时候，首先要看卖家的信用如何，点击看评价，在看评价时一定要看清楚是否是卖虚拟物品刷出来的信用，中差评也是要注意的，看卖家如何对待这些中差评，看清楚买家给卖家的评价，通过其他买家的评价也能看出整体店铺的服务和产品的质量是否值得买家去信赖。一个好的卖家会相当地重视评价的评语，如果有中评，那么看一下卖家是如何处理的，不要转头就走出店铺，谁都会有犯错的时候，所以不要因为这些就转头就走，要先看看卖家是如何做解释的，看完解释再做决定。

（二）投诉和举报

通过点击信用评价查看这家店铺的诚信情况，这一步就是教大家看一下店铺的真实率，如果卖家没有投诉，也没有举报，就证明这个店铺目前还是不错的，反之出现了投诉或举报，那消费者就要注意了，如果是信用炒作的处罚，那消费者就要警惕这样的卖家，尽量不在这样的卖家店里购物。买家在交易的过程中可以通过阿里旺旺问一下售后服务，如果产品不符合要求咨询一下卖家如何处理，如果买家得到卖家的承诺的话，那么就要保存好聊天记录，以便保护自己的权益。例如：产品质量有保障吗？如果质量有问题，退货邮费怎么处理？售后服务都有哪些？卖家在回答这些问题的时候，买家一定要做好聊天记录的保存，以备发生纠纷时，作为证据，提供给淘小二，注意要旺旺聊天记录，而不是QQ聊天记录。如果确实喜欢的话，那买家就可以自己决定是否要买。

（三）店铺的服务

店铺的服务主要是客服服务。可以从店铺的评价、咨询，还有回复的态度，看店铺的客服服务怎么样。一个优秀的店铺一定会有出色的客服服务，出色的服务也能看出一个店铺的经营态度。

如果一个店铺即使信誉很低，但是服务很好，而且好评率不错，评价里面说质量也不错，而一家店铺的信誉高，服务却很差，中差评卖家如此不看重，那么可想而知这个店铺的经营方式如何，客服的素质如何，售后服务大家也能从评价里一眼看出，这值不值得大家去信赖，所以买家不要只去看信用，有的时候也要去看看整体的评价，店铺的服务评价，产品的评价，这才能确定一个店铺是否值得买家去信赖。

（四）通过卖家友情链接来选择商品

可能有很多人都没注意，其实，每家店铺大多会有自己的友情链接店铺。而大部分卖家的链接店铺都是在卖不同类目的产品，买家可以逐个地找到自己想要购买的物品。偶尔还能发现惊喜，有些具有个人特色的网店，并非简单就能搜到的，所以就需要发挥探索精神，真正淘到不一般的宝贝。

（五）通过买家购买心得评价

通过查看买家购买心得评价去选择卖家是选择商品和店铺最常用的方法之一。这和卖家寻找客户是一样的道理。不同的是，买家搜索的是店铺，卖家搜索的是买家。举个例子，经常在某家交易过的卖家店里查看它的交易记录，会看到一大串买家的 ID，然后进入买家的购买心得寻找更多的店铺。这个办法可以牵出好多价格超值且质量又放心的卖家店铺。一般来说，有信誉且大家愿意再合作的店铺，肯定是非常值得信赖的。

二、下订单

通过前面谨慎认真地选择商品后，就可以对选中的商品进行下订单购买了，购买商品时有两种情况可以选择："立刻购买"和"加入购物车"。如果只买这一件商品，就点击"立刻购买"；如果还想再买点别的商品，就点击"加入购物车"，如图 6-1 所示。

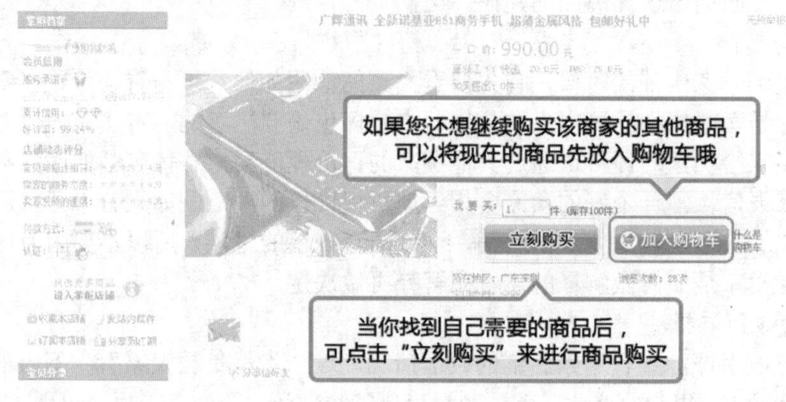

图 6-1

点击"立刻购买"就会出现如图 6-2 所示的界面，需要填写：（1）确认收货地址，主要填写省份、市区、街道等详细地址，还有邮政编码，还有最重要的是收货人姓名和收货人的手机号码或者电话号码，这是快递人员送件时必要的信息；（2）确认购买信息，包括购买数量和给卖家留言两项；（3）确认提交表单。以上信息确认无误就点击"确认无误，购买"按钮。

如果购买多件商品，就把选中的商品放入购物车，等把所有需要的商品选择全了，再去结账，如图 6-3 所示。

三、网上付款

如果还需要和掌柜确认颜色款式等，最好先确认清楚了再付款。淘宝网为了保证消费者和商家的利益，提供了"支付宝"服务，这是第三方支付平台，买卖双方都信任的平台。付款的时候，若要选择支付宝付款，就点"支付宝余额付款"。如果支付宝余额不够支付，就需要通过网上银行支付，选择所开通的网上银行，就会出现银行的界面，然后登录银行，接着输入支付密码就付款成功了。在这里需要提醒一下，在进行网上付款之前必须到"我的淘宝"—"已买到宝贝"中进行确认，通过这个界面去付款，千万不要通过卖家给的链接直接付款，小心钓鱼网站。支付过程如图 6-4 所示。

淘宝网

我要买 | 我要卖 | 我的淘宝 | 支付宝 | 社区 | 打听 | 帮助中心 更多服务
1 确认购买信息 ➡ 2 付款到支付宝 ➡ 3 确认收货 ➡ 4 支付宝付款到卖家 ➡ 5 双方互相评价
宝贝信息
宝贝名称：
当前价格：0.10 元
付款方式：支付宝
所在地：浙江杭州
卖家：
和我联系
确认收货地址
使用其它地址
确认购买信息
购买数量*：1 (可购 1 件)
给卖家留言：
确认提交表单
填写相关的信息以后点购买，
交易记录便成立了。
确认无误，购买

图 6-2

辐射孕妇装银纤维肚兜DD-3131特价120元
举报中心
爆款
超值银纤维肚兜
轻薄透气
简约时尚
孕妈妈必备
全国防辐射十佳品牌
价　格：120.00 元
运　费：平邮: 10.00元 快递: 10.00元 EMS: 22.00元
30天售出：0件 (已有0人评论)
付款方式：支付宝卡通　网银支付　找人代付　消费卡
颜色分类：红色　米白
宝贝已成功添加到购物车！
购物车共有 2 种宝贝，合计：418.00 元
去购物车结算　关闭宝贝页面
关闭
所在地区：河北保定　浏览次数：1次
宝贝类型：全新

图 6-3

支付宝 | 收银台
1、确认购买信息 →2、付款到支付宝 →3、卖家发货，买家确认收货 →4、支付宝付款给卖家 →5、双方互相评价
订单名称　收款方　订单金额
竹炭 内衣 文胸收纳盒 ... 详单　21.00 元
您的支付宝账户：
可支付余额：83.00 元
使用支付宝账户余额支付 21.00 元。
请输入支付密码：　找回支付密码
确认付款
若您的支付宝账户有足够余额，
输入支付密码，点确认便能完成付款操作。
网点　消费卡　找人代付
信用卡网银：宁波银行　招商银行　选其他信用卡
信用卡快捷支付：无需开通网上银行支付功能，方便快捷。
中国工商银行 快捷　中国建设银行 快捷　中国银行 快捷
下一步

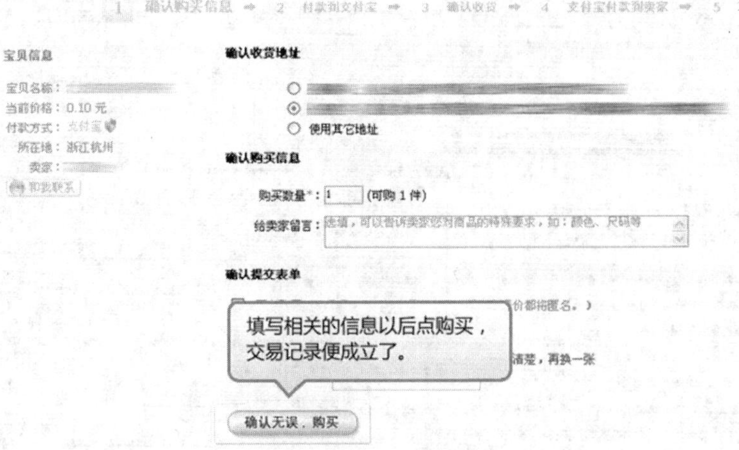

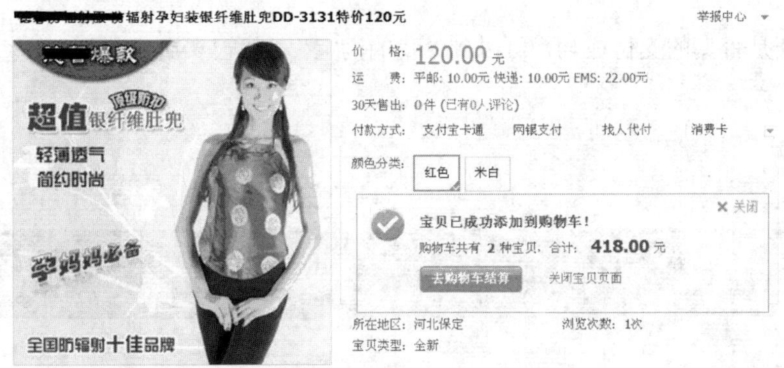

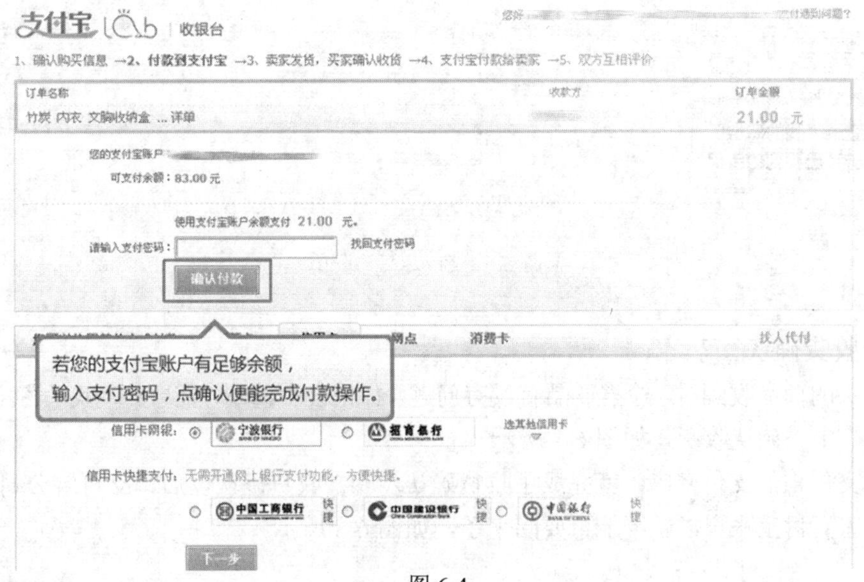

图 6-4

付款成功后，就会出现如图 6-5 所示的界面，系统便会给出付款成功的提示，就可以等待收货了。

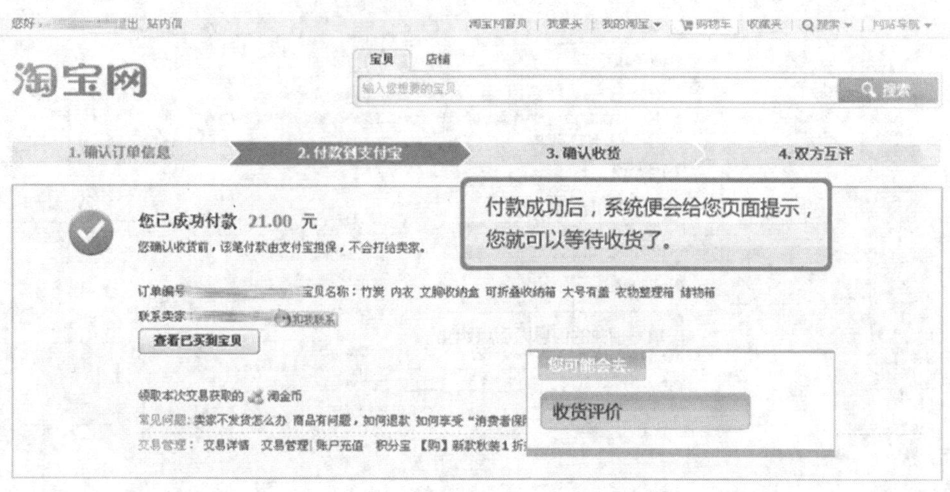

图 6-5

为了验证是否真的支付成功，可以到“我的淘宝”—“已买到宝贝”中去查看，如图 6-6 所示。

图 6-6

四、收货确认

当购买的商品收到时，检查商品有没有问题，如果没有问题，需要到“我的淘宝”—“已买到宝贝”中去确认收货，如图 6-7 所示。

输入支付宝的支付密码，就完成了收货确认步骤。收货确认以后，支付宝公司将把货款钱打到卖家支付宝账户，就不能再要回来了，如图 6-8 所示。

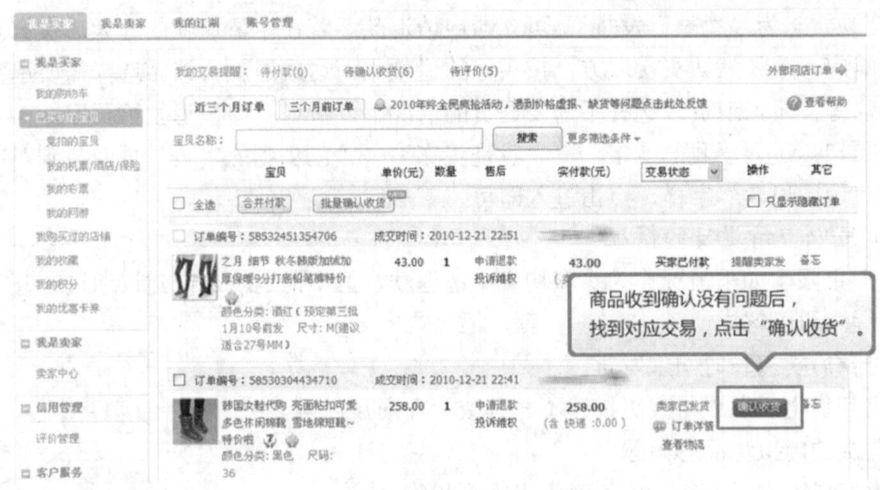

图 6-7

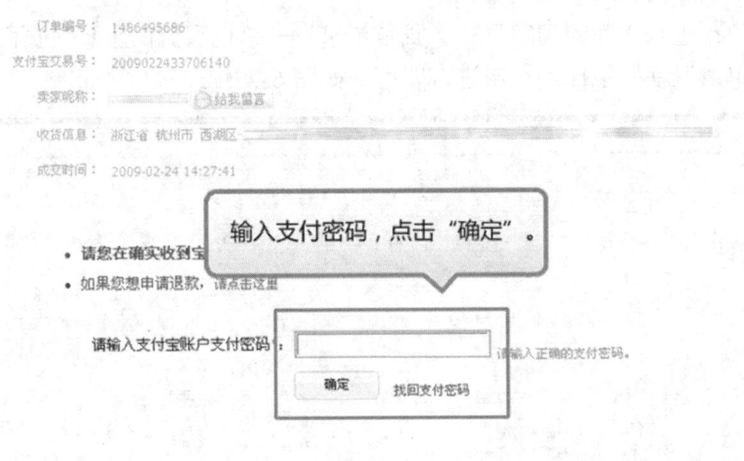

图 6-8

如果收到货物时发现包装已严重损坏，就直接拒收，到网上通过旺旺和卖家沟通，申请退款。如果发现商品不是卖家所承诺的质量，也要通过旺旺和卖家沟通，提出退货申请。消费者就要进入退款退货维权阶段。

交易进行中的退款退货维权指的是收到货物有质量问题，或是与描述不一致，或是付款后没有收到货，如果交易还在进行中，买家可以及时登录到“我的淘宝”—“已买到的宝贝”中找到具体的交易，进行“申请退款”操作，若无法与对方协商解决，自买家申请退款起 3 天后即可申请维权，届时由淘宝客服帮助介入处理。

（一）可以申请退款的时间

买家根据自己的收货时间，在交易成功前可随时进行“申请退款”操作，具体退款入口开放时间根据交易订单状态的不同，分以下两种情况。

1. 交易状态为“买家已付款”：可立即申请退款。若在申请退款的 2 天后卖家未对退款申请进行响应，系统默认买卖双方已按买方的退款申请达成退款协议，按退款申请退款给买家。

2．交易状态为“卖家已发货”：可立即申请退款。若在申请退款的5天后卖家未对退款申请进行响应，系统默认买卖双方已按买方的退款申请达成退款协议。选择需要退货的情况下达成协议等待买家退货，选择不需要退货的情况下，按退款申请退款给买家。

退款入口：进入“我的淘宝”—“我是买家”—“已买到的宝贝”页面找到对应交易订单，看到“申请退款”字样，点击进入即可。

（二）可以申请退货的情况

包含但不限于如下情况作为买家均可申请退款，但申请退款之前建议通过旺旺等形式联系卖家先行沟通了解详情。

1．付款后卖家长时间未发货。

2．收到货物后发现与宝贝描述不一致或存在质量问题。

3．购买的虚拟物品有问题。

4．卖家已点击了发货，但长时间未收到货物。

5．在保证退回的商品不影响二次销售的前提下，因个人原因收到货后想换货或退货，与卖家协商，卖家同意给予退换货。

退款入口：进入“我的淘宝”—“我是买家”—“已买到的宝贝”页面找到对应交易订单，看到“申请退款”字样，点击进入即可，如图6-9所示。

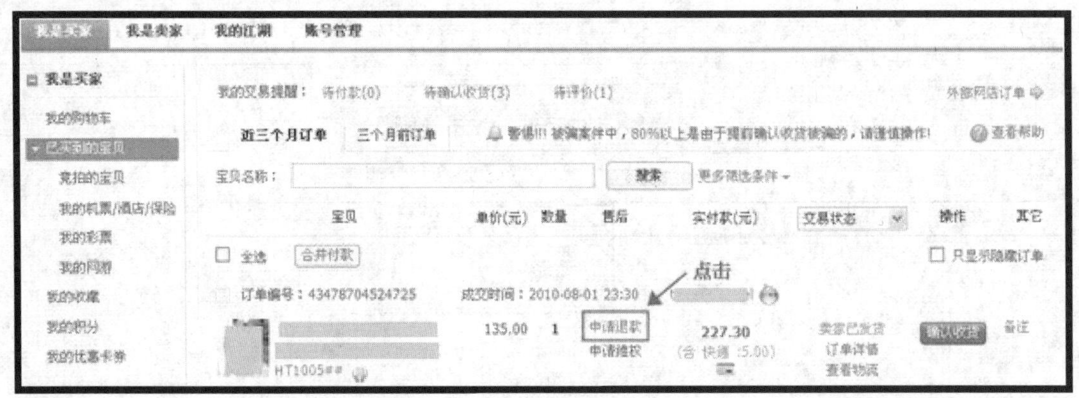

图6-9

（三）卖家发货前，买家申请退款操作流程介绍

消费者已经付款，但是，在卖家发货前改变了主意，不想买了，应该怎么处理？这也是许多消费者常遇到的问题。一般这种情况不需要太复杂的手续，只要使用阿里旺旺积极和卖家沟通，货物没有发出来之前可以直接申请退款：“我的淘宝”—“我是买家”—“已买到的宝贝”—“申请退款”操作就可以了。如果商品已经发出，就比较麻烦，下面介绍这种情况。

（四）卖家已发货后，买家申请退款操作流程介绍

第一步：进入“我的淘宝”—“我是买家”—“已买到的宝贝”页面找到对应交易订单，点击“申请退款”，如图6-10所示。

第二步：选择“没有收到货”和退款原因，填写退款说明，输入支付宝账户支付密码，点击“立即申请退款”，如图6-11所示。

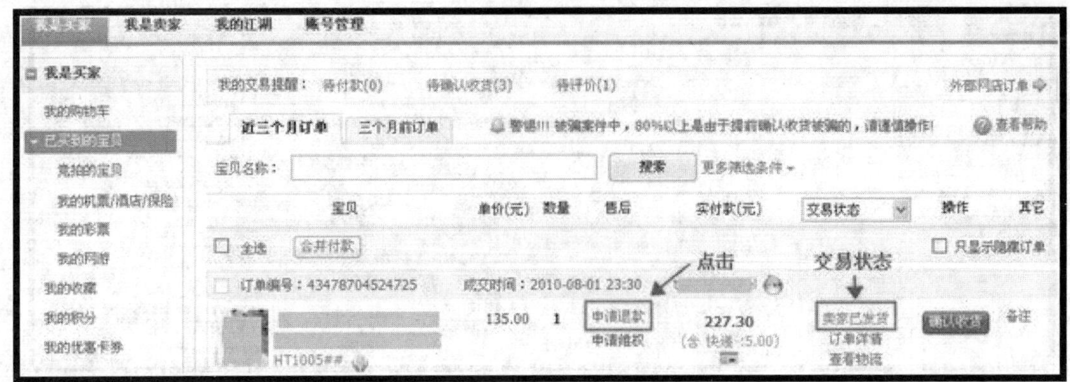

图 6-10

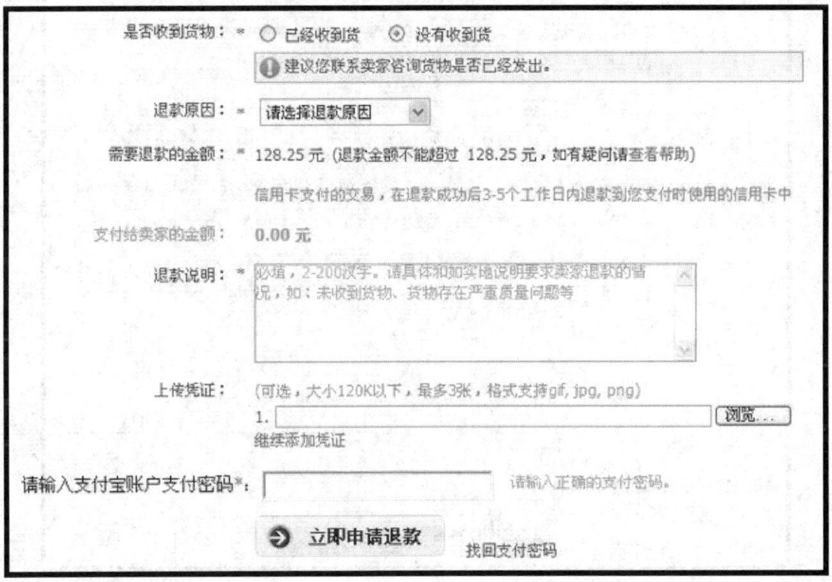

是否收到货物：* ○ 已经收到货　⊙ 没有收到货

建议您联系卖家咨询货物是否已经发出。

退款原因：* 请选择退款原因

需要退款的金额：* 128.25 元（退款金额不能超过 128.25 元，如有疑问请查看帮助）

信用卡支付的交易，在退款成功后3-5个工作日内退款到您支付时使用的信用卡中

支付给卖家的金额：0.00 元

退款说明：* 必填，2-200汉字。请具体和如实地说明要求卖家退款的情况，如：未收到货物、货物存在严重质量问题等

上传凭证：（可选，大小120K以下，最多3张，格式支持gif, jpg, png）

1.　　浏览...

继续添加凭证

请输入支付宝账户支付密码*：　　请输入正确的支付密码。

立即申请退款　找回支付密码

图 6-11

第三步：关注退款状态和退款是否超时，待卖家同意退款协议，即退款成功。查看退款状态是否超时的方法主要有三个。方法一：进入“我的淘宝”—“我是买家”—“已买到的宝贝”页面找到对应交易，点击“退款中”查看退款详情。方法二：进入“我的淘宝”—“我是买家”—“售后管理”—“退款管理”—“我申请的退款”页面找到对应交易，点击“查看”。方法三：登录支付宝网站，进入“我的支付宝”—“消费记录”—“退款管理”页面找到对应交易，点击“退款详情”查看。

1．在卖家已发货，买家已收到货，不用退货但需要退款的退款申请操作流程

第一步：进入“我的淘宝”—“我是买家”—“已买到的宝贝”页面找到对应交易订单，点击“申请退款”，如图 6-12 所示。

第二步：选择“已经收到货”、“不需要退货”以及退款原因，输入需要退款的金额，填写退款说明，输入支付宝账户支付密码，点击“立即申请退款”，如图 6-13 所示。

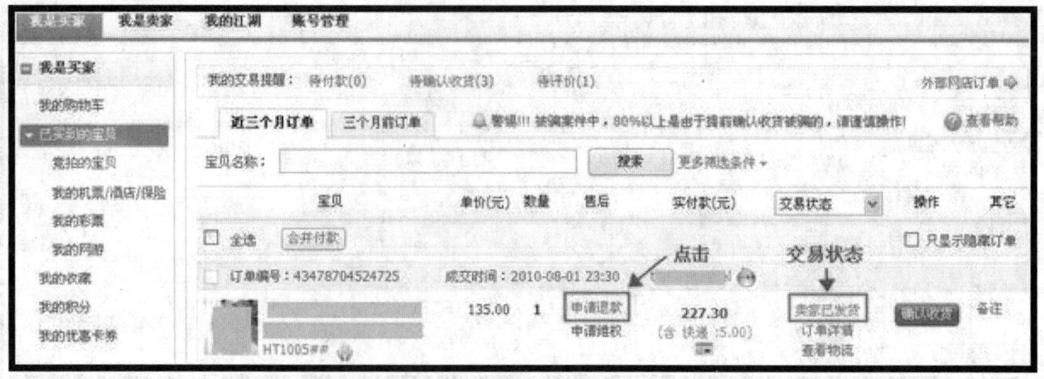

图 6-12

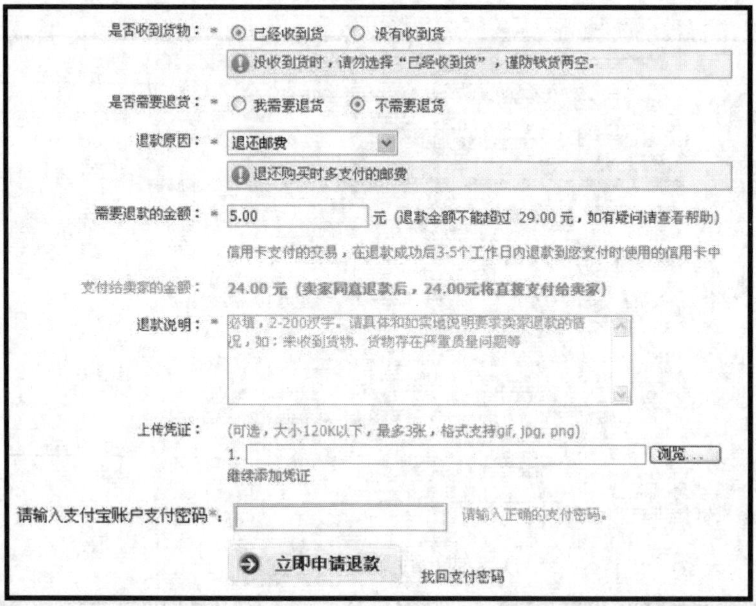

是否收到货物：* ⊙ 已经收到货 ○ 没有收到货

没收到货时，请勿选择“已经收到货”，谨防钱货两空。

是否需要退货：* ○ 我需要退货 ⊙ 不需要退货

退款原因：* 退还邮费

退还购买时多支付的邮费

需要退款的金额：* 5.00 元（退款金额不能超过 29.00 元，如有疑问请查看帮助）

信用卡支付的交易，在退款成功后3-5个工作日内退款到您支付时使用的信用卡中

支付给卖家的金额： 24.00 元（卖家同意退款后，24.00元将直接支付给卖家）

退款说明：* 必填，2-200汉字。请具体和如实地说明要求卖家退款的情况，如：未收到货物、货物存在严重质量问题等

上传凭证： （可选，大小120K以下，最多3张，格式支持gif, jpg, png）

1. 浏览...

继续添加凭证

请输入支付宝账户支付密码*： 请输入正确的支付密码。

立即申请退款 找回支付密码

图 6-13

第三步：关注退款状态和退款是否超时，待卖家同意退款协议，即退款成功。

2．已收到货，需要退货退款的退款申请操作流程

第一步：进入“我的淘宝”—“我是买家”—“已买到的宝贝”页面找到对应交易订单，点击“申请退款”，如图 6-14 所示。

图 6-14

第二步：选择“已经收到货”、“我需要退货”以及退款原因，输入需要退款的金额，填写退款说明，输入支付宝账户支付密码，点击“立即申请退款”，如图 6-15 所示。

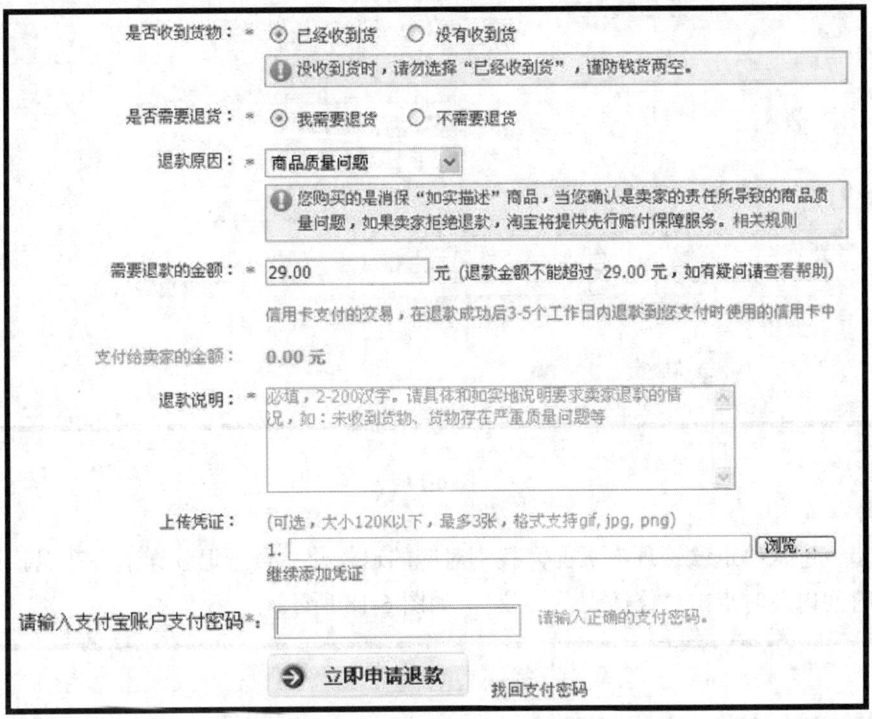

图 6-15

第三步：关注退款状态和退款是否超时，待卖家同意退款协议，此时退款状态为“退款协议达成，等待买家退货”，实际完成退货后，可以点击“退货给卖家”，如图 6-16 所示。

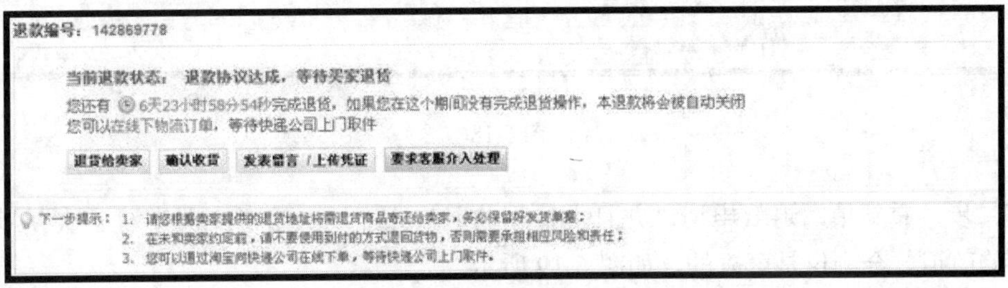

图 6-16

第四步：选择退货使用的物流公司，填写物流运单号，点击“确认”，如图 6-17 所示。

第五步：操作完成退货后，退款状态变更为“买家已退货，等待卖家确认收货”，同样需要继续关注退款状态和退款是否超时，待卖家确认收到退货，点击“同意退款”后即退款成功。

3．如果买卖双方协商不一致，需要继续协商，步骤如下。

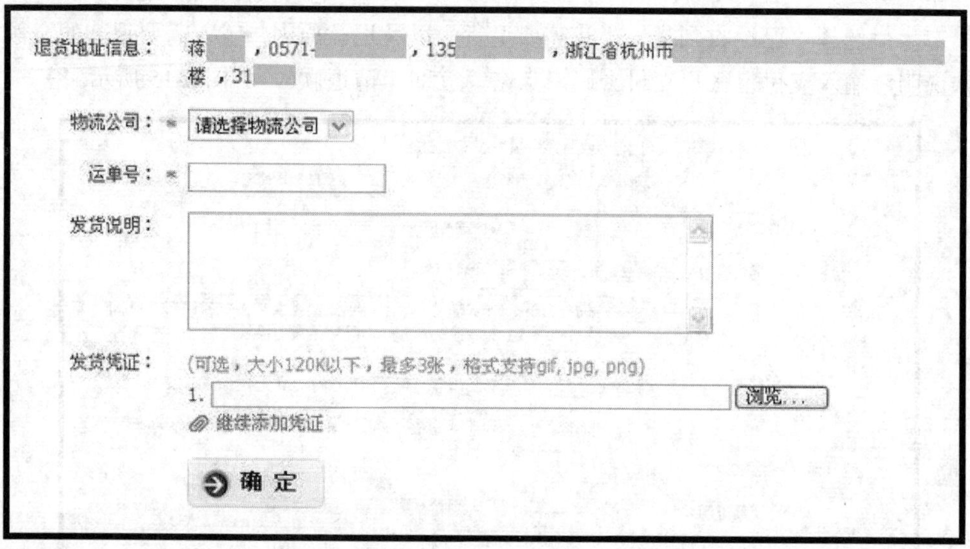

图 6-17

第一步：进入“退款管理”页面，找到对应的退款交易查看退款详情，在退款详情页面提醒规定时间内及时点击“修改退款协议”，如图 6-18 所示。

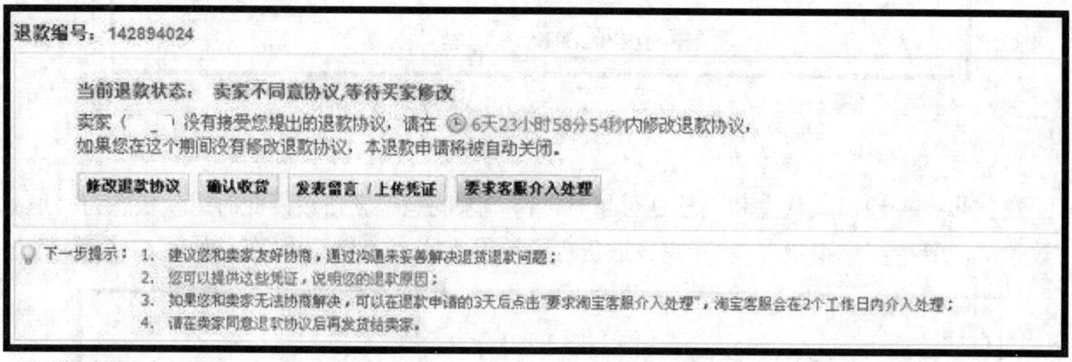

图 6-18

第二步：重新填写退款申请，并且上传相关退款凭证，点击“立即申请退款”，此时如果需要修改退款金额也是可以的，如图 6-19 所示。

第三步：积极联系卖家协商，并关注退款状态和退款是否超时，若一直未协商一致，规定时间后可在退款详情页面点击“要求客服介入处理”，淘宝客服会在 2 个工作日内介入处理。

4．如果双方协议不一致，需要客服介入处理，进入维权状态，维权的步骤如下。

可以在申请退款的 5 天后在退款详情页面点击“要求客服介入处理”，并上传双方约定的完整清晰的旺旺聊天记录截图（上传退款凭证介绍），淘宝客服会在 2 个工作日内介入处理，如图 6-20 所示。

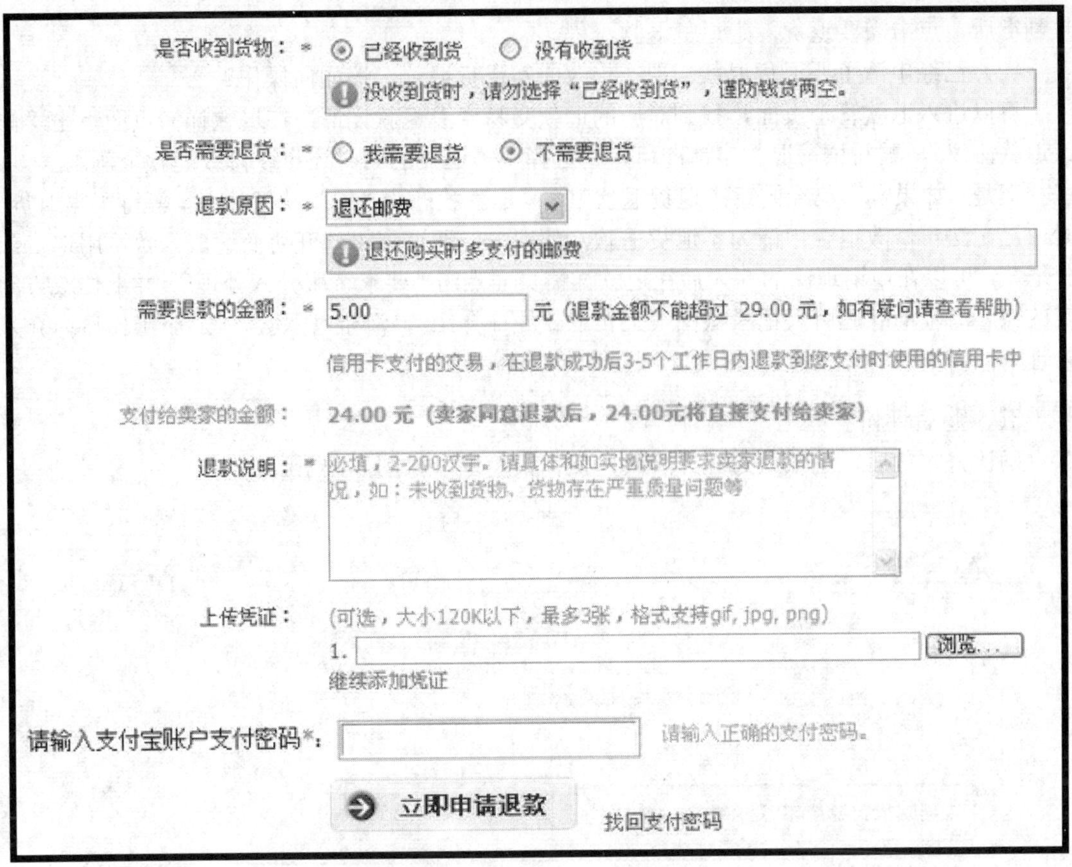

是否收到货物：* ◉ 已经收到货　○ 没有收到货

没收到货时，请勿选择“已经收到货”，谨防钱货两空。

是否需要退货：* ○ 我需要退货　◉ 不需要退货

退款原因：* 退还邮费

退还购买时多支付的邮费

需要退款的金额：* 5.00 元（退款金额不能超过 29.00 元，如有疑问请查看帮助）

信用卡支付的交易，在退款成功后3-5个工作日内退款到您支付时使用的信用卡中

支付给卖家的金额：24.00 元（卖家同意退款后，24.00元将直接支付给卖家）

退款说明：* 必填，2-200汉字。请具体和如实地说明要求卖家退款的情况，如：未收到货物、货物存在严重质量问题等

上传凭证：（可选，大小120K以下，最多3张，格式支持gif, jpg, png）

1. 浏览...

继续添加凭证

请输入支付宝账户支付密码*：　请输入正确的支付密码。

立即申请退款　找回支付密码

图 6-19

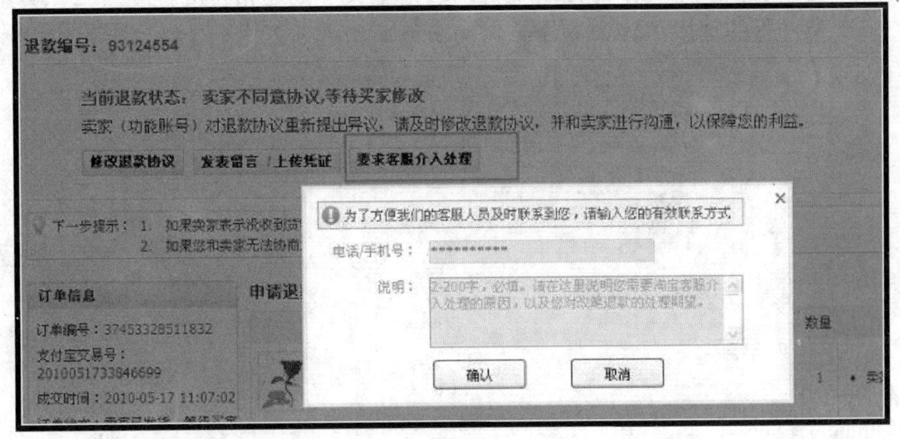

图 6-20

5．几种由于消费者误操作带来的问题介绍

（1）没有收到货，申请退款的时候选择了有收到货，还可以改吗？

若申请退款时已选择有收到货，需要退货或不需要退货的退款申请，进入“退款管理”页面，找到对应的退款交易查看退款详情，在退款详情页面再次点击“修改退款协议”，只能修改是否需要退货和退款金额，无法再更改为未收到货，如果已退货给卖家，可以在选择有

收到货后，点击需要退货，走退货退款流程。

（2）已经申请了要退货退款，现在想改成不退货退款，该如何操作？

可以进入退款管理页面，找到对应的退款交易查看退款详情，在退款详情页面点击“修改退款协议”，重新填写退款申请即可，在选择不需退货的同时还可以修改退款金额。

但是，如果卖家已经同意了退货退款申请，退款状态为“退款协议达成，等待买家退货”时，已无法再修改退款申请为不退货退款，如双方已通过阿里旺旺协商达成一致不用退货部分退款，可以在申请退款的3天后在退款详情页面点击“要求客服介入处理”，并上传双方约定的完整清晰的旺旺聊天记录截图（上传退款凭证介绍），淘宝客服会在 2 个工作日内介入处理。

五、购后评价

确认完收货后，进入双方互评阶段，操作很简单，如图 6-21 所示。

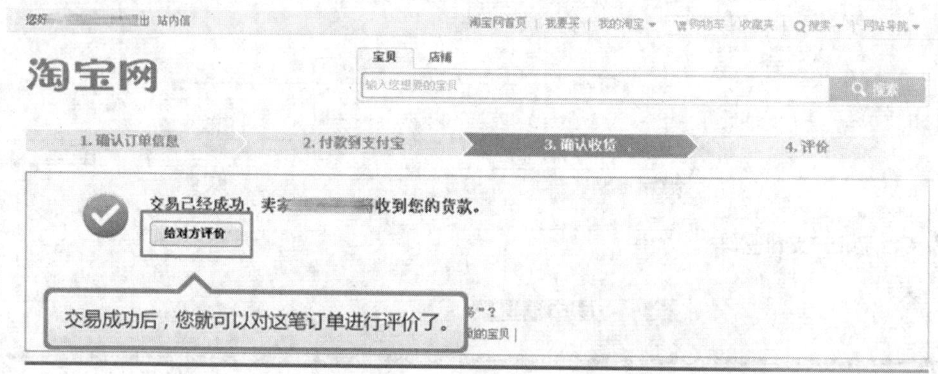

图 6-21

在评价中主要包括以下几个方面的评价：（1）宝贝于描述相符的程度；（2）卖家的服务态度；（3）卖家发货的速度；（4）物流公司的服务，如图 6-22 所示。

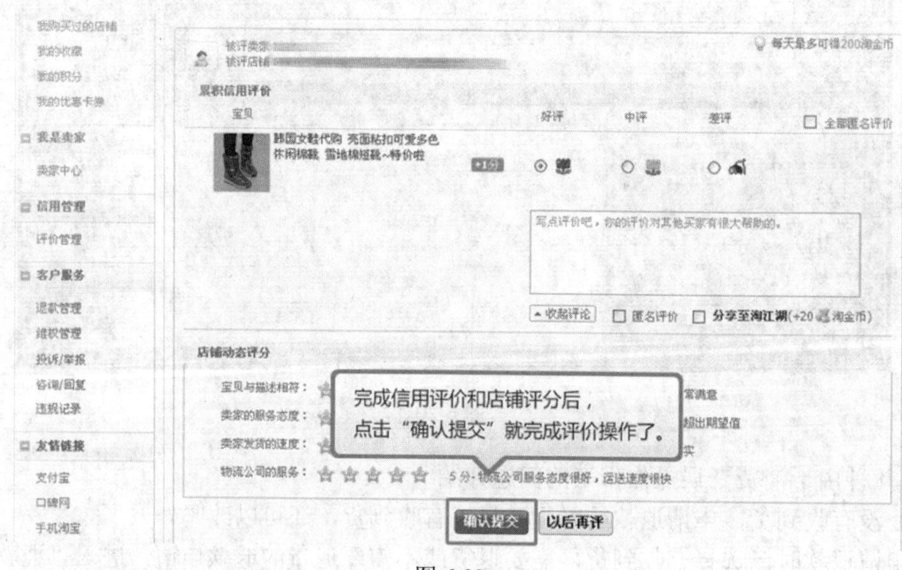

图 6-22

双方互评以后出现“店铺评价成功”界面，如图 6-23 所示。

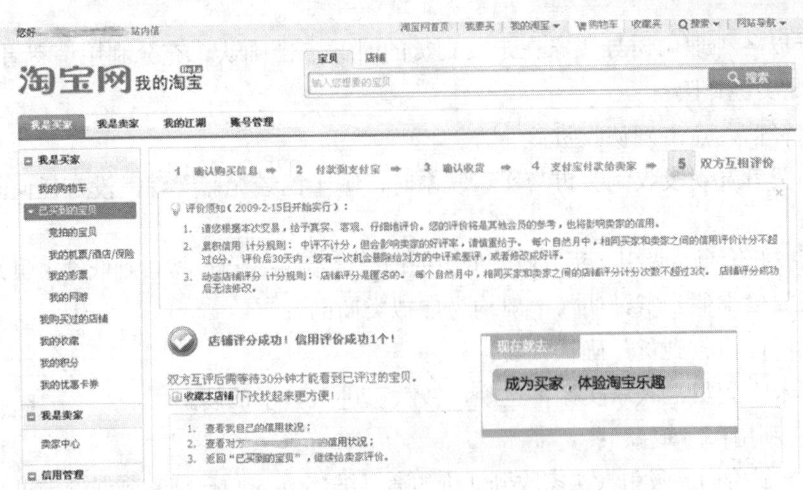

图 6-23

如果需要删除或者修改对他人的中差评，在评价做出的30天内可以通过以下方式进行修改，只有一次修改或删除的机会。逾期评价将不再有删除/修改的机会。步骤如下：进入“我的淘宝”—“我是买家”—“我的信用管理”（“我是卖家”—“交易管理”—“信用管理”—“评价管理”）—“给他人的评价”，选择需要修改、删除或匿名的评价，如图6-24所示。

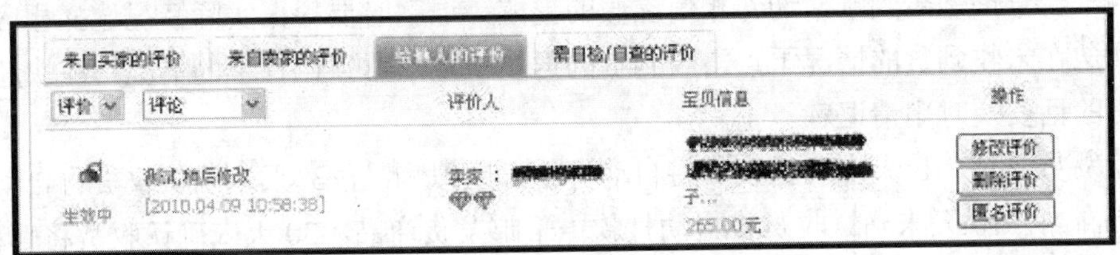

图 6-24

提醒：

1．评价自助修改期为30天，超过自助修改期，将无法进行操作；

2．评价修改或删除只有一次机会，且只能将中差评改为好评，修改评价的同时请记得修改评语，好评是无法改成中差评，也是无法删除操作的；

3．评价删除后将无法再次评价。

任务训练

1．独立完成一次网上购物，体会购物流程，把购物过程详细地记录下来，写一份网购经历的文章，要求文字加截图的方式描述，用word排版后发表到自己的QQ空间中或者博客中。

2．体验一次网购退换货的过程，并做详细记录，把处理方法和过程记录下来，写一份退换货维权过程的报道。

素质拓展

骗子的几个骗术总结

骗术一：

1．买家被低价商品吸引（买家收到低价的商品链接/买家自己搜索到低价宝贝），点击购买；

2．骗子以各种理由诱导买家在未收到货的时候点击确认，充分利用消费者对交易规则不熟悉的情况实施诈骗；

3．买家轻信，点击确认收货；

4．等消费者发现没收到货再与卖家联系时，骗子已经无影无踪，没有任何回应。

骗术二：

1．买家被低价商品吸引（买家收到低价的商品链接/买家自己搜索到低价宝贝）点击购买；

2．卖家提供虚假到货证明（一般均为虚拟类商品）；

3．买家误以为收到货，确认收货；

4．发现未收到货，联系卖家，已晚，钱款已进入骗子口袋。

骗术三（利用部分退款）：

1．买家被低价商品吸引（买家收到低价的商品链接/买家自己搜索到低价宝贝）点击购买；

2．骗子以各种方式引导买家在未收到货的情况下点击“收到货，申请部分退款”，退款金额跟实际宝贝价格相比比例较小；

3．买家轻信，点击操作，得到金额较小的一笔退款，其余均进入骗子的腰包。

防骗关键点：不要被任何的理由说服在收到货之前点击确认收货。切记：点击确认收货是一定要在收到货后进行，正常的卖家是不会引导买家先确认的。购买虚拟类的宝贝一定要去官方的平台查询是否到账，切勿相信虚假的提醒。退款时要根据实际情况选择相应的退款选项，切勿在未收到货的情况下点击收到货的退款。要注意自己订单的情况，在快超时之前未收到货的话要及时申请退款。

自动发货商品，1 天未确认收货将自动打款；虚拟物品，3 天未确认收货将自动打款；快递发货商品，10 天未确认收货将自动打款；平邮发货商品，30 天未确认收货将自动打款。

摘自：http://bbs.taobao.com/catalog/thread/154504-251204147.htm

任务 2　淘宝网上订单处理操作

网上开店一定要熟悉网上订单处理流程，否则就不能很熟练地在网上销售商品，当然也不可能经营网店盈利，在和买家交流的过程中，经常会涉及讨价还价和发货方式问题，因此，在淘宝网只会交易商品还不够，还应该学会修改交易价格、选择物流发货、给买家评价等操作。下面就针对淘宝网后台订单流程进行学习。

工作过程

修改交易价格→选择物流发货处理→批量确认发货→给买家评价

相关知识点

一、修改交易价格

在跟买家达成购买意愿之前，买家通常会讨价还价，要求价格便宜一些，这时就需要卖家修改最初所定的一口价，还有一种情况就是买家一次性购买多件商品，给予邮费折扣的时候，也需要修改交易价格，从而完成宝贝的交易过程，具体操作步骤如下。

在交易状态为“等待买家付款”时，卖家可以登录到“我的淘宝”—“我是卖家”—“已卖出的宝贝”—“等待买家付款”中，找到对应的订单，点击“修改价格”，如图 6-25 所示。

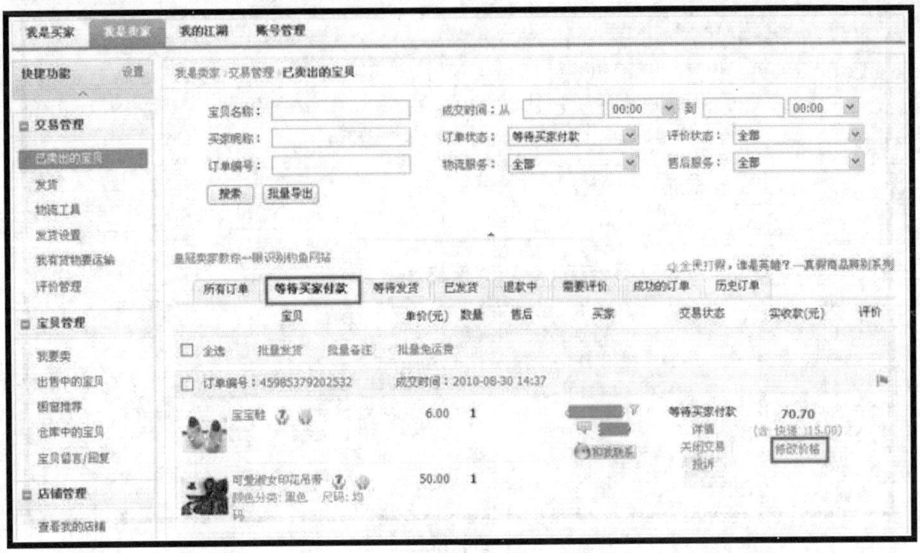

图 6-25

可以直接在“涨价或折扣”栏中填写相关的折扣或优惠的金额（负数代表优惠折扣），同时也可以在“邮费”栏中直接添加需要修改的邮费金额，填写完成后点击“确定”即可。如果卖家包邮，也可以直接点击“免运费”，即邮费金额为 0 元。注意：修改商品价格后，一定要确认无误后再单击“确定”按钮，否则会直接造成经济损失。卖家提交修改价格操作无次数限制，如图 6-26 所示。

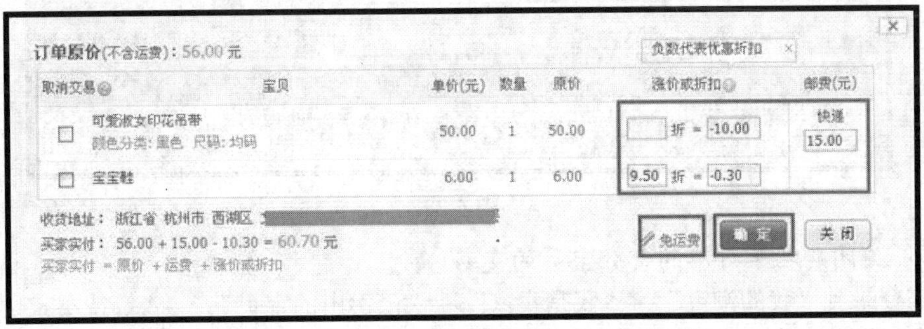

图 6-26

修改宝贝价格后，一定要及时与买家联系，以便通知买家价格已经修改，要求买家去付款。这里说明一下，如果买家已经进入付款流程，进行了支付操作，虽然未成功，但是卖家在之后的 15 分钟内无法修改交易价格，等到 15 分钟之后，即可恢复正常。所以卖家要修改价格必须用旺旺通知买家，关闭支付界面，退出支付流程才可以修改价格。

为了便于店铺管理，卖家应该及时关闭一些无效交易订单，只有交易状态为“等待买家付款”时，卖家才可以操作关闭订单交易。但需要注意：关闭交易前务必确认已经通知买家，并已达成一致意见。单方面关闭交易，将有可能导致买家投诉，进而影响卖家使用支付宝的权利，提醒慎重此操作。

（一）关闭订单的所有宝贝的交易

卖家登录到“我的淘宝”—“我是卖家”—“已卖出的宝贝”—“等待买家付款”中，找到对应的订单，点击“关闭交易”，如图 6-27 所示。

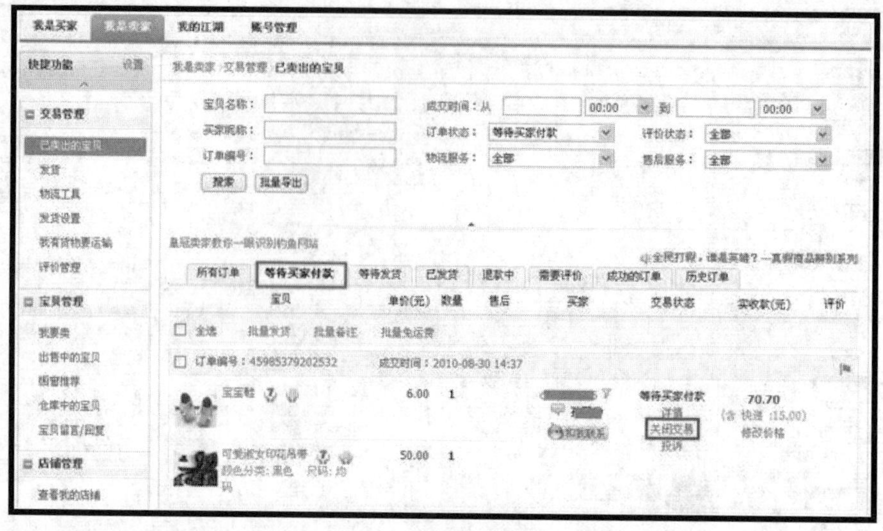

图 6-27

选择关闭交易的理由后，点击“确定”即可，如图 6-28 所示。

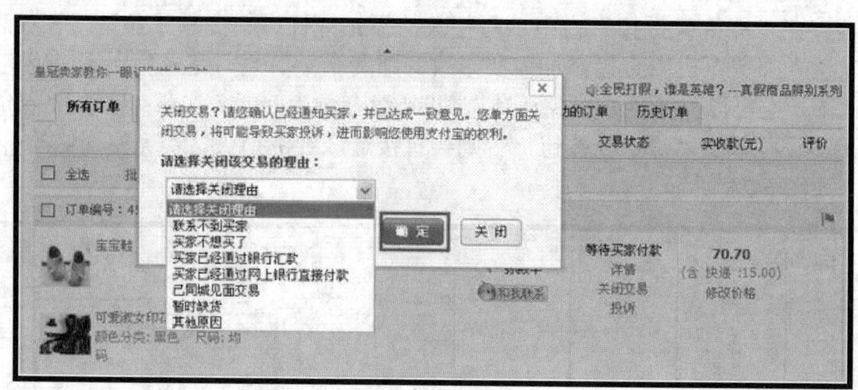

图 6-28

（二）关闭购物车订单的部分宝贝的交易

卖家登录到“我的淘宝”—“我是卖家”—“已卖出的宝贝” —“等待买家付款”中，找到对应的订单，点击“修改价格”，如图 6-29 所示。

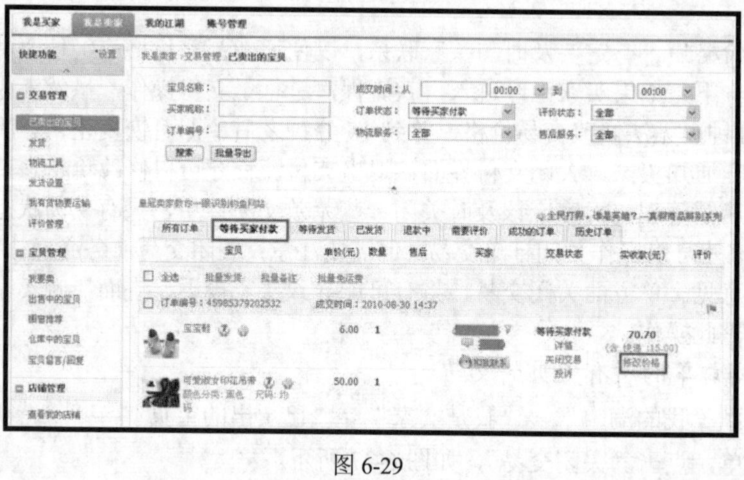

图 6-29

勾选所需要取消的宝贝，选择取消理由后，点击“确定”即可，如图 6-30 所示。

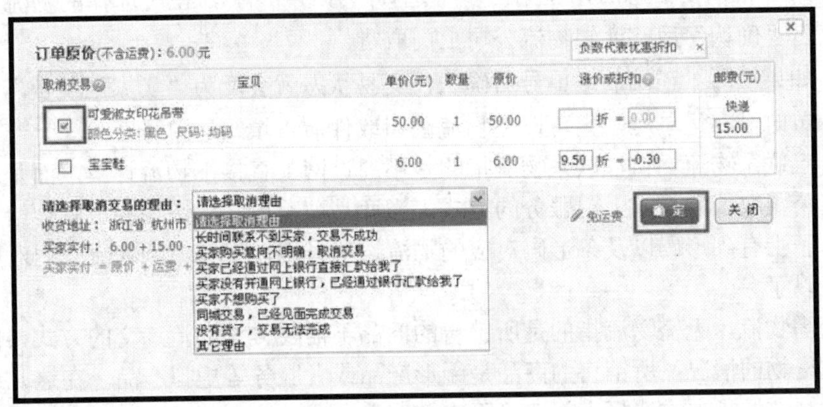

图 6-30

如果买家已经付款，在买家申请退款，卖家确认同意退款后即交易自动关闭。

二、选择物流发货

买家付款后，此时所卖商品的交易状态会变成“买家已付款”，此时卖家可以联系物流公司以提供发货服务，具体操作步骤如下。

1．在“已卖出的宝贝”页面单击“发货”按钮，如图 6-31 所示，进入发货页面。

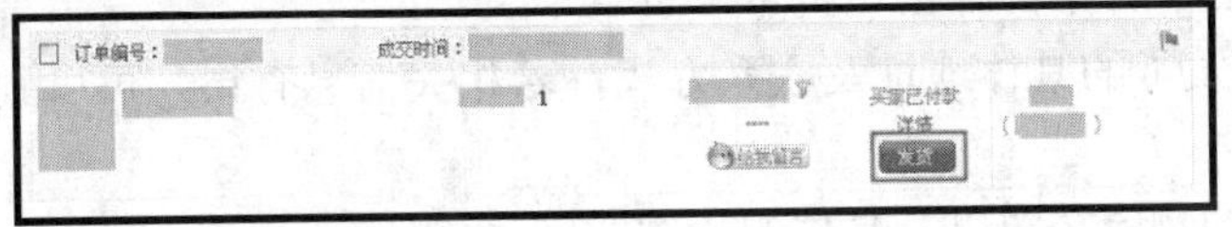

图 6-31

2．确认收货地址及交易信息。

3．确认取货人和地点。发货方式有以下四种：限时物流、在线下单（推荐物流）、自己联系物流、无需物流。

（1）限时物流，如图 6-32 所示。

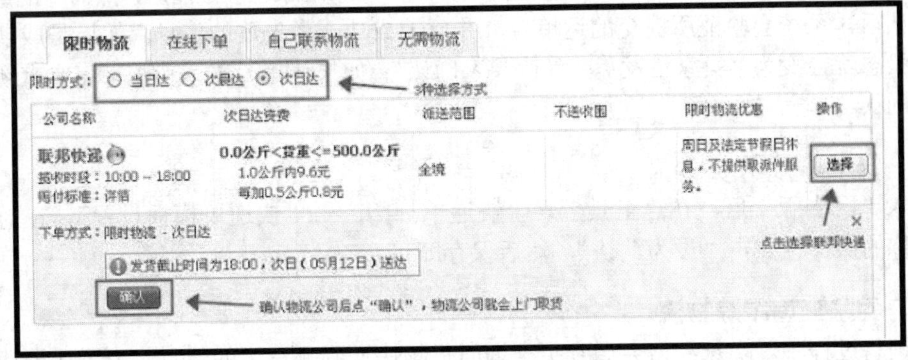

图 6-32

（2）在线下单。步骤：卖家登录到“我的淘宝”—“我是卖家”—“交易管理”— “发货”—“等待发货的订单”，在具体的订单后点击“发货”。

确认好第一、二步信息后，在第三步中选择“在线下单”，在所选择的物流公司后点击“选择”，点击“确认”后，通知物流公司上门取货。

注意：如果填写了正确的运单号后确认，交易状态就会变为“卖家已发货”。

如果下单时没有运单号，也可以在物流公司取件后再填写运单号。

（3）自己联系物流。自己联系物流指的是不通过网上直接下物流订单，而是通过电话等方式和物流公司取得联系，上门服务的方式，当商品被寄出时，快递人员就会给卖家一个快递单子，单子上有条形码以及条形码对应的物流运单号码，卖家填到物流公司对应的“运单号码”就可以了。

（4）无需物流。无需物流指的是所销售的商品不需要传统物流递交的方式，比如：消费者上门自取货物的情况；所销售的商品是无形产品或者服务等虚拟产品。在这几种情况下就不需要物流，在发货方式选择上就选“无需物流”方式。

卖家注意：所卖商品如果选择了“无需物流”发货方式，在店铺里就显示“虚拟商品交易量”。

三、批量确认发货

目前批量发货功能只针对于选择淘宝推荐物流在线下单的方式（自己联系物流暂无法使用该功能），具体操作如下。

卖家登录到“我的淘宝”—“我是卖家”—“交易管理”—“发货”—“等待发货的订单”，勾选需要发货的订单，点击“批量发货”。

1. 确认取货/发货的具体地址及联系方式，若相关信息有误，可以到“我的地址库”中重新选择。

2. 选择需要的物流公司以及具体的预约时间。

3. 系统会自动将同一买家的不同订单合并到一起，同一买家只需填写一个运单号就可以完成发货操作，如果多笔订单需要分开操作发货的，点击页面右侧的“单独发送”即可。若本次不想一起操作发货，点击“本次不发送”，则该笔订单将不在此显示。填写完“运单号码”后，点击“批量发货”。

4. 若没有填写运单号码直接“批量发货”操作，后续可以登录到 “我的淘宝”—“我是卖家”—“交易管理”—“发货”—“发货中的订单”，补充好运单号码后，点击“批量确认”。

确认后，系统会验证所提交的运单号，并反馈成功或者失败的信息。如果是成功的，那么交易状态就会变为“卖家已发货，等待买家确认”；如果运单号输入错误，需要重新输入后再进行确认。

四、快递单打印

进入“网店版”后，在“工具”—“快递单打印”—“快递单模板设置”，在对应的快递单名称的操作栏点击“设为默认”，然后保存即可。

五、卖家查询跟踪物流

在销售过程中，卖家经常会遇到买家询问货物快递到哪里了的信息，为了让消费者及时了解所购买商品的目前状态，卖家应该会进行物流跟踪，把商品目前状态及时通知买家，具体操作步骤如下。

卖家登录到“我的淘宝”—“我是卖家”—“交易管理”—“物流工具”—“物流跟踪

信息”中，输入订单编号，点击“搜索”即可查看相关订单中物流详情。如若相关物流网站不稳定，可能会导致暂时无法查看到物流进程，建议稍后再查，如图 6-33 所示。

图 6-33

输入订单编号以后就会看到物流跟踪信息。

六、给买家评价

买家收到货将货款支付给卖家后，卖家应及时对买家做出评价。只要交易顺利，就不妨多作“好评”给买家，买卖双方互给好评，“好评”要日积月累，网店才能越做越大。卖家要遵循“顾客就是上帝”的原则，细心周到地处理好每一笔交易。

卖家给买家做出评价的具体操作步骤如下。

进入“我的淘宝”—“我是卖家”—“已卖出的宝贝”里 ，找到“交易成功”的交易（含货到付款的交易），点击“评价”。评价方法类似于买家评价，只是没有店铺评分那一项。

此外对“差评”的使用应该十分谨慎，有些卖家对拍下不及时确认收货的买家的处理方法是“一律给其差评，并追究到底”，这样的处理方式未免过于极端。收到货物不及时确认收货的买家可能会有一些恶意同行，但是大多数情况下有些是新手买家，不懂怎样用支付宝付款，有些买家对价格不太满意，处于取舍之间等。有时候卖家就要主动联系买家，细心引导，给其适当的建议。

任务训练

1. 同学之间互买一下商品，体会网上订单的处理流程。
2. 体会一下消费者要求退换货的过程，熟悉相关的操作。

素质拓展

淘宝网评价计分的一些原则

1．使用支付宝且成功地交易可以进行评价并生效计分。评价计分基本规则不变。好评加 1 分，差评扣 1 分，中评不得分。

2．每个自然月中，相同买家和卖家之间的评价计分不超过 6 分。

3．若 14 天内相同买卖家之间就同一商品有多笔支付宝交易，则多个好评只计 1 分。

4．如一方评价另一方未评，使用支付宝交易且交易成功的，在单方评价的 45 天后系统会自动默认给予评价方好评。

任务3 在拍拍网、易趣网等平台网上开店的操作步骤

前面主要针对淘宝网进行了买卖流程的探讨，但开网店不能仅限于一个网络平台，除了会在淘宝网买卖操作，还应该会拍拍网、易趣网等网络平台进行交易和销售管理店铺。下面就熟悉一下其他网络平台的购物过程和网点销售处理操作。

工作过程

拍拍网开店步骤：注册和认证→注册财付通→免费开店

易趣网开店步骤：会员注册→卖家认证→注册安付通→免费开店

相关知识点

一、拍拍网开店步骤

依托于腾讯QQ 9.3亿多的庞大用户群以及5亿多户的优势资源，拍拍网具有良好的发展基础。从2006年9月12日开始，拍拍网上线已4年多了。通过这4年多时间的迅速成长，拍拍网已经与易趣网、淘宝网共同成为中国最有影响力的三大C2C平台。凭借丰富的商品和高人气的互动社区，拍拍网已发展成为国内成长速度最快、最受欢迎的C2C电子商务交易平台之一。

（一）注册和认证

要想在拍拍网上出售商品，首先要注册和认证，拍拍网提供安全可靠的身份认证，也只有在通过认证后才能开设店铺，具体操作步骤如下。

1．注册流程

首先要有一个属于自己的QQ号，登录后进入“我的拍拍”页面。

第一次登录“我的拍拍”必须进行激活任务，点击“立即激活”，就会出现“恭喜您，激活成功”的界面。拍拍网为了奖励新来者还有大礼包相送，可以点击“立即领取”按钮。

2．卖家认证流程

卖家认证是拍拍网考察卖家入驻资格与诚信级别的过程，年满18岁的大陆和香港居民均可申请，通过认证后即可在拍拍网免费售卖商品。卖家需要先完成财付通实名认证、申请财付通数字证书两项任务后，才能获取卖家资格。由于拍拍现已开展全站诚保认证计划，所以还需要加入拍拍诚信保证计划后才能获取经营资格。

目前需先使用个人身份证激活财付通，才可进行拍拍卖家认证。若已激活财付通账户，可按以下操作步骤进行认证。

第一步：点击拍拍网页面左上方的“免费开店”（或进入“我的拍拍”—“我是卖家”—“认证成为卖家”）。

第二步：在详细阅读《卖家须知和用户协议》后，勾选“已经阅读并同意”，点击“开始申请”（注：若之前在此页面已同意并开始申请，关闭该页面再次进行认证是不会出现该协议页面的，直接进行实名认证申请即可）。

第三步：申请财付通实名认证及数字证书（注：实名认证与数字证书申请不分先后顺序）。

第四步：在完成实名认证与数字证书申请后，可进入卖家认证页面，点击“获取卖家资格”。

第五步：在弹出的窗口中，输入财付通实名认证身份证号码，点击“提交”。在系统核实认证信息一致后，即可具备卖家资格。

关于财付通实名认证的审核时间提示如下。

1．因一个财付通实名认证可授权给另外3个财付通账户，因此一个身份证可在拍拍开4个店铺。

2．若提交3次认证申请失败，需在30个工作日（注：工作日不包含周六、周日、国家法定节假日）后才可再次进行实名认证申请。

3．若在申请数字证书或进行实名认证过程中遇到问题，可点击页面下方的“在线帮助系统”（注：产品类型需选择“财付通”），以提问的方式联系财付通工作人员协助处理，财付通工作人员会在24小时内给予回复。

4．卖家图标，将在获取卖家资格的24小时内给予点亮，后续可留意图标显示情况。

（二）注册财付通

财付通是专业的在线支付平台，致力于为互联网用户和企业提供安全、便捷、专业的在线支付服务。业务覆盖B2B、B2C、C2C各领域，提供卓越的网上支付及清算服务。针对个人用户，财付通提供了包括在线充值、提现、支付、交易管理等丰富功能；针对企业用户，财付通提供了安全可靠的支付清算服务和极富有特色的QQ营销资源支持。

（三）免费开店

进入“我的拍拍”—“免费开店”—仔细阅读“卖家须知和用户协议”—“开始申请”。

选中“已经阅读并同意‘卖家须知和用户协议’”，点击“开通申请”，就会出现卖家认证的过程，前面讲述过具体的认证方法和步骤，在这里就不再重复。认证通过以后就可以开店了。

二、易趣网开店步骤

（一）会员注册

在易趣网上开店，首先要注册成为会员，并且需要通过认证，在易趣网上注册成为会员主要有以下4步，具体操作步骤如下。

1．进入易趣网主页http://www.eachnet.com/，单击页面右上角的“免费注册”链接。

2．点击“免费注册”，就会出现注册信息填写表单。

3．点击“我已阅读并接受上述条款，继续”按钮，就会出现要求到邮箱激活的信息。

4．到邮箱中激活信息。

（二）易趣网实名认证

要想网上卖东西，就必须进行实名认证，实名认证过程主要有4步：填写基本信息→填写银行信息→去银行认证→完成认证。

因为实名认证的过程和淘宝网、拍拍网类似，在这里就不做详细描述，参照前面两个平台进行认证就可以了。

（三）免费开店

1．开设店铺，首先需要进行注册，并通过银行实名认证。进入“我的易趣”—“我是卖家”—“我要开店”。

2．进入开设店铺页面。设定店铺基本信息，包括店铺类型、店铺名称、店铺路径。

注意：目前开设高级店铺或者超级店铺均不收费，店铺一旦开设将自动延期；店铺名称和店铺路径只能用数字、字母或汉字，特殊字符或者空格等不可以使用，并且仅限35个字符。

另：如果用户开设了超级店铺将有机会得到各类市场推广支持（如被推荐到店铺首页等）。

3．确认无误后，按“继续”按钮，系统将提示：“您已成功开设了××店铺”。

4．开店完成后进行店铺基本设置

店铺开设完成后，建议立即到“我的易趣”—“管理我的店铺”的“基本设置”中对店铺的名称，店铺链接地址、介绍、标识、公告、广告设定作调整和补充。对店铺进行小装修后，即可正式开门迎客了。

任务训练

1. 在拍拍网注册会员、实名认证、开设店铺。
2. 在易趣网注册会员、实名认证、开设店铺。

素质拓展

除了会在 C2C 网站购物开店之外，还要学会在 B2C、B2B 等电子商务平台的交易管理。网上购物，是指通过网上专业的购物网站（如当当网、卓越网、京东网、淘宝网等）查看商品信息，选择合适的商品，然后填写相关资料（联系方式、地址等），厂商通过快递公司送货上门，买家验货付款的过程即一个网站购物的完整过程。随着互联网在中国的进一步普及应用，网上购物逐渐成为流行的购物方式。下面就以在京东网买手机的实例来介绍怎样网上购物。

1．进入京东网首页（http://www.360buy.com），然后点击页面顶上的“登录”进行登录，若还没有账号，点击“免费注册”进行申请，一定要记住用户名和密码。

2．选择商品（手机）。有两种方式查找商品，一是通过“商品分类”，二是通过在搜索框里输入“手机”然后点击查询。

3．选好商品后，点击“增加到购物车”—“去购物车并结算”—“去结算”。

4．填写订单信息，注意“支付及配送方式”中的支付方式一定要选“货到付款”。这样就可以在收到货后付款了，也不用担心快递公司不送货了。

5．上面的信息填完后就点击“提交订单”，然后再家等着收货就可以了。

情景七　网络安全和识别骗子的技巧

知识目标

了解当前在网络方面存在的问题，引导学生进行网络病毒的正确防御和巧妙识破骗子的方法。

技能目标

给自己的会员账号、支付宝、财付通、安付通等账号信息进行安全认证，有力地保护自己的账号不被盗取。

素质目标

建立诚信经营理念，培养学生网店经营的安全意识。

任务导入

疯狂的网购陷阱

2011 年春节临近，正值网络购物的高峰期。近期，国内知名安全厂商金山网络发布了《2010 年中国网络购物安全报告》，指出在 2010 年钓鱼网站、木马等威胁已经使网络购物用户损失了超过 150 亿元。并在报告中，预测 2011 年网购木马造成的危害将超过钓鱼网站，成为网络购物用户将面临的最大威胁。

水涨船高，2010 年网购陷阱增长迅猛。

据来自中国互联网络信息中心的数据显示：2009 年我国网购市场交易规模为 2500 亿元，较 2008 翻一番，而 2010 年网络购物的市场规模将超过 4300 亿元；网购人群也大幅度增长，2009 年至少在网上买过一次东西的中国网民数历史性地突破了 1 亿人，达到 1.08 亿人，增长 46%。

而在 2010 年，使用过网络购物的互联网用户更是接近 2 亿人。网络购物已经成为发展最迅速，与网民利益最相关的网络应用。

而与网购呈同步增长趋势的，是 2010 年网购安全问题的日趋严重。有数据表明，2010 年，有近 28%的互联网用户遭遇过虚假钓鱼网站、诈骗交易、交易劫持、网被盗等针对网络购物的安全攻击。

目前影响我国消费者网络购物的安全威胁主要包括三大类：钓鱼网站、新型交易劫持木马、传统盗号木马。其中，对网络购物用户威胁最大的是钓鱼网站，占所有威胁的 72.4%；排名第二位的是新型交易劫持木马，占所有威胁的 16.8%；最后是盗取网络购物账号或者网银账号的木马，占威胁总数的 8.7%。

而从整体变化发展趋势来看，钓鱼网站在 2010 年呈现出平稳增长的趋势，新型交易劫持木马数量则增长迅猛，成为 2010 年增长最快的安全威胁。相比之下，传统盗号木马数量日渐减少，颇有明日黄花之势。

摘自：www.cnnic.cn

任务提示

看到这则消息有什么感觉？恐惧？茫然？还是惊叹？随着网络的发展特别是电子商务

的发展，网络骗子越来越多，所以，网上开店就一定要学会如何去识别网络骗子，如何有效地防止被骗。

任务提出

任务 1 网络信誉等级机制

为了规范网络交易市场，不同的网站根据自身的经营情况分别制订了网站的信誉等级机制，比如淘宝网、拍拍网、易趣网等。下面就分别学习不同网络平台的网络信誉等级机制。

工作过程

熟悉不同网络平台的信誉等级机制→有效积累自己网店的信用→让自己的店铺诚信经营

相关知识点

一、淘宝网信用等级机制

淘宝信用评价体系由心、钻石、皇冠三部分构成，并成等级提升，目的是为诚信交易提供参考，成功保障买家利益，督促卖家诚信交易。

众所周之，淘宝会员在淘宝上的每一个订单交易成功后，双方都会对对方交易的情况作一个评价，这个评价就是信用评价，它是公平、公正、透明的，是建立在网络诚信制度的基础上的。淘宝会员在淘宝的信用度就是建立在信用评价的基础上。该机制不仅可以增加买卖双方在网上进行交易的信心，也能够为消费者提供更多的产品与服务信息。

评价的规则与计分方法：淘宝网会员在个人交易平台使用支付宝服务成功完成每一笔交易后，双方均有权对对方交易的情况作一个评价，这个评价亦称之为信用评价。

评价积分：评价分为“好评”、“中评”、“差评”三类，每种评价对应一个积分。

评价计分：评价积分的计算方法，具体为“好评”加一分、“中评”零分、“差评”扣一分。

信用度：对会员的评价积分进行累积，并在淘宝网页上进行评价积分显示。

评价期间：指订单交易成功后的 15 天内。

计分规则（含匿名评价）：

1. 每个自然月中，相同买家和卖家之间的评价计分不得超过 6 分（以支付宝系统显示的交易创建的时间计算），超出计分规则范围的评价将不计分；

2. 若 14 天内（以支付宝系统显示的交易创建的时间计算）相同买卖家之间就同一商品，有多笔支付宝交易，则多个好评只计 1 分，多个差评只记–1 分。

（一）买家信用等级机制

交易双方在淘宝每交易成功一个订单都可以获得相应的评价。买家的信用度累积是针对订单中的每一项宝贝的，即订单交易成功后，卖家可针对其中的每一项宝贝给买家做出如实的评价。评价分为“好评”、“中评”、“差评”三类，“好评”加一分、“中评”不加分、“差评”减一分。

作为买家的角色，其信用度分为以下 20 个级别，如图 7-1 所示。

（二）卖家信用等级机制

淘宝会员在淘宝网每使用支付宝成功交易一次，就可以对交易对象作一次信用评价。评价分为“好评”、“中评”、“差评”三类，每种评价对应一个信用积分，具体为“好评”加一分、“中评”不加分、“差评”扣一分。

1. 在交易中作为卖家的角色，其信用度分为以下 20 个级别，如图 7-1 所示。

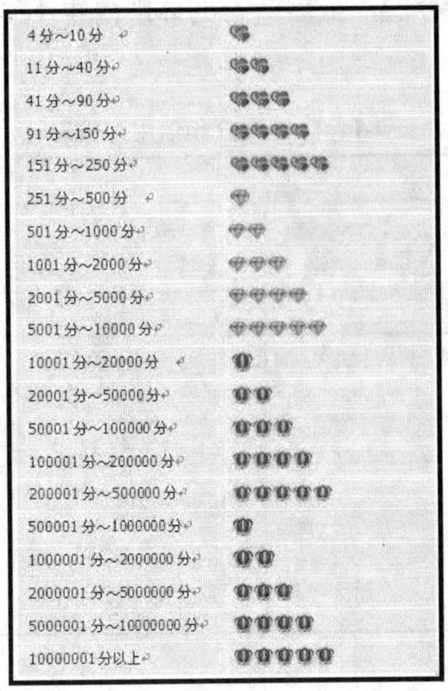

4分～10分
11分～40分
41分～90分
91分～150分
151分～250分
251分～500分
501分～1000分
1001分～2000分
2001分～5000分
5001分～10000分
10001分～20000分
20001分～50000分
50001分～100000分
100001分～200000分
200001分～500000分
500001分～1000000分
1000001分～2000000分
2000001分～5000000分
5000001分～10000000分
10000001分以上

图 7-1

2. 店铺评分是会员在淘宝网交易成功后，仅限使用买家身份的淘宝网会员对本次交易的使用卖家身份的淘宝网会员进行如下四项评分：宝贝与描述相符、卖家的服务态度、卖家发货的速度、物流公司的服务。每项店铺评分取连续六个月内所有买家给予评分的算术平均值。值得说明的是，只有使用支付宝并且交易成功的交易才能进行店铺评分，非支付宝的交易不能评分。

买家在交易成功后，可对本次交易订单的卖家进行如下四项打分：宝贝与描述相符、卖家的服务态度、卖家发货的速度、物流公司的服务。四项指标打分分值：1 分—非常不满；2 分—不满意；3 分—一般；4 分—满意；5 分—非常满意。

买家的打分参考标准如下。

（1）宝贝与描述相符：5 分—质量非常好，与卖家描述的完全一致，非常满意；4 分—质量不错，与卖家描述的基本一致，还是挺满意的；3 分—质量一般，没有卖家描述的那么好；2 分—部分有破损，与卖家描述的不符，不满意；1 分—差的太离谱，与卖家描述的严重不符，非常不满。

（2）卖家的服务态度：5 分—卖家的服务太棒了，考虑非常周到，完全超出期望值；4 分—卖家服务挺好的，沟通挺顺畅的，总体满意；3 分—卖家回复很慢，态度一般，谈不上沟通顺畅；2 分—卖家有点不耐烦，承诺的服务也兑现不了；1 分—卖家态度很差，还骂人、说脏话，简直不把顾客当回事。

（3）卖家发货的速度：5 分—卖家发货速度非常快，包装非常仔细、严实；4 分—卖家发货挺及时的，运费收取很合理；3 分—卖家发货速度一般，提醒后才发货的；2 分—卖家发货有点慢的，催了几次终于发货了；1 分—再三提醒下，卖家才发货，耽误我的时间，包装也很马虎。

（4）物流公司的服务：5 分—物流公司服务态度很好，运送速度很快；4 分—物流公司态度还好吧，送货速度挺快的；3 分—物流公司服务态度一般，运送速度一般；2 分—物流公司服务态度挺差，运送速度太慢；1 分—物流公司态度非常差，送货慢，外包装有破损。

3．店铺评分与信用评价的区别

店铺评分和信用评价是并存的，虽然两者的体现内容不一样，但都是为买家提供更多维度的参考价值，如表 7-1 所示。

表 7-1　店铺评分和信用评价对比

项　目	相　同　点	不　同　点	
		信用评价	店铺评分
评价时间	交易成功后的 15 天内	—	—
评价对象	淘宝网会员	买卖双方互评	仅是买家对卖家的评分
评价显示形式	“信用评价管理页面”、“掌柜档案”、“我的淘宝”、“旺旺”等	以心钻冠的形式展现	滚动方式展现
积分方式	—	信用分累计的方式	只展示近 6 个月的店铺评分分数
评价条件（哪些交易可以评价）	交易成功	按宝贝评价	按订单评分（对商城卖家可对每种商品作出宝贝与描述相符的评分）
评价是否匿名（匿名的具体形式）	—	可选择是否匿名	默认匿名

二、拍拍网信用等级机制

信用评价指的是拍拍会员在拍拍上的每一笔交易成功后，双方都会对对方交易的情况作一个如实评价，这个评价就是信用评价，它是公平、公正的。通过查看交易评价，可以增加对卖家及商品的了解。信用评价分为三个方向：好评为正；中评为 0；差评为负。在交易成功且双方互评后，即会显示该笔交易的评价得分。

信用度是记录拍拍会员在拍拍上的所有交易情况的综合，衡量陌生卖家信用时可是一个很重要依据。通常，该卖家信用度越高则表示过去达成的交易数目越多，并且好评居多。

信用度的计算公式：信用度=信用评价得分×成交金额权重，所以拍拍网的信用度与买卖次数、成交金额有非常重要的关系。

信用评价得分的方式和淘宝网信用评价方式不同，增加了成交金额的权重，如表 7-2 所示（对财付通交易）。

表 7-2　交易金额与权重关系

交易金额	0~1（含）元	1~200 元	200（含）~1000 元	1000（含）~5000 元	5000（含）元以上
权重（分数）	0	1	2	3	4

例如：一笔交易中得到信用评价是好评，成交金额为 200 元，则此次交易得到的信用度为 1×2=2。

若一笔订单中包含多种商品，则每一种商品都单独计算信用度，计算公式不变（信用度=信用评价得分×成交金额权重）。其中，每种商品的成交金额=商品实付单价×数量+实付总邮费÷商品种类数（注：成交金额计算结果四舍五入，只保留小数点后两位）。例如：小明在一笔订单中购买了 2 种商品，分别是一个篮球 200 元和一双球鞋 150 元，总邮费为 10 元。则篮球的成交金额为 200+10÷2=205，对应的好评信用度为 1×2=2；球鞋的成交金额为 150+10÷2=155，对应的好评信用度为 1×1=1。

为了有效减少恶意炒卖信用账号的行为，净化信用环境，拍拍网针对以下情况的交易是不计分的。

1．非财付通交易的评价不计分。

2．若得到中评，则无论交易额为多少，该笔交易信用度都为0。

3．对于财付通交易，一个自然月内来自同一买家评价最多可积 6 分，来自同一卖家评价最多可积6分，若超过这个限制则评价不计分。

4．若一笔交易后修改了评价，那么该交易不计分。

5．若实物类卖家出售虚拟商品，则该交易显示为不计分，但实际拍拍后台计分了，可以登录“我的拍拍”—“评价管理”查看分数，当实物类卖家修改主营类目为虚拟类，该交易的计分将显示。

6．若虚拟类卖家出售实物商品，则该交易显示为不计分，但实际拍拍后台计分了，可以登录“我的拍拍”—“评价管理”查看分数，当虚拟类卖家修改主营类目为实物类，该交易的计分将显示。

7．若一笔订单中包含多种商品，则其中每种商品都单独计算信用值得分，根据计算规则进行，若订单中某种商品的成交金额低于或等于1元则不计分（如：甲某在一笔订单中购买了 2 种商品，商品 A 价格为 50 元，商品 B 价格为 0.5 元，免邮费，则商品 B 评价后不计分）。

8．交易金额为0~1元（含1元）的交易、买家申请退款，卖家所得金额小于1元（含1元）的交易不计分。

需要注意的是：若得到差评，将会根据该笔交易金额的高低，扣除一定的信用度，交易金额越高，所扣分数越多（同理，好评的情况下，金额越高相应的加分也越多）。

拍拍网的信用等级根据信用度进行划分，采用晋级制，且买家和卖家的信用等级划分是有区别的，详细规定如表7-3所示。

表7-3　卖家和买家信用分值规定

新的卖家信用分值	展示图标	等级称呼	买家信用分值	展示图标	等级称呼
1分～4分		一星卖家	1分～4分		一星买家
5分～10分		二星卖家	5分～10分		二星买家
11分～20分		三星卖家	11分～20分		三星买家
21分～40分		四星卖家	21分～40分		四星买家
41分～100分		五星卖家	41分～100分		五星买家
101分～300分		一钻卖家	101分～200分		一钻买家
301分～1000分		二钻卖家	201分～500分		二钻买家
1001分～3000分		三钻卖家	501分～1000分		三钻买家
3001分～5000分		四钻卖家	1001分～2000分		四钻买家
5001分～10000分		五钻卖家	2001分～5000分		五钻买家
10001分～20000分		一银冠卖家	5001分～10000分		一银冠买家
20001分～50000分		二银冠卖家	10001分～30000分		二银冠买家
50001分～100000分		三银冠卖家	30001分～50000分		三银冠买家
100001分～200000分		四银冠卖家	50001分～80000分		四银冠买家
200001分～500000分		五银冠卖家	80001分～100000分		五银冠买家
500001分～1000000分		一金冠卖家	100001分～150000分		一金冠买家
1000001分～2000000分		二金冠卖家	150001分～200000分		二金冠买家

续表

新的卖家信用分值	展示图标	等级称呼	买家信用分值	展示图标	等级称呼
2000001 分～5000000 分		三金冠卖家	200001 分～250000 分		三金冠买家
5000001 分～10000000 分		四金冠卖家	250001 分～300000 分		四金冠买家
10000000 分以上		五金冠卖家	300000 分以上		五金冠买家

三、易趣网信用等级机制

“信用评价”在易趣网上指的是，买卖双方通过安付通完成某笔交易后互相作出评价的一种行为。它分别由评价内容和信用度组成，且不可修改。对易趣的买家或卖家来说，这些评价和信用度是其信誉的重要衡量指标，信用评价和总信用度一同保存在用户档案中。

（一）作出评价的有效期限

买方付款入安付通开始，即可以进行信用评价，直到安付通结束日期后的第 15 天。如果用户在这一期间未进行评价，那么系统会自动就此物品给对方用户作出好评。

（二）信用度变化规律

每收到一条好评得+1 分；每收到一条中评得 0 分；每收到一条差评得−1 分。非安付通交易不能进行评价。

为了防止信用炒作，易趣网规定，当收到同一用户给予的多次评价时：如总好评数>总差评数，只计 1 分；如总好评数=总差评数，计 0 分；如总好评数<总差评数，只计−1 分。

（三）好评率计算方式

好评率=买卖的好评计分数/（买卖的好评计分数+买卖的差评计分数）

（四）信用等级图标

如表 7-4 所示用户达到一定数量的信用度后，会有对应的信用等级图标出现。

表 7-4　信用等级图标

无图标	<5
	5～19
	20～49
	50～99
	100～199
	200～499
	500～999
	1000～1999
	2000～9999
	10000～49999
	≥50000

（五）信用评价撤销规则

为了确保信用评价不被滥用，用户在作出信用评价时必须遵守易趣的一些基本规则，如违反了以下规则，那么易趣会考虑对这些评价予以删除。

1．易趣收到有效的法院命令，裁定有争议的评价属诋毁、诽谤、毁谤或非法信用评价含侮辱漫骂、亵渎、粗俗、淫秽、种族歧视用语或成人材料。但是“欺诈、说谎的人、骗子、骗钱专家”等语句，虽不提倡使用，但不会予以删除。

2．信用评价含有另一用户的个人身份资料，包括用户真实姓名、地址、电话号码或邮件地址。

3．信用评价涉及易趣或执法机关的调查，如“易趣正在调查此人”或“已经通知警方”。

4．信用评价含链接或程序文件。

5．本来针对另一用户的差评，在误作评价的用户通知易趣该评价有误并且已对正确的用户加作同一评价的情况下，会考虑予以删除。

6．信用评价是由向易趣提供显而易见的虚假联系方式的用户所作出，例如电话号码为12345678、11223344等，会予以删除。

7．经易趣确定为恶意竞价，仅仅为了借机对卖家作出差评而出价的用户所作出的信用评价。

8．经易趣核实，确实由于买家原因最终导致未完成交易，那么买家所作出的评价予以删除。

9．经易趣核实，确实由于卖方原因最终导致未完成交易，那么卖方所作出的评价予以删除。

四、有效积累自己店铺信用

相信很多网上开店的新掌柜，都存在着一个普遍的问题，那就是自己的淘宝店铺没有信用等级，如何才能快速地提高自己的店铺信用呢？事实也证明，信用等级在很多逛网店买家的心里还是比较看重的，信用等级高的店铺意味着店铺的人气旺，产品质量好，服务比较到位，再加上大多数人都有随众的心理，因此，想要生意红起来，就要提高信用等级，这也成了新掌柜们的心病。一提到如何提高自己店铺的信用，肯定会有人马上会想到花钱“刷信用”。编者不赞成这个观点，店铺管理的经验和技巧是一点一滴积累的，各个网络平台的“信用机制”也只是一个参考，21世纪的网商一定要尊重“诚信规则”，虚假的东西早晚都会被识破，有些通过刷信誉提高信誉度的商家虽然现在很得意，但是，总有一天他会输在网店管理的诚信上，只是时间问题。下面根据编者的个人经验列举一些新手卖家积累信用的方法。

（一）好的货源

在网店经营过程中要始终站在消费者的角度上去销售管理自己的商品，店铺商品必须保证质量好，价格低廉，刚开店的商家千万不要一开始就抱着“赚钱”的想法，要明白自己目前的经营管理店铺的目标是积累信用，而不是盈利。可以从零利润经营手机充值卡、游戏卡等虚拟产品起步，以低价商品的优势吸引更多人的眼球，用平常的心态去处理每天遇到的问题，刚开始一定要抱着信誉和好评第一的态度来开店，虽然不一定要亏本卖，但一定要服务至上。

（二）有吸引力的商品描述

尽量用一些有吸引力的词语把商品描述出来，包括商品的名称关键字，多用些与该商品有关联的名称，这样能有利于商品被买家搜索出来，但是在众多的搜索结果中，又如何才能吸引买家的眼球呢？这就是刚才让大家尽量把宝贝名称写得有吸引力一些，比如加上满×包邮、冲钻成本价、特价等，最终促进成交，提高信用等级。

（三）购买基本服务

如果是在淘宝网开店，建议加入淘宝的消费者保障服务，虽然加入这一项服务是需要花钱的，但为了长远的计划，建议还是尽早加入，因为人们买东西时都会有这样的一些习惯，比如看看产品生产日期、商标、厂家等这类资讯，淘宝的消费者保障服务的意图也是如此，让买家买得安心，有法可依，有章可巡。这样商品卖出去的概率就高了。

（四）精美的店铺装修

店铺美观与否直接影响消费者的心情，一个好的店铺环境也是留住顾客的有利因素，要多花时间在自己店铺装修上。

（五）积极推广自己的店铺

刚刚开店的卖家一定要好好利用论坛这个版块。拿淘宝网论坛板块为例，在论坛中尽量发原创经验贴、精彩回贴。这种方法是最为诚恳的宣传方式，建议新店家们要时时提起手中的笔，店铺的第一次开张，第一颗心、二颗心直到钻石的获得，都要用文笔记录下来，这样不仅可以记录下自己在淘宝成长的心路历程，更重要的是宣传了自己的小店。如果贴子能被评定了精华，或者被淘宝大学选中，那店铺的浏览量会节节攀升。

相信功夫不负有心人，只要诚信经营、用心经营，没有做不了的生意。

任务训练

写一个如何提高店铺信誉的计划方案。

素质拓展

提升网店信誉的几个好方法，网店新手必学！

网店信誉，对于每个服装网店都是很重要的，因为店铺与实体店不一样，存在信誉的问题，信誉越高，在一般情况下说明这个店铺做的好、口碑好。在同等的商品情况下，很多买家会直接挑选信誉相对高一些的卖家。那么如何才能提高店铺信誉？提高店铺的知名度？

1. 对自己及自己的产品有信心

首先自己要给自己宣传，无论是店铺整体还是对于自己卖的产品，一定要非常熟悉、了解，要有十足的信心。尤其是价格、款式、质量等，首先自己要能接受并觉得性价比合理，试问一个自己都接受不了的东西，怎么期望去卖给别人，让别人喜欢？好，就算第一次接受了，当客户拿到货后还能继续支持你吗？这样只会是卖一个客户就永远失去一个客户，因此希望淘宝的卖家们在选商品时一定要谨慎。

2. 去知名的论坛宣传

这一点也是很有用的，如果做好这一点，也一样可以提高交易量。比如：童装可以去当地比较知名的母婴论坛等。这也是电子销售平台的优势，无论是支付宝、上门取货，还是当面交易，都是可以选择的方式，通过网络宣传是卖家最为明智的选择。只要是正当的网络宣传，都会给店铺带来生意，就看是否能够去发现、去尝试、去总结。

3. 自己的社区

人们常说近水楼台先得月，这句话用在销售里也是非常恰当的。我们生活的社区、周边的朋友等，都可以进行有针对性的宣传，比如：可以以宣传单的方式发放到小区住户里，或者通过聊天等方式告诉别人你是开淘宝的，你是卖什么的，这样别人一旦有需求了就会想到你了，不但节省邮费，还会让买家放心。方法有很多种，具体的要看你所在的环境与自身的资源了。只要善于发现，你就一定会成功。

4. 名片、店铺卡片等方式宣传

名片，也是一种非常有效的宣传方式，其实要让别人在短时间内记住你的店是很难的，也许这次买了你的商品，过了一段时间就不记得你的店名和店址了。如果我们在发货时就连同名片或者店铺卡片一起发给客户，当客户记不起来时一看名片就很容易找到你了，要是你卖的商品很好，买家也就一定会好好保存名片。当客户将店铺介绍给他身边的亲朋好友时，名片就又起作用了。另外，在外面与朋友、同学、同事见面时你也可以将你的名片发给他们，让他们给你做宣传，中国人就是有这个习惯，一个东西说它好的人多了，就一定会出名的。

这些细节都是非常重要的，只要你平常多动下脑子，身边无成本的宣传方法是很多的。

5．选择好的网店图片存储空间

我想经常在网上买东西的人都知道，有些网店的图片半天都打不开，是什么原因呢？我想顾客是不需要去了解的，打不开就直接走人，而身为店家的你，肯定是要知道什么原因的。归根到底就是图片存储和外链的问题，选一个好的图片存储空间就可以让你网店的图片打开迅速和不用担心显示不了的问题了，我对比了网上几个提供网店图片存储空间的网站，发现只有挺棒网提供的比较合理和好用。大家有需要的话，可以上这个网站去看看。

店铺宣传的方法还有很多，不一定都适合大家，但是不管怎样，都要有自己的方式和方法。酒香不怕巷子深，在这种网络交易平台上恐怕是行不通的。因为店铺的宣传就像实体店铺的门脸，你不去做就不会有人知道，更谈不上机会。

摘自：http://blog.sina.com.cn/s/blog_671999720100op2f.html

任务 2　账号防盗，交易防骗

虽然各个网络平台为了净化网络交易市场制定各自特色的安全交易规则，也有一套比较成型的信用等级机制，但是还是不能完全净化网络交易市场，诚信问题仍然是制约电子商务的瓶颈。因此除了熟悉各个网络平台信用机制，还应该清楚，淘宝网、拍拍网、易趣网等不同的网络平台是如何保证用户账号安全的，如何使自己的账号更安全一些？如何在交易中防骗？

工作过程

熟悉不同网络平台的账号保护方法→结合自己的店铺下载安装数字证书→交易防骗

相关知识点

一、淘宝网上账号保护方法

会员安全等级是淘宝推出的对会员账户相对安全度的一个检测。安全等级越高，意味着账户能得到更好的安全保护。进入“我的淘宝”—“账号管理”页面即可看到。

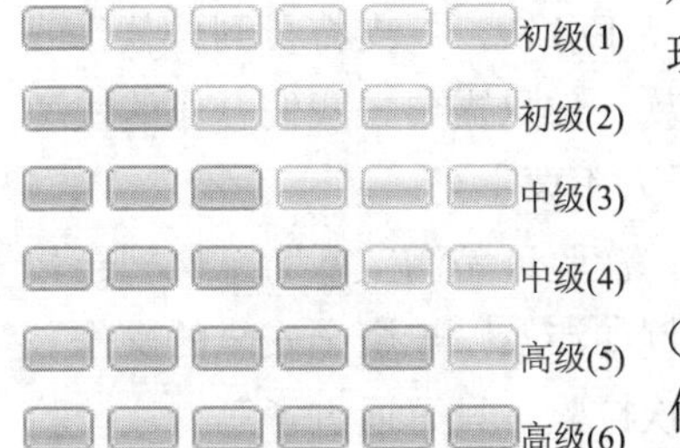

图 7-2

安全等级级别标识如图 7-2 所示。

（一）密码安全

在淘宝网上开店一定要保护好以下几个密码的安全：（1）淘宝的登录密码；（2）支付宝登录密码；（3）支付宝支付密码；（4）网银的相关密码；（5）注册邮箱的密码。

密码设置原则：安全+容易记忆。使用英文字母和数字以及特殊符号的组合，如 wellgood869@%。

密码设置千万不要出现以下情况：（1）密码和会员登录名完全一致；（2）密码和联系方式——电话、传真、手机、邮编、邮箱的任何一个一致；（3）密码用连续数字或字母，密码用同一个字母或者数字，简单有规律的数字或者字母排列；（4）密码用自己的姓名、单位名称或其他任何可轻易获得的信息。

防止密码被盗的技巧：

1．设置安全密码；

2．输入密码时建议用复制+粘贴的方式，这样可以防止被记键木马程序跟踪；

3．建议定期更改密码，并做好书面记录，以免忘记；

4．不同账户设置不同的密码，以免一个账户被盗造成其他账户同时被盗；

5．不要轻易将身份证、营业执照及其复印件、公章等相关证明材料提供给他人。

警惕网络陷阱：

1．不要打开来历不明的邮件及附件，不要在聊天时点击来历不明的链接，接收来历不明的文件；

2．尽量不要在网吧里登录淘宝或者支付宝账户；

3．识别钓鱼网站。

记住淘宝的官方网站 www.baotao.com,如图 7-3 所示的那个链接就不是官方网站，一旦在这个网站输入了会员名和密码，账号密码就被钓鱼了。

利用钓鱼网站骗取账户密码，如图 7-4 所示。

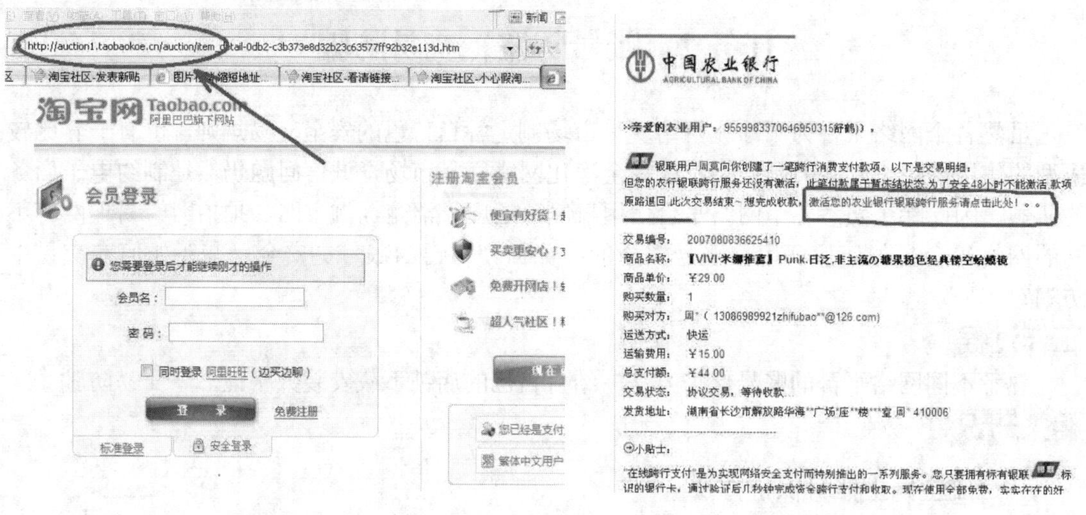

图 7-3　　　　图 7-4

注意：一分钱陷阱。当卖东西时，经常会看到“××商品 1 分钱，并支持货到付款”或者“你求购的商品我有，质量保证，价格便宜，而且货到付款！你只需要去我们合作的快递公司网站支付一分钱下个单，就可以等着收货了”。此时，千万不要上当。

淘宝网为了保护顾客的账户开发了“二次验证”产品。二次验证是淘宝网为了保护会员的帐户安全，在用户登录淘宝网后进行一些敏感业务操作时（例如涉及账户资金安全的操作），通过手机短信、密码保护问题、数字证书等对用户进行第二次校验，只有通过了第二次校验才能继续进行敏感的操作。也即对淘宝账户的一些操作进行保护。

二次验证能保护以下操作。（1）出售中商品管理：对删除商品、下架商品的保护，在进行删除商品、下架商品时需要进行二次验证。（2）发布商品：对发布商品的保护，在发布商品时需要进行二次验证。（3）淘宝客佣金设置保护：对淘客佣金设置的保护，在淘客佣金设置时需要进行二次验证。（4）登录保护：对登录的保护，在登录时需要进行二次验证。

开通二次验证的步骤如图 7-5 所示。登录“我的淘宝”—“账号管理”，在页面最下面的“操作保护设置”，点击“设置”按钮。

开通其中任何一项操作保护，二次验证保护才能启动，如图 7-6 所示。

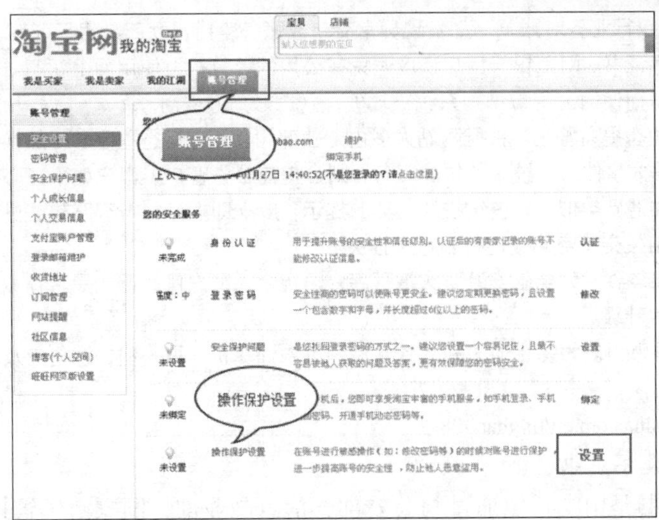

图 7-5

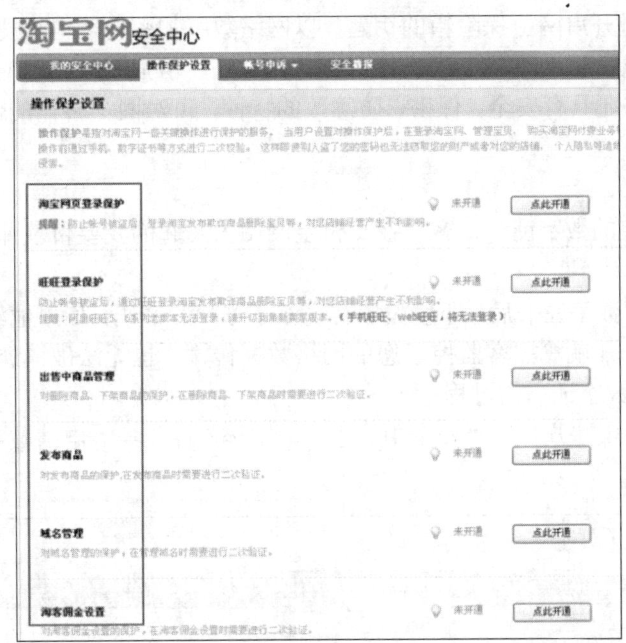

图 7-6

小知识

识别真假网银的七个招数

随着网购越来越深入民心，网民们在网上购物也是越来越多，网上银行也大力发展，但是假冒的网上银行也跟随着层出不穷，希望各位店主们能够留意。以下几点经验，都是我自己在网上搜集的辨别真假网上银行的方法。

第一招：核对网址。要开通网上银行功能，通常事先要与银行签订协议。客户在登录网银时应留意核对所登录的网址与协议书中的法定网址是否相符，谨防一些不法分子恶意模仿银行网站，骗取账户信息。

第二招：妥善选择和保管密码。密码应避免与个人资料有关系，不要选用诸如身份证号码、出生日期、电话号码等作为密码。建议选用字母、数字混合的方式，以提高密码破解难度。密码应妥善保管，避免将密码写在纸上。尽量避免在不同的系统使用同一密码，否则密码一旦遗失，后果将不堪设想。

第三招：做好交易记录。消费者应对网上银行办理的转账和支付等业务做好记录，定期查看“历史交易明细”、定期打印网上银行业务对账单，如发现异常交易或账务差错，立即与银行联系，避免损失。

第四招：管好数字证书。网上银行用户还应避免在公用的计算机上使用网上银行，以防数字证书等机密资料落入他人之手，从而使网上身份识别系统被攻破，网上账户遭盗用。

第五招：对异常动态提高警惕。银行网站大多由专业部门管理，运行稳定，一般情况下不会出现“系统维护”的提示。若遇重大事件，系统必须暂停服务，则会提前公告客户。客户如不当心在陌生的网址上输入了银行卡号和密码，并遇到类似“系统维护”之类的提示，应立即拨打银行客服热线进行确认。万一发现资料被盗，应立即修改相关交易密码或进行银行卡挂失。

第六招：安装防毒软件。为电脑安装防火墙程序，防止个人账户信息遭到黑客窃取。此外，建议大家安装防病毒软件，并经常升级。

第七招：堵住软件漏洞。为防止他人利用软件漏洞进入计算机窃取资料，客户应及时更新相关软件，下载补丁程序。

摘自：http://blog.sina.com.cn/tingbang08

（二）支付宝数字证书

支付宝数字证书是由支付宝通过与公安部、信息产业部、国家密码管理局等机构认证的权威机构合作，采用数字签名技术，颁发给支付宝客户用以增强支付宝客户账户使用安全的一种数字凭证，并根据支付宝客户身份给予相应的网络资源访问权限。

数字证书相当于开启网上保险箱的钥匙，以网络数字加密传输电子凭证的方式有效地对账户使用者进行确认，帮助支付宝确认使用者是否合法，增强账户使用的安全。与物理钥匙不同的是，数字证书还具有安全、保密、防篡改的特性，可对网上传输的信息进行有效保护，增强传递的安全。

1．具体的功能

（1）使用支付宝的数字证书，客户在支付宝网站内发起的我要付款即时到账交易限额是20000元；

（2）客户安装了数字证书后，即使被黑客窃取了账户和密码，如果他没有您的数字证书，也无法动用您的账户；就算黑客监控了您的网络数据传输，也无法破译您传输的内容。

2．申请支付宝数字证书的过程

（1）登录“支付宝账户”—“安全中心”—“安全产品”—“申请数字证书”，如图7-7所示。

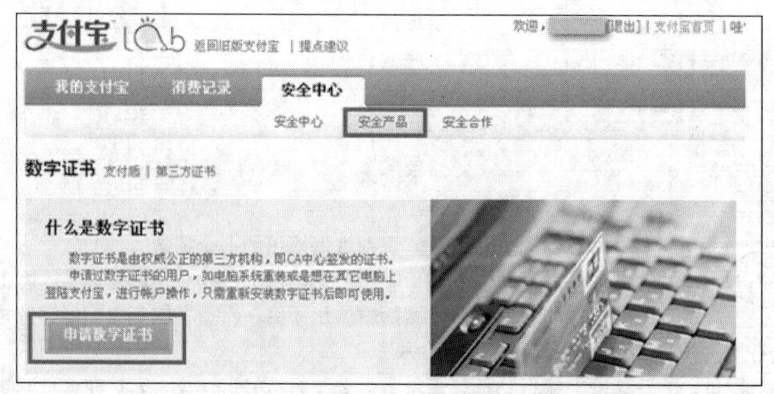

图7-7

点击申请数字证书，如果安全保护问题没有升级，需要先升级安全保护问题，如图7-8所示。

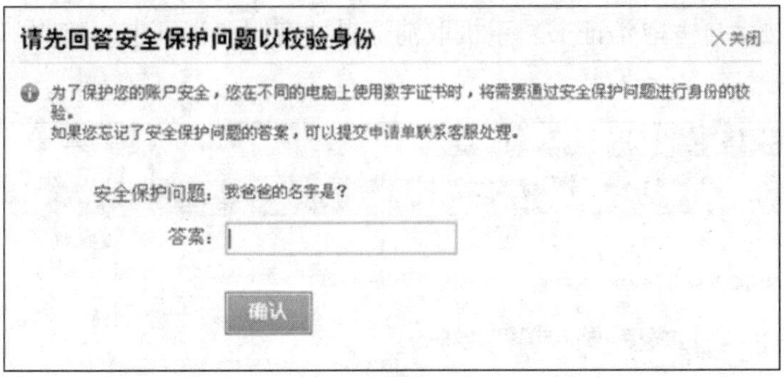

请先回答安全保护问题以校验身份　×关闭

为了保护您的账户安全，您在不同的电脑上使用数字证书时，将需要通过安全保护问题进行身份的校验。
如果您忘记了安全保护问题的答案，可以提交申请单联系客服处理。

安全保护问题：我爸爸的名字是？

答案：

确认

图 7-8

升级安全保护问题，点击“确定”，如图 7-9、图 7-10 所示。

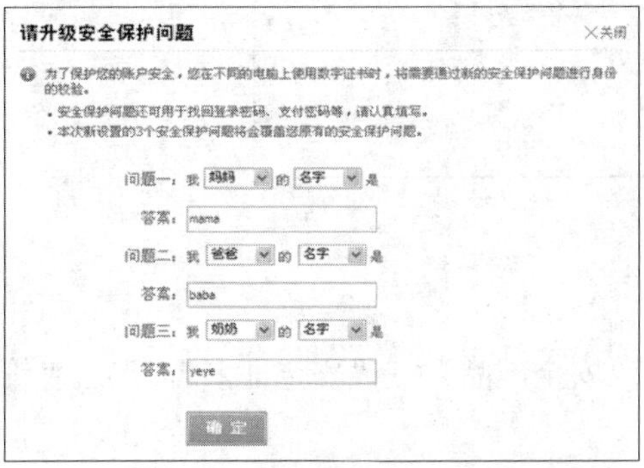

请升级安全保护问题　×关闭

为了保护您的账户安全，您在不同的电脑上使用数字证书时，将需要通过新的安全保护问题进行身份的校验。
• 安全保护问题还可用于找回登录密码、支付密码等，请认真填写。
• 本次新设置的3个安全保护问题将会覆盖您原有的安全保护问题。

问题一：我 妈妈 的 名字 是
答案：mama
问题二：我 爸爸 的 名字 是
答案：baba
问题三：我 奶奶 的 名字 是
答案：yeye

确 定

图 7-9

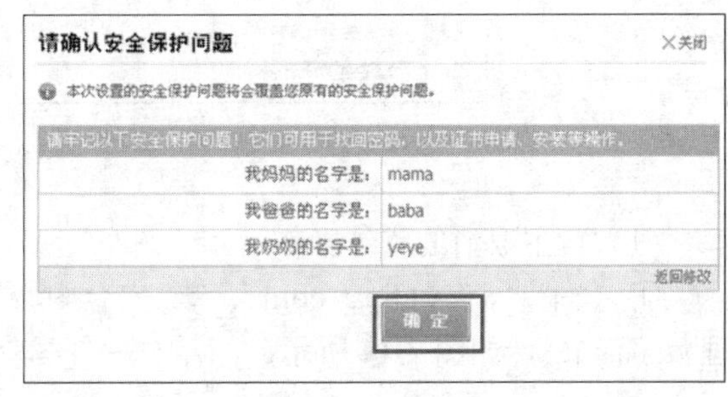

图 7-10

提示升级安全保护问题成功，点击“继续申请数字证书”（点此查看申请证书的操作），如图 7-11 所示。

（2）再点击“继续申请数字证书”的操作如下：用户输入身份证号码、使用地点和验证码，点击“同意以下协议并提交”，如图 7-12 所示。

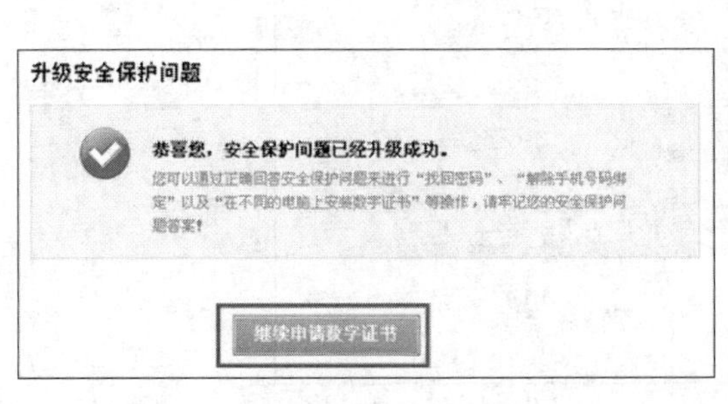

图 7-11

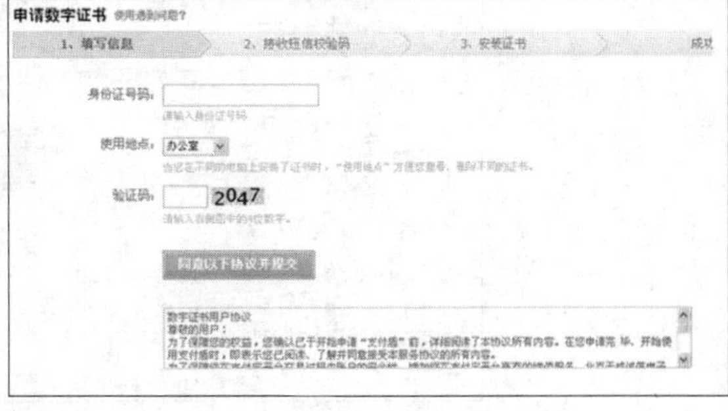

图 7-12

（3）提示“数字证书已经安装成功”，安装成功后如果当前用户没有绑定手机的则会提示用户绑定手机，如图 7-13 所示。

3．取消支付宝数字证书的过程

如果没有固定的电脑使用数字证书，操作起来会感觉很麻烦，特别是学生，如果机房中电脑安装了还原卡，每次上网都需要安装数字证书，比较麻烦。下面介绍一下取消支付宝数字证书的四种方法：自主取消证书、手机取消证书、客服取消证书、接收邮件并回答安全问题取消数字证书。

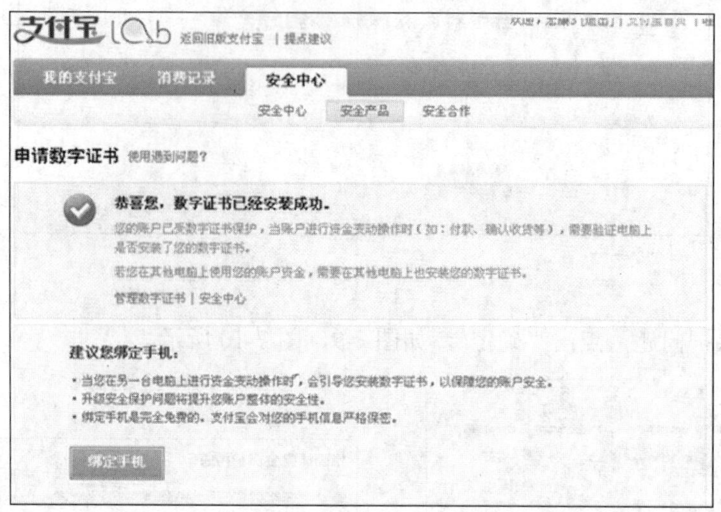

图 7-13

（1）自主取消的具体操作

① 登录“www.alipay.com”—“安全中心”—“安全产品”—“安全证书”，点击“管理数字证书”，如图 7-14 所示。

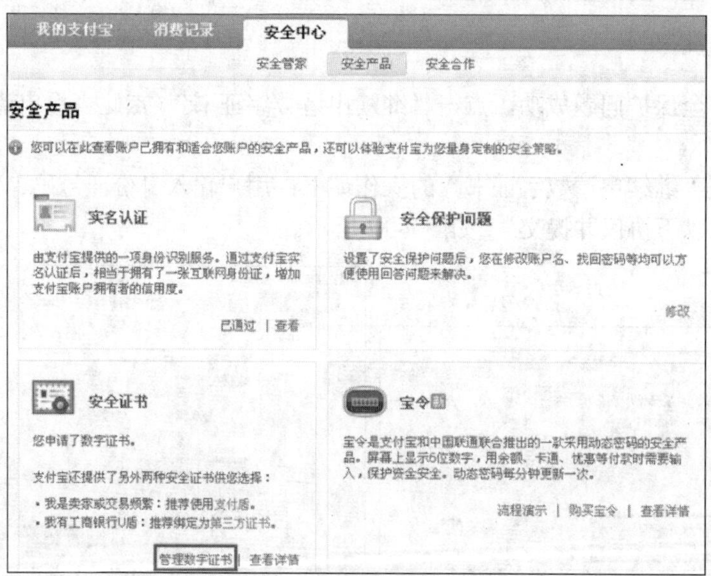

图 7-14

② 点击“取消数字证书”，如图 7-15 所示。

（2）手机取消证书的具体操作

① 登录“www.alipay.com”—“安全中心”—“安全产品”—“安全证书”—“管理数字证书”，如图 7-16 所示。

② 点击申请取消数字证书，如图 7-17 所示。

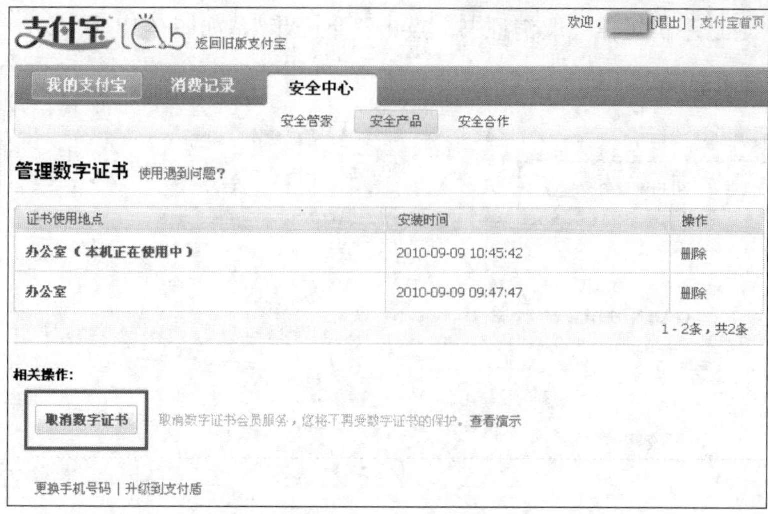

图 7-15

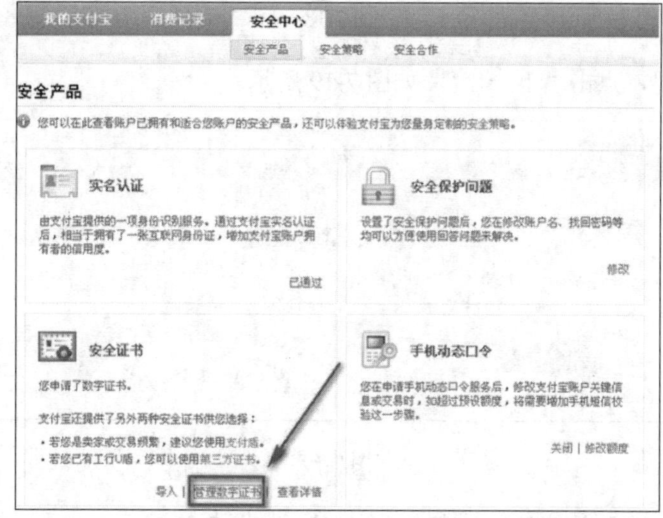

图 7-16

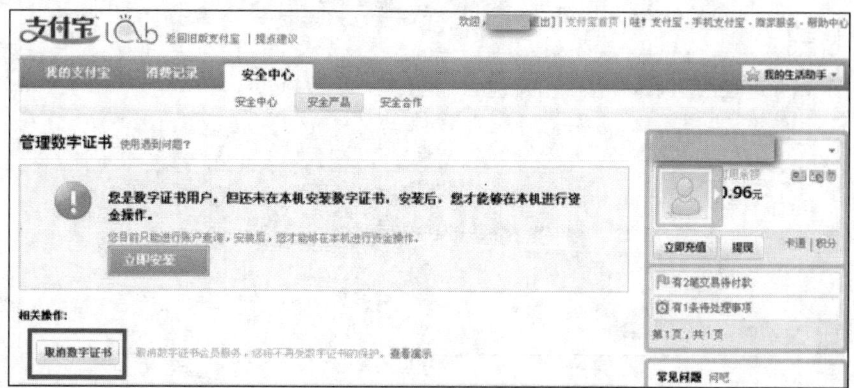

图 7-17

③ 选择“通过手机短信”取消证书，点击“下一步”，如图 7-18 所示。

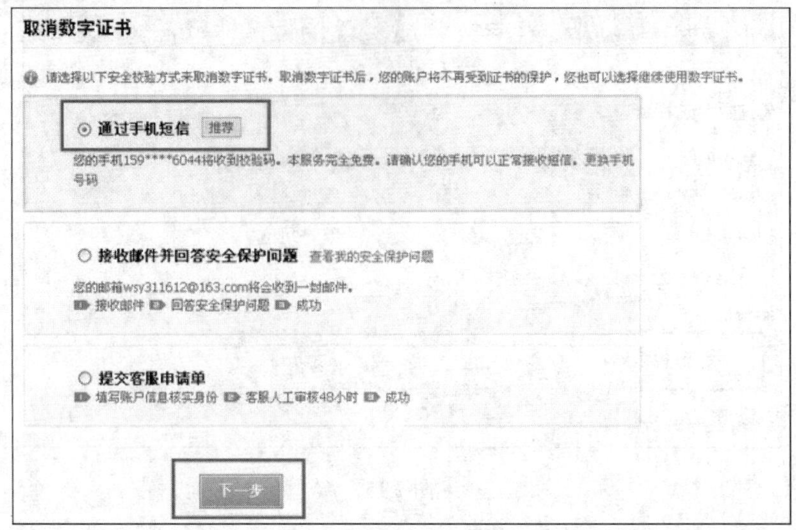

图 7-18

④ 填写验证码，点击“下一步”，如图 7-19 所示。

图 7-19

⑤ 输入手机上收到的校验码，点击“确定”，如图 7-20 所示。

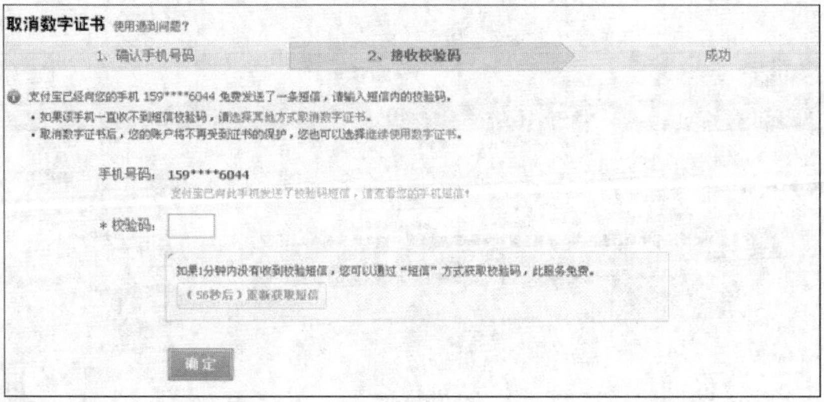

图 7-20

⑥ 取消证书完成，如图 7-21 所示。

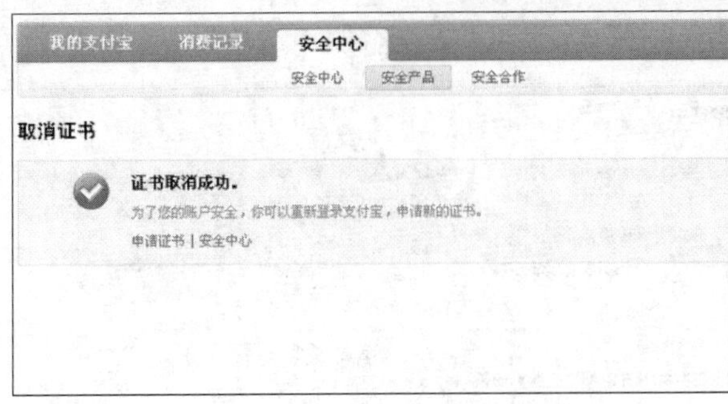

图 7-21

（3）客服取消证书的具体操作

① 登录“www.alipay.com”—“安全中心”—“安全产品”—“数字证书”—“管理数字证书”，如图 7-22 所示。

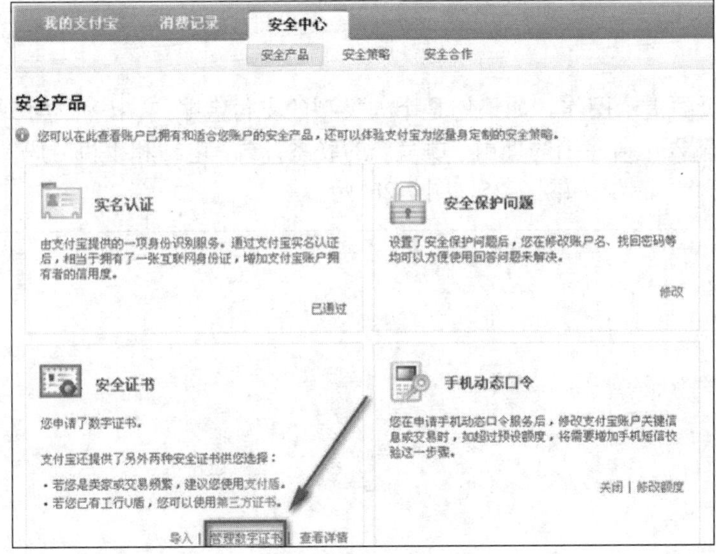

图 7-22

② 点击“取消数字证书”，如图 7-23 所示。

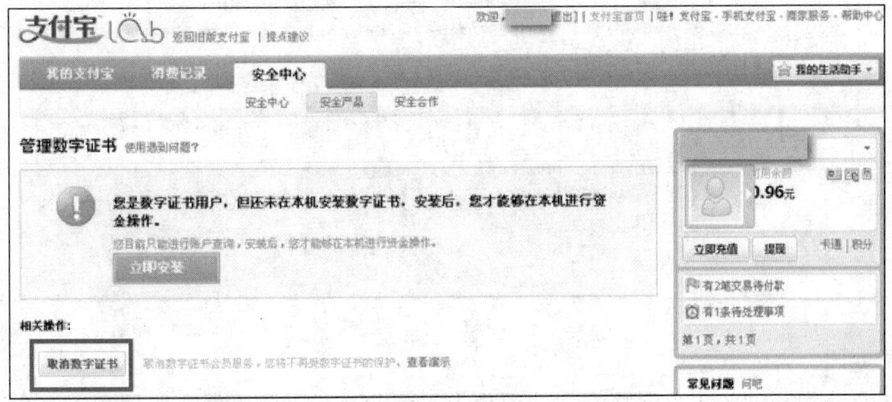

图 7-23

③ 点击“取消数字证书”后选择“提交客服申请单”，点击“下一步”，如图 7-24 所示。

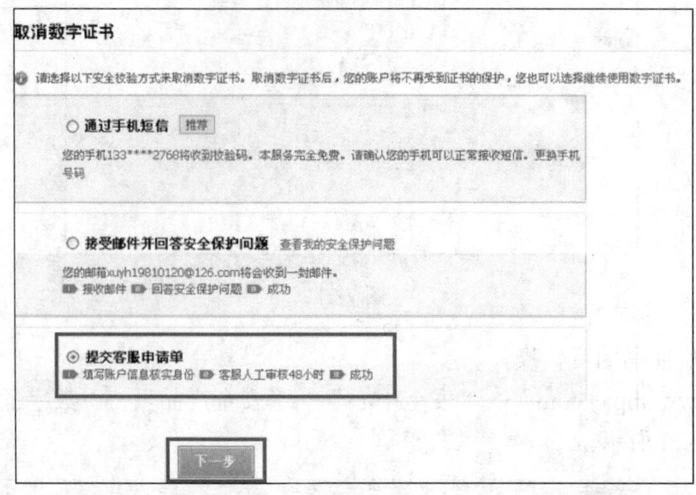

图 7-24

④ 请根据页面提示操作。如果您是个人类型的支付宝账户，请上传您的正面身份证彩色原件扫描件；输入申请注销的理由；填写您的联系方式：电话和手机号码及您的认证信息。填写好信息后点“申请”；如图 7-25、图 7-26 所示。

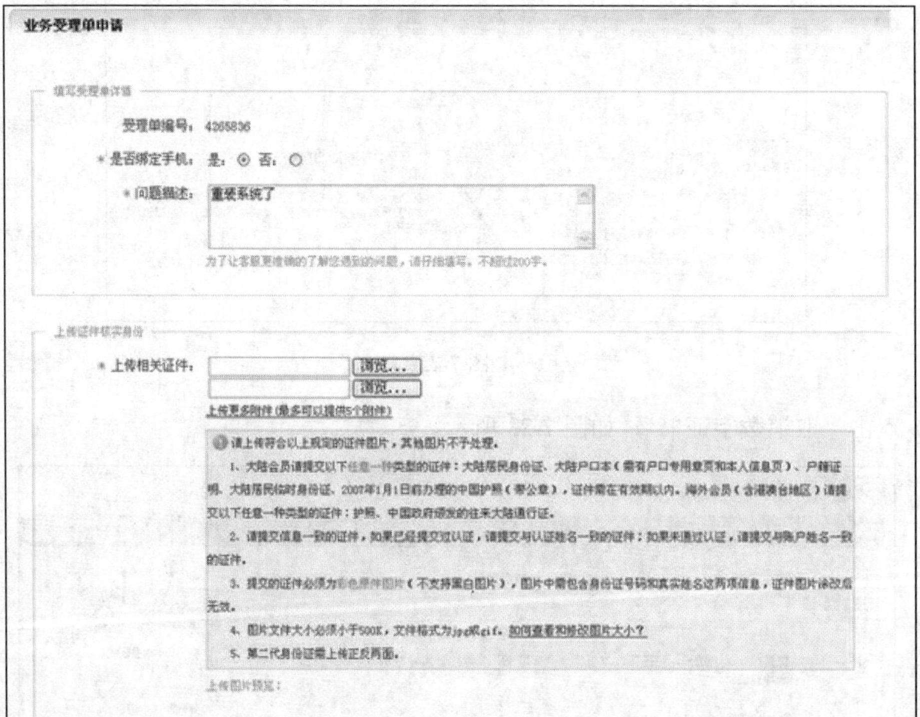

业务受理单申请

填写受理单详细

受理单编号：4265836

*是否绑定手机：是：⊙ 否：○

*问题描述：重装系统了

为了让客服更准确的了解您遇到的问题，请仔细填写，不超过200字。

上传证件核实身份

*上传相关证件：浏览... 浏览...

上传更多附件（最多可以提供5个附件）

请上传符合以上规定的证件图片，其他图片不予处理。

1、大陆会员请提交以下任意一种类型的证件：大陆居民身份证、大陆户口本（需有户口专用章页和本人信息页）、户籍证明、大陆居民临时身份证、2007年1月1日前办理的中国护照（带公章），证件需在有效期以内。海外会员（含港澳台地区）请提交以下任意一种类型的证件：护照、中国政府颁发的往来大陆通行证。

2、请提交信息一致的证件，如果已经提交过认证，请提交与认证姓名一致的证件；如果未通过认证，请提交与账户姓名一致的证件。

3、提交的证件必须为彩色原件图片（不支持黑白图片），图片中需包含身份证号码和真实姓名这两项信息，证件图片涂改后无效。

4、图片文件大小必须小于500K，文件格式为jpg或gif。如何查看和修改图片大小？

5、第二代身份证需上传正反两面。

上传图片预览：

图 7-25

如果是公司类型的支付宝账户，请用户上传营业执照彩色原件扫描件和盖有公章的文字说明原件彩色扫描件；输入申请注销理由；填写您的联系方式：电话和手机号码及您的认证信息。填写好信息后点“申请”。

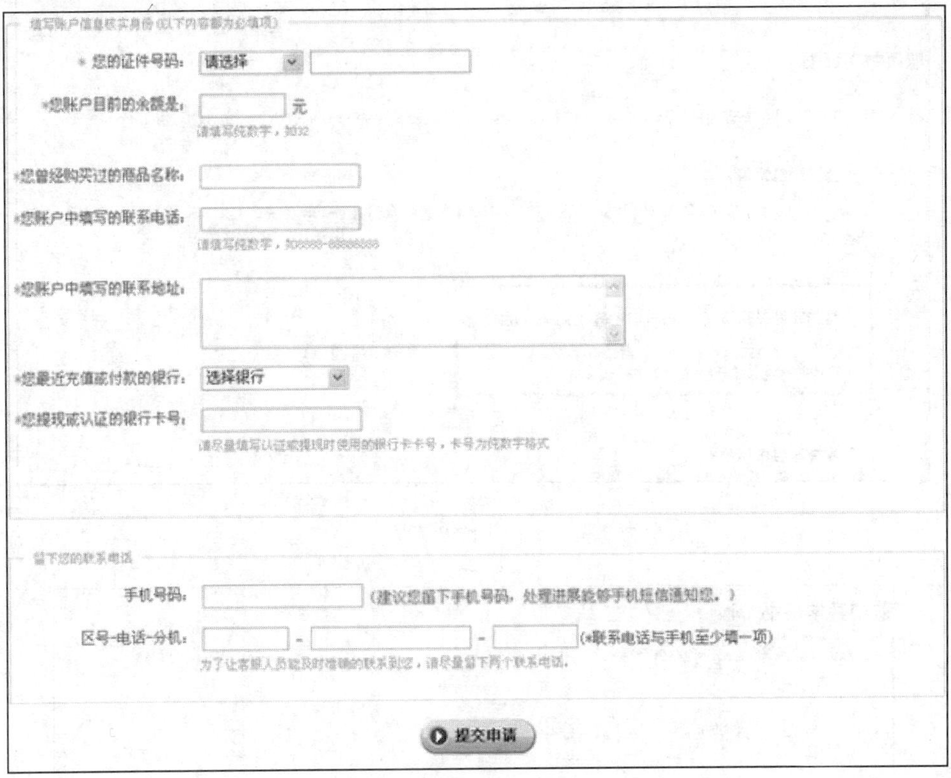

填写账户信息核实身份（以下内容都为必填项）

* 您的证件号码：请选择

*您账户目前的余额是：元

请填写纯数字，如32

*您曾经购买过的商品名称：

*您账户中填写的联系电话：

请填写纯数字，如0888-88888888

*您账户中填写的联系地址：

*您最近充值或付款的银行：选择银行

*您提现或认证的银行卡号：

请尽量填写认证或提现时使用的银行卡卡号，卡号为纯数字格式

留下您的联系电话

手机号码：（建议您留下手机号码，处理进展能够手机短信通知您。）

区号-电话-分机：- -（*联系电话与手机至少填一项）

为了让客服人员能及时准确的联系到您，请尽量留下两个联系电话。

提交申请

图 7-26

⑤ 点击“申请”后，页面提示“已提交成功，我们会在 48 小时内处理您的申请”，同时请用户关注邮箱内的邮件，保持联系方式的畅通。

（4）接收邮件并回答安全问题取消数字证书的具体操作

① 登录支付宝账户后，会提示安装数字证书或申请取消数字证书，如果想取消数字证书，请选择“申请取消数字证书”，如图 7-27 所示。

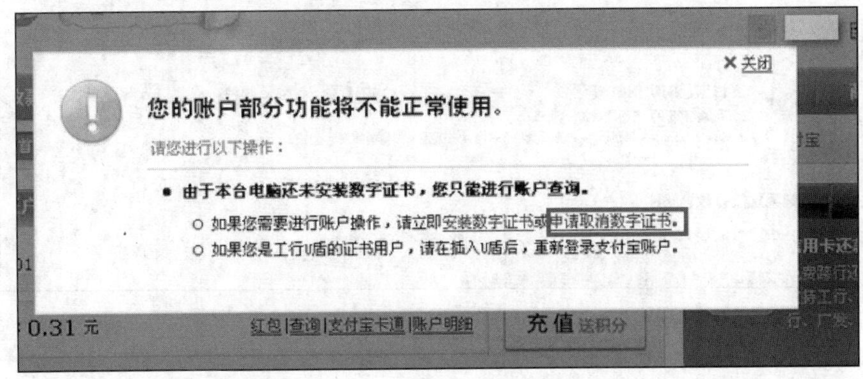

图 7-27

② 选择“接收邮件并回答安全保护问题”取消，点击“下一步”，如图 7-28 所示。

③ 输入页面上的校验码，点击“提交”，如图 7-29 所示。

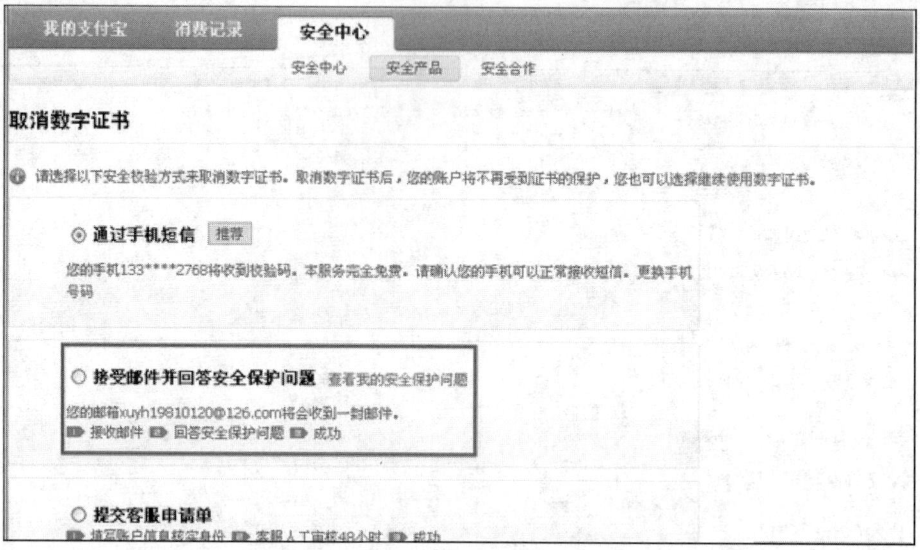

我的支付宝　消费记录　安全中心

安全中心　安全产品　安全合作

取消数字证书

请选择以下安全校验方式来取消数字证书。取消数字证书后，您的账户将不再受到证书的保护，您也可以选择继续使用数字证书。

◎ 通过手机短信　推荐

您的手机133****2768将收到校验码。本服务完全免费。请确认您的手机可以正常接收短信。更换手机号码

○ 接受邮件并回答安全保护问题　查看我的安全保护问题

您的邮箱xuyh19810120@126.com将会收到一封邮件。

接收邮件　回答安全保护问题　成功

○ 提交客服申请单

填写账户信息核实身份　客服人工审核48小时　成功

图 7-28

取消数字证书　使用遇到问题？

1. 填写验证码　2. 接受邮件　3. 回答安全保护问题

校验码：　4802

请输入图片验证码

提交

图 7-29

④ 到邮箱中收邮件，如图 7-30 所示。

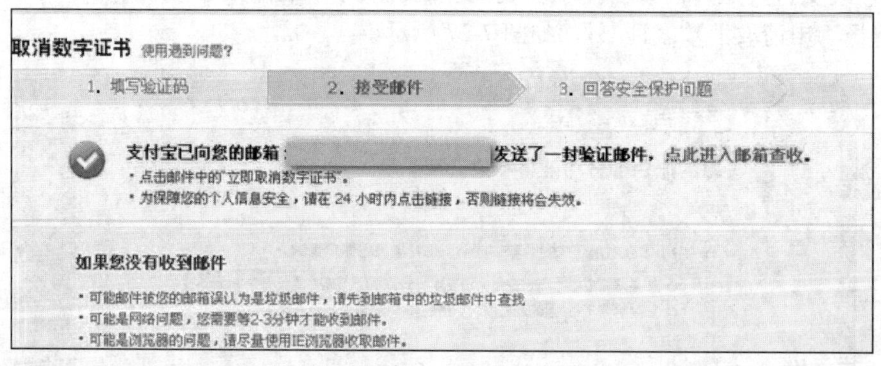

图 7-30

⑤ 登录邮箱后，提示“取消数字证书校验邮件”，点击“点此取消证书”，如图 7-31 所示。

⑥ 需要登录支付宝账户后，回答安全保护问题，点击“下一步”，如图 7-32 所示。

⑦ 提示取消证书成功。

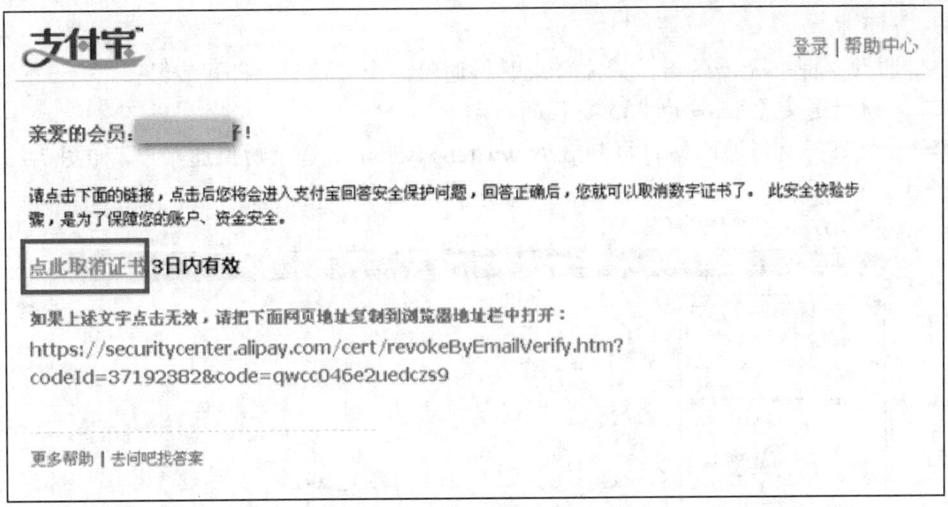

支付宝　登录 | 帮助中心

亲爱的会员：　！

请点击下面的链接，点击后您将会进入支付宝回答安全保护问题，回答正确后，您就可以取消数字证书了。此安全校验步骤，是为了保障您的账户、资金安全。

点此取消证书 3日内有效

如果上述文字点击无效，请把下面网页地址复制到浏览器地址栏中打开：
https://securitycenter.alipay.com/cert/revokeByEmailVerify.htm?codeId=37192382&code=qwcc046e2uedczs9

更多帮助 | 去问吧找答案

图 7-31

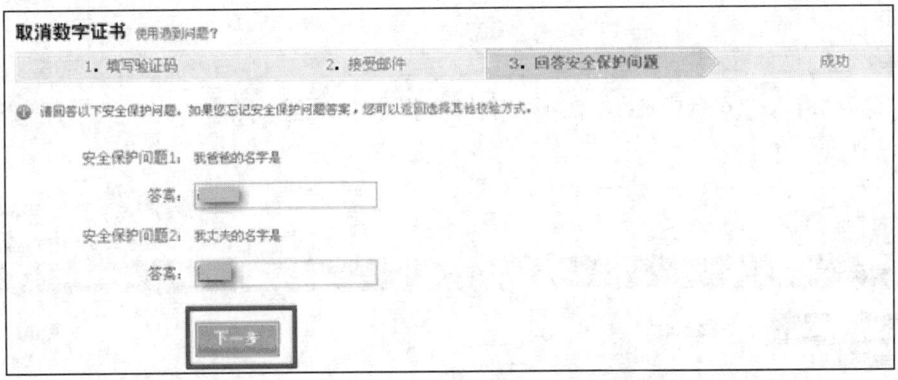

取消数字证书　使用遇到问题？

1．填写验证码　2．接受邮件　3．回答安全保护问题　成功

请回答以下安全保护问题。如果您忘记安全保护问题答案，您可以返回选择其他校验方式。

安全保护问题1：我爸爸的名字是

答案：

安全保护问题2：我丈夫的名字是

答案：

下一步

图 7-32

二、拍拍网账号保护方法

为了保护账号的安全，财付通在线支付专家为消费者和卖家推荐了安全、便捷、易管理的财付通数字证书，以保障用户账号安全和资金安全。数字证书相当于网上的身份证，它以数字签名的方式通过第三方权威认证有效地进行网上身份认证，帮助各个实体识别对方身份和表明自身的身份，具有真实性和防抵赖功能。与物理身份证不同的是，数字证书还具有安全、保密、防篡改的特性，可对网上传输的信息进行有效保护和安全的传递。

（一）财付通数字证书的特点

1．安全性

成为数字证书用户后，即使发送的信息在网上被他人截获，甚至密码信息被盗取，仍可以保证账户、资金安全。因为申请成为数字证书用户后，如果在其他电脑登录财付通账户，在没有安装数字证书的情况下，只能查询账户，不能进行其他涉及账户信息修改、资金变动的操作。

2．唯一性

每个用户的数字证书都有自己唯一的身份标识，无法被复制和盗装。他人无法安装您的数字证书。

3．方便性

财付通数字证书无需备份，只需登录财付通验证个人信息后即可安装。

（二）财付通安全证书的申请安装的过程

第一步：打开财付通网站首页 http://www.tenpay.com/，登录财付通账户，如图 7-33 所示。

图 7-33

第二步：进入“安全中心”，在“安全检查报告”页面，点击“申请数字证书”按钮，如图 7-34 所示。

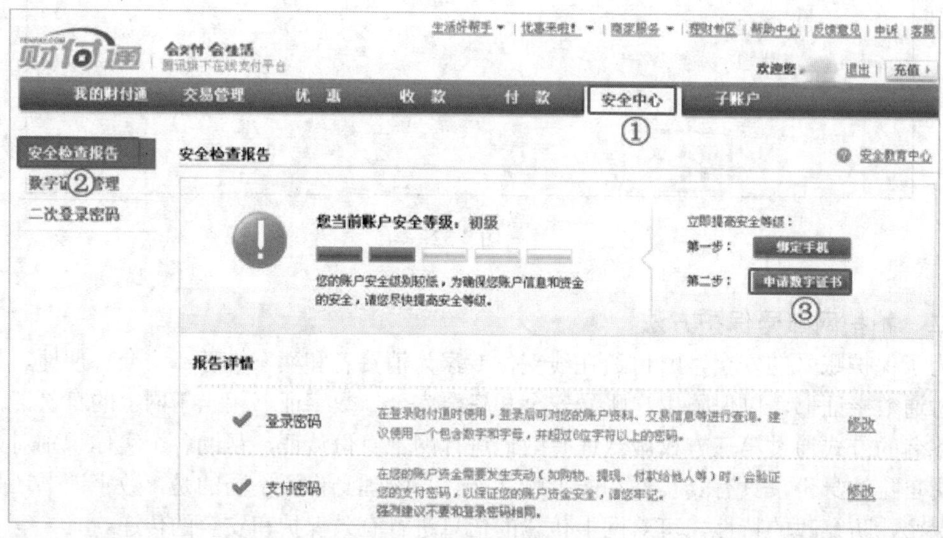

图 7-34

第三步：若之前没有绑定过手机，在点击“申请数字证书”后，系统会提示先绑定手机，如图 7-35 所示。

图 7-35

第四步：成功绑定手机后，点击“继续申请数字证书”，如图 7-36 所示。

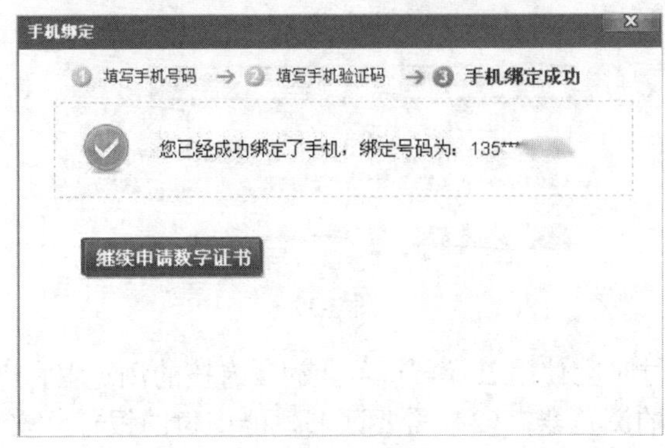

图 7-36

第五步：输入财付通账户绑定的手机号码，选择证书使用地点，点击“下一步”，如图 7-37 所示。

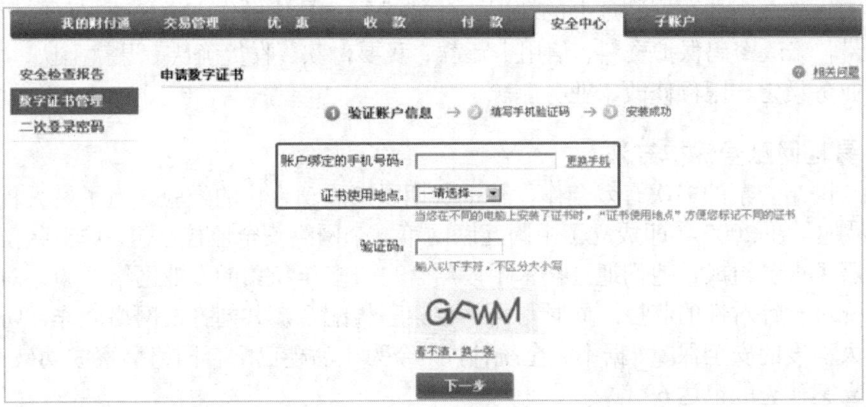

图 7-37

第六步：填写手机验证码，如图 7-38 所示。

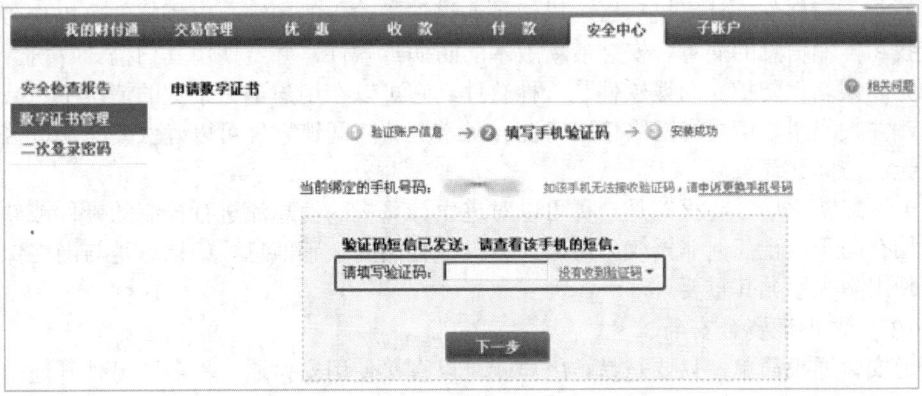

图 7-38

第七步：申请数字证书成功并且已经在本机成功安装，如图 7-39 所示。

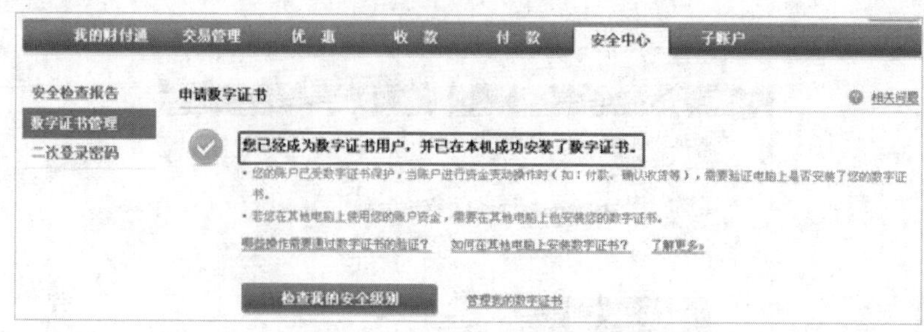

图 7-39

注意事情：（1）支付时应使用 IE 浏览器，或 IE 内核的浏览器，建议使用 IE6、IE7、TT，最好不要使用最新版本的浏览器；（2）需要证书才能支付的银行，安装好后，最好对证书进行备份；（3）安装证书需谨慎操作，银行给的安装码均为一次性有效，安装失败需要到柜台重新办理。

（三）成为证书用户后以下操作需要在安装证书的情况下才能进行

当申请成为财付通数字证书用户后，为了保障账户和资金的安全，涉及修改账户信息和资金变动的操作都需要在安装证书的情况下才能进行。具体操作有：修改支付密码、设置提现银行账号，修改密码保护资料、信用卡还款、我要付款、收货确认、退款确认、余额支付、委托扣款业务设定、限额修改、业务删除。

三、易趣网账号保护方法

易趣与网络警察的多次有效合作，基于长期以来成功合作的经验。为了最大程度保障交易安全，易趣早在 2002 年即成立了中国互联网第一个网络安全监控小组。这支队伍由专业的资深客户服务人员组成，他们通过技术手段结合自身多年积累的专业网络经验，对易趣在线交易的情况进行针对性的监控。同时与网络警察积极配合，共同打击网络欺诈，防收兼备，给用户更大程度的安全保障。据不完全统计，距今为止易趣已配合网络警察成功破获 19 宗网络欺诈，立案侦查的也达 69 件。

1．易趣网主要通过安全密码保护账号安全，在设置密码时密码设置尽量复杂，不要有规律，至少 6 个字符的密码，包括数字、字母以及特殊字符的组合。

2．安装和更新在线保护软件

（1）防病毒软件。计算机病毒可以记录通过键盘输入的内容。电子邮件可以携带能从文件中查找和传输信息的病毒。安装最新版本的防病毒软件，并定期用其扫描计算机。

（2）间谍软件防护。间谍软件是一种软件，它可以在用户毫无察觉的情况下下载到用户计算机，并收集用户信息和网络使用情况。时常更新防间谍软件可以确保妄想窃取账户或身份的人无法访问计算机。

（3）网络防火墙。防火墙是一种可以对进出计算机的信息流进行控制的硬件或软件。使用防火墙有助于防止任何非授权方访问计算机中存储的敏感信息。如果总是与网络保持高速连接，使用防火墙尤其重要。

3．安付通保证资金安全

开通安付通很简单，只要是易趣用户就可以直接使用安付通，不需要另外开通，可以在“我的易趣”—“安付通管理”对安付通账户进行管理。

任务训练

1．给自己的账号进行密码安全设置，进行保证账号的安全。写出密码安全设置的过程。

2．给自己的支付宝或者财付通等下载安装数字证书，进行安全管理。详细描述数字证书下载安装以及取消的过程。

素质拓展

网上购物防骗小技巧

网上购物，机会多多，但陷阱也多多哦！怎样才能在网上轻松购物，遇到骗子能见招拆招，让骗子的骗术无处遁形。

查标题　看看店主的商品在标题上是否标明正品。现在不是正品的宝贝却被注明是正品，卖家是要受惩罚哦，所以不敢轻易标明是正品的，当然二手的商品除外。

查价格　一般和商品在商场上售价过于悬殊的商品，还是要仔细考虑一下，除非该商品在参加淘宝的特价活动（如“周末疯狂购”）等。

查运费　一些店铺中，商品的标价很低，这个时候就要看看运费了，现在的运费一般同城是 5 元，异地 10 元左右。如果该买家的邮费超过 15 元，大家就要多询问几句了。另外，一般卖家在卖出多件商品给同一个买家时，会只收取一份快递费，如果卖家要收取几份快递费的时候，那么要小心，卖家是在通过运费赚你的钱哦。

查信誉　在这里我们强调的并不是几颗皇冠、几颗钻石的卖家，而是要考虑一下买家的评价质量，在确认付款之前，浏览一下其他买家对卖家的好评，还是有一定的帮助哦。

查宝贝说明　现在很多卖家都是制图高手哦，很多漂亮的图片未必和真实商品一样哦，尤其是色差等方面。有些商品的图片和宝贝说明，都是从官方网站上下载的，比方说手机。这时候我们就要多咨询卖家，在聊天中尽量对商品了解透彻。另外，很多卖家出于免责考虑，都会把宝贝的实际情况在这里说明，越是轻描淡写的地方越要注意。{资料：挺棒网 www.tingbang.com}

查订单　有的买家在一个店铺购买多件商品，出于方便起见，经常要求卖家做一个订单，把价格修改后，拍一次就够了。在此，买家一定要在订单中写明购买清单，否则在收到货物后如果少了一件，很容易产生交易纠纷。

问细节　要问清商品的详细情况，比如是否有货、是否正品、颜色等方面是否与图有差距、具体尺寸等。还有，卖的是图上的哪部分，比方说宝贝名称中说卖的是项坠，那图上好看的链子是否也算在其中呢？

问发货渠道　这里要问清两点。第一，卖家是 A 城市的，宝贝的地点却标明是 B 城市的。这证明卖家在代卖商品，这里要了解清楚。第二，用的是哪家快递公司。现在快递公司的服务质量参差不齐，用较大的快递公司会比较有保障。

查包裹　在收到包裹的时候，一定要拆开包裹检查物品有无损坏，是否与实物相符等，只有确定没有问题才能签收。如果有任何问题，都一定要拒收。

支付宝　坚决使用支付宝。如果通过银行汇款等方式，万一出现了交易纠纷等，都比较难处理，使用支付宝，才能确保买家卖家双方的安全。

只要遵守以上几个招数做的话，相信一般的骗局很难上当。

摘自：http://blog.china.alibaba.com/blog/tingbang08/article/b0-i23169512.html

任务 3　分析网络骗局

小知识

2010 年，钓鱼网站呈现出伪装性更高、病毒式推广、技术含量更高、发展势头迅猛等特点。所谓的网络钓鱼，是指不法分子利用各种手段，仿冒真实网站的网址以及页面内容，或者利用真实网站服务器程序上的漏洞，在站点的某些网页中插入危险的网页代码，以此来骗取用户银行或信用卡账号、密码等私人资料。《2010年中国网络购物安全报告》数据表明，2010年1～10月，平均每天新增此类网站高达1500个。其典型的诈骗方式主要分为三大类：低价诱惑、交谈诈骗、电话诈骗，所占比例分别为40%、32%、18%。

比如，前段时间在苹果 iPhone4 刚进入中国市场之际，网络上出现的 16G iPhone4 只卖 1980 元、32G iPhone4 只卖2280元的网站，就是一个典型的以低价诱惑来钓取用户的钓鱼网站。如果买家因此心动，贸然付款，那么最后得到的结果无非就是，钱一去不回，货永远也得不到。

交易劫持是2010年新兴的一种网购威胁。据金山网络安全中心以及客户服务中心最新统计数据显示，2010年交易劫持类木马发展迅速，木马变种近千个，而此种网购威胁所影响到的网购者也与日俱增。

工作过程

开店初期防骗分析→开店中期防骗分析→开店后期物流防骗措施

相关知识点

由于淘宝网在诚信防骗方面做得比较到位，在这里以淘宝网为主介绍如何进行安全管理，在淘宝网上开店的卖家应该如何防骗。按照网店开设的三个阶段进行防骗讲解，分别是开店初期、开店中期、开店后期这三个环节常出现的骗局以及如何有效防骗的措施。

一、开店初期

有好多新手卖家，刚在网上开店就会遇到骗子，因为骗子抓住了新手卖家对交易环境和网店经营管理规则不是很熟悉的特点，同时，也抓住了新手卖家急于产生第一笔交易的急切心态设立了很多骗局，开始在网络上行骗，现归纳为中奖信息防骗、网络进货防骗、虚拟物品防骗等几个方面。

（一）中奖信息防骗

新手卖家和买家都可能遇到过这样的情况，当旺旺在线时，突然旺旺上会有人说你中奖了，请登录某某网址领奖，如图7-40所示。

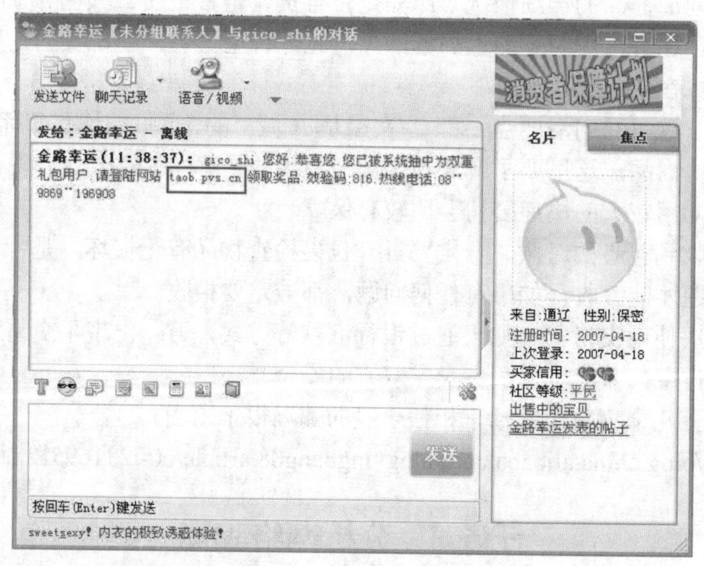

图7-40

遇到这样的骗局，一定要看清网址是否合法，淘宝网在旺旺上安装了安检软件，它会提

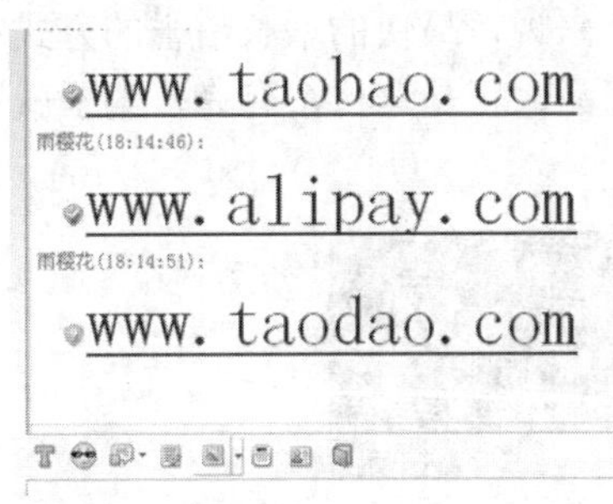

图 7-41

示你一些不安全网址，比如图 7-41 中，前两个打绿色对号的是安全网址，后面黄色问号的是不安全网址，或者疑似不安全网址。

（二）网络进货防骗

新手卖家由于刚开店急需找货源，除了在实体店铺找货源外，有些当地没有较大型批发市场的卖家就需要在网上寻找，在找货源时，一定要注意以下几个方面：

1．注意批发商提供的地址；

2．注意批发商的实体公司。

查看营业执照和所属行业以及主营商品，注意批发商的电话号码。值得注意的是，不能完全看他的营业执照，还要用当地 114、网络查询、当地工商局等部门查询、验证。

批发商的网址真伪查询可以到信息产业部 ICP/IP 地址/域名信息备案管理系统进行查询，如图 7-42 所示。

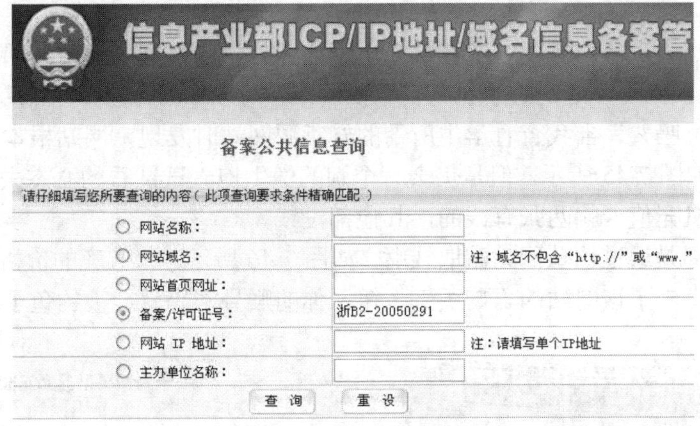
信息产业部ICP/IP地址/域名信息备案管

备案公共信息查询

请仔细填写您所要查询的内容（此项查询要求条件精确匹配）

○ 网站名称：

○ 网站域名：　注：域名不包含“http://”或“www.”

○ 网站首页网址：

◉ 备案/许可证号：浙B2-20050291

○ 网站 IP 地址：　注：请填写单个IP地址

○ 主办单位名称：

查 询　重 设

图 7-42

点击“查询”按钮，就会看到如图 7-43 所示的页面，显示网站名：淘宝。

信息产业部ICP/IP地址/域名信息备

备案公共信息查询结果

序号	主办单位名称	备案/许可证号	网站名
1	浙江淘宝网络有限公司	浙B2-20050291	淘宝

记录数共1条 第1页/共1页

返 回

图 7-43

也可以查域名，例如：在网址首页输入 www.taobao.com.cn,点击查询按钮，就会出现如图 7-44 所示的页面。

（三）虚拟物品防骗

网上开店刚开始最困难的有两件事，一个是货源的问题，另一个是店铺信誉的问题。货源问题前面探讨过了，下面就说信誉问题。对于现开店的卖家来说，最快的增长信誉的方式就是网上卖虚拟商品，比如说手机充值卡、游戏点卡等虚拟商品，正是这样，有许多骗子就设计了针对虚拟商品的骗局，归纳一下主要有以下几个方面。

图 7-44

第一，虚拟点卡进货防骗。编者在从事电子商务教学的过程中经常会遇到学生问这样的问题："老师，我找到一个好的进手机充值卡的网站，可以 1.5 折进货，然后在淘宝上卖，肯定赚钱，您看可行吗？"当我查看学生所谓的好货源网站时发现，网站根本没有注册，就是一个非法网站，如图 7-45 所示。但是仍会有个别的学生抱着试试看的心态去试水骗局，结果真的被骗了，手机充值卡就两张有钱的，其他都没钱。

还有一种骗局是通过钓鱼网站骗取钱财，如图 7-46 所示，以低廉的价格为诱饵，设计的钓鱼陷阱，如果点击了该网站的"购买"按钮，你的账号密码就会被钓鱼了。

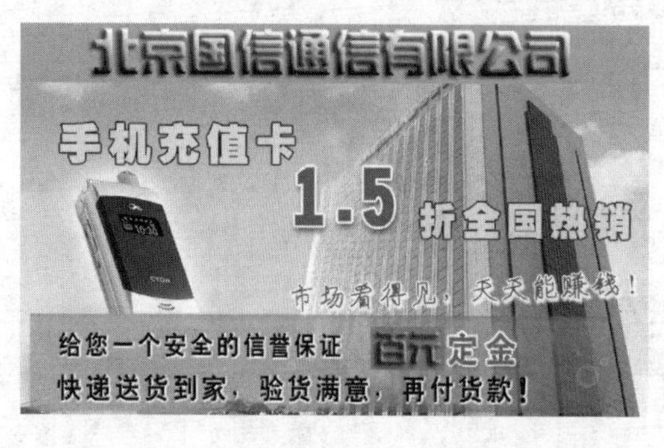

图 7-45

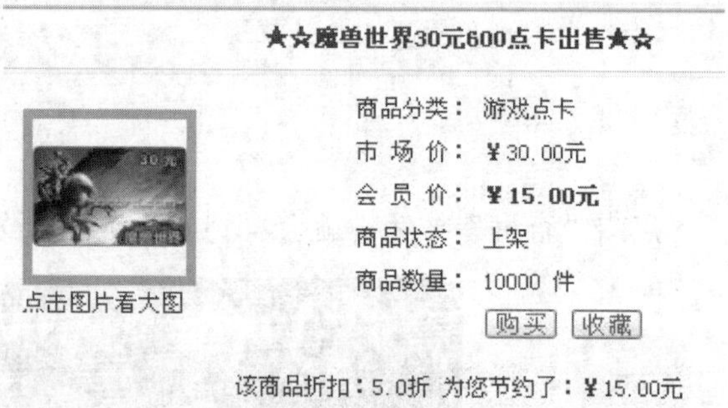

★☆魔兽世界30元600点卡出售★☆

点击图片看大图

商品分类：游戏点卡
市 场 价：￥30.00元
会 员 价：￥15.00元
商品状态：上架
商品数量：10000 件
购买 收藏

该商品折扣：5.0折 为您节约了：￥15.00元

图 7-46

总结以上骗局的特点主要有三个：（1）低价诱惑；（2）要求直接汇款；（3）在线支付——钓鱼网站。新手卖家在进行虚拟点卡进货时有以下建议：（1）尽量从朋友已经在用的信誉很好的点卡平台上进货；（2）为淘宝高等级卖家使用的平台做代理；（3）特别提醒，无论任何平台，余额不要保持过大!!

案例分享

拍下不等于付款——买家拍下卖家的宝贝，卖家误认为已付款

新手卖家对销售流程不是太清楚，有些骗子经常会利用这一点进行行骗，下面这则漫画很形象地反映新手卖家被骗的全过程。

淘宝网 Taobao.com
您好，我已经拍下您的商品，请马上发货。
等一下，我看一下。不会吧，我看交易状态还是买家未付款啊？
淘宝网 Taobao.com
咔
你怎么那么搞不清楚啊？！
不好意思，我是新手，所以对规则，不是很懂，请耐心等待，我马上就给你发货。
请刷新一下页面，在真实姓名下面系统不是写得很清楚吗？
联络买家
价格/物流
交易状态
爱无止尽2007
买家已通过网上银行完成支付196.00元，通知卖家可以发货。
和我联系
98.0
卖家包邮
等待买家付款
淘宝网 Taobao.com
一个小时过去了。
您好，还在吗？支付宝的交易管理还是没有收到您的钱款。
在发货前，一定要到交易管理中，查看自己的交易状态，确定对方已经付款，才能发货。切勿相信骗子的花言巧语，避免上当受骗。
END

(1)

(2)

(3)

摘自：淘宝网

案例分享

昔日的老顾客竟成了骗子

这个案例说的是一个卖家被一个老顾客给骗了的故事，老顾客找了一个资金流通不方便的借口，要求卖家先发货、后付款，结果被狠狠的便宜一笔。

（1）

（2）

（3）

（4）

摘自：淘宝网

案例分享

第三方诈骗

这种骗术主要是利用相近的 ID 号或者逃离旺旺软件平台的监管来行使的诈骗，骗子用一个 ID 号付款，然后用另外一个形似的 ID 号要求修改收货人地址，卖家查看订单状态是“已付款”状态，就发货了。可是当货到了的时候，骗子以没收到货为理由要求退款，加过卖家一查才发现，发货地址还是原来的，没改，确实是自己发货错了，就这样，卖家被骗了。

总结以上诈骗过程，可以发现第三方诈骗的特点如下。

（1）两个类似 ID，一个谈另一个拍。

（2）一模一样的 ID，分别在淘宝和阿里巴巴或口碑网注册。

（3）买家要用 QQ 来谈，只有旺旺记录可以作为在淘宝投诉的证据。

对策：进入交易加为好友再谈。

旺旺聊天记录的设置如图，要及时收集证据。

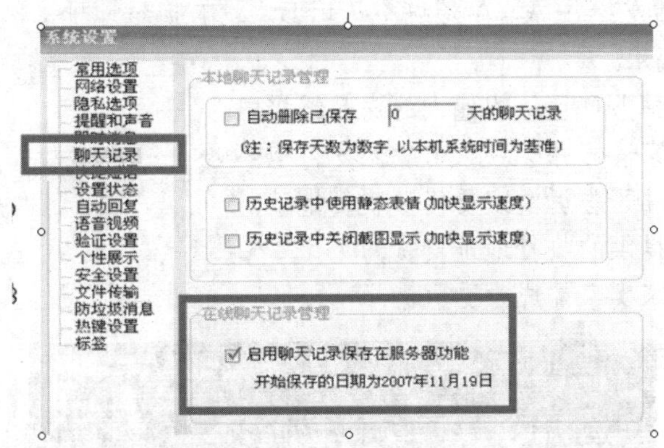

启用聊天记录自动保存在服务器功能。

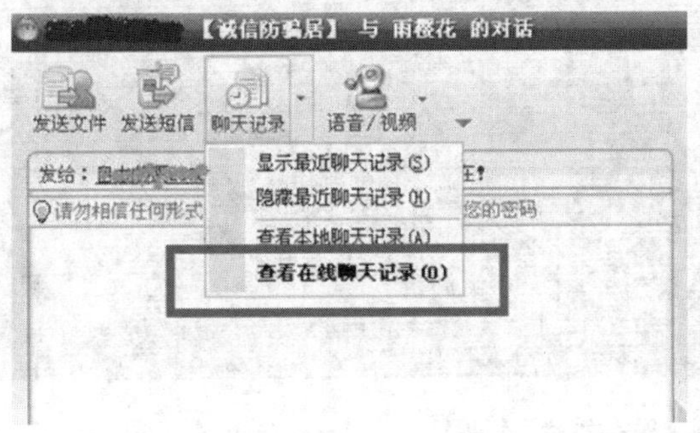

二、开店中期

（一）警惕样品欺诈

资料来源：淘宝大学 http://daxue.taobao.com

（二）实物交易惊现三角骗术

案例分享： 4钻老卖家上当

事情经过： 买家A来店铺拍下付款，一切正常！不久买家B来问，说自己用买家A的账号拍的宝贝发货了吗？还没有发，然后B就让更改地址。于是就改好了，按照B写的地址用EMS发过去了。几天后，A来说还没收到东西，查询EMS跟踪记录发给A，A就提出地址不对，把和B的谈话发给了A，A是说不认识B，没有换过地址，然后就申请退款了！

揭秘实物类三角骗术：

1. 骗子诱导买家拍下自己给的他人的商品链接；
2. 骗子找真正卖家谈，并让买家付款到支付宝；
3. 买家付款后，骗子告诉卖家要修改收货地址；
4. 卖家按照骗子提供的收货地址发货；
5. 骗子收货，买家卖家都成为受骗者。

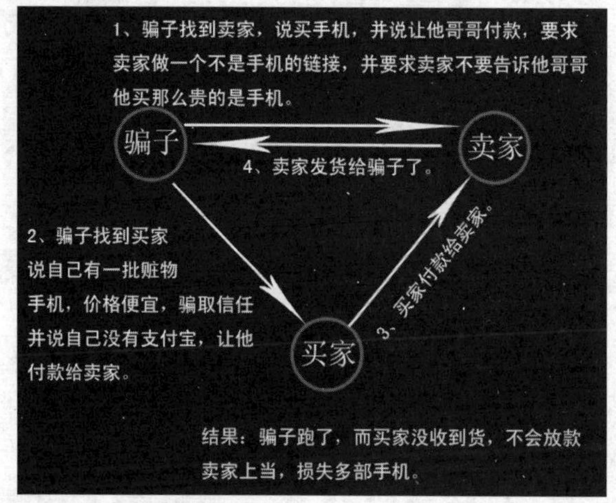

（三）所拍物品与实物不符类诈骗

1．拍下数量与实际购买数量不等同。买家打电话给卖家，说要购买1000元手机一部，要求卖家做5个手机链接每个价格200元，最后卖家就发货一部手机，买家收到后说拍的是5部手机，只收到一部，要求卖家赔偿！

2．拍下物品与实际购买物品不等同。顾客说："我不想让人家知道我吃减肥药，我拍你店里的衣服吧，你给我发减肥药"。然后拍了一个比减肥药贵2倍的衣服，店主修改了价格，发出了减肥药。收到后顾客称货不对，拍得衣服发的减肥药要投诉店主，无奈，店主只能赔钱将衣服发给对方。

（四）揭秘汇款骗术

骗子要求通过跨行转账，之后要求马上发货的方式进行诈骗。骗子利用虚假的汇款单截图，通知卖家已经汇款，要求立即发货，当卖家想通过账户进行资金的查询时，却发现无法查询，因为骗子要来卖家的银行卡号，故意输错三次密码，导致卖家无法查询账号。卖家卖货心切，就发货了，结果骗子就以这种方式骗取卖家的货物。

应对诈骗的方法有：

1．坚持通过旺旺聊天，可以截取聊天截图作为凭证；
2．顾客付款后与其核对收货地址等详细信息；
3．坚持交易原则和正确的交易流程；

图 7-47

4. 不要轻信别人发的付款截图或汇款图。

三、开店后期，成交之后防骗

1. 物流发货防骗

（1）运单上面写精确重量，如 660 克。

（2）运单注明“需本人出示身份证签收”。

（3）完整的封条必不可少如“封条破损请勿签收”。

（4）封条外，再贴一层透明胶带，如图 7-47 所示。

2. 虚拟物品发货防骗

（1）点卡密码写在发货备注让买家提取，如图 7-48 所示。

图 7-48

（2）通过站内信发送点卡密码给买家，如图 7-49 所示。

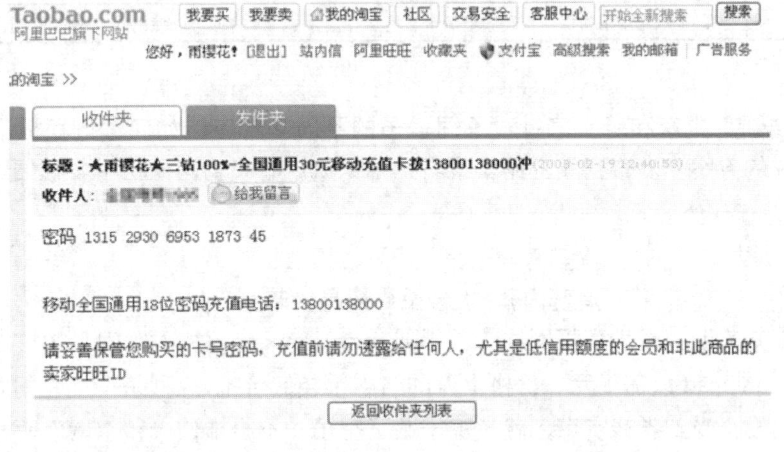

图 7-49

防骗总结：（1）熟悉交易规则；（2）坚持交易原则；（3）不断积累经验。

为提升消费者购物信心，斩断幕后黑手，淘宝网组织了大量的人力、物力，多策并举，努力营造高等级网络购物环境。

比如，开发了目前已经处于全国乃至世界领先水平的实时巡查系统以及相关配套系统，设立搜索和屏蔽的规则，24 小时全网络监控。针对网络商品极强的隐蔽性和复杂性，内部组建交易安全和商品管理的专业团队，设置严谨的工作流程。通过技术手段和人工干预相结合的方式，对虚假交易、欺诈商品和账户安全等各种违法、违规行为进行多维度、全方位的实时鉴别分流处理。对用户放心购物起到了很好的保驾护航作用。

此外，针对钓鱼网站盛行的特点，淘宝还专门以“钓鱼”欺诈作为重点和难点进行攻关，研判了“钓鱼”欺诈的各种方式和技术手段后，自主研发了“反钓鱼”监控系统，结合专业人员的审核确认，及时发现淘宝网及旺旺出现的钓鱼链接，并在短时间内通过安全工具拦截钓鱼链接；还有通过与傲游、金山等国内主流的安全厂商有合作，通过系统接口即时提取钓鱼黑名单，共享钓鱼黑名单信息。这一举措大大增加了淘宝网会员的安全体验。

同时，为了营造网络购物的安全氛围，提高会员的自我防范意识和能力，在淘宝网专门开辟《诚信防骗居》，通过《防骗周刊》、《每周质量报告》、《全店戒备》等栏目的持续报道，将网络安全方面涉及的盗窃、欺诈手段第一时间传递给会员。

小知识

卖家安全验证使用手册

亲爱的卖家朋友，为了保护您账号的安全，我们建议您开通：

1. 登录保护+操作保护；

2. 数字证书/密保卡/手机，任选 1 种或者 2 种以上的组合，方便您在不同的场景下使用。

1 个人打理的小店	1. 如果您使用的是 IE 内核浏览器（傲游、搜狗、360），推荐申请数字证书，在校验的时候比较方便快捷；同时可以绑定手机或者申请密保卡，方便您在没有安装证书的电脑上正常登录
	2. 如果您使用的是非 IE 内核浏览器（chrome、safar、firefox），推荐绑定手机或者使用密保卡进行校验
店主 1 枚，有时候亲戚朋友或者家人帮忙看店	1. 如果您使用的是 IE 内核浏览器（傲游、搜狗、360），推荐您安装数字证书
	2. 如果您使用的是非 IE 内核浏览器（chrome、safar、firefox），推荐绑定手机或者使用密保卡进行校验
	3. 如果条件允许，亲戚朋友电脑上可以安装数字证书；如果不安装数字证书，可以申请密保卡，同时以电脑图片或者打印图片的方式给你亲戚或者朋友，以便于他们在自己的电脑上登录您的账号
店主 1 枚，拥有 E 客服账号若干	1. 推荐主账号安装数字证书（如果您使用的是 IE 内核浏览器）同时可以绑定手机或者申请密保卡，方便您在没有安装证书的电脑上正常登录
	2. 主账号申请密保卡，发放给每个 E 客服使用。多个 e 客服可以使用同一张密保卡图

任务训练

整理总结新手卖家和老卖家针对不同骗子的不同骗术应该如何进行积极应对？总结出一个有条理性的方案，发布到淘宝论坛或者拍拍论坛或者易物网论坛中。顺便增加自己在论坛中的影响力。

素质拓展

消费内幕：“秒杀”还是“暗杀”？

作者：未知来源：深圳商报网络营销手册 www.tomx.com 加入时间：2011-3-11

3000 多元的 ipad 只需 1 元、价格上万的名牌手袋低价抢，“秒杀”一夜间席卷网络。然而很多网民还没享受到省钱实惠，就被骗子钻了空子。不少虚假“秒杀网”、“一元秒杀”等钓鱼网站，以低价做诱饵，诱骗消费者输入信用卡、支付宝等账户密码，瞬间将账户上的钱转入自己的口袋。在本报发出征集令后，不少消费者打来电话或通过 QQ 联系本报记者，讲述了自己受骗上当的经历。

据国内安全公司瑞星统计，以“秒杀”为圈套的安全威胁在春节后数量猛增，大多是以套取消费者的网银密码和动态口令，从而窃取金钱为目的。根据今年年初瑞星发布的《瑞星 2010 年度安全报告》显示，2010 年，瑞星截获钓鱼网站 175 万个(以 URL 计算)，比去年同期增加 11 倍。受害网民 4411 万人次，间接损失超过 200 亿元。

四千余元一夜被卷走

"我都有 6 年网购经验了，但最近也上了钓鱼网站的当"，在看到本报的征集令后，孟小姐打来电话讲述了自己最近的遭遇。1 月底的一天晚上，孟小姐照例在网上淘宝，旺旺上忽然发来一条消息，她喜欢的一件原价 128 元的钱包以 28 元的价格秒杀，而此时距离秒杀结束还有半个小时。

孟小姐说，自己害怕便宜让别人给占了，来不及看链接中的网址是不是安全网站，就马上点开拍下了这个钱包，并打算用支付宝支付。在输入登录名和密码后，网站信息提示支付宝系统正在维护中。求"宝"心急的孟小姐决定用信用卡支付，登录了网银界面两次输入网银密码时，网页都提示网码错误。孟小姐只能放弃不买。

几天之后，孟小姐在外用信用卡付账时却遇到了问题，"买单的时候告诉我额度不够了，但我记得很清楚不可能超支"，满心疑惑的孟小姐于是致电银行信用卡服务中心，客服人员告诉她，她当月已经用信用卡消费了 5300 多元。

记者在孟小姐提供的信用卡账单上看到，就在 1 月 21 日那天，一共就有 10 余笔支付记录，分别以 475 元和 495 元多次通过财付通和支付宝支付，总计四千余元。孟小姐说，1 月 21 日就是她秒杀那天，当天除了自己尝试支付 28 元秒杀费外，并没有其他的支出。

点评瑞星安全专家王占涛向记者表示，网络钓鱼者屡试不爽的杀手锏其实就是低价。名为"秒杀"，其实却在"暗杀"消费者的钱包。黑客制作一些伪装成知名购物网站的"秒杀"网页，然后引导消费者登录假冒的网上银行，骗取网银账户密码并转走其中的资金。

精明店家也陷"1 元秒杀"陷阱

网友 ericwong 一直以为被钓鱼这种事绝对不可能发生在自己身上，"但没想到还是当了次傻子"，他在 QQ 上告诉记者，本以为精明的自己最近就险些上了当。

那天他正忙着给网店上货，突然收到一条信息：50 元限量促销，联通、移动、电信充值 1 元秒杀。怀着看一看也没什么损失的心理，他点了链接进去，"这个页面和平常的商品页面差不多，商品描述做得很专业，也很仔细，商品评价都是好评"，ericwong 说，他点了移动的充值链接。这时页面上马上出现了一个登录框，尽管有点怀疑是钓鱼链接，但他还是进行了支付，当页面提示支付宝系统故障，并进入网银支付的页面时，他留意到页面地址栏左上角没有那把熟悉的"锁"，这才恍然大悟，自己被钓鱼了。为了验证自己的想法，他进入淘宝"我购买的宝贝"一栏，发现并没有刚才拍下的那个商品的记录，于是马上用最快的速度改了支付宝登录密码和支付密码，查了查钱一分都没有少，他这才松了一口气。

记者在采访中发现，相比 1 元秒杀 ipad，1 元秒杀数码相机的"不靠谱"，50 元话费 1 元秒杀、30 元话费 2 元秒杀似乎更能令人相信，就像早年的易拉罐中奖骗局一样，虽然不断有网友掉进圈套，这招骗局还是"百试不爽"。

点评淘宝网安全人员认为，和孟小姐不同的是，ericwong 最后没有被骗就在于他留意了网址里的那把"锁"，如果淘宝登录页面地址栏旁边没有一个小黄锁的标志，并且链接以 http// 开头，遇到这样的网站，就直接举报吧。

以消耗虚拟货币来曲线骗钱

蒋先生最近在深圳一家秒杀网站看到一款佳能相机以 1 元竞拍，在一定时间内出价最高的就能抱走这台相机。按照这个网站的规矩，每一次出价必须使用 150 点名为"闪点"的虚拟货币，但蒋先生每出一次价总有人不停地刷新他的价格，他记得自己前前后后一共出价 1872 次，每次用掉 150 点。蒋先生说，他的闪点是以每 100 个 1 元的价格购买的，计算下来他一共花掉了 2800 多元，而这台相台按照网上提供的价格不过是 2100 多元。

点评：一位不愿透露姓名的B2C企业负责人告诉记者，像蒋先生遇到的这种网站其竞拍的流程几乎一样，首先注册账号，注册成功后你必须在线充值购买该网站的虚拟货币才能参与商品竞拍。充值成功后，再根据自己虚拟货币的多少参与竞拍出价，每出一次价消耗一定的虚拟货币，如果竞拍成功了就以那个价格购买，竞拍不到虚拟货币也没了。他说，这些网站一般会以当前流行的电子数码类产品如iphone等以低价竞拍为卖点，吸引消费者争先出价消耗以现金购买的虚拟货币，但竞拍者中很大部分是网站内部人员或者“托”，他们不断刷新当前出价，诱惑消费者抛出更高的价格。虽然表面上成交价格不高，但一次又一次的竞拍，消耗的虚拟货币成千上万，而购买这些虚拟货币所花的钱远远超过了产品价格。此外，竞拍成功的商品网站会以秒中会员的名义晒图增加真实性，但仔细看可以发现很多照片背景都是一样的。

秒杀刚开始商品就下架

消费者施先生关注某品牌的自行车很久了，之前一直想买正价产品，但因为价格上千他迟迟没有动手。但是看到有秒杀，而且价格是原来的3折，他决定试试手气。

秒杀活动是上午11点开始的，施先生一早就坐在了计算机前，按照网友们分享的秒杀诀窍，他关掉了其他不需要的程序，包括杀毒程序，并打开了时间计数器，施先生不停地刷新页面，当105959秒的时候，活动还没有开始，但是当计数器显示110000的时候，商品却直接下架了。

79元的机票、1000元笔记本电脑……这些远低于市场价格的商品令网民按捺不住，而不少网店店主也看中了这一商机，把它变成一种营销手段。记者在网上论坛调查发现，有不少资深的卖家就表示“秒杀”是推广店铺尤其是新店铺最省钱最有效的方法。这一商机也催生了“职业秒杀人”，只要买家看中一件秒杀商品，他们就能帮忙抢到手，同时按商品价格的高低收取一定比例的秒杀费。记者就在某代秒客的店铺里看到这样一张价目表：10件以下10元/件，20件以上5元/件；单件孤品：12～25元/件，千元以上宝贝15元起。而此前淘宝曾推出的69元机票秒杀活动，有代秒客就开出价格每张机票200～300元的“代秒费”。

点评深圳电子商务业内人士告诉记者，有部分专玩猫腻的“秒杀”网站，为的是吸引消费者眼球。有的店铺还通过秒杀设陷阱要消费者多掏钱，其实秒中的是商品的一小部分，变相强迫你掏钱购买其余部分；还有的所谓1元秒杀产品价位本来就很低，但秒中者需要交几十块的配送费而且商品质量还很差。甚至有商家无故取消订单，失信于消费者。

案例分析：

综合分析一下，前面上当的买家和后面差点上当的卖家之间在购物操作中到底哪一步有实质性的差别？给今后的购物有什么启发？

情景八　如何让自己的店铺别具一格

知识目标

了解店铺装修的方法，掌握店铺装修的工具，会根据自己的商品特色装修别具一格的店铺。

技能目标

学会利用各种工具来提升消费者对店铺的满意程度，掌握图片处理工具、视频处理工具和一定的拍摄技巧。

素质目标

能够正确选择自己的网店风格，更好的提高用户体验，使自己的网店别具一格，提高网店的服务品质。

任务导入

为什么要装修网店？

第一，新手信誉为 0，或者约等于 0，没有信誉，拿什么让买家相信你不是骗子呢？你说是没用的，那么就装修吧，把网店装修得漂漂亮亮的，就算买家质疑你是骗子，你也可以挺直腰杆说，有这么认真的骗子吗？

第二，给顾客一个好的第一印象。如果客户进到你的店铺，第一感觉是单调、乱糟糟、不专业，那么肯定会影响他的购买欲望。相反，如果给他的第一印象是漂亮、美观、雅致、专业，这样的话，会提高客户对你的信任，或者就算是暂时不需要买什么东西，只是觉得这个店铺装修得漂亮，给人眼前一亮的感觉，先收藏起来再说！这样不又多了一个潜藏客户吗？

第三，装修网店要注意整体搭配，很多新手到处找免费的东西，七拼八凑的，把网店装修起来了，还很炫耀的说，怎么样，不赖吧？其实我不好意思说，怕打击你了，整个店花花绿绿的，给人的唯一感觉就是不专业，看得眼睛炫晕，早就逃之夭夭了，哪还有心思继续逛下去？

任务提示

往往很多新手开店几个月后一直无人问津，一直找不到问题出在哪里。或者发现了问题出在哪里又不知道怎么来解决，或者说不具备解决的技能和方法。

任务提出

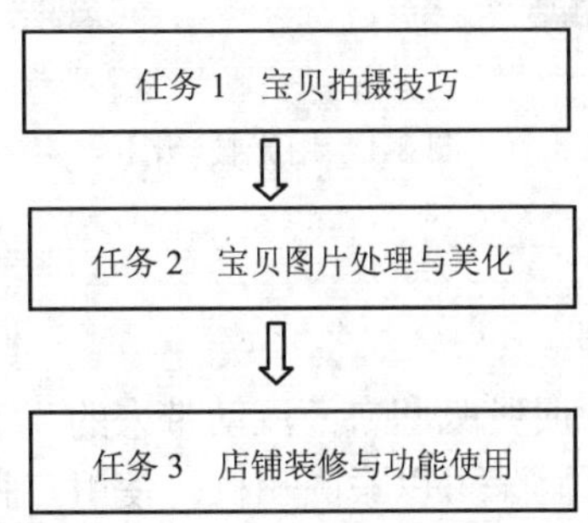

任务1 宝贝拍摄技巧

通过学习拍摄技巧提升产品图片的质量，掌握光线和背景对产品图片拍摄效果的影响。

工作过程

选择产品→设置布景和光线→拍摄产品图片

相关知识点

利用自然光的技巧，在室内拍摄时，自然光一般来源于窗户透进来的户外自然光。这种自然光具有明显的方向性，容易形成阴影，或者造成物品的明暗对比。可以通过调整拍摄的角度，来改善物品的受光条件。如拍摄的时候离物品远一些，避免自身造成的投影；还可以把东西放得离门窗（光源）远一些；还可以利用反光板，如穿衣镜等，使摄影对象的暗处也能有光线照到，以此来缩小商品的明暗对比。这和摄影棚、无影灯的原理相似。户外拍摄时，最好利用午后一两点钟时的自然光。避免阳光直射，但是要保证光线很充足。避免阳光直射是为了防止物体反光，特别是一些金属物品，反光以后就看不清表面纹理了。此外，在背景较暗的地方拍摄，还能充分利用背景的反光能力，使得拍出的物品受光均匀。

一、拍摄产品——光的技巧

（一）表面粗糙的商品的用光技巧

表面粗糙的商品有棉麻制品、皮毛等，为了体现质感和层次感，建议采用侧光[图 8-1（1）]或逆侧光[图 8-1（2）]，即从物品的侧面打光。这样会使物品产生一些阴影，显出商品表面明暗起伏的特点，立体感更强。要避免光对物体的正面照射。

（二）表面光滑的商品的用光技巧

表面光滑的商品有金属饰品、瓷器等，它们的反射能力很强，如果用直射灯光拍摄，反射的光会很强，而且光路单一，拍出的照片容易产生局部的强烈反光，看上去就像曝光过度。拍摄这类商品的时候，建议采用柔和的散射光线，或者采用间接光源[图 8-1（3）]，也就是经过反射的光线。比如灯光照在反光板或者其他具有普通反光能力的物体上，再用这种反射出来的光来照所拍物品。这样做能够得到柔和的照明效果。

（三）透明的商品的用光技巧

透明的商品有玻璃器皿、水晶等，拍摄这类物品时，为了表现出商品清澈透明的质感，建议采用侧光或底光（图 8-1）。底光从物体的下面往上打，能很好地表现出透明商品的透亮质感。

图 8-1 用光技巧图

二、拍摄技巧

（一）避免“手抖”的技巧

照片模糊很多都是因为拍摄时呼吸和血液流动带来的“手抖”现象。避免这种情况的最好方法就是使用三脚架，利用三脚架可以稳固相机。使用三脚架时也要注意防止外界对三脚架的干扰，保证三脚架的稳定性。如果实在没有三脚架，可以找一些固定的东西来支撑自己的身体或相机，以减少相机的震动，比如高凳、桌子等。

（二）特殊环境拍摄技巧

天气比较炎热时，空气密度不均匀，地面由于聚集热量，近地面空气会更快升温，上升的热气会使镜头和物品之间的空间变形，从而使得照片显得不清晰。所以尽量不要在很炎热的地方拍摄。

（三）使用遮光罩避免光晕

光晕是指由于镜头角度不当或者太阳光直接射到镜头前面的物体时，产生的环状光圈，影响照片的清晰度和真实性。用遮光罩放在相机镜头前挡住过于强烈的光，可以减少这种问题的发生。最简单的遮光罩就是把手放在太阳和镜头之间。

三、各类商品的拍摄技巧实例

（一）服装类

尽管服装是所有商品中比较容易拍摄的一类物品，但是要注意一些细节。比如细腻材料的服装比较适合用柔和的光，而粗糙材料的服装比较适合直接打光。还有一个细节就是一定要将服装烫平以后再拍摄，否则过多且无规则的褶皱容易显得服装比较旧。

（二）首饰类

首饰类物品容易反光，造成曝光过度的现象，还会反映出四周的情形。所以在拍摄过程中，最好把物品放置在四周颜色比较单一而且与物品本体颜色比较接近的环境里。为了避免物品反射出拍摄者的情况，可以利用相机的天气真好功能，在拍摄瞬间保证身体远离商品。

（三）水晶类

这类物品的最大特点就是透明。为了最好地表现这一特点，要把背景整理干净，否则体现在照片上后会削弱主题物品。此外还要避免拍出来的物品上留有指纹，方法就是在拍摄过程中戴上手套。光线注意不要直接照射物品。通常静物拍摄，黑色和白色的背景占据多数。如果将黑色作为背景，至少需要 2 块黑色的布料，然后将它们叠成一个立方体，边角可以用铁丝支撑，这样比较稳定。顶部和正前方面要求空着，然后在立方体的上方面大约 50cm 的地方拉一根细铁丝或者钓鱼线（建议使用钓鱼线，因为在光的照射下，不容易穿帮），用夹子将其固定好，在拍摄的时候，小首饰就可以用钓鱼线吊起来，而香水瓶之类比较重的物体直接放在底下。如果需要白色布景，其实是只要将黑布换成白布就可以。

不过上面这种 DIY 的方法效果其实并不好，首先在布料的选择上，没有柔光布的表面那么光滑，其次光的折射也不规律，而且光源的位置死板，不宜调整，所以还是建议大家购买一个折叠静物箱，目前国内各个城市的摄影器材市场都可以买到，当然，也可以去网上购买，价格很便宜，从 70～300 元不等。有了这种静物箱，就可以轻松地将室外过于直射且繁杂的阳光变为柔和统一的光线，对于拍摄一些小饰品和静物来说是非常有用的，当然在室内有稳定光源的情况下，效果更好。

任务训练

通过以上方法拍摄一组鞋子的照片。

素质拓展

网店新手拍摄需要牢记的九句话

一、保持相机的稳定

许多刚学会拍摄的朋友们常会遇到拍摄出来的图像很模糊的问题，这是由相机的晃动引起的，所以在拍摄中要避免相机的晃动。可以双手握住相机，将肘抵住胸膛，或者是靠着一个稳定的物体。并且要放松，整个人不要太紧张。感觉就像是一个射手手持一把枪，必须稳定的射击。

二、保持太阳在身后

摄影缺少了光线就不能称为摄影，它是光与影的完美结合，所以在拍摄时需要有足够的光线能够照射到被摄主体上。最好的也是最简单的方法就是使太阳处于拍摄者的背后并有一定的偏移，前面的光线可以照亮被摄主体，使它的色彩和阴影变亮，轻微的角度则可以产生一些阴影来显示出物体的质地。

三、缩小拍摄距离

有时候，只需要简单地离被摄物体近一些，就可以得到比远距离拍摄更好的效果。并不一定非要把整个人或物全部照下来，有时候，只对景物的某个具有特色的地方进行夸大拍摄，反而会创造出具有强烈视觉冲击力的图像。

四、拍摄样式的选定

相机不同的举握方式，拍摄出来的图像的效果就会不同。最简单的就是竖举和横举相机。竖着拍摄的照片可以强调被摄主体的高度，而横举则可以拍摄连绵的山脉这类图像。

五、变换拍摄风格

你可能拍摄过很多非常好的照片，但它们很可能都是一种风格，所以看多了就会给人一种一成不变的感觉。所以应该在拍摄中不断地尝试新的拍摄方法或情调，为相册增添光彩。比如说可以分别拍摄一些风景、人物、特写镜头、全景图像、好天气拍摄的、坏天气拍摄的等。个人拍摄带有很大的随意性，所以可以走到哪拍到哪，只要觉得这个画面很有趣或是很有意义，完全不受影响，所以更是可以随意发挥。

六、增加景深

景深对于好的拍摄来说非常重要。每个摄影者都不希望自己拍摄的照片看起来就像是个平面，没有一点立体感。所以在拍摄中，就要适当地增加一些用于显示相对性的物体。比如说要拍摄一个远处的山脉，就可以在画面的前景加上人物或是一棵树。使用广角镜头就可以夸大被摄体正常的空间和纵深感的透视关系。

七、正确的构图

一幅好的图像通常是由于它的构图非常恰当。摄影上比较常见的构图就有三点规则。画面被分为三个部分，然后将被摄物体置于线上或是交汇处。总是将被摄物体置于中间会让人觉得厌烦，所以不妨用用三点规则来拍摄多样性的照片。

八、捕获细节

使用广角镜来将“一切”东西都囊括在画面中总是很有诱惑力的，但是这样的拍摄会让你丢掉很多细微的地方，有时还是一些特别有意义的细节。所以这时候就可以使用变焦镜头，使画面变小，然后捕捉有趣的小画面。

九、地平线的位置应用

当地平线的位置不同时，拍摄时强调景物的效果也不同。比如说想强调陆地，就使用高地平线；如果是想强调天空，则使用低地平线。

任务 2　宝贝图片处理与美化

通过店铺中的商品图片美化可以增加产品被潜在顾客发现的概率，影响买家的购买决策，提高自己在同类卖家中的竞争力，提升销量引起供货商的重视得到更好的服务以及更优惠的条件。

工作过程

拍摄图片→使用工具完成图片美化→上传至店铺

相关知识点

一、图片处理中颜色的基础理论

（一）色彩的基本组成

1．三原色

正色模式的三原色：红、黄、蓝。光色和物体本色的区别，导致了色彩理论中正色和负色的显示理论。三原色是能够按照一些数量规定合成其他任何一种颜色的基本色。现在把三原色放成图 8-2 中的三角形，依次混合相邻的颜色得出非常简单的色谱。

图 8-2　三原色图

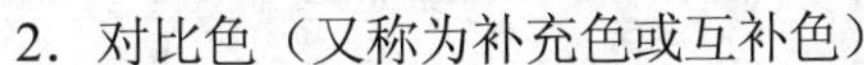

2．对比色（又称为补充色或互补色）

在色相环中每一个颜色对面（180 度对角）的颜色，称为“对比色（互补色）”。把对比色放在一起，会给人强烈的排斥感；若混合在一起，会调出浑浊的颜色。如：红与绿、蓝与橙、黄与紫互为对比色。

3．近似色

近似色就是在色带上相邻近的颜色。直观的理解：近似色就是与其左右相邻的六个颜色。在照片中选用近似色的颜色来搭配，整体画面可以实现色彩的融洽与融合，丰富而和谐。

4．同类色

同类色又称为单色。颜色产生不同明度变化，直观的讲就是与其左右相邻的两个颜色。在照片中选用同类色的颜色来搭配，整体画面可以实现色彩的和谐统一、柔软的画面。

（二）色彩的基本属性

1．暖色系

包括红紫、红、红橙、橙、黄橙，它们给照片赋予温暖、热情、喜庆和活力。暖色调非常逗人喜爱，也是中国的传统颜色，从古至今都是中国人的最爱，连国旗都是红和黄的组合。

2．冷色系

冷色系包括黄绿、绿、蓝绿、蓝、蓝紫，譬如蓝色、青色和绿色。这些颜色将对照片主题表达起到冷静、幽远、深邃、清新的作用。

3．中和色（又称之为调和色）

不包含任何三原色色素的颜色，例如白色、黑色、金色、银色。白色固有的一尘不染的品貌特征，使人们常能从中体会到纯洁、神圣、光明、洁净、正直或无私、空虚、飘渺等的思想暗示。白色与任何彩色系的颜色配合时都可得到赏心悦目的色彩效果和心理感应。因此，白色大量运用在照片处理中。中和色最大的好处就是与每一个颜色都能和谐相处，因此，中和色在照片处理中最大的作用是调和各色的融洽相处，减低颜色和颜色之间的冲突，让不同的颜色互相和谐过渡。

（三）色彩明度

色彩明度是指色彩的亮度或明度。颜色有深浅、明暗的变化。比如，深黄、中黄、淡黄、柠檬黄等黄颜色在明度上就不一样，紫红、深红、玫瑰红、大红、朱红、橘红等红颜色在亮度上也不尽相同。色彩的明度变化有许多种情况，一是不同色相之间的明度变化，如白比黄亮、黄比橙亮、橙比红亮、红比紫亮、紫比黑亮；二是在某种颜色中加白色，亮度就会逐渐提高，加黑色亮度就会变暗，但同时它们的纯度（颜色的饱和度）就会降低；三是相同的颜色，因光线照射的强弱不同也会产生不同的明暗变化。这些颜色在明暗、深浅上的不同变化，也就是色彩的又一重要特征——明度变化。在照片中控制颜色明度的大小，可以给画面呈现不同的格调：高明度的色系看起来温馨、柔软、亮丽、梦幻；低明度的色系看起来稳重、古典、深邃；高对比明度的色系看起来醒目、刺激、活跃、强烈的感觉。

（四）色彩饱和度（又称色彩的纯度）

纯度越高，表现越鲜明，纯度较低，表现则较黯淡。

使用纯度高的色系，可以让画面充满活力、新奇以及时代感。但用得不好就会出现浮躁、刺眼的重大毛病，因此，高纯度的配色方案是很多高手的绝招。而很多新手就会容易犯高纯度配色的毛病。

使用纯度低的色系，可以让画面具有稳重、和谐统一、融洽和古典的风格。但搭配不当的话，容易让照片产生灰暗、脏乱以及隐晦的毛病，使用纯度对比强烈的色系，可以让画面具有稳重而不失活跃、统一又不乏个性、融洽却充满欢快的气氛。这是照片处理中非常常见的一种配色手段，因为这个配色手段简单有效、容易掌握和控制。

二、颜色搭配

（一）图片底色和图片主体色

配色时为了取得突出的人或物效果，必须首先考虑图片底色和图片主体色的关系。主体色要和底色有一定的对比度，这样才可以很明确地传达要表现的东西。要突出的主体色必须让它能够吸引观者的主要注意力。例如照片背景的颜色（照片底色）以及人物衣服的颜色（照片主体色），作为照片底色，在视觉上通常应该使用各种手段将它推远，让人物突显出来，而作为照片主体色，要将它拉近。

为了营造一种照片气氛，并不需要让画面有强烈的对比，让画面呈现温馨统一的感觉，那么，可以通过改变画面底色以及主体色的明度和纯度以及对比度关系，来处理照片底色和照片主体色的关系。

（二）图片画面整体色调的把握

只有控制好构成整体照片中背景色、主体色、点缀色的色相、明度、纯度关系和面积关系等，才可以控制好照片的整体色调。

1. 用暖色系列来做整体色调则会呈现出温暖的感觉。
2. 以冷色和纯度低的色为主色调则让人感到清冷、平静。
3. 以明度高的色为主则亮丽，而且变得轻快。
4. 以明度低的色为主则显得比较庄重、肃穆。
5. 用对比的色相和明度则活泼。

6. 用类似、同一色系则感到稳健。

7. 用颜色数多则会华丽、活泼。

三、店铺图片处理的步骤

在这里介绍两种图片处理工具来完成整个图片处理及美化的流程，如图 8-3 所示。一个工具是光影魔术手，另一个工具是 Photoshop。可以通过网络下载到这两个工具，根据安装向导安装好这两个软件后就开始学习处理和美化图片。

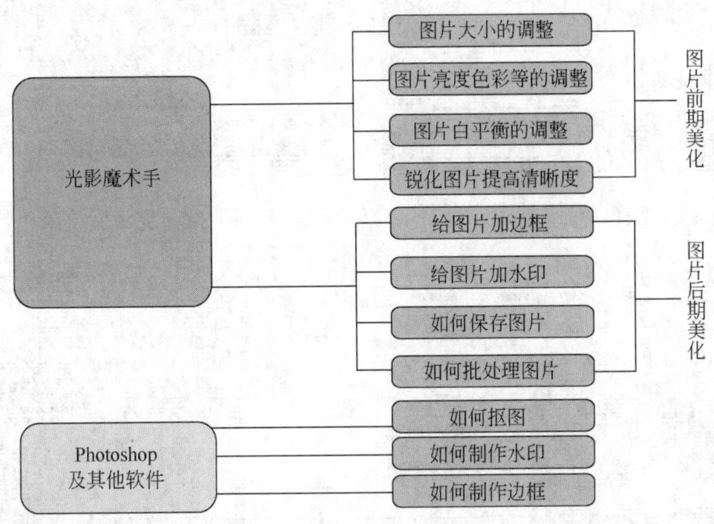

图 8-3 店铺图片处理步骤

（一）图片大小的调整

打开“光影魔术手”，在菜单栏找到“缩放”，如图 8-4 所示。

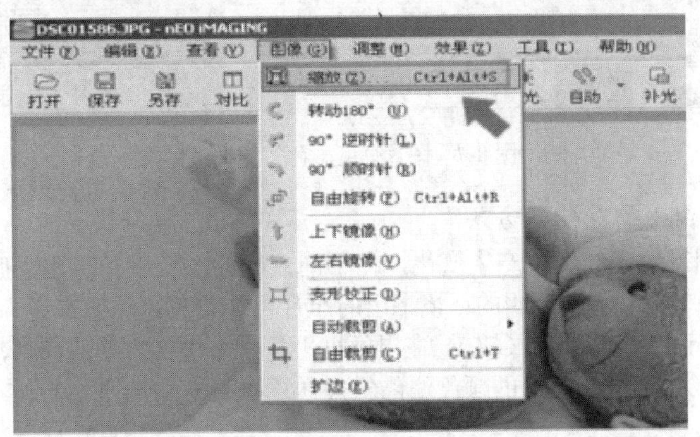

图 8-4 光影魔术手中图片大小调整操作

然后进入“调整图像尺寸”工作界面，在这里可以对图片的宽度和高度作出调整，如图 8-5 所示。

最后，点击“开始缩放”，完成图片大小的调整，如图 8-6 所示。

（二）图片亮度彩色等的调整

在菜单栏中找到“调整”，在子菜单中有“色阶”、“曲线”、“色相/饱和度”、“色彩平衡”、

“单色”、“亮度/对比度”、“自动白平衡”等。可以通过这些选项来完成图片“亮度”、“彩色”的调整，如图 8-7 所示。

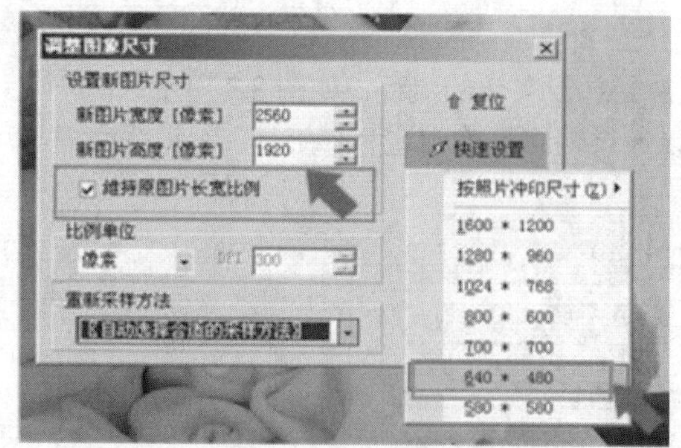

图 8-5　选择调整大小

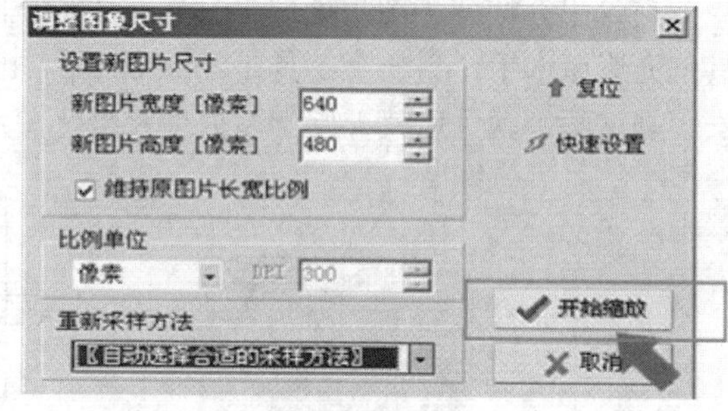

图 8-6　完成调整图片尺寸

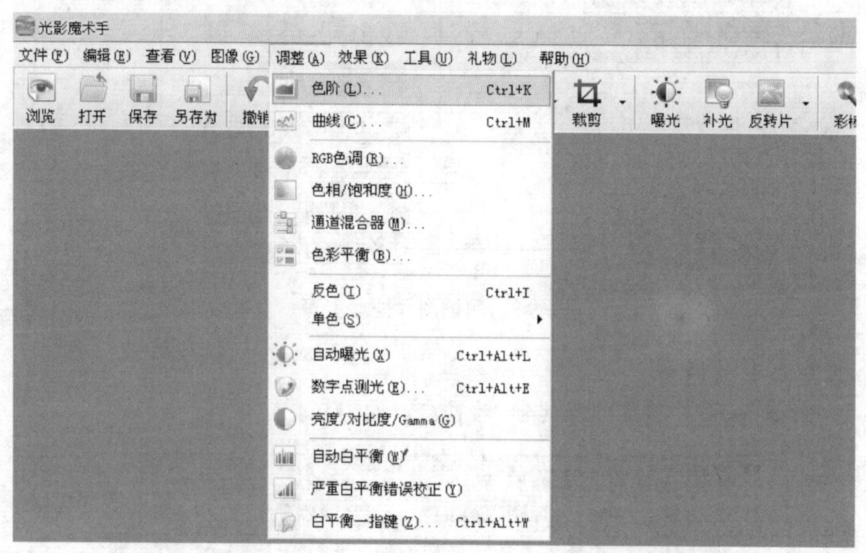

图 8-7　图片亮度彩色等的调整

（三）图片“白平衡”使用方法

物体颜色会因投射光线颜色产生变化，在不同光线的场合下拍摄出的照片会有不同的色温。例如以钨丝灯（电灯泡）照明的环境拍出的照片可能偏黄，一般来说，CCD 没有办法像人眼一样会自动修正光线的改变（CCD 在摄像机里是一个极其重要的部件，它起到将光线转换成电信号的作用）。当遇到照片的颜色偏色怎么办？如图 8-8 所示。

图 8-8　图片“白平衡”使用方法示例图（一）

在正常光线下看起来是白颜色的东西在较暗的光线下看起来可能就不是白色，还有荧光灯下的“白”也是“非白”。对于这一切如果能调整白平衡，则在所得到的照片中就能正确地以“白”为基色来还原其他颜色。

下面使用“光影魔术手”里的“白平衡一指键”来还原有的白色，操作如图8-9所示。

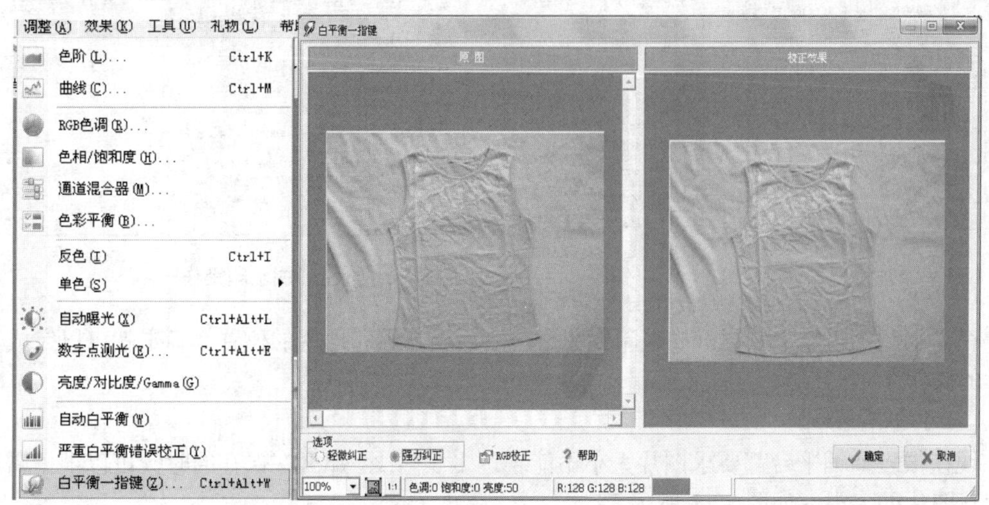

图8-9　图片“白平衡”使用方法示例（二）

在“选项”里如果对纠正效果不满意，可以通过“RBG校正”来进行调整，调整达到自己预期效果后点击“确定”，“白平衡一指键”的操作就完成了。

（四）锐化图片提高清晰度

在菜单栏找到“效果”—“模糊与锐化”—“精细锐化”，通过调节数量达到“精细锐化”的效果，如图8-10所示。

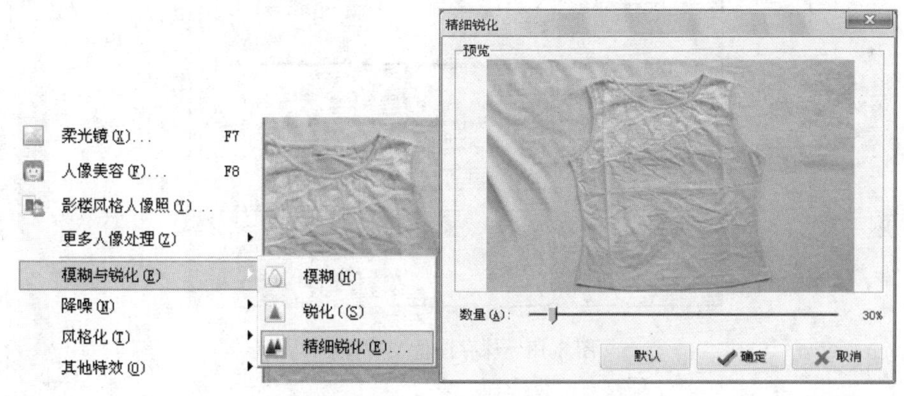

图8-10　模糊与锐化操作

（五）给图片加边框

操作步骤：菜单栏—“工具”—边框栏，如图8-11所示。

供选择的边框有5种，除这5种以外还可以通过互联网下载边框来装饰产品图片。

（六）给图片加水印

操作步骤：菜单栏—“工具”—“水印”，如图8-12所示。

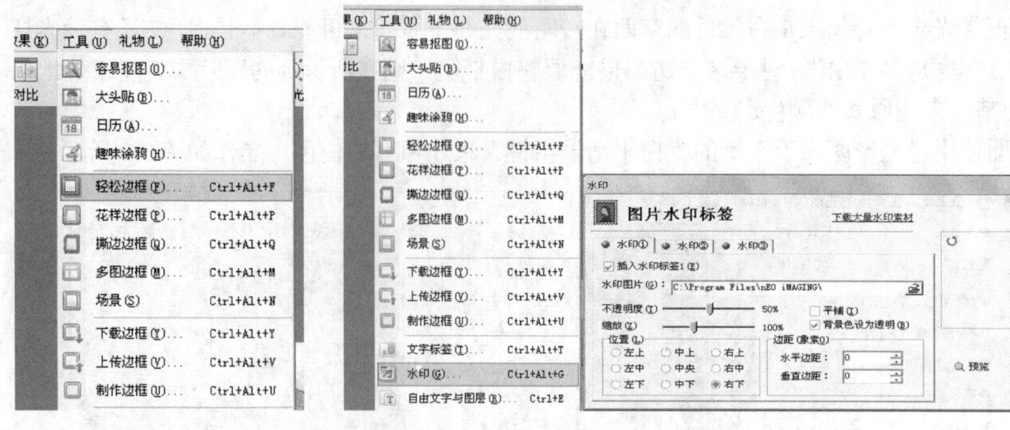

图 8-11　添加边框操作　　　　图 8-12　给图片加水印操作

在“水印”属性中设置好“水印”图片，然后调节水印出现的位置，确定就可以完成添加水印的操作了。

（七）保存图片

现在很多商铺平台都要求图片大小不能超过多少多少，那么在保存的时候可以根据需要调整保存图片的大小，如图 8-13 所示。

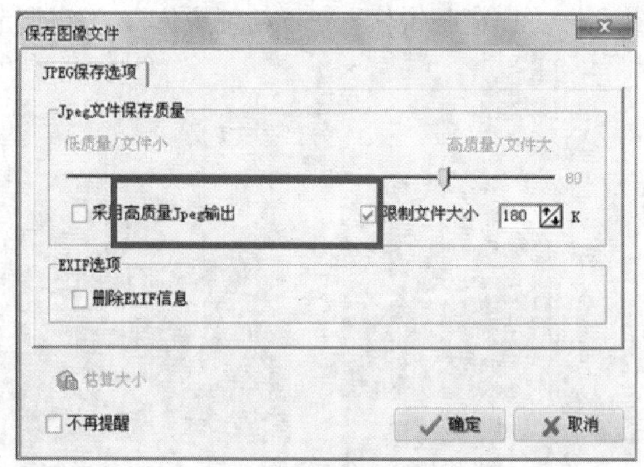

图 8-13　保存图像文件操作

（八）批量处理图片

操作步骤：菜单栏—“文件”—“批处理”，如图 8-14 所示。

在批量自动处理先在“照片列表”添加需要批处理的文件，然后在“自动处理”中添加处理动作，最后调节“输出设置”确认就可完成批处理文件。

（九）抠图方法

在处理照片或者已有图片的时候往往为需要更换背景或者选取图片中的一部分而苦恼。下面给介绍几种抠图的方法。

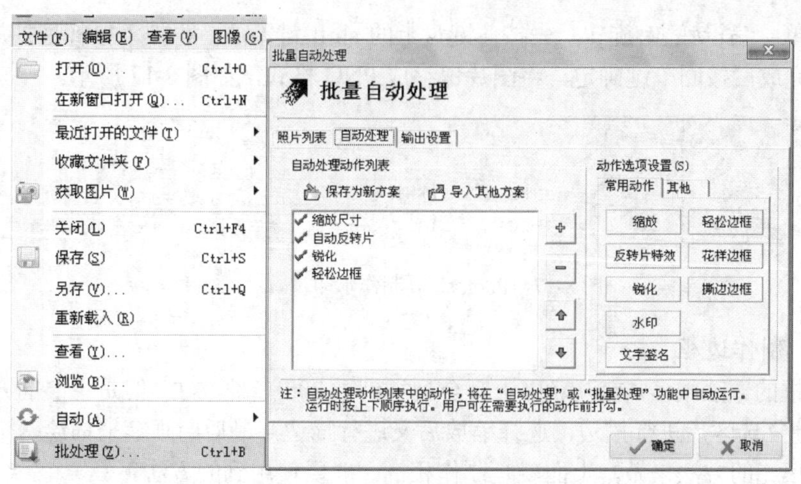

图 8-14　批处理图片操作

1．使用 Corel 公司功力无比的抠图工具软件 CORELKNOCKOUT，可以把有细节边缘的（如羽毛、动物皮毛、阴影、头发、烟雾、透明体等）前景对象从背景中“抠”出来，并应用到另一个特定的背景图像中。

2．使用 Photoshop 抠图方法可以用魔术棒、钢笔工具、通道等方法来进行抠图。

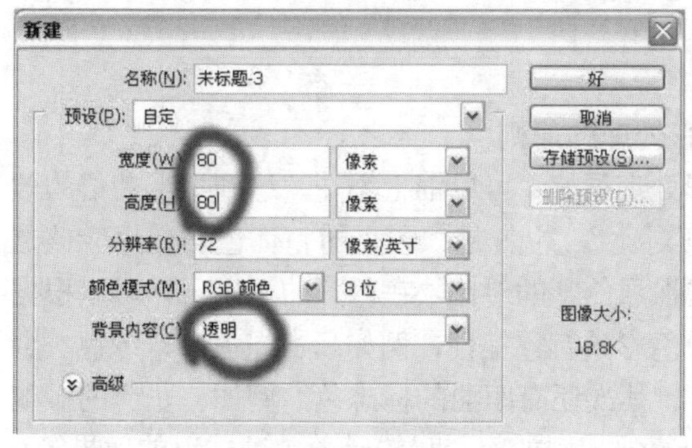

图 8-15　Photoshop 制作水印步骤（一）

3．微软的抠图软件 Lazy Snapping 使用方法比较简单，对于绝大多数图形来说，只需要三步，就可以将需要的内容截取出来。

（十）制作水印

打开 Photoshop 软件，点击菜单：“文件”—“新建”，以像素为单位根据你的水印大小设置，最好设置为长宽一样的正方形，背景内容为透明，如图 8-15 所示。

选择工具条的字体工具，在新建的这个图片的适当位置输入文字，可以自由设置文字的字体、大小、颜色，如图 8-16 所示。

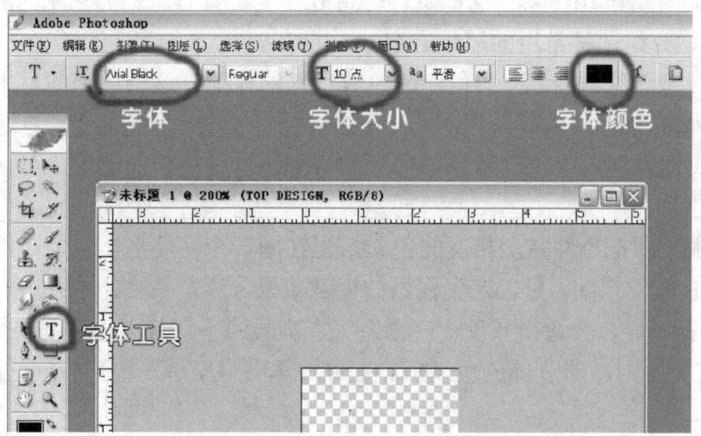

图 8-16　Photoshop 制作水印步骤（二）

点击菜单：编辑/变换/旋转，先按住键盘上的 shift 键不放，再按下鼠标拖拽旋转 45 度，结果如图，完成后按回车键确定，将图片保存成 PNG 格式，如图 8-17 所示。

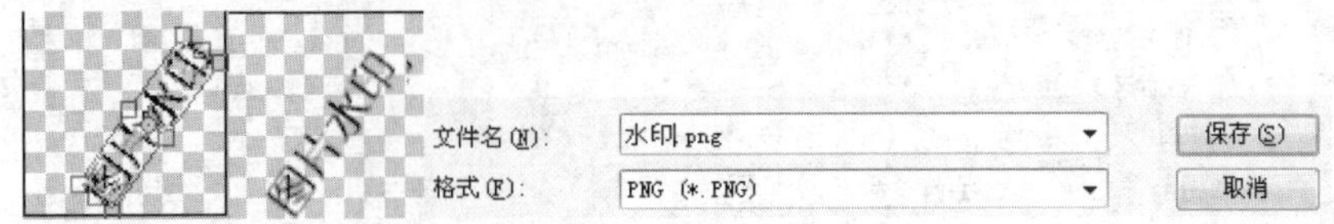

图 8-17　Photoshop 制作水印步骤（三）

（十一）制作边框

制作边框的方法很多，在互联网上甚至列举到了 200 多种方法，但是主要的方法还是通过 Photoshop 建立选区后进行描边，选择缩放后又进行描边，最后用画笔来描绘两个框的中间区域，或者用填充的方法来做。上面就是制作相框一般要使用到的方法。

任务训练

请选择某一具体产品图片进行如下操作。

1. 调整产品图片大小。
2. 调整照片白平衡。
3. 通过调整产品图片的亮度/饱和度、锐化使产品图片变得清晰。
4. 更换产品背景图片（任务提示：使用抠图的方法更换背景）。
5. 制作一张水印图片。

素质拓展

网店设计中色彩处理的原则

色彩是人的视觉最敏感的东西。主页的色彩处理得好，可以锦上添花，达到事半功倍的效果。色彩总的应用原则应该是“总体协调，局部对比”，也就是：主页的整体色彩效果应该是和谐的，只有局部的、小范围的地方可以有一些强烈色彩的对比。在色彩的运用上，可以根据主页内容的需要，分别采用不同的主色调。因为色彩具有象征性，例如：嫩绿色、翠绿色、金黄色、灰褐色就可以分别象征着春、夏、秋、冬。其次还有职业的标志色，例如：军警的橄榄绿，医疗卫生的白色等。色彩还具有明显的心理感觉，例如冷、暖的感觉，进、退的效果等。另外，色彩还有民族性，各个民族由于环境、文化、传统等因素的影响，对于色彩的喜好也存在着较大的差异。充分运用色彩的这些特性，可以使主页具有深刻的艺术内涵，从而提升主页的文化品位。下面介绍几种常用的配色方案。

1．暖色调。即红色、橙色、黄色、赭色等色彩的搭配。这种色调的运用，可使主页呈现温馨、和煦、热情的氛围。

2．冷色调。即青色、绿色、紫色等色彩的搭配。这种色调的运用，可使主页呈现宁静、清凉、高雅的氛围。

3．对比色调。即把色性完全相反的色彩搭配在同一个空间里。例如：红与绿、黄与紫、橙与蓝等。这种色彩的搭配，可以产生强烈的视觉效果，给人亮丽、鲜艳、喜庆的感觉。当然，对比色调如果用得不好，会适得其反，产生俗气、刺眼的不良效果。这就要把握“大调和，小对比”这一个重要原则，即总体的色调应该是统一和谐的，局部的地方可以有一些小的强烈对比。

最后，还要考虑主页底色的深、浅，这里借用摄影中的一个术语，就是“高调”和“低调”。底色浅的称为高调；底色深的称为低调。底色深，文字的颜色就要浅，以深色的背景衬托浅色的内容；反之，底色淡的，文字的颜色就要深些，以浅色的背景衬托深色的内容。这种深浅的变化在色彩学中称为“明度变化”。有些主页，底色是黑的，但文字也选用了较深的色彩，由于色彩的明度比较接近，读者在阅览时，眼睛就会感觉很吃力，影响了阅读效果。当然，色彩的明度也不能变化太大，否则屏幕上的亮度反差太强，同样也会使读者的眼睛受不了。

任务3　店铺装修与功能使用

理解网店装修的目的，掌握网店装修的方法，会根据需要选择网店装修风格，通过美化图片，最终达到能够促进销售的效果。

工作过程

整体店铺形象规划→图片处理→功能优化→促进销售

相关知识

不论是一个实体店面还是一个网店，其作为一个交易进行的场所，装修的核心都是促进交易的进行，因此不妨从形象设计、空间使用率以及购物体验来看网店的装修。首先，网店设计可以起到一个品牌识别的作用。对于实体店铺来说，形象设计一方面能使外在形象长期保持发展，为商店塑造更加完美的形象，加深消费者对企业的印象。而类似于沃尔玛的形象设计还包涵了一个企业的精神力量。同样，建立一个网店，也需要自己的网店名称、独具特色的网店标识和区别于其他店铺的色彩风格。淘宝第一网商柠檬绿茶的字号，网货品牌飘飘龙的 LOGO 以及他们整体的店铺风格，一方面作为一个网络品牌很容易让消费者所感知，从而产生心理上的认同感；另一方面，其也作为一个企业的 CI 识别系统，让自己的店铺区别于其他竞争对手。对于网络这个虚拟的环境，更凸显了店铺设计的重要性。

此外，出于空间使用率的考量。对于一个实体店铺来说，空间产出率是衡量一个店铺效益的重要标准，因而每一个商家都尽力地增加有限空间产品的数量，并尽力使得每件商品都能和消费者有接触。网络零售的优势之一就是互联网突破了时间和空间的限制，但是虚拟空间范围的无限性和空间利用的有效性却是相对的，特别是对于网络零售业者来说，只有用户能接触到的位置才是有价值的。另外，对于网络购物的消费者来说，其花费在购物上的时间是计入其购物的成本当中的。因而网店需要像实体店铺一样来增加一个虚拟网店空间的利用率和用户的有效接触，要完成这两个目的，需要一方面提升网店空间的使用率，让单一的网店容纳更多的产品；另一方面则需要在产品之间的关联和产品分类的优化上下功夫，给予消费者最大的选购空间和最简便的购物流程。

在网店环境的设计中，人机界面的设计是最重要的。其实用户界面的友好度很早就被众多的互联网设计者所重视，人机界面“UI”的设计已被应用到众多网站的设计中。消费者第一次进入店面，很难一下子就让其对产品的优劣进行评定，但却足以留下第一印象。若他一开始对界面产生了好感，对界面的布局产生了共鸣，那么在其后的购买行为中，他的内心就会趋向认同。

1．网店的装修首先就要起一个吸引人的店名，起名要注意几个原则。

（1）简洁通俗、朗朗上口。店名一定要简洁明了，通俗易懂且读起来要响亮畅达，朗朗上口，如果招牌用字生僻，读起来坳口，就不容易为浏览者熟记。

（2）别具一格，独具特色。网店有千千万万，用与众不同的字眼，使自己的小店在名字上就显出一种特别，体现出一种独立的品位和风格，吸引浏览者的注意。

（3）与自己的经营商品相关。店名用字要符合自己经营商品，要选择一个让人从名字就看出你的经营范围的名字，如果名字与商品无关，很可能导致浏览者的反感，自然也就不要谈成交了。

（4）用字吉祥，给人美感。用一些符合中国人审美观的字样，店名应该让人看起来就有一种美感，不要剑走偏锋，为吸引人而注意使用一些阴晦低俗、惹人反感的名字，这样的结果会适得其反。

2．网上开店的其他装修内容。

（1）对于网店的装修除了起一个好听的名字，还要做其他的工作，包括设计一个精美的店铺匾额。

（2）做出自己的店主肖像。

（3）创作一句过眼难忘的广告语，譬如流光魅影，花样年华尽在锦绣——“锦绣喜居”丝绸家居；众里寻他千百度——新月小筑；生活可以如此美丽——嗜屋等。

（4）写一段精彩的店铺介绍，或者给自己的商品和留言本加上美丽的色彩。

总之所有的一切都为了将自己的网店打扮扮得漂漂亮亮的，吸引更多的人过来浏览，购买商品。

下面主要以淘宝网店装修为例介绍网店装修的步骤。

一、淘宝普通店铺装修

（一）主色调

确定店铺主色调，简单来说就是整个网店的整体颜色搭配。色调系列是由 24 个色相与 9 个色调组成的，9 个色调是以 24 色相为主体，分别以清色系、暗色系、纯色系、浊色系色彩命名的，如图 8-18 所示。色调与色调之间的关系同色彩体系的三要素关系的构架是一致的，明暗中轴线由不同明度的色阶组成。

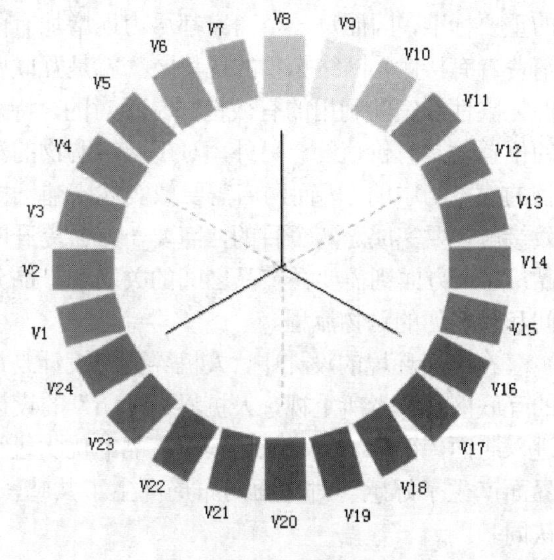

图 8-18　色系图

1．不与白、黑、灰进行混合的、只有纯色的配色是最鲜艳的色调，给人强有力的、生机勃勃的、年轻人的印象。

2．将鲜艳的色调稍稍加一点白就成了亮色调。与鲜艳色调相比，略微温柔一点，表现出乐趣，是大多数人的最爱。

3．将亮色调再加白就成了浅色调。让人联想起婴儿的肌肤，给人以最温柔的印象。远离商业性印象。

4．将亮色色调加一点黑就成了这种灰色调，是沉稳的成人的印象。

5．将浅色调稍稍加一点灰，就产生了浅灰色调，明亮但不过于鲜艳的稳定的都市性印象。

6．将鲜艳色调的纯色加上黑色，就成了这种深色调。传达了有力、强烈的男性印象。

7．将亮色调的明色稍稍加上灰就成了暗色调。并不是前三种那种单纯明快的气氛，而是表达了一种沉稳而安静的、素雅的气氛。

（二）店标

普通店铺的“脸面”，好的店标可以吸引更多客流。普通店铺可装修体现个性的地方实在不多，因此店标对于普通店掌柜显得很重要哦。店标不光具有识别作用，也是让顾客简单了解店铺的小窗口。操作步骤：“店铺管理”—“店铺基本设置”，进入后会出现如图 8-19 所示的编辑界面。

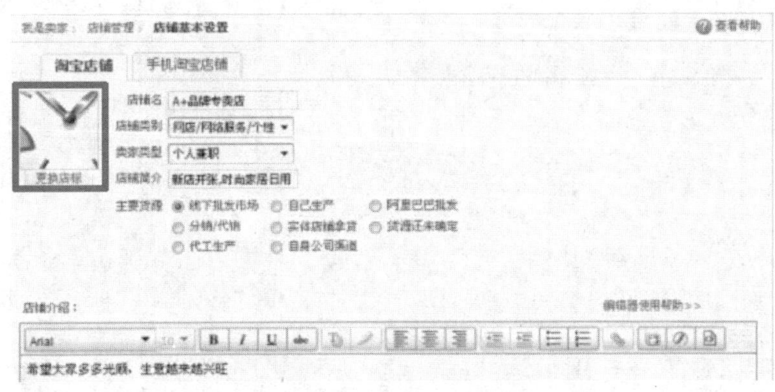

图 8-19　店铺基本设置

点击更换店标，选择已经制作好的店标（上传 80k 以内 100×100 像素的店标），如图 8-20 所示。

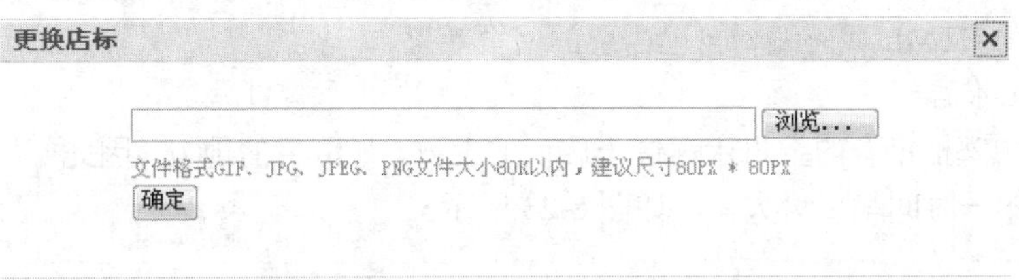

图 8-20　更换图标操作

最后一定记得保存发布。

（三）公告栏

店铺公告——重要信息、最新通知，轻松发布。位于普通店铺首页的右上角，店主可以随时发布滚动的文字信息，也可以通过网页代码发布图文配合的公告信息，让公告栏更清晰、美观，并且可以加入动画让效果更醒目。这是宣传推广最新发布的新产品，公告店铺最新促销信息，发布重要通知的好工具。

操作步骤：点击店铺装修就可以看到，全屏的编辑里找到如图 8-21 所示的这个编辑界面。

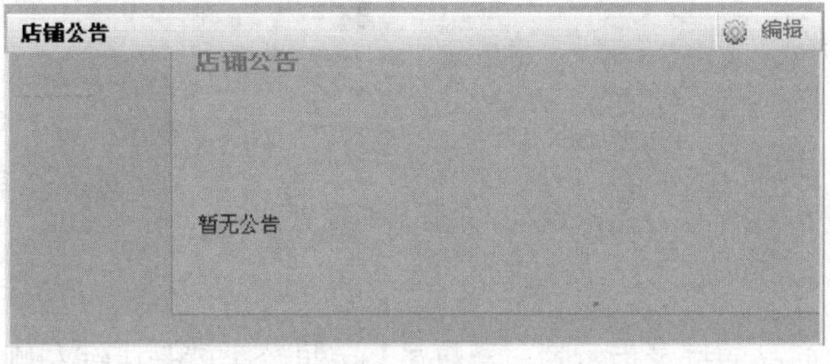

图 8-21　更改店铺公告操作界面

在店铺公告的右上角点击“编辑”，出现如图 8-22 所示界面。

图 8-22 修改店铺公告

在这里分成两种编辑方法。一种是普通文本编辑，直接在空白处填写公告就可以了。另一种是 HTML 代码编辑，点击上图中 图标，就可进入到 HTML 代码编辑界面，在这个编辑界面下可以运用 HTML 代码编辑自己需要的网页效果。

（四）掌柜推荐

普通店铺中掌柜推荐的宝贝永远位于店铺的上方，最醒目的地方，因此好好利用可以把最想推荐的宝贝第一时间呈现给大家，如图 8-23 所示。

图 8-23 掌柜推荐

点击右侧编辑,选择想推荐的产品，点击“推荐”；当然也可以取消已经推荐的宝贝，点击右侧的“删除”即可，如图 8-24 所示。

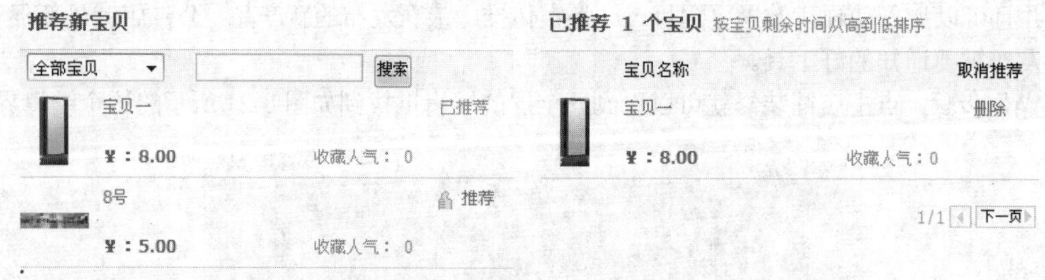

图 8-24 推荐后的宝贝显示

（五）宝贝分类

宝贝分类是店内商品的目录指示牌、导航员！宝贝分类就是店铺左侧店铺类目，可以是文字或者图片形式，因为图片比文字有“更直观更醒目”的特殊效果，所以设计精美的图片分类，用图文结合的方式会让店铺货品分类井井有条，并且店铺增色不少。

进入店铺类别的“编辑”，如图 8-25 所示。

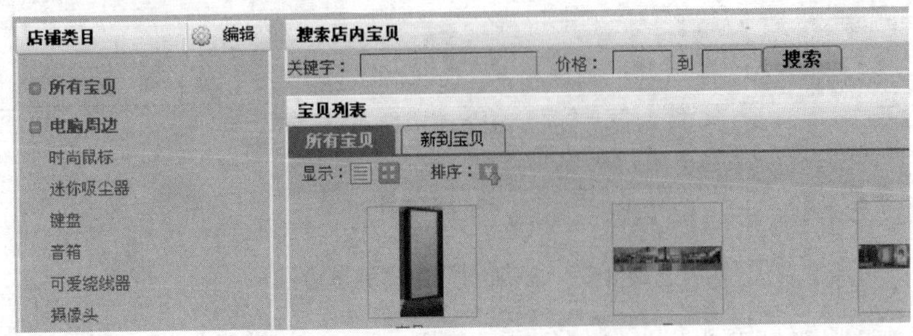

图 8-25　店铺类目编辑首页

进入宝贝分类管理界面，操作如图 8-26，非常简单明了。

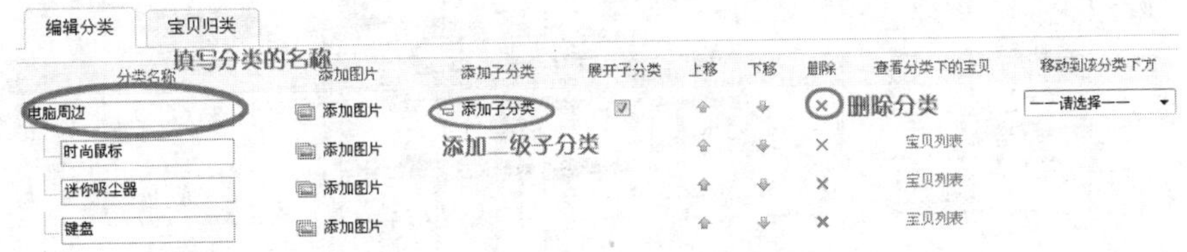

图 8-26　店铺类目编辑界面

设置好文字分类后，下面加入分类图片，点击“添加图片”，如图 8-27 所示。

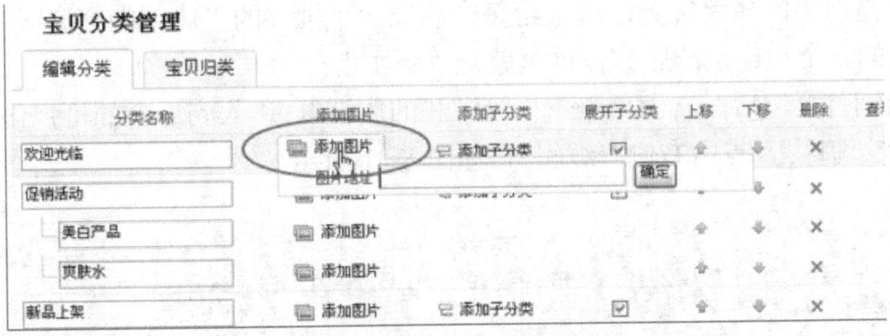

图 8-27　宝贝分类管理

注意淘宝本身不提供分类图片上传空间，因此需要先设计好分类图片后，上传到淘宝相册空间，或者其他的相册空间，然后选择对应的分类图片，只要右键点击复制图像地址就好了，如图 8-28 所示。

图 8-28　宝贝图像地址复制方法

写入图片网络地址后，点击确定，如图 8-29 所示。

图 8-29　添加图片网络地址方法

依次加入漂亮的图片分类，包括二级栏目都可以加，加入图片的分类，图标会变为彩色提示，如图 8-30 所示。

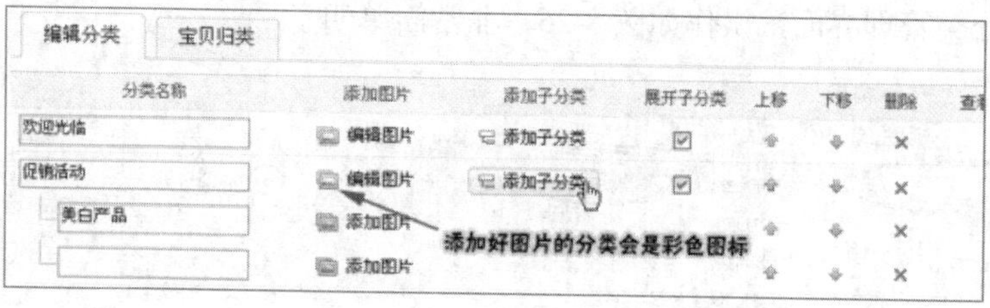

图 8-30　宝贝图像地址后的显示

最后保存编辑。

（六）店铺交流区

交流互动是网络的最大优势，淘宝给每个店家一个独立的“店铺的交流区”，功能非常强大，就像自己的一个小论坛，店家在这里就是“版主”。

登录“店铺首页”后，右上角点击“管理我的店铺”，进入到后台的可视化管理界面；下方找到“店铺交流区”，点击右侧“编辑”，如图 8-31 所示。

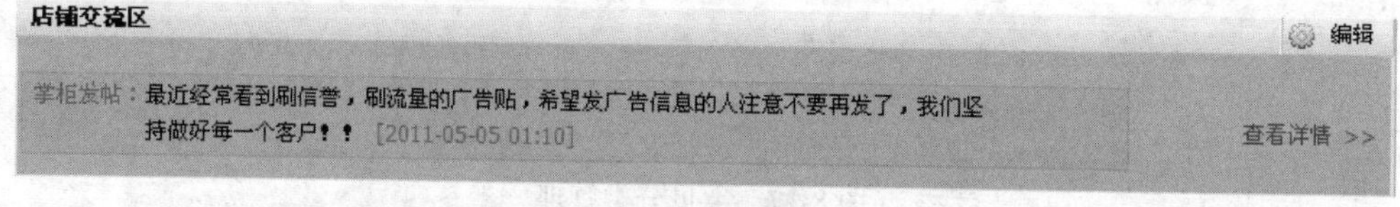

图 8-31　店铺交流区

点击出现店铺交流区设置，里面有三项，如图 8-32 所示。

1．显示内容，可以设定显示帖子的 4 种优先方式；

2．显示帖数，可以随意设定显示 3～10 篇帖子；

3．是否显示，隐藏或者显示，设定好后一定记得保存。

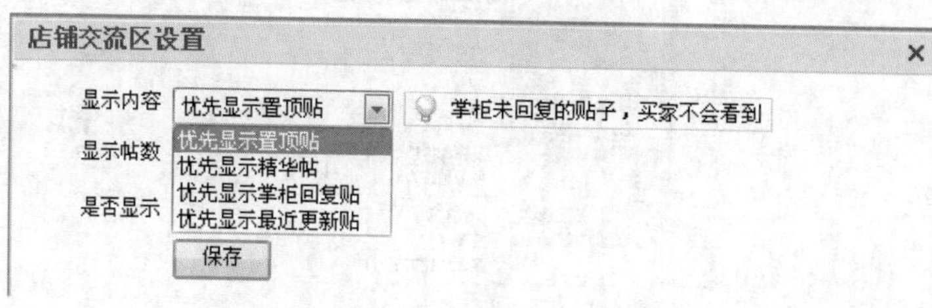

图 8-32　店铺交流区设置界面

登录店铺首页，找到店铺交流区，右上角上点击“管理全部帖子”，如图 8-33 所示。

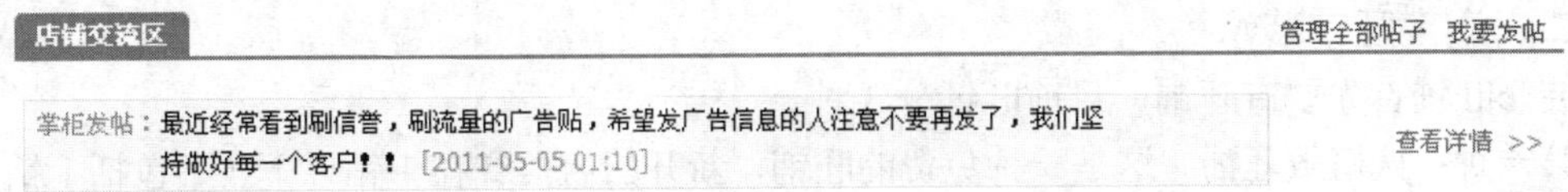

图 8-33　店铺交流区帖子管理

可以看到跳出管理页面，非常清晰地列出了所有的帖子，点击左侧的每个标题就可以对应打开查看留言详情了。非常简单明了吧，当然上面还有“发表新帖”、“精华区”两个按钮。掌柜也可以自己发表帖子，作为一些公告公示，如图 8-34 所示。

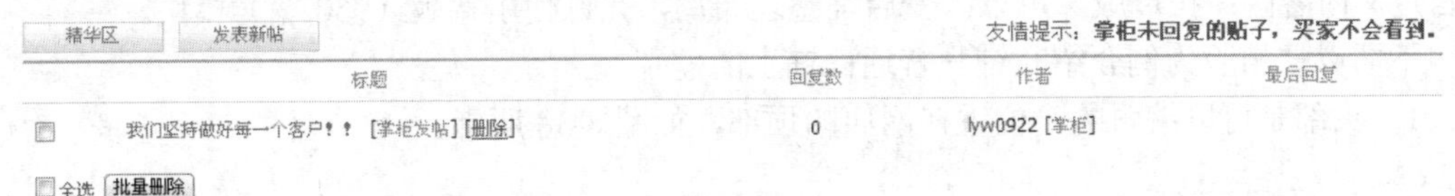

图 8-34　店铺交流区发布帖子

点击标题对应打开留言后，可以查看详细留言人、留言内容，然后决定是否回复、设定为精华、删除、锁定、优秀的留言置顶，方便快捷，如图 8-35 所示。

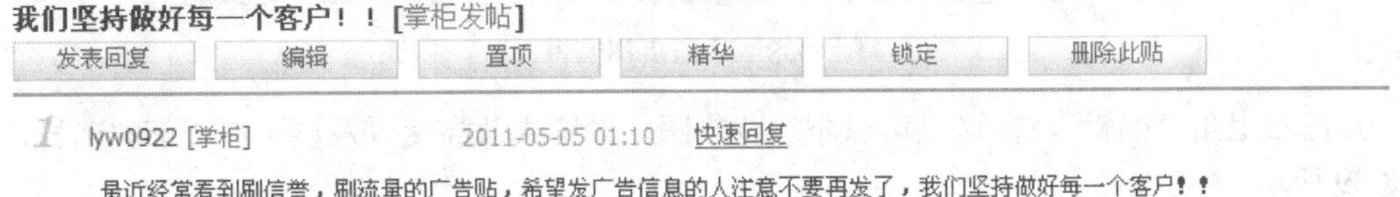

图 8-35　店铺交流区回复帖子

（七）友情链接管理

友情链接要重视，第一原则就是“宁缺毋滥”！刚开店的时候往往不是很重视友情链接，经常要么空着，要么就是乱七八糟的胡乱添加。把友情链接归纳到店铺装修的环节，仍然是因这系列帖子的核心出发点，就是因为店铺装修是营销的重要环节。所以可以想象友情链接自然很重要了。

图 8-36　友情链接管理

进入到后台的可视化管理界面；左下方找到“友情链接”，点击右侧“编辑”，如图 8-36 所示。

出现友情链接设置后，点击添加新链接，如图 8-37 所示。

图 8-37　添加友情链接

出现下面设置页面，对应在“淘宝会员名”中，填写如好友的会员名，一定注意是开店的那个“旺旺号”，点击添加链接后，就可以看到对方店铺名就出现到下面已有链接了！

二、淘宝旺铺装修

装修旺铺首先要有旺铺，目前旺铺分 3 种。

第一种：扶植版旺铺。这是一种免费的旺铺，新开的店信誉在 1 钻以下（不包括 1 钻）可以免费使用扶植版旺铺。

第二种：标准版旺铺。这是一种收费的旺铺，普通店铺需要交纳 50 元/月的使用费，加入消费者保障计划的店铺使用费为 30 元/月。

第三种：拓展版旺铺。这是一种收费的旺铺，98 元/月。

三种旺铺的主要区别如下：扶植版，只可以使用 1 个自定义内容区；标准版，可以使用多个自定义内容区；拓展版，可以改变店铺整理布局，允许使用宽版（950 宽）模块。

下面以扶植版为例介绍旺铺与普通商铺上的差别。

1．头部是可以编辑的，位置在网店的顶部，如图 8-38 所示。

图 8-38　旺铺头部编辑

点击右上角“编辑”，在这里可以添加背景图，设置头部高度以及显示在头部的选择，如图 8-39 所示。

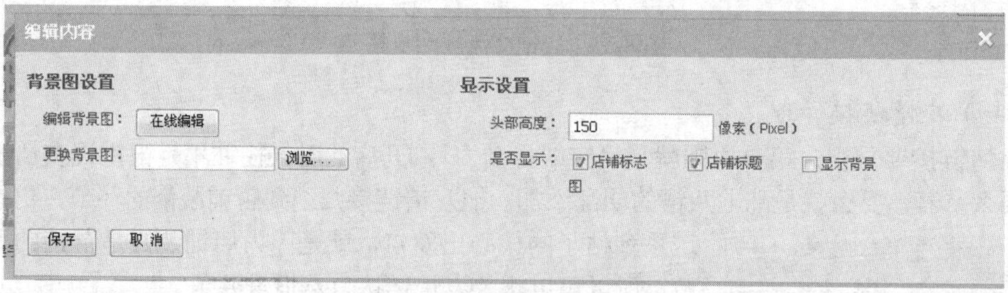

图 8-39　旺铺头部编辑内容

另外在头部的下面会出现一个栏目，这里将“信用评价”、“店铺介绍”、“交流区”、“友情链接”单独列成一个页面，也就是说在这几个模块里发挥的空间更大了。

2．添加了站内搜索功能。如图 8-40 所示。

图 8-40　旺铺站内搜索功能

点击“编辑”可设置站内搜索属性，如图 8-41 所示。

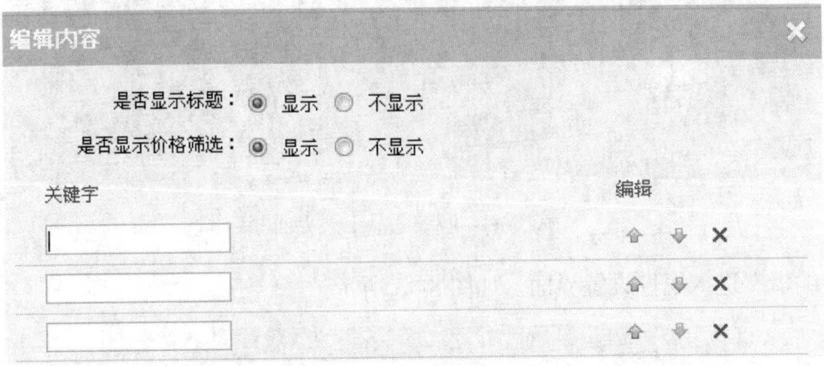

图 8-41　旺铺站内搜索功能编辑界面

3．宝贝排行功能。在网店装修后台可以进行排行编辑，如图 8-42 所示。

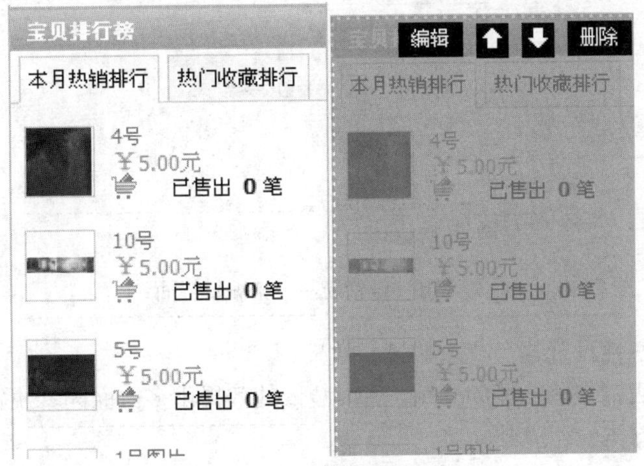

图 8-42　旺铺宝贝排行功能

点击“编辑”进入如图 8-43 所示的界面。可对排行标题、分类、显示数量、价格范围重新定义。

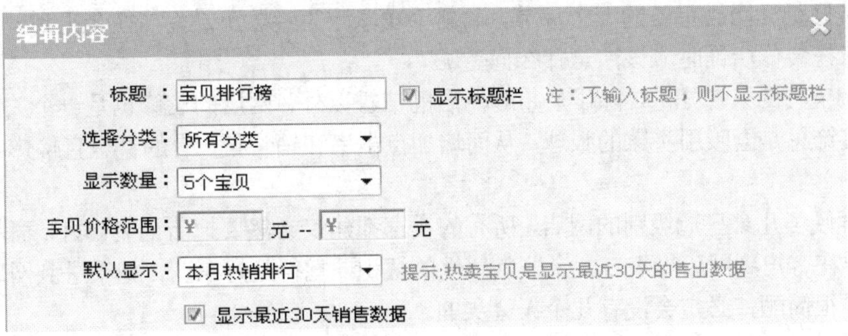

图 8-43　旺铺宝贝排行编辑界面

4．新增“新品上架”、“热卖宝贝”、“人气宝贝”三个区域的编辑权限，下面就以“新品上架”为例介绍编辑界面，如图 8-44 所示。

图 8-44　旺铺新品上架界面

点击“编辑”进入属性设置界面，如图 8-45 所示。

编辑内容

标题：新品上架　☑ 显示标题栏注：不输入标题，则不显示标题栏

宝贝筛选

关键词筛选：

所属分类：不限

宝贝类型：◉ 不限 ○ 全新 ○ 二手（闲置）

价格范围：¥ 元 -- ¥ 元 查看筛选结果

显示方式

图片尺寸：160x160

宝贝数量：16

排序方式：最新上架在后

图 8-45　旺铺新品上架编辑界面

可以根据相关属性设置这一栏目的显示效果。

以上是对淘宝店铺装修功能的介绍，店铺装修的效果由多方面因素决定，希望同学们在学习过程中能够不断的体会和提升。

任务训练

根据课程内容介绍，完成对普通淘宝店铺的装修。

素质拓展

新手装修应该注意的一些问题

网店装修是开网店重要的一个环节，而新手卖家因为经验不足，往往会犯到一些错误，对于新手卖家在装修店铺时应该注意什么问题呢？

上过淘宝网的人都知道，除了质量和网店的信誉以外，网店的装修也是一个关键问题，特色的页面装饰总是会吸引买家的眼球，从而增加点击率和销售量，有的甚至直接影响卖家冲钻的速度。

记者拜候了几家皇冠级别的网店，所有的卖家都建议必然要把店铺装修好，商品图片拍得标致，这样在客户到网店里来有一个非常感性的认识，觉得是好东西，如果进到网店里面给人的第一感觉很简陋，必定会没有几个人会买的。

相信大多数的网店店主都为此网店的装修花费了不少精力，在网上也有专门为别人装修网店的店铺，很多店主为了装修网店也在毫不鄙吝地为此而花钱。但是网店装修是否真的是迎合了用户的体验呢，可见网店装修也是有所讲究的。

据笔者所知，网店的装修，其实也就是用一些专业的美工软件比如 photoshop 和 flash 动画

制作软件，再加上几段 html 语言代码，也没什么技巧可言，只要本身稍微懂一点，也不必去花大价钱请别人装修了，网上的素材跟代码一大堆，比如淘宝大学就是一个淘宝网店装修的素材、模板、代码的资源网站，网站提供装修淘宝店铺的各种丰富、免费的资源以及网店装修的一些实用小工具（保藏代码在线生成、背景音乐代码在线生成等），该网站还有一个最大的好处就是不需要注册会员即可享受免费下载并且可以长期使用，是淘宝网店等电子商务人士实用的网店装修资源、装修工具网站，我们只需要直接调用就可以了。另外店铺装修也离不开外链相册，不要认为外链相册都一样，结合淘宝经营管理，价格、功能、操作等都是需要考虑的因素。比如 16 相册，其特点之一就是本地磁盘的文件与空间磁盘的图片同步显示，上传无刷新，大大地节省了时间，而且可以同步操作，无需切换页面，是最方便、快捷的选择了。

但是网店究竟该如何去装修呢？笔者平常也喜欢网上购物，逛过不少网店，也发现有部分网店存在的问题比较大。从笔者个人在网店经营方面的经验来看，新手开网店装修要注意以下几个问题。

一、网店的装修不宜设计太花哨。有一部分的网店店主喜欢在本身的网店上弄一些很艳丽的图片，或者是很眩目的 flash 动画，这只会让买家觉得你的店铺花里胡哨，华而不实，心里没有安全感，必定不会产生购买欲望。

二、按照网店的主题风格来装修网店。比如卖绿茶的店铺，装修色调应以绿色为主，设计清爽简约的风格给人一种清凉的感觉，这样也比较符合网店的主题，相信用户也会喜欢。

三、迎合用户的体验。首先该想到的是，买家到店里来，店里的布局是否是一目了然，如果买家找了半天也找不到想买的商品，又如何能留住潜在的购买客户呢？所以无论是从店铺栏目的安排还是列举商品的设置每一步装修都要考虑用户的体验。

新手开网店在装修店铺之前可以多参考做的不错的网店店铺，多借鉴学习别人的装修风格等，相信经过一段时间的学习和实践就会对网店装修运用自如，网站的销售业绩也会大大提升。

以上几点建议，希望能给新手卖家一点帮助。

摘自：http://bai8.5d6d.com/thread-32874-1-1.html

情景九　掌握网店经营中商家工具的使用

知识目标

了解商家工具的基本操作，掌握商家工具的操作技巧，通过使用商家工具高效快捷地管理网店，提升网店销售量。

技能目标

通过商家工具的使用，提高网店管理效率，提升网店销售量。

素质目标

能够正确选择网店商家工具，通过网店定位来确定网店工具的选择，并能够对各网店工具的优点进行综合运用。

任务导入

阿里旺旺的成功故事

阿里旺旺是使用最频繁的线上商务工具了，有时是我自己操作，有时我的助理在操作。一般我的助理通过旺旺和客户进行先期交流，然后我再通过旺旺或者电话和他们联系，具体洽谈。由于经常要出差，所以时常将聊天记录导入导出，有时也不免忘记遗漏，虽然没引起大的麻烦，但也颇有不便。

由于进货经常需要出差，因为赶时间，把导出记录的 U 盘给遗忘在办公室了。我准备抽出差的空闲和几个有意向、发过样品的客户具体谈一下，结果等我忙好了才发现 U 盘没有带，以前和客户交流过的一些信息就查不到了。虽然周一再让助理上电脑看一下告诉我也可以，但时间对于任何生意来说是都最珍贵的成本，应该第一时间联系客户；而周末让助理跑一趟公司虽不是什么大事，也是耽搁人家休息，何况大家平时都很累，况且我还经常教导他们不要丢三落四。

犹豫了一阵，还是硬着头皮给助理打电话，麻烦他跑一趟，结果助理告诉我，已经装了新版本的旺旺，都有在线聊天记录功能了，还以为我注意到了。我立刻登录旺旺，找到客户资料和他们联系，当天就敲定两笔订单。

这真是在线聊天记录让我赚钱神速。新版旺旺真正实现了“移动”互联商务！

在创业成长的路上，我们在和旺旺，也在和阿里一起成长。我们使用贸易通（那时还不叫旺旺）时是 2004 年 6 月，已经是 2.0 版了，那时贸易通没有发布商机的功能，商业信息不能群发（包括重发也不能），发信息那个累呀。后来阿里的客服打电话告诉我贸易通解决了这个问题时，我们还教育我们的员工说这就叫服务。

2006 年初，又增加了短信服务，让我们下线时还可以谈生意，线上线下生意都跑不掉。后来又将贸易通和淘宝旺旺合并为阿里旺旺，让我们和淘宝上的经销商沟通更方便、更快捷。

现在又有了最新版的旺旺增加了“一机多帐号”、“断点续传”、“在线记录”和“安全扫描”等多个功能，越来越让我们感受到“天下没有难做的生意”。

摘自：http://hi.baidu.com//生活的统治者/blog/item/8ec2021350bd09846438dbf8.html

任务提示

在经营网店的时候也经常碰到类似于小王经历的情况，往往因为信息不通或者通讯工具的限制导致无法在网络上开展营销活动，及时和客户联系，错过了商机。通过商家工具可以更好地管理网店，更好地为客户提供服务。为什么有的商家能够的第一时间对客户的要求做出反应，而有的客户碰到的一些商家在咨询问题的时候犹如石沉大海，杳无音讯。往往服务的差距就在这个时候产生了。怎样更好地使用商家工具为我所用？怎样更好地为客户提供服务？怎样通过商家工具扩展营销面？通过本章的学习，可以学会如何去选择好的商家工具，更好更快地为客户服务。

任务提出

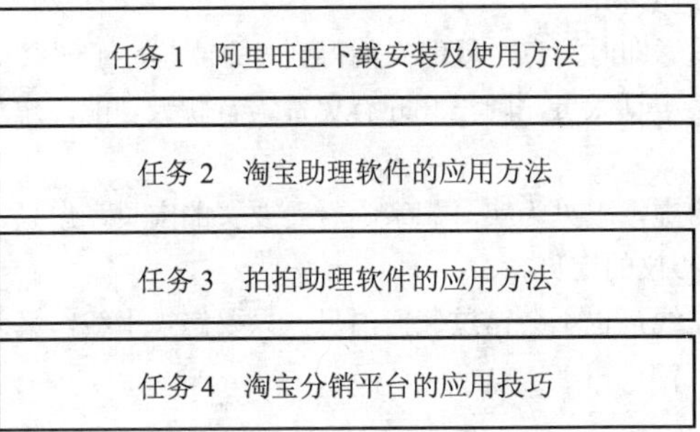

请根据网店能够提供的服务品质做详细的分析，提出服务的建议，然后从工具中找出能够满足条件的工具进行分析和运用。

任务1　阿里旺旺下载安装及使用方法

工作过程

搜索阿里旺旺软件→分析阿里旺旺软件版本的特点→比较优势、劣势→选择适合的阿里旺旺版本

相关知识点

一、阿里旺旺简介

阿里旺旺是将原先的淘宝旺旺与阿里巴巴贸易通整合在一起的新品牌，是淘宝网和阿里巴巴为商人度身定做的免费网上商务沟通软件，分为阿里旺旺（淘宝版）与阿里旺旺（贸易通版）、阿里旺旺（口碑网版）三个版本，这三个版本之间支持用户互通交流。

阿里旺旺的功能介绍

阿里旺旺是将原淘宝旺旺与阿里巴巴贸易通整合在一起的新品牌，是淘宝网和阿里巴巴为商人度身定做的免费网上商务沟通软件，它能帮您轻松找客户，发布、管理商业信息，及时把握商机，随时洽谈做生意！

这个品牌分为阿里旺旺（淘宝版）与阿里旺旺（贸易通版）、阿里旺旺（口碑网版）三个版本，这三个版本之间支持用户互通交流，但是，如果想同时使用与淘宝网站和阿里巴巴中文站相关的功能，仍然需要同时启动淘宝版和贸易通版。目前贸易通帐号需要登录贸易通版阿里旺旺，淘宝帐号需要登录淘宝版阿里旺旺，口碑网登录口碑版的阿里旺旺。

阿里旺旺贸易通版是以前贸易通的升级版本，在原来贸易通的基础上，新增了群和阿里旺旺口碑版、淘

宝版用户互通聊天、动态表情、截屏发图等新功能，贸易通用户可以用原来的用户名直接登录使用。

（一）广交好友

淘宝网、阿里巴巴以及其他行业网站有4800万以上会员，您可以通过阿里旺旺，从中寻找您感兴趣的人，交朋友、谈买卖及时又方便。为了方便您快速添加好友，有两种查找方式（阿里旺旺2009正式版SP21）：（1）按登录名查找，如果您想添加某人为好友，并已知道对方的登录名，您可以直接输入查找；（2）按关键字查找，如果您想要添加有相同爱好的人，或者找有您感兴趣的宝贝的人，您可以输入相关词查找，如游泳、化妆品等。每个人都可修改自己的关键字，便于其他人找到自己。当然，如果不想被太多陌生人骚扰，可以设置好友验证。只有通过验证，才能加您为好友开始交谈。

（二）买卖沟通

您的网上沟通，可以看得见听得到!您不仅可以即时文字交流，还可以语音视频。如果想要谈网上买卖？没有阿里旺旺的网上交易，您只能通过email和页面留言联系对方。阿里旺旺为您提供了四个买卖沟通方式，彼此面对面，能增加信任、促进交易!

1．即时文字交流。直接发送即时消息，就能立刻得到对方回答，了解买卖交易细节。

2．语音聊天。打字太慢，电话太贵。阿里旺旺有免费语音聊天功能。想和对方自由交谈，您只需拥有一个麦克风。

3．视频聊天影像。耳听为虚，眼见为实。想亲眼看看要买的宝贝，您只需拥有一个摄像头。免费视频影像功能，让您安安心心买到心仪的宝贝。

4．离线消息。即使您不在线，也不会错过任何消息，只要您一上线，就能收到离线消息，确保您的询问“有问有答”。

（三）酷炫表情

99个超大超可爱的动态表情，在您的商业交流时可随心选用，更贴切的表达心情。同时拉近彼此的距离，让谈生意变得更亲切、更容易。

（四）阿里旺旺群

阿里旺旺群，就像是您朋友聚集的私人会所。它是一个多人交流空间。大家有相同的趣味，交朋友、聊买卖、N多快乐！阿里旺旺群，能带给您什么呢？

1．可以扩大您的关系圈，和相同爱好的朋友群聊。

2．如果您是卖家，可以建立自己的店铺群，通过群公告及时推广最新宝贝信息等。

3．如果您是买家：

（1）倘若您加入了卖家群，可以迅速获得感兴趣的宝贝信息；

（2）向群里的其他朋友取经，了解到更多好的店铺，买到价廉物美的宝贝；

（3）可以和群里的朋友，一起发起团购。

（4）无论是买家还是卖家，还可以互相交流生活、工作的经验。

（五）文件传输

平时，如果您有“图片和超大容量文件”想要传输，一定会担心是否传不了，或要传很久。阿里旺旺可以传输超大文件，速度超快而且很安全!它与大多数即时聊天工具相比，传输容量大，速度又快得多。文件传输快速，安全。

来源：百度百科—阿里旺旺

二、阿里旺旺的使用

1．安装

阿里旺旺的安装程序可以进入http://wangwang.taobao.com官方下载，分成两个版本，一个是买家专用版，另一个是卖家专用版。版本的选择比较简单，如果是买家就选择买家版本，如果是卖家就选择卖家专用版。现在的最新版本是“阿里旺2011beta1”。将阿里旺旺下载完成后，接下来就开始安装了。

（1）鼠标左键双击安装文件，开始安装。

（2）这个时候会进入到阿里旺旺的“安装向导”，可以根据向导提示完成下一步操作，如图 9-1 所示。

（3）接下来需要选择目录，点击“浏览”选择存放文件的目录，如图 9-2 所示。

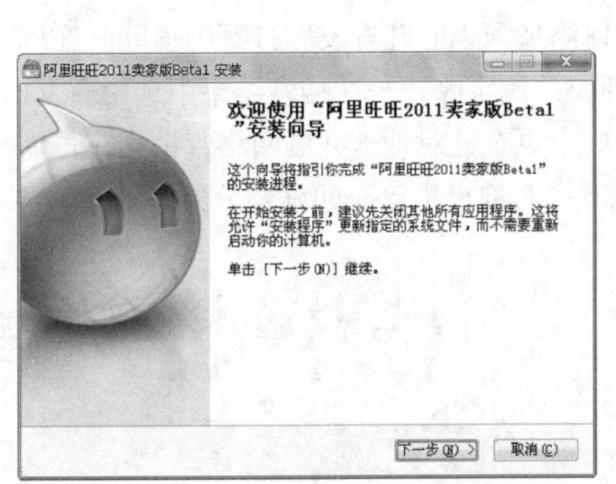

图 9-1

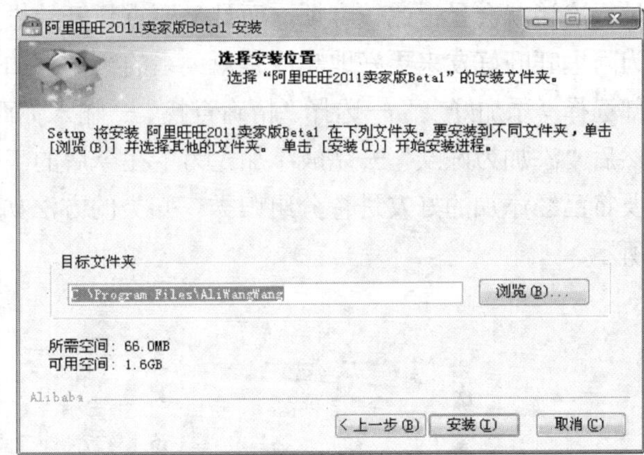

图 9-2

（4）同样的通过“安装向导”的提示完成下一步的操作，最后点击“完成”，这样就完成了阿里旺旺的安装。

（5）注册账号及登录阿里旺旺。打开阿里旺旺后进入界面，选择“免费注册”就可以进入到注册界面完成注册。如果已经有了淘宝账号，直接输入账户、密码即可登录。

2．洽谈与文件传输

（1）洽谈。登录淘宝网或者阿里巴巴，进入网站后，在搜索框中输入需要搜索的关键词就会进入到搜索结果页。点击旺旺图标就可以开始和相应的商家进行业务洽谈了。

（2）文件传输。打开与客户的聊天界面后可以看到如图 9-3 所示的基本功能导航。

图 9-3

点击第一个像文件夹一样的图标后会显示如图 9-4 所示的菜单。

选择“发送文件”，然后选中要发送的文件就可以完成文件的传输。从上面这个菜单还可以根据条件来选择传输的方式，如：当需要传输整个文件夹的时候就可以选择“发送文件夹”，就不需要压缩成压缩包之后来进行传输；当客户不在线的时候可以选择“发送离线文件”。

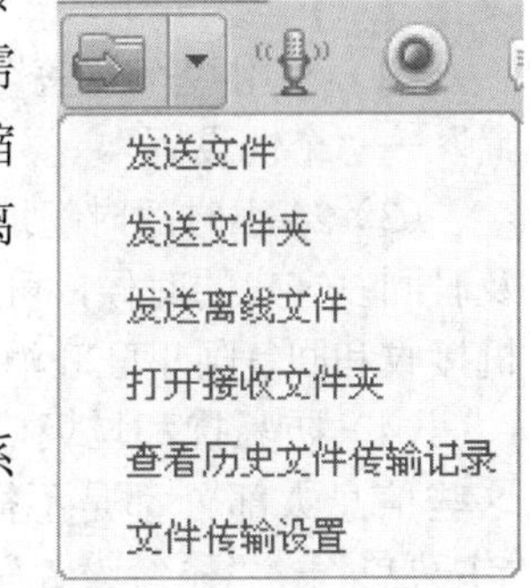

图 9-4

3．客户管理

（1）建立关系。通过前文提到的洽谈方法找到要建立商务关系的客户，进行沟通。

沟通交流小贴士：

① 注意礼节，沟通态度很重要。如回复的开头使用“你好”、“亲，能为您做什么”等；

② 沟通交流时间不宜过长，尽量能通过一句话完成你的表述，商务交流不等于聊天；

③ 不要因为客户没回复随意去打扰你的客户，保持一定的耐心。

（2）分组管理。商务关系建立后如果还需要进一步的洽谈，如果再像刚才那样搜索后再进行洽谈就会显得比较麻烦，而且又要重新开始进行交流。那在这个时候可以通过添加对方为阿里旺旺好友来更好地完成客户关系的维护。如何添加阿里旺旺好友？打开阿里旺旺在底部选择“添加好友”—选择“精确查找”—输入你商友的淘宝账户—在搜索结果中选中商友，然后“添加为好友”—完成添加。为了在今后的工作中更有针对性地开展网络营销推广，需要将已经添加的好友进行分组归类。归类的方法如下：右键点击已有的好友分组，如图 9-5 所示。

图 9-5

选择添加组，取一个想要的组名，这个时候就完成了组的建立。接下来要将会员放入到该分组中。方法如下：右键点击要加入该组的会员选择“移动好友”，就会弹出分组界面，选择要放入的组的名字，然后单击“确定”，这样就完成了好友的分组管理。当在阿里旺旺里有一些没有业务往来的会员，可以选择“删除好友”将位置空出来添加有业务往来的会员。

4．其他阿里旺旺的使用方法

（1）设置自动回复。当有事外出不在计算机旁又不想下线或很忙时来不及回答时担心客户误会，在这个时候可以通过“主菜单”—“系统设置”—“客服设置”—“自动回复设置”。

（2）利用“个性签名”提高店铺浏览量和成交量。设置方法：“主菜单”—“系统设置”—“个性设置”。

（3）24 小时随时随地掌握网店信息。当不在电脑旁，但又想及时了解客户的回复，或者及时回复客户的时候，可以使用“移动旺旺”—“手机绑定”功能，在外出时，就可以用手机接收和回复阿里旺旺消息了。

（4）防骚扰和垃圾信息。往往在登陆阿里旺旺后有很多群发的垃圾信息和好友申请，这些信息大部分都是不需要接收的，那么怎么去屏蔽这些信息，防止骚扰呢？可以使用“主菜单”—“系统设置”—“安全设置”—“防骚扰”和“验证设置”将不想要的信息拒之门外。

任务训练

1. 安装阿里旺旺。
2. 添加一个好友。
3. 创建一个名为“商家”的用户分组，并将前面添加的好友放到该分组内。
4. 用自己的手机号码绑定阿里旺旺账户。
5. 设置防骚扰信息为“刷信誉”。

素质拓展

阿里旺旺的旺遍天下代码如何使用？

旺遍天下这个强有力的功能，能将您的淘宝旺旺状态发布在互联网上，他人便可随时随地与您联系，买卖宝贝，广交淘友，“旺遍天下”给您更便捷的沟通体验。

第一，登录 http://im.alisoft.com/info.html?flag=3。

第二，进入阿里旺旺的页面，在页面的左下侧有一个“旺遍天下”，点击它。

第三，按照页面上的提示一步一步地实现，这里也分为 3 个步骤：

1．选择自己喜欢的网页显示风格（根据个人喜好不同而选择）；

2．“阿里旺旺号码”就是你在登录时使用的用户名，“图片提示”就是鼠标移到旺旺图标上自动弹出的文字提示（可以自由发挥）；

3．点击“生成网页代码”（在网页中使用该代码）或者“生成论坛代码”（在论坛中则使用该代码）；

4．然后点击“复制”按钮即可，把复制的代码放入网页或者论坛中，现在，就是如何实现运用的问题了。在博客或论坛的描述编辑器中，点击“编辑源文件”，把刚刚复制过的代码粘贴在窗口里（可使用键盘 Ctrl+V 或者点击右键粘贴），最后，当然是查看效果了。

（摘自：http://www.alibado.com/course/detail-imageTextplay-16511-1.html）

任务 2　淘宝助理软件的应用方法

淘宝助理是一款免费客户端工具软件，它可以使不登录淘宝网就能直接编辑宝贝信息，快捷批量上传宝贝。淘宝助理也是上传和管理宝贝的一个店铺管理工具。通过学习使用淘宝助理可以更好、更高效地管理网店宝贝。

工作过程

下载安装淘宝助理软件→学会使用淘宝助理软件→利用淘宝助理软件管理店铺

相关知识点

一、淘宝助理的安装

下载客户端可以登录 http://zhuli.taobao.com 下载最新版本。下载完成后双击安装文件即可进入安装向导，根据安装向导的提示完成淘宝助理的安装过程。

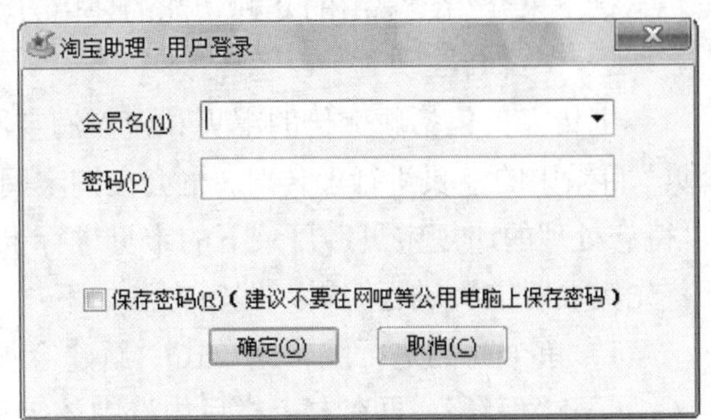

图 9-6

二、淘宝助理登录

在图 9-6 所示页面中输入淘宝账户和密码

即可登录。

三、淘宝助理功能介绍

登录之后就开始进入淘宝助理的工作界面了，如图 9-7 所示。

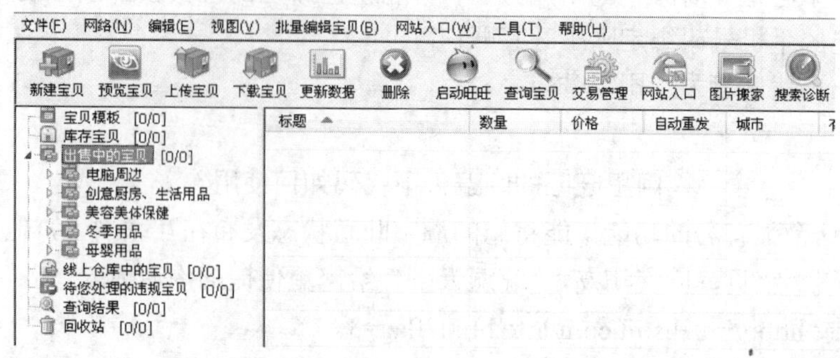

图 9-7

淘宝助理提供了如下的十四种功能：

1．离线管理、轻松编辑商品信息；

2．快速创建新宝贝，还可以通过模板，数秒钟就建立新的宝贝；

3．批量编辑宝贝信息，节省宝贵的时间；

4．通过下载，轻松修改已经发布的宝贝，修改后批量上传，无需人工操作；

5．批量打印快递单、发货单，省下大量人工填写工作，还可以自定义打印模板；

6．批量发货，减少手工操作，针对某些快递单还能自动填写运单号；

7．批量好评，减少手工操作，方便通过好评进行营销；

8．图片搬家，提供简单的操作，将宝贝描述中的图片自动迁移到淘宝图片空间；

9．支持本地图片，上传宝贝时自动将本地图片上传图片空间，让本地图片在宝贝描述中尽情展现；

10．支持视频、flash，炫出宝贝，让宝贝动起来；

11．批量编辑宝贝，对宝贝描述、类目、属性全新改版，节省更多的宝贵时间；

12．交易管理批量编辑，批量编辑物流公司和运单号，减少手工操作；

13．导入导出 CSV 格式，更自由地编辑库存宝贝、出售中宝贝、线上仓库中宝贝的商品信息；

14．数据库修复，最大化的修复受损数据库。

接下来介绍经常用的几种功能的使用方法。

（一）上传宝贝

上传宝贝包括新上传的宝贝和覆盖淘宝网线上的原来的宝贝的功能。如果选中“库存宝贝”目录中的宝贝进行上传时，将会在淘宝网上新发布一件宝贝；如果选中“出售中的宝贝”、“待您处理的违规宝贝”目录下的宝贝进行上传时，将直接覆盖淘宝网线上原来的宝贝信息。首先需要对宝贝进行编辑，编辑方法如下：

1．单个商品进行编辑。单击“新建宝贝”—“空白模板”就可以完成单个宝贝的编辑了，点击“保存”，再在右上栏目内选中该宝贝，点击“上传宝贝”即可完成单个产品的上传，如图 9-8、图 9-9 所示。

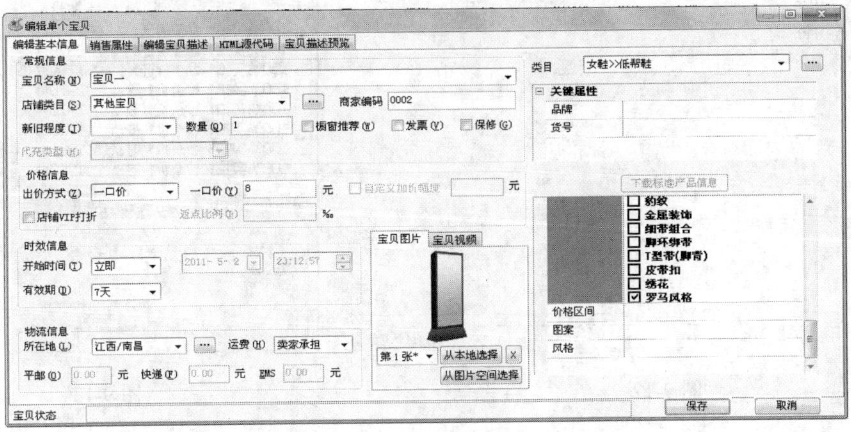

图 9-8

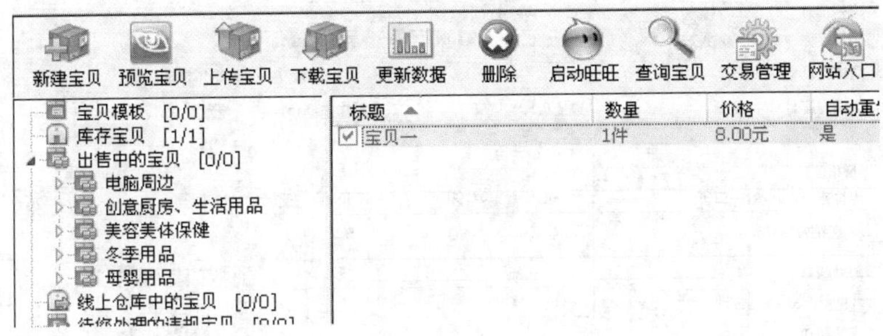

图 9-9

选中“宝贝一”点击上传宝贝，上传成功，如图 9-10 所示。

2．CSV 文件导入方法，完成批量编辑和批量上传。

在宝贝列表栏点击右键，出现如图 9-11 界面，点击“从 CSV 文件导入”。

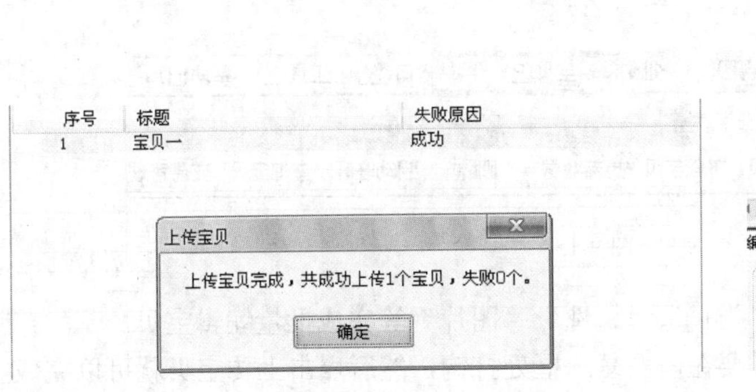

图 9-10

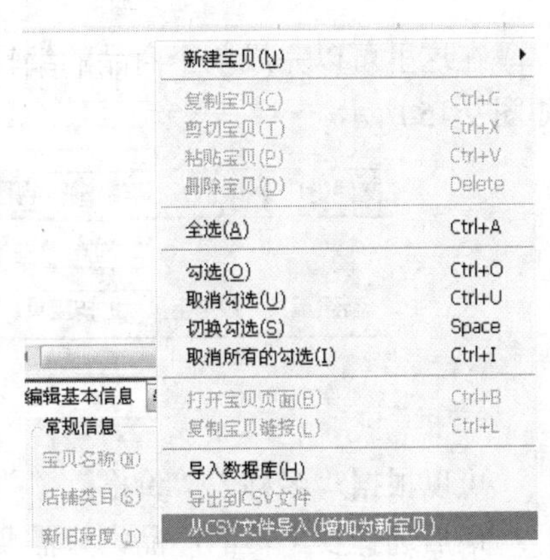

图 9-11

选中要打开的 CSV 文件，如图 9-12 所示。

完成导入，如图 9-13 所示。

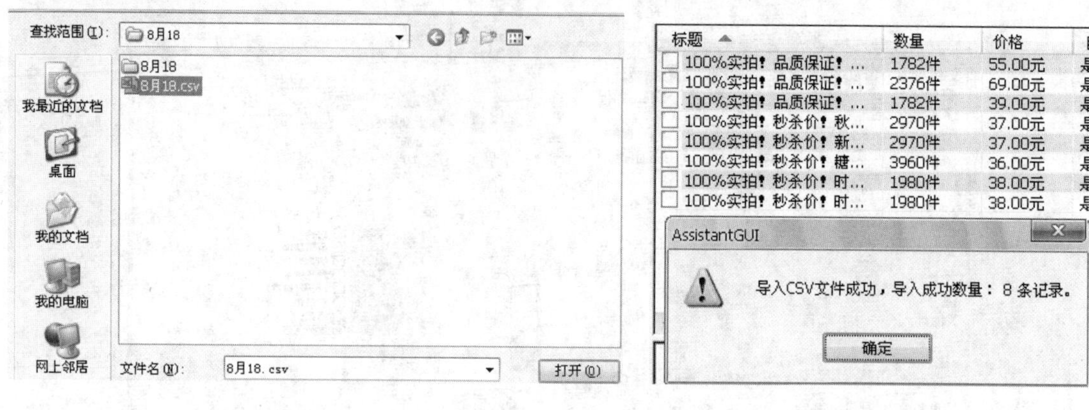

图 9-12　　图 9-13

导入成功后，可以选择单个产品进行编辑，产品选中后会出现如图 9-14 所示的编辑界面。

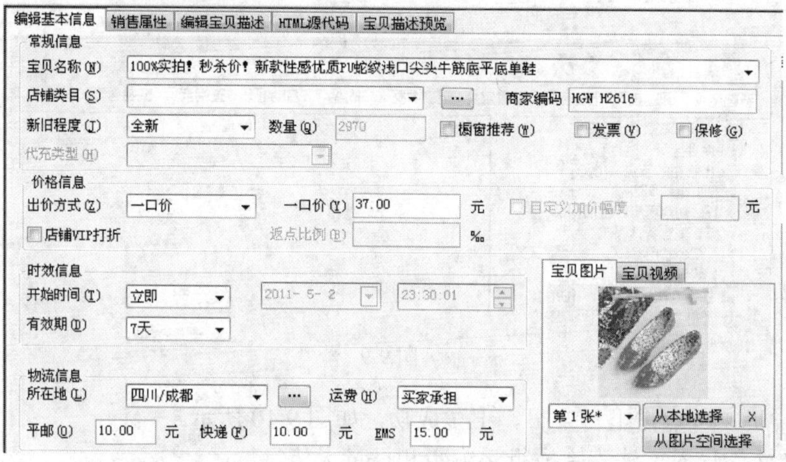

图 9-14

在这里可以完成单个商品的编辑。选中多个产品后，选择菜单栏中的“批量编辑宝贝”，如图 9-15 所示。

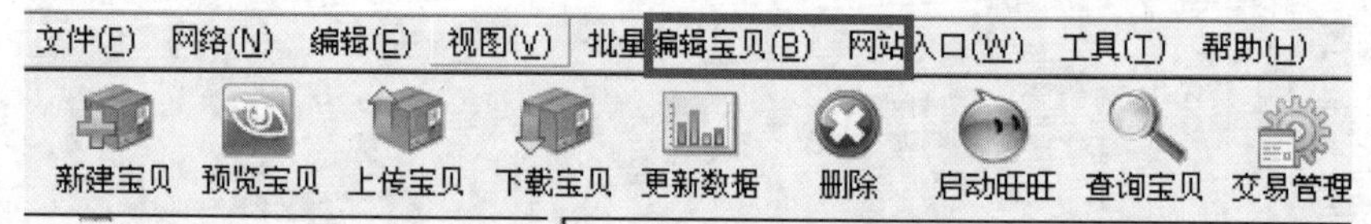

图 9-15

可以根据“名称”、“价格”、“类目”、“属性”、“图片”等完成批量编辑宝贝。

最后选择要上传的产品，只需要在前面复选框处打钩，然后点击上传宝贝就可以完成宝贝的批量上传。

（二）下载宝贝

提供按宝贝类、店内类目、宝贝状态、关键词、时间范围等条件下载淘宝网线上出售中和仓库中的宝贝，下载后的宝贝将同步覆盖“出售中的宝贝”、“线上仓库里的宝贝”、“待您处理的违规宝贝”目录下的所有宝贝。

操作方法如下：点击“下载宝贝”，如图 9-16 所示。

通过对下载选项的编辑可以按要求对宝贝进行下载，然后重新编辑宝贝。

（三）交易管理

提供快递单打印、发货单打印、批量发货、批量好评等交易管理功能，如图 9-17 所示。

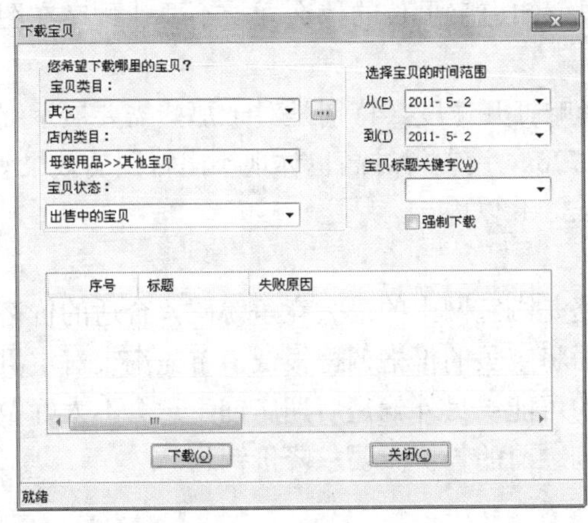

图 9-16

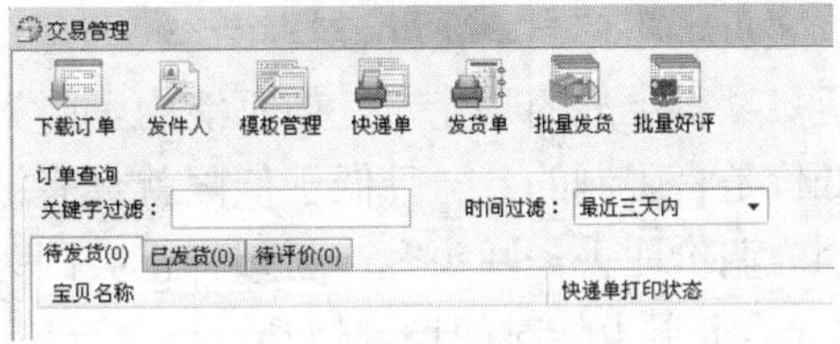

图 9-17

选中列表中点订单来完成编辑。

任务训练

1. 使用淘宝助理上传单个商品至淘宝网店。
2. 运用 CSV 文件导入方法，完成产品的批量编辑和批量上传。
3. 通过下载宝贝重新对已有产品信息进行编辑。

素质拓展

使用淘宝助理应该注意的问题及技巧

通过以上几个功能的学习我们已经基本掌握了淘宝助理的使用方法。但是往往新手在进行操作的时候容易出现如下几个问题。

1．宝贝信息编辑原则

（1）分类合理而不过多

① 合理的店内分类信息会为客户提供一个简单快捷的搜索功能，方便客户定位信息，且使店铺整体看起来比较整齐有序，也可以体现出店铺小二对待店铺的认真程度。

② 分类信息不能过多，过多的店内分类信息会使左侧的分类导航拉得很长，不方便客户操作，且过细导致个别分类中只有 3～5 个宝贝，也就没有实质上的意义了。

③ 分类宗旨：每个分类进去，宝贝控制在 1～2 页即可。

（2）标题易懂而不浪费

① 标题要容易让人理解，不能产生歧义，且符合人们阅读习惯。

② 标题应该做到：具备好奇感、符合贪婪性、消除完全担忧的原则。

③ 标题就合理利用 60 个字符：淘宝规定宝贝的标题信息在 60 个字符以内（即 60 个英文字母或 30 个汉字），在做到①的情况下，尽量多用一下关键字。

（3）描述仔细而不花哨

① 宝贝的描述信息一定要有个性，这样才能更好地吸引顾客。宝贝信息应该描述得详

细些，特别是宝贝的功能以及应注意的问题，另外也可以根据需要添加一些免责声明。

② 内容多了，就一定要注意排版。排版以整洁、有主次为原则，字体不要过大（推荐14px），字体颜色最好不要超过 3 种。

（4）图片清晰而不过大

① 宝贝图片信息应该分清主次，让人一眼就知道宝贝长的什么样，不要让顾客在图片中找宝贝。

② 宝贝的图片信息不可过大，太大了会影响打开速度（特别是对于那些需要展示细节较多的宝贝），网页上浏览的图片分辨率默认为 72px，设置得过高也体现不出特别的效果（除非客户存储到电脑上看），图片大小尽量控制在 30kb 以内。

（5）价格合理而不过低

宝贝价格信息一定要设置得比较合理，价格是淘宝网上的最大竞争筹码，合适的价格会让宝贝赢得更多的曝光率。但不能为了曝光率而将宝贝的价格调得很低，首先淘宝对宝贝的最低价是有限制的，一旦低于低限就会有被封的可能；另外就是后期店铺生意会不太好做，会因为调价而丢失回头客，新顾客也会因为看到之前的售价而要求降价销售。

2．宝贝上架时间设置技巧

（1）上架周期

推荐设置为 7 天。

（2）上架时间段

① 08:30～10:30

② 13:00～14:30

③ 15:30～17:00

④ 20:00～22:30

3．宝贝上架分布技巧

（1）如何把宝贝分布在 7 天内？

① 将需要上传到店铺的同类宝贝查询出来，并计算出总数（如 500）。

② 用总数除以 7 计算出平均每天可以上架的宝贝数量。

③ 分别列出购买人较少及较多的天数，如周一网上购物的人较多，而周六较少。

④ 根据需要将网上购物较少的天数里的宝贝适当减少后分配到购物较多的天数里。

⑤ 通过淘宝助理划分上架时间。

（2）应该注意哪些问题？

① 尽量避免编辑宝贝信息的次数。当宝贝被编辑过，此宝贝之前的收藏人气、销售人气、访问人气就会归零。这里说的是人气值，不是销售数量，人气值才是影响宝贝曝光率的关键。

② 将价格设置在自己可以接受的范围。现在淘宝上到处都会出现打价格仗的现象，很多人都会了图一时之快将宝贝的价格一次性降到自己的底线，当突然遇到宝贝调价的时候就束手无策。另外，过低的价格也会使顾客对宝贝的质量及可信度产生怀疑。

③ 开店初期不要为了吸引顾客而低价出售。对于刚开店的朋友来说，伴随着初期的兴奋与热情只要有生意哪怕是亏本卖心里都乐意，其实这样只能是给后期的销售埋下地雷。

任务3　拍拍助理软件的应用方法

通过学习拍拍助理软件的应用方法，管理在拍拍的网店，并运用拍拍助理的功能完成网络营销推广的任务。

工作过程

下载拍拍安装程序—安装拍拍助理—使用拍拍助理管理店铺

相关知识点

拍拍助理是一个功能强大的客户端工具软件，可以使卖家在本地编辑商品信息，快捷批量上传商品。其主要功能有：网上商品下载、商品批量上传、商品批量编辑及快速导入其他C2C网站的商品数据。

一、拍拍助理的安装

登录 http://promote1.paipai.com/product/soft/index_2.htm 下载最新版本的拍拍助理，下载完成后双击安装文件即可进入安装向导，根据安装向导的提示完成拍拍助理的安装过程。

二、登录拍拍助理

双击安装图标解压缩并安装应用程序即可。拍拍助理的登录名和密码与申请开店的 QQ 登录名和密码一致，如图 9-18 所示。安装成功后，双击桌面图标即可运行使用，拍拍助理目前只支持身份认证卖家，非身份认证卖家不能使用。拍拍助理目前不支持代理服务器。另外，如果使用了网络防火墙，请将防火墙设置为允许拍拍助理使用网络。

三、常用功能介绍

（一）如何导入其他 C2C 网站的商品数据到拍拍助理中

除了拍拍网外，一些 C2C 网站也提供了供卖家使用的助理软件，可以将助理软件中的商品导出为 CSV 文件。拍拍助理可以读取其他 C2C 网站的 CSV 资料，导入到拍拍助理，具体的步骤如下。

1．打开其他 C2C 网站的助理软件，并下载网上的商品。

2．选中刚才下载的商品，将这些商品导出为 CSV 文件。

3．登录拍拍助理，选中“草稿箱”文件夹，然后点击工具条上的“导入商品”按钮，会弹出文件选择对话框。选中刚才导出的 CSV 文件，确定，弹出如图 9-19 所示的导入商品对话框界面。

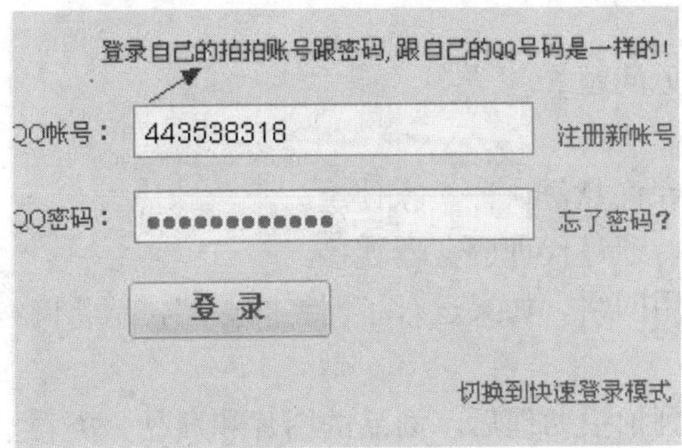

图 9-18

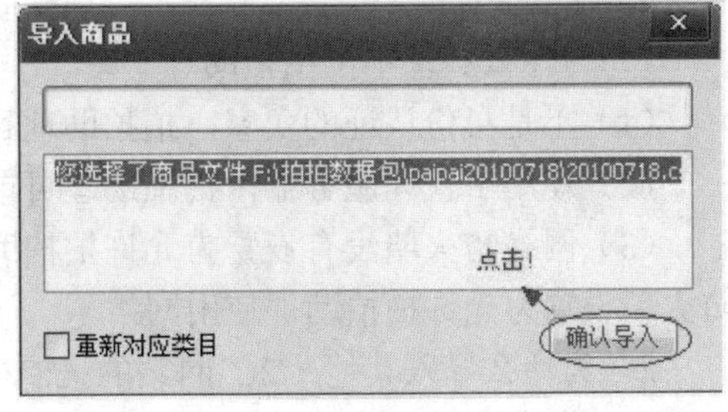

图 9-19

4．点击“开始”后，拍拍助理会根据CSV中的具体内容，提示CSV文件中的分类信息不能导入，可以先选择一个拍拍网的商品分类作为导入商品的默认分类，本次导入的商品分类将全部设置为选择的默认分类。在导入完毕后，还可以使用批量编辑功能，对商品分类或其他属性进行快速的修改。

5．选择“是”，即可出现分类选择界面，可以在此先选择一个默认的分类。

6．选择一个分类后，出现提示，确定后即可自动进行商品资料导入。

7．导入完毕后，在以下界面中显示导入商品信息，点击“上传商品”即可。

（二）如何从拍拍助理导出商品

导出商品有两种方式：*.CSV 和*.DATA 文件，两者操作过程基本相同，以“导出 CSV 文件”为例，操作过程如下。

可以对“模板”、“仓库中的商品”、“出售中的商品”及“草稿箱”中的商品进行导出，首先在商品列表中按住“Ctrl+A”全选或按住“Shift”多选，点击鼠标右键，选择“导出商品文件”中“导出CSV文件”另存为即可。

（三）如何下载拍拍网上的商品到拍拍助理中

打开拍拍助理，选择左边目录菜单“仓库中的商品或出售中的商品”，点鼠标右键选择下载商品即可，或选择工具菜单上的 “下载商品”即可。

（四）如何将拍拍网的商品进行批量上架、下架和删除

可以使用拍拍助理对“仓库中的商品”或“出售中的商品”进行上架、下架或者删除的操作。只需在对应的商品列表中选择要操作的单个或者多个商品，点击工具栏菜单上的“商品上架”、“商品下架”或者“商品删除”按钮即可，也可在商品列表或者商品分类文件夹中使用鼠标右键进行操作。

（五）如何批量编辑商品

可以使用批量编辑功能，快速地对多个商品的属性进行设置。首先在商品列表中单选或者多选（用 Ctrl+A 可以全选）要批量编辑的商品，然后点击菜单“批量编辑商品”，选择需要进行编辑的属性即可。

任务训练

1．完成拍拍助理的安装。

2．做好登录拍拍助理的前期工作，申请拍拍实名认证、申请数字证书、获得卖家资格，然后登录拍拍助理。

3．导入CSV文件，编辑后批量上传至拍拍网店。

素质拓展

拍拍助理常见问题

1．为什么登录不了拍拍助理？

（1）不是身份认证的卖家，拍拍助理目前只允许身份认证卖家使用。

（2）使用了代理服务器，拍拍助理目前不支持通过代理服务器连接。

（3）网络防火墙没有设置为允许拍拍助理使用网络。如果运行了网络防火墙，请将网络防火墙设置为允许拍拍助理使用网络。

2．为什么导入其他 C2C 网站的 CSV 文件到拍拍助理后，商品的图片和商品分类看不到了？

CSV 文件实际是一个纯文本文件，其中只包含了商品图片的路径信息，并不包含图片文件本身。如果 CSV 文件中的图片文件正好在计算机上存在，则导入商品图片是可以显示的，如果 CSV 文件中的图片文件在计算机上并不存在，则不能显示图片。

任务 4　淘宝分销平台的应用技巧

通过学习淘宝分销平台不仅可以减少商品买卖交易中的各种运费成本和保险成本，而且可以帮助卖家更快速地获得相关的商品资讯，更快速地掌握行业信息，占据市场份额。

工作过程

加入分销平台→成为分销商→完成分销任务

相关知识点

分销平台由两部分组成，即代销和批发。代销的商品价格可以由自己和供货商协定，一般供货商给出的价格都是大大低于市场价格的，这样就创造了充分的盈利空间。当然，代销过程中品牌问题可以由商家与供货商协商一致。一般情况下，供货商会将商品的品牌授予给代销商，这样在买家问及商品品牌信息时，代销商可以根据情况对买家的提问进行回答。批发，与现实交易中的批发的概念基本相同，主要的区别在于分销平台的批发都是在网络交易的过程中实现的，现代快速的物流为批发节省了大量的运费成本，而对于各地不同需求而言，这样的网络批发可以实现商品或服务的全国共享甚至世界共享，对于商家来说是很好的选择。

1．分销平台　指由淘宝研发提供的，用于帮助供应商搭建、管理及运作其网络销售渠道，帮助分销商获取货源渠道的平台。

2．分销平台用户包括　供应商及分销商。

3．供应商　指通过分销平台供应商签约入口页面与《分销平台用户协议》（以下或简称“协议”）各方签署协议，并通过淘宝分销平台进行产品网络销售渠道搭建、管理及运作的企业用户。

4．分销商　指通过分销平台分销商签约入口页面与《分销平台用户协议》各方签署协议，且拥有网络店铺或电子商务网站，利用淘宝分销平台，寻找供应商并由此获得货源的销售者。

5．分销平台用户承诺遵守《淘宝网服务协议》、《支付宝服务协议》、《分销平台用户协议》以及包括本规则在内的所有公示于淘宝网的规则。

一、如何加入分销平台

前提必须是淘宝的卖家才可以加入分销平台。操作步骤如下：进入“我的淘宝”—“我是卖家”—“软件/产品服务”，点击“我要订购”，选择页面下方“货源管理”选项，点击“分销服务：成为分销商”，进入淘宝分销页面后，点击申请“成为分销商”，确认协议即可，如图 9-20 所示。

加入分销平台分成三类：成为分销商、成为供应商、手机花费/点卡货源平台。卖家可根据自己的需求选择类别。通过分销平台代销业务，供应商可以直接面向淘宝招募淘宝掌柜成为自己的分销商，无需使用商品数据包，分销商可直接点击商品，一键铺货到网店，做正规的一件代发。通过分销平台批发业务，供应商可以免费将优质货源直接推送到千万淘宝掌柜后台，淘宝掌柜可通过“我的淘宝”直接采购阿里巴巴上的各类商品。批发业务直接指向阿里巴巴 1688 批发大市场。

图 9-20

二、供应商分销的流程

（一）渠道的搭建

填写基本资料—设置产品线—发布产品并铺货—发布招募书—等待分销商申请—审核分销商。

（二）分销流程

买家付款/系统生成采购单—分销商付款—给买家发货—分销商确认付款—采购成功并收款。

三、如何选择分销供应商

（一）品种多

不是所有供应商给的宝贝资料都上架，卖家可以挑选一下，把认为好的，店里的主打品种选出来，并作为推荐，这样才能打出自己店的特色。

（二）价格低

作为新手，如果想留住客户，建议还是选择价格低的产品，这样更容易让人接受。

（三）查看供应商店里的宝贝评价

这也是了解供应商货物质量的一个有效途径。通常评分在 4.7 以上的宝贝质量都差不到哪去。

（四）在与供应商合作之前一定要先沟通

了解他的旺旺在线时间、发货时间、货物库存是否充足、各地区的运费等，这便于与买家交谈，清楚自己的货源，提高成交的概率。

（五）自己可以先在供应商店里进一点样品

便于了解货物的好坏，确保买家在店里买到的货物的质量。这也是提高自己店里信誉度的保障。

（六）注意去掉供应商在宝贝资料里的广告

现在有很多供应商给分销商的宝贝资料里有自己店里的网址。这样相当于是分销店免费给供应商做了广告。如果买家看到了很可能会直接去供应商店里买了。这样丢失客户的概率很高。

（七）不要同时代理多个供应商的产品

如果多个供应商的产品同时上架，买家又同时拍下了 N 个供应商的产品，但是卖家不能要求买家付多次运费。所以建议只代理一家供应商的产品，最多两家。

（八）经常与供应商交流

其实就是跟做得好的前辈学经验。店铺的装修、促销的方案、如何推广自己的店铺这些新手最需要的经验都可以从供应商那里“偷师”!

任务训练

登录淘宝分销平台，选择一个分销供应商进行分销。

素质拓展

分销商的权利和义务

分销商承诺遵守《淘宝网服务协议》、《支付宝服务协议》以及所有公示于淘宝网以及支付宝网站的淘宝或支付宝已经发布的或将来可能发布的各类规则。所有规则为协议不可分割的一部分，与协议正文具有同等法律效力。如分销商不同意相关变更，必须停止使用分销平台。继续使用分销平台则表示分销商接受经修订的协议或规则。

卖家成为某一供应商的分销商时，需遵守以下规定：

（1）遵守与供应商的协议（约定）进行销售行为；

（2）因故需要与供应商解除合作关系，需至少提前 10 天以书面形式（邮件、站内信、旺旺）向供应商提出；

（3）分销商一旦违背淘宝网规则受到淘宝处罚，供应商可随即解除与分销商的合作关系。

分销商下载并发布分销商品，需遵守以下规定：

（1）发布的商品符合国家相关法律法规及淘宝网《商品发布管理规则》；

（2）发布的商品信息及零售价格符合与供应商的相关约定；

（3）发布的商品信息作为分销商与消费者之间的约定，不受分销商与供应商之间约定的影响。分销商与供应商之间的任何约定都不得对抗本协议以及淘宝网相关规则。

在向消费者销售及向供应商采购的过程中，分销商需遵守：

（1）不管与供应商有何约定，分销商都必须履行对消费者的承诺，如果分销商与供应商之间的约定不清或不能覆盖分销商对消费者的销售承诺，风险由分销商自行承担；

（2）分销商保证，最终销售给消费者的零售价格符合与供应商的协议（约定）；

（3）分销商保证，分销商品所产生的销售订单均由合作的供应商供货，以保证产品品质；

（4）分销商有义务确认买家收货地址的有效性；

（5）分销商有义务及时通过支付宝支付采购单货款给供应商；

（6）分销商有义务在买家收到货物后，及时确认货款给供应商。

（摘自：http://www.taobao.com）

情景十　网店交易技巧

知识目标

熟悉客户心态分类及对策的相关知识，掌握网店客服能力及常规服务技巧，熟悉常规网络商务客户维护与谈判的常规知识，能够分析、解决网店交易中的常规问题，能独立从事客户服务工作。

技能目标

具备能独立对自己网店上客户关系进行管理的能力，培养与网店客户的谈判，推销、订单售后处理以及处理客户投诉的基本能力。

素质目标

查阅相关知识，在了解淘宝店铺经营管理、客户服务相关知识的基础上，进一步学会通过网络学习、自主学习从而提高自己的店面经营管理能力。

任务导入

淘宝古筝钻石名店——掌柜经验谈

我开店的技巧其实很简单，就是两个字：专业。具体可以细分为三点：第一，要对自己商品有专业知识；第二，要让顾客认为我是淘宝网最专业的店铺；第三，要为顾客提供最专业的服务。

第一，要对自己商品有专业知识。我销售的是一件非常专业的商品，所以专业知识就显得更加重要。你不能被买家问倒，对买家的任何问题都应该对答如流，而且都要如实回答，不然差评、投诉都会找上你。这个就需要平时不断学习，与行家或专家交流，提高自己的业务能力。

第二，要让顾客认为我是淘宝网最专业的店铺。目前淘宝网从事乐器销售的店铺有几百家，而其中把古筝作为主打产品销售的店铺却只有我一家。我店铺里的古筝以及与古筝相关的商品共有十一类近百件，而其他销售古筝的店铺没有一家能超过 50 件商品。网下商品吸引买家进店来的是店铺的橱窗和装潢，而网店吸引买家的也是如此，有点类似于“CI”系统，也就是说你的店铺要有一个统一的标志，形成统一的风格。

第三，要为顾客提供最专业的服务。一流的店铺，一流的商品，并不意味着就有一流的生意，服务可以说是淘宝网店最能显示销售能力差异的地方。淘宝网有两个法宝：一是旺旺，二是支付宝……

（文章节选《在淘宝网开店——淘宝网淘金完全攻略》之掌柜经验谈）

任务提示

网店交易是从事网店经营的重要环节之一，装饰了一流的店铺、选择了一流的商品，只是网店经营的第一步，能否有交易，交易规模的大小如何，关键还得看是否能为客户提供一流的服务，而一流的服务少不了对客户类型及特征的深入了解，只有深入掌握各种类型客户的特性，具备较好的沟通能力、客服技巧及谈判技能，才会在客服职业岗位上做到有的放矢、对症下药。为了让大家能在今后的岗位上更好地从事好客服工作，能更好地管理好自己的创业店铺，现特安排“客服心态分析”，“客服能力、服务技巧”和“谈判与沟通技巧”三个学习分任务，请以积极的态度、饱满的热情去完成各分项任务。

任务提出

任务1 客服心态分析

任务2 客服能力、服务技巧

任务3 谈判与沟通技巧

任务1 客服心态分析

熟悉常见客户的性格类型与特征，并掌握买家的心理特征及相关对策。

工作过程

常见客户性格类型分析→买家心理分析

相关知识点

一、常见客户性格类型

由于每个人的性格不同，其行为就会表现出不同。为了在电话中与客户建立融洽关系，为了更有效地销售，必须对不同性格的客户进行分析，并学会适应他们。

（一）客户类型的判断依据

1．讲话声音是大，还是小？

2．讲话语速是快，还是慢？

3．表现文质彬彬，还是有些粗鲁？

4．乐于帮你，还是有些不配合？

（二）理解客户的性格特征

可以将人的性格特征和行为方式按照行事的节奏和社交能力（与人打交道的能力）分为四种类型，即做事爽快、决策果断型；健谈、善于沟通型；友好、镇静型和孤僻型。

表10-1为与四种类型的客户沟通的总结。

表10-1 与四种类型的客户沟通的总结

客户类型	如何把握会谈	要做什么	不能做什么
做事爽快、决策果断型	直入主题	速度快一些；集中在他们的目标；高度自信 简洁、具体；有准备、有组织；以结果为导向	提问问题；预先为异议做准备，不能浪费他们的时间
健谈、善于沟通型	快速、有激情	了解他们，让人觉得有趣 快速；谈论人；支持他们的梦想	询问他们的看法
友好、镇静型	稍慢一些	温和、真诚表示对他感兴趣；听，并作出反应；随便些	直接谈到业务
孤僻型	稍慢一些显得经过详细考虑，系统化强调准确和事实	详细准备提供证据显得有条不紊	

二、买家心理分析

（一）认识网络购物客户需求

在客户进入网店以后，除了获得某些具体商品的需求以外，还有其他一些常被忽视的需求，而且满足客户具体商品以外的那些需求往往并不需要付出更多的成本，但却在促成商品成交上发挥着巨大的作用。那么除了具体商品需求外，客户还有哪些需求呢？总体主要包括：安全及隐私的需求、有序服务的需求、及时服务的需求、被识别或记住的需求、受欢迎的需求、感觉舒适的需求、被理解的需求、被帮助的需求、受重视的需求、被称赞的需求、受尊重的需求和被信任的需求。

（二）网络购物客户类型分析

了解网店客户的特点与网店客户的基本类型，对于提高网店客服的服务质量和服务效率具有极其重大的作用，而网络购物客户类型按照不同的划分标准，有着不同的类型，常规的划分方式有按客户性格特征分类、按消费者购买行为分类和按网店购物者常规类型分类三种，具体分类及对应策略如下。

1．按客户性格特征分类及应采取的相应对策

(1) 友善型客户。特征：性格随和，对自己以外的人和事没有过高的要求，具备理解、宽容、真诚、信任等美德。通常是企业的忠诚客户。策略：提供最好的服务，不因为对方的宽容和理解而放松对自己的要求。

(2) 独断型客户。特征：异常自信。有很强的决断力，感情强烈，不善于理解别人；对自己的任何付出一定要求回报；不能容忍欺骗、被怀疑、慢待、不被尊重等行为；对自己的想法和要求一定需要被认可，不容易接受意见和建议。通常是投诉较多的客户。策略：小心应对，尽可能满足其要求，让其有被尊重的感觉。

(3) 分析型客户。特征：情感细腻，容易被伤害，有很强的逻辑思维能力；懂道理，也讲道理，对公正的处理和合理的解释可以接受，但不愿意接受任何不公正的待遇，善于运用法律手段保护自己，但从不轻易威胁对方。策略：真诚对待，作出合理解释，争取对方的理解。

(4) 自我型客户。特质：以自我为中心，缺乏同情心，从不习惯站在他人的立场上考虑问题，绝对不能容忍自己的利益受到任何伤害，有较强的报复心理，性格敏感多疑，时常“以小人之心度君子之腹”。策略：学会控制自己的情绪，以礼相待，对自己的过失真诚道歉。

2．按消费者购买行为分类及应采取的相应对策

(1) 交际型。有的客户很喜欢聊天，先和卖家聊了很久，聊得愉快了就到店里购买东西，成交了也成了朋友，至少很熟悉了。对于这种类型的客户，要热情如火，并把工作的重点放在这种客户上。

(2) 购买型。有的顾客直接买下商品，很快付款，收到东西后也不联系，直接给好评，对卖家的热情很冷淡。对于这种类型的客户，不要浪费太多的精力，如果执着地和他（她）保持联系，他（她）可能会认为是一种骚扰。

(3) 礼貌型。本来因为一件拍卖的商品发生了联系，如果卖家热情如火，在聊天过程中运用恰当的技巧，会直接到店里再购买一些商品，售后服务做好了，或许因为不好意思还会到店里来。对于这种客户，尽量要做到热情，能多热情就做到多热情。

(4) 讲价型。讲了还讲，永不知足。对于这种客户，要咬紧牙关，坚持始终如一，保持微笑。

（5）拍下不买型。对于这种类型的客户，可以投诉、警告，也可以全当什么都没发生。

3．按网店购物者常规类型分类及应采取的相应对策

（1）初次上网购物者。这类购物者在试着领会电子商务的概念，他们的体验可能会在从网上购买小宗的安全种类的商品开始。这类购物者要求界面简单、过程容易。产品照片对说服这类购买者完成交易有很大帮助。

（2）勉强购物者。这类购物者对安全和隐私问题感到紧张。因为有恐惧感，他们在开始时只想通过网站做购物研究，而非购买。对这类购物者，只有明确说明安全和隐私保护政策才能够使其消除疑虑，轻松面对网上购物。

（3）便宜货购物者。这类购物者广泛使用比较购物工具。这类购物者不玩品牌忠诚，只要最低点价格。网站上提供的廉价出售商品，对这类购物者最具吸引力。

（4）"手术"购物者。这类购物者在上网前已经很清楚自己需要什么，并且只购买他们想要的东西。他们的特点是知道自己做购买决定的标准，然后寻找符合这些标准的信息，当他们很自信地找到了正好合适的产品时就开始购买。快速告知其他购物者的体验和对有丰富知识的操作者提供实时客户服务，会吸引这类购物者。

（5）狂热购物者。这类购物者把购物当作一种消遣，他们购物频率高，也最富于冒险精神，对这类购物者，迎合其好玩的性格十分重要。为了增强其娱乐性，网站应为他们多提供观看产品的工具、个人化的产品建议以及电子公告板和客户意见反馈页之类的社区服务。

（6）动力购物者。这类购物者因需求而购物，而不是把购物当作消遣，他们有自己的一套高超的购物策略来找到所需要的商品，不愿意把时间浪费在东走西逛上策略。优秀的导航工具和丰富的产品信息能够吸引此类购物者。

（三）掌握买家购物心理

必须弄清楚了买家的心理，知道他（她）在想说明，然后才能根据情况，进行有针对性的有效沟通，进而加以引导。因此洞悉买家的购物心理极其重要。

1．买家常见的五种担心心理

（1）卖家信用是否可靠？

策略：对于这一担心，可以用交易记录等来对其进行说服。

（2）价格低是不是产品有问题？

策略：针对这一担心，要给买家说明价格的由来，为什么会低，低并非质量有问题。

（3）同类商品那么多，到底该选哪一个？

策略：可尽量以地域优势（如快递便宜），作为优势说服买家。

（4）交易安全：交易方式-支付宝，私下转账，还是当面交易？

策略：可以支付宝安全交易的说明来打消买家的顾虑。

（5）收不到货、货物损坏和退货邮费怎么办？

策略：可以以售后服务、消费者保障服务等进行保证，给予买家信心。

2．买家网上消费心理分析及应采取的相应策略

（1）求实心理。

策略：在商品描述中要突出产品实惠、耐用等字眼。

（2）求新心理。

策略：只要稍加劝诱，突出"时髦"、"奇特"之类字眼，并在图片处理时尽量鲜艳即可。

（3）求美心理。

策略：卖化妆品、服装的卖家，要注意文字描述中写明“包装”，“造型”等字眼。

（4）求名心理。顾客消费动机的核心是“显示”和“炫耀”，同时对名牌有一种安全感和信赖感。

策略：采取投其所好的策略即可。

（5）求廉心理。“少花钱多办事”的顾客心理动机，其核心是“廉价”和“低档”。

策略：只要价格低廉就行。

（6）偏好心理。

策略：只要了解她们的喜好，在产品文字描述之中可以加一些“值得收藏”之类的字语。

任务训练

教师模拟顾客和学生交流，联系判断顾客属于哪种消费心理的人？如何应对？

素质拓展

生理需求 PK 心理需求 女人消费正当时

已成为绝对消费主力的女性化妆品市场，在消费观念上已大大不同于以往，经过研究分析可知，在化妆品领域，消费者的需求大体可以分为生理需求和心理需求，这是马斯洛“需求层次理论”的其中两个方面，分别代表金字塔底层的生存、基本生活需求和中高端的追求自我形象完美的心理需求。

女性消费需求的这两个方面，决定着女性在化妆品消费中兼备着理性和非理性两种消费心理，一般来说，在基本的生理需求得到满足之后，人们逐渐开始了对美的追求，这一过程的实现，见证了生理需求到心理需求的过渡，这些转变也决定了在化妆品消费领域，女性的购买行为逐渐从理性消费转向了感性消费并且这种趋势正愈演愈烈。

一、女性消费具有感染性消费特征

女性在消费过程中往往带有丰富的感情，心理活动起伏较大，容易受到情感的支配和影响，从而产生对某种产品的喜爱导致购买欲望，她们往往会通过直接的感受而对某种产品或者服务形成偏好，因为其名称、外观、包装或者服务而引起冲动，当时的一句广告语，销售人员的几句贴心的讲解都很容易让女性消费者暂时忘记产品的功效而产生购买冲动。

较能代表这以消费特点的例子是旁氏无瑕七日美白面膜，该产品刚刚推出的时候，充分抓住了女性消费者的心理，无论是从广告创意，还是产品最终的销售上，都紧贴女性消费群的心理需求，通过向消费者灌输“七日美白寻回真爱”的概念，一方面使消费者相信了旁氏无瑕七日美白面膜一定会有美白效果，而且七天见效，另一方面更重要的是，广告的出台使消费者普遍的把美白和寻回真爱结合在一起，让她们觉得，使用了这个产品，也许真爱就会回头。这个系列广告在当时的市场上虽然引起了一些争议，但是它所形成的效果也是显而易见的，有人甚至因为看过广告，会直接向销售人员询问自己想迅速美白，寻回真爱，使用旁氏七天美白面膜是否有用，真的只要七天就可以白回来吗等此类问题。由此可见，女性消费行为过程中，带有明显的感情色彩，鉴于女性的独特消费定位，在其消费过程中，往往不可避免地出现从众心理，盲目地效仿他人，人云亦云，造成了消费行为的非理性发展，这是一种感染性消费特征。女性购买欲望受直观感觉影响大，容易因感情因素产生购买行为。

二、女人都是时尚崇拜动物

现代社会，女性的地位越来越高，物质生活逐渐丰富，使得她们在精神领域的追求也日

益明显，除了追求美以外，更多的女性希望尝试不同的生活方式，更加着意于个性化的生活，女性对时尚的追求已经向更高层次转变，不但注重外表，而且在向关注内心和高品质的生活转化，所以她们在购买化妆品时，较多地侧重于外观包装，在意美的效果，她们热衷于追求品牌并信任品牌，品牌意识强烈，认为品牌便是产品质量的保证，同时，她们不断地追求产品的流行趋势，使用一些新颖、奇特的产品来强调自我的唯一性。

提到这点就不得不说下屈臣氏。在开发自有品牌的过程中，屈臣氏全心做到产品贴近消费者需求，顺应时尚潮流。在 2008 年推出天然骨胶原保湿系列、绿茶抗氧化系列、燕窝精华护理系列等自有品牌产品面市，受到消费者的追捧。屈臣氏的品牌创新，始终强调三大经营理念：药品及保健品保留着创店以来的特色，倡导健康；美容美发及护理用品所占比重最大，种类也最繁多，表达着美态的概念；独有的趣味公仔及糖果精品则传递着乐观的生活态度。健康、美态和乐观，这三大理念将品牌理念深深地“植入”到产品、服务、环境中，营造出一种“屈臣氏式体验”的氛围，顾客的反应立刻积极起来。

而消费者在选择屈臣氏产品的时候，不仅仅是因为产品的原料值得信赖，更重要的是屈臣氏所推出的产品无论是从配方到个性包装或者到它的销售渠道都是独一无二的时尚，这种消费体验极大地满足了追求自我、个性的女性消费者的心理，她们购买的不会是某个产品的功能，也不仅仅是产品的质量，更多的是产品所体现出来的时尚信息，或者是对屈臣氏这个品牌文化和精神的一种依赖。这种消费心理，在很大程度上诠释了女性的特质，这是女性消费者消费行为中的一个重要的影响因素。

三、冲动是女人心理的“鬼”

女性消费的显著特征之一，便在于她们的消费过程中冲动性购买行为频繁。女性消费者在购物时更加细致，更加易受他人影响，并且更重视购物环境。她们在购买产品时，也许不是已做好计划而购买，绝大多数她们并不会按理出牌。

女性消费者在消费过程中经常会因为某些特殊场合而产生冲动性消费，例如正好遇到产品打折或者正好有包装可爱或者精美的新产品上市，或者是因为陪朋友逛街看到了自己心仪的东西而购买了本无需购买或者是超额购买了应需的产品，这种情形在女性消费者之中非常普遍。

另外，一些特别的环境也会刺激消费者的购买欲望，可能因为现场的销售环境很温馨，也可能因为销售人员的讲解很贴近自己的认知等，这些因素都极易刺激女性消费者的潜在购买欲，她们此时的购买行为，已经排除了自身的需求或者产品的基本功效，而是一种因为环境而导致的冲动性购买，所以，很多企业也会在终端层面上下足功夫，绞尽脑汁让这些冲动性感情动物驻足，达成最后的销售目的。

当然，因为女性有着她独特的消费特点，所以很多时候她们选择是否购买一种产品或者是什么时候会去购买也有其规律可循，她们极有可能是因为发工资而出现的突击消费，更加常见的情况是在极端的情绪下容易出现冲动性购买行为，特别是在不如意或者非常开心的时候最易出现消费冲动。

四、“我感知”是终端最后的诱惑

在消费过程中，女性消费者容易受到打折信息的影响，她们经常会因为促销活动或者广告影响而购买一些没用的或者超出实际需求量的东西。一般来说，女性在很多情况下比男性更加注重自己的形象，她们往往会不惜血本地大量投入大化妆品购买上，尤其受到相关化妆品销售人员的推销与介绍，或者新品上市而做的煽动性广告，因为女性对于各类媒体广告的关注程度均高于男性，比男性消费者对广告的敏感度普遍要高很多，所以她们便更会对产品产生兴趣，觉得买得了产品就是买得了美丽，必须一试。

很多消费者还会因为某品牌产品的试用或者派送的一些赠品而形成了对该产品初步的心理接受，加之现场的人员引导很容易就放弃了自己的原则而投入到产品购买的行列之中。介于女性消费者的心理特征，很多企业尤其是美容行业，经常利用消费者的某些疑问而进行顾问式的服务，不断地强化消费者的美容意识，让她们觉得自身存在着不足有待改善的地方，并且在不断的推进中让消费者潜意识里形成了非美不可的一种心理状态，这种情况下的女性消费者，很容易就被对方的糖衣炮弹所击中，在终端的感受中不断地降低了对产品的抵抗力，形成最终的购买行为。

随着生活水平的不断提高，女性对美的要求也不仅仅停留在过去的标准上，女性消费者在选择购买产品的过程中，越来越多的关注着品牌的附加值，服务是不是让人满意，终端的设计是否跟产品特征融为一体，销售人员的着装或者语言是否协调是否符合品牌的形象等，这些都已经成为女性消费者购买产品的一个重要选择指标。于是相关企业开始全方位研究女性消费的共性，以此来指导产品在终端的体现方式，从消费者的心理出发，是一个亘古不变的真理，所以便出现了日益激烈的终端竞争。因为企业知道，女性消费者的直觉胜过理性的判断，几张震撼心灵的海报设计，几个精美的小礼品，它所取得的效果，可能胜过几重产品技术的提高。

总体来说，女性消费者的消费行为中存在很多的偶然因素，一般会受到产品自身、周围环境、消费心理等众多因素的综合影响，有其理性也有非理性因素在内。在化妆品行业中，随着市场竞争的日益激烈，对化妆品消费中的女性消费行为研究，有着至关重要的作用，通过女性消费者在化妆品领域的消费特征总结，不仅可以使企业更全面地了解化妆品市场，整体上把握消费者及其消费特征，结合市场情况。准确地为产品进行定位，并在化妆品的生产、营销以及渠道选择等环节上提供更多的有价值的基础支持，有了这些铺垫以后，企业便可以在产品、宣传乃至品牌形象方面形成优势，并在长期的市场竞争中形成不败的地位，从而实现其在化妆品领域的先锋角色，成功地占领更多的市场。

（文章选自《3158 财富天下网》互联网转载信息）

任务 2　客服能力、服务技巧

要求能熟悉客户关系管理、真假客户辨别、讨价还价等相关知识，掌握客服人员的必备素质及要求，培养客服能力，能独立开展客服服务工作。

工作过程

寻找潜在客户与更多买家→网络交易中对真假客户的识别→接待不同客户，留住更多买家→学会讨价还价→对未支付订单处理→合理处理顾客投诉→做好客户关系管理，维护好客户关系

相关知识点

一、寻找潜在客户及更多买家

（一）客户关系管理与潜在客户的挖掘

CRM（Customer Relationship Management）即客户关系管理，是企业的一项商业策略，它按照客户细分情况有效地组织企业资源，培养以客户为中心的经营行为且施以客户满意度，

并基于客户忠诚度持续经营客户。

客户关系管理系统是通过现代计算机、网络信息技术，将企业营销、销售管理、客户服务和支持等内容，以客户为中心，进行业务流程的重新设计，从而能更好地实现客户资源的有效利用的管理软件系统。

1．客户关系管理的基本任务

（1）保持有价值的客户：主要为了实现他们对企业价值的最大化。

（2）识别有价值的客户：识别有价值的客户时通常以客户生命周期利润作为识别客户价值的判别依据。

客户生命周期利润，是指企业在与客户保持买卖关系的全过程中，从该客户处获得的全部利润的现值。对现有客户而言，可分为“客户当前价值”和“客户增值潜力”。而完整的客户关系生命周期包括关系建立（孕育期）、发展（快速发展期）、维持（成熟期）、破裂（逆转期）四个阶段。客户关系的发展具有不可逾越性。

2．企业实施客户关系管理的根本目标是建立客户忠诚

客户忠诚是指高度承诺在未来一贯地重复购买偏好的产品或服务，并因此产生对同一品牌或服务的重复购买行为，而且不会以为市场态势的变化和竞争性产品的营销努力而产生转移行为。客户忠诚是企业取得竞争优势的资源。

3．实施客户关系管理的最佳手段是通过客户关系管理软件进行管理

客户关系管理软件是实施客户关系管理必不可少的一套技术和工具集成支持平台，基于网络、通讯等信息技术，能实现企业前后台不同职能部门的无缝链接。

4．在客户关系管理中必须清楚地认识到潜在客户转变成真实客户的理由

潜在客户无处不在，潜在客户成为客户的理由有以下几方面。

（1）利益：顾客能够在这里获得较低的价格或利润空间。

（2）态度：顾客在这里收到了重视。

（3）产品：提供的产品具有竞争优势，满足顾客的需求。

（4）服务：售后服务有保障。

（5）个人魅力：销售人员有责任感、责任心。

5．潜在客户具备的条件

具有购买需求、拥有购买权并具备购买力。

（二）在网络上寻找潜在客户的基本方法

1．用 Yahoo！等国际性搜索引擎搜索相关需求信息。此方法找到的客户回复率最低。

2．在本行业的国际网站上寻找。此方法找到的客户回复率较高，一般需要收费。

3．在网络上做广告。

4．在网络黄页中找客户。

5．建立一个自己的公司主页，在网页上发布自己的产品信息。阿里巴巴公司提供国内和国际的商务平台，可以帮助企业在上面建网页、发布公司信息和产品信息。

6．进行有效的宣传。例如：去论坛中多发表文章，包括原创的；在群里联络感情；在博客上写自己的经验，以积累人气。知道你的人多了，知道你的产品的人也会随之多起来。

7．利用网络平台主动搜寻求购信息来找客户。

8．利用商家专用的即时沟通工具贸易通来寻找客户。

另外，利用反向查找法寻找客户：从卖家的角度出发考虑，看谁可能需要你的产品，以关键词通过“供应信息”查找可能的客户。

（三）留住上门的买家

1．注重欢迎词的巧妙运用

买家在店铺中看到心仪的宝贝时，通常都会用阿里旺旺和卖家打招呼，比如“您好”、“在吗”等进行询问。作为卖家必须注意第一句话的巧妙回答，一旦卖家用“在呢”、“有什么事”等应付性的语气回答，很大程度上询问的买家将会悄然离去。

其实，这是一次展示店铺形象，给买家留下好印象的机会，比如卖家用“您好，欢迎光临××店，×××现在为您服务！”等语句回答时，不仅体现出对顾客的尊重，而且还变相地宣传了自己的店铺，同时还主动向对方介绍了在线的服务人员，这样会起到很多意想不到的效果。

为了能便捷回复买家，可以事先在阿里旺旺的“快捷短语”里设置为这些常用的客服语言。

2．主动向买家介绍商品

通常可以通过买家的诉说，或者通过买家的店铺浏览记录及在商品页面停留的时间来判断买家对什么宝贝感兴趣，并主动向买家介绍一些其比较关心的常见问题。特别提醒的是卖家应该熟悉自己的每件商品，对买家提出的问题有问必答。

另外，在了解买家的需求以后，卖家不妨介绍一些相关产品，比如对方购买了《阿里巴巴国际贸易方向》培训教程后，卖家不妨多问一句“《阿里巴巴国内贸易方向》培训教程您有兴趣么?”如果买家感兴趣，可以把一些相关的连接发给他，如果再巧妙地运用一些招呼语句，这样不仅可能使买家在本店购买多件商品，还会将买家变成本店忠实的客户。周到的服务会给买家留下深刻的印象，这对积累用户很重要。

3．理性面对买家砍价

买家在网上交易中进行大砍价是一件在平常不过的事情，面对买家的砍价，首先要判断对方的购买诚意，如果买家没有诚意，只需将定价的原则告诉对方即可。如果买家有购买诚意，但由于不了解行情，可能提出比较低的价格要求，这时就需要向买家介绍一下商品的真实行情，在保证基本利润的前提下，可以考虑减免一些邮费或送一个淘宝红包等优惠，尽量促成交易。

4．以平常心看待交易结果

俗话说买卖不成仁义在，做买卖成与不成都很自然，对于没有成交的买卖，卖家切记不能以不好的态度对待顾客，应该冷静分析交易失败的原因，并注意与买家的沟通技巧，要给自己留下和买家以后交易的空间。

5．做好买家的分类

为买家做好商品分类，既能方便买家选购，又不会让买家觉得产品单调，同时还有利于诱导买家对其他同类商品的购买欲望，尤其再将同类商品进行有效的搭配组合，对买家会产生很强的冲击力（这一点当当网做得比较好），这样更容易开发潜在的客户。常用的分类方法有按种类分、按样式分、按用途分以及按品牌分，具体应根据商品特征合理选用分类方法。

（四）派发红包邀请买家

发送“红包”类似现实赠送礼品宣传，如现实中餐馆店开张时给行人发送优惠券一样，在锁定买家后，以发送红包的形式，引起买家对店铺的兴趣性记忆。

进入“我的淘宝”页面并登录，单击“给买家发红包”链接，进入“支付宝|商家工具”页面，单击“创建新红包”按钮，进入“创建新红包”页面，打开并填写红包信息界面，单击“保存”按钮，系统将提示“您的红包已经创建成功”。

（五）多与同行沟通

1．随时掌握同行店铺的情况

现在大家都明白“合作、竞争”的道理，竞争对手有时也是伙伴、老师和发展路上的“参照物”。优秀的卖家一般都会时刻观察竞争者的发展动态，作为自己发展的参照，在改进自己不足的同时，敢于超越对手。一般所选择的竞争对手通常是和自己的商品类型和定位比较接近，发展较好的卖家。

2．了解竞争对手的信息内容及方法

（1）从竞争对手的店铺介绍里了解价格、运费等策略。

（2）从竞争对手的买家评价里了解畅销商品情况。

（3）从竞争对手的店铺留言里了解自己店铺中的缺货情况。

通过查看竞争店铺的店铺介绍、推荐宝贝、买家评价、店铺留言等信息，对比分析出最近热卖的商品，分析出价格及运费的定位、缺货情况、买家的需求等重要信息。有利于发现自己的不足，从而有目的的弥补。

3．避免价格战

网上开店更应该讲究原则，传统营销中价格战给竞争双方带来的代价已经够大了，由于网络的透明化，在网上交易时价格战对竞争双方的破坏性更是无法想象，所以在网上开店的店主们切记避免价格战，否则将会落得两败俱伤，并且还没人领情的下场，毕竟大鱼吃小鱼的时代早已不复存在了。应该多花心思在诚信、特色、有效推广等方面下功夫。

（六）注重店铺提醒功能设置

店铺提醒设置便于卖家可以随时查收买家发出的信息和淘宝网向卖家发出的各类信息，有利于卖家对上述信息的及时处理，这对店铺经营及留住客户至关重要。

在淘宝开店时，应该注重基本设置中的店铺提醒设置，其中包括“卖家提醒”、“买家提醒”、“评价提醒”、“投诉举报提醒”、“社区提醒”和“退款提醒”六大块，这些提醒信息都可以通过旺旺、邮件、站内信和手机四种方式获得信息。一般情况不必四种方式都全部设置，通常只要设置其中1～2种即可。卖家可以根据自己的实际需要，选择设置提醒类型，建议和宝贝相关的售出、下架、投诉、退款、买家留言等信息都要做好设置，这样才能保证在第一时间对产品的相关事件做出快速反应。

二、网络交易中对真假客户的识别

鉴于网络的开放性、虚拟性等特征及安全措施等因素，在网络交易中为非法人员提供了更多的欺诈行骗的空间。“假客户”利用网络的便捷进行非法谋利事件屡见不鲜。开店人员很有必要掌握一定的客户辨别能力及防骗技巧。目前通常的网络主要行骗形式及特征如下。

（一）潜规则行骗

特征：（1）这类客户在询问时，对产品性能、材质等方面只是停留在表面，一笔带过，毫不关心；（2）在洽谈生意过程中，对方会反复强调自己的订单很大；（3）强烈要求供应商到自己公司来谈，甚至直接威胁不来就没得谈；（4）见面过程中，一般会“不经意的”引出竞争公司的主管人员。

（二）购买方提供样品的小金额快递费到付行骗

特征：（1）客户在交谈中，对于需要订做的产品没有特殊要求，甚至连材质也不关心，只是在意能否把样品发给供应商；（2）客户推脱借口前后矛盾，比如有的在自报家门的时候说是在网络上发现供应商的联系方式的，后面却又会用不会上网之类的借口回绝让供应商以网络的形式更进一步了解产品的要求，就是为了达到寄样品的目的；（3）快递地址与客户提供的所在地不符合，而且到付快递费超贵，甚至连送快递的人，都不是平时给自己配送快递的人。

（三）以商品检验、考察费用等行骗

特征：（1）不关心产品材质；（2）以外贸公司名义居多；（3）要求到客户所在地进行检验，态度坚决。

（四）冒充政府机构等采购的回扣行骗

特征：（1）不关心产品材质，只对价格和回扣特别关心；（2）要求用自己拟定的合同。

那么在网络上做生意，如何去识别客户的真假和辨别客户的诚意度呢？防止客户行骗的最关键点在于碰到客户时能保持冷静、保持细心，另外很重要的一点就是观察总结客户的在意点。

小故事

潜规则骗局

一天上午张某接到一位自称公司销售部经理程先生从成都打来的电话，说对张某公司的电子产品很有兴趣，要求张某到成都（程先生的分公司）去考察，于是张某与程先生预订好第二个礼拜周三亲自去成都做现场考察。

于是，张某带上自己的秘书一道如期而至，到达目的地后，不仅没有发现程先生的公司有何异常，反而被“程先生公司”的规模及管理所征服了。但是在程先生安排张某一行客人共进晚餐时，经程先生的介绍，张某不仅发现在场的客人中还有“西安一家电子厂”的营销总监，而且还发现“西安一家电子厂”的产品与自己公司产品是同类竞争性产品，为了获得订单，张某开始私下约会程先生，希望能为自己开一道绿灯。通过程先生的精心安排后张某终于如愿以偿，和程先生公司的采购部经理及公司的一位副总经理见了面，并最终以三万元潜规则支付的形式和程先生的公司签订了一份大订单合同，待张某回到公司准备下单出货的高兴之余，程先生的电话从此只是传来“对不起，对方不在服务区，请稍后再拨”、或者“对不起！对方已关机”、“ 对不起！此号码已经停机”等信息。

谈谈你身边所见所闻的网络骗局事件，分析骗局的特点，并建议应该如何辨别。

三、接待不同客户，留住更多买家

（一）接待不同客户

网店经营过程中，会遇到不同类型的买家，作为店铺经营者或客户服务人员应该掌握对不同客户的接待技巧，不同类型的客户及处理技巧已在“客服心态分析”任务中做详细讲解，在此不再重复叙述。

（二）提高服务水平留住更多买家

1．把握好交易第一环，处理好开场工作

当新客户前来询问时，卖家或客服应该使用快捷回复，如“您好，欢迎光临！我是客服××，很高兴为您服务”，在客户询问之际，首先要快速查看客户的相关基本信息，如查看其信用度、购买记录，这样对对方的消费能力、消费档、购买能力、习惯等有个大致的了解，便于较容易地为客户推荐适合的产品。

在初步地对对方进行分析的基础上，客服人员首先可以推荐店里性价比最高或者单价比较便宜的东西。诸如个人护理品类商品，当客户对某大容量的产品有购买意向时还可以劝对方先买小包装试用一下，免得买回去不合适时产生浪费。这样有利于让客户对你产生信任，建立彼此信任的关系对买断客户终身是非常重要的。事实上，由于客户对产品的购买行为主要取决于产品是否适合自己的需要和自己的购买能力如何，因此，一般不会真正影响到实际产品的交易量。

2．提高质量（包括产品质量、服务质量），留住买家

现在的消费特别看重服务质量问题，只要提供跟价格匹配的质量和服务，就会有回头客。尤其网络购物，消费者在网上购物，新客户一般都带有很多顾虑进行交易，如果产品质量或服务质量不到位，客户将会对你的店铺产生一种“一遭被蛇咬，十年怕草绳”的恐惧和厌恶感觉，但是如果产品质量符合买家要求，再加上优质的服务，消费者以后会尽量减少到别家店铺购物的风险，成为你忠实的客户。不过要求自己店铺的产品除了质量过硬之外、还需要款式，更新换代等跟得上市场的变化。

3．推行个性化服务

在经营过程中，多半都会碰到一些并非自己目标客户的人找上门来，或者人很好但消费能力不足，或者消费能力很好但是很难站在同样的层面沟通等的客户。对于并非自己目标客户或者能力不足的客户，可以采取对产品搭配组合的推荐方法，再推荐一些适合客户并在市面上容易买到的产品，再搭配一些自己店面的独有产品给客户，这样在对自己都有的产品使用过程中，这样的客户很大可能会再回来；对于后者，一般采取礼貌对待，有无所谓的态度，即对于对方的询问采取礼貌而客气的对待，对对方的购买采取无所谓的态度，部分客人最终将会决定购买，甚至成为长期的客户。

四、学会讨价还价

对于网上店铺多数都是可以讨价还价的，当然也有少数店铺一开始就表明谢绝还价，对于前者，客户服务人员有必要掌握常规的讨价还价技能。

一般而言追求价值最大、价格低廉是人的本性，人都是符合经济人假设规律的，网购时也不例外，顾客即便知道价格已经很低了，但讨价还价已经养成一种习惯了，在购买时都会习惯性地问一句“最低价格多少？”或“××价格可卖？”因此，要求客服人员需要掌握常规处理议价问题的技巧。

（一）品牌诱惑和高价让渡法

虽然产品定价有原则，但不要高得离谱，否则将无人问津，但是也不要低得可怜，而价格太低，即便吸引了顾客来光顾，但是除了影响自己的利润空间之外，同时买家同样会进行还价，反而是卖家被动，缺乏价格让渡空间，尤其针对对产品价格构成不清楚的客户，反而会因为没有获得价格的让渡而离开。另外价格过低，对于中高档产品而言，反而影响到产品的品牌形象，或者使客户对产品产生劣质之感。

（二）证明法

证明价格是合理的。无论出于什么原因，任何买家都会对价格产生异议，大都认为产品价格比他想象的要高。这时，必须证明产品的定价是合理的。证明的办法就是多讲产品在设计、质量等方面的优点。通常，产品的价格与这些优点有相当紧密的关系，正是所谓的“一分钱一分货”。可以应用说服技巧，透彻地分析、讲解产品的各种优点，指明买家购买产品后的利益所得远远大于支付货款的代价。总之，一句话：只要能说明定价的理由，买家就会相信购买是值得的。

（三）比较法

比较法是一种比较好的营销方法，根据所比较内容不同，可以分为横向比较和纵向比较两种。其中横向比较只要是指将自己的产品和同行产品之间的比较，从而展示出自己产品在设计、性能、声誉、服务等方面的优势之处，但是必须注意，比较一定要客观、公正，尤其不能恶意诋毁竞争对手，否则通过贬低对方来抬高自己的方式只会让顾客产生反感；而纵向

比较，主要是将产品的价格和使用寿命之间的分析比较，说明自己的产品看起来价格是有点高，但是长期分担下来比较便宜。如某一位家庭用具专卖店店主对商品价格是这样解释的："这件商品的价格是2000元，但它的使用期是10年，这就是说，你每年只花200元，每月只花16元左右，每天还不到6角钱。考虑到它为你节约的工作时间，6角钱算什么呢？"

（四）挤牙膏法

和买家讨价还价要分阶段一步一步地进行，不能一下子降得太多，而且越到后面的每次降价越是显示出自己的无奈模样。只有这样才会让买家也一点一点地加价，使用此种方法，如果能巧妙地配合热情、友好等服务方式催化对方，将会起到更明显的效果。

（五）因人而异法

最重要的也是最好的报价方式就是因人而异法，如对待购买心切的客户可以适当高价，对待无所谓的闲逛客户，最好实价，甚至在允许范围内采取低价，对高消费品牌客户采取品牌报价，更能显出档次等。

小故事

家家福生态节能锅的推销技巧

2011年1月22日晚，夜幕刚降临，数百名男男女女、老老少少都聚集到十里铺小区新梦都酒店旁的空地前，因为一场"家家福生态节能锅"赞助演唱会即将在这里举行，虽然天空下着小雨点，但这丝毫没有打消大家的热情。在大家殷切期盼之下，终于一个中年男子主持人以洪亮而极富有磁性的声音，演说着闪亮登场了。

主持人上了台后，首先说了一句："大家久违了，为了表示歉意，请允许我先在演唱会开始前为大家来一段魔术表演，以表歉意"，魔术开始了，只见主持人搬出两口炒锅，同时放在汽化器火炉上，分别在里面放上少许小米和糖，几分钟后主持人开始掀开锅盖，将两口盛装米花的锅分别送到客户跟前，恭请大家品尝，一口锅里白花花的米花还不时从锅口溢出，让人口馋，另一口锅里小米早已成为焦炭，浓烟滚滚。接着主持人在众人面前将米花全倒了出来，用毛巾分别在两口锅里轻轻一擦后，接着往锅里倒上少许菜籽油，并分别放上两条小鱼、鸡蛋、白糖，又在火上煎熬不久，同样走到众人面前再一次对比展示。结果有不少人开始对这口神奇的锅感到好奇起来了，主持人终于进入主题，开始解释起来了："生态节能铁锅采用新一代国际3003合金材料，运用高科技、特殊工艺加工而成……不易焦、不冒烟、不易粘…"。在他环环相扣神乎其神的解说和演示下，大家不断为见证这个锅的神奇而兴奋！

在大家开始关心价格时，支持人开始报价："在超市定价不高，只是488元/口"，停留几秒后，"不用担心我们今天只收280元/口"，让大家议论几秒后，"我们为感谢大家的冒雨光临，准备为你们赠送小礼品——价值38元的保温杯，不过数量有限，仅有4套"。少部分观众开始心动了，主持人又开始发话了"看着大家高兴，我们再赠送一套价值288元的厨房八件套刀具"，很多客户开始抢购了，可是部分客户身边不方便，没有带钱出来，主持人："没关系，我们帮您送货到家，您再付钱"，一会儿功夫，70多件产品竟然被一抢而光。

☞试分析"家家福生态节能锅"的推销技巧？从消费者心理学角度出发，主持人都抓住消费者哪些消费心理？是如何定价的？

五、对未支付订单的处理

在网购中不时会出现客户下了订单，但是迟迟不肯支付，客服人员有必要掌握如何处理诸如此类的事件。

首先，认真分析消费者拍下不买的原因：是消费者临时不便做出购买决定，网购新手正在熟悉购物流程，消费者对网店还存在各种顾虑不能立即决定购买，还是在操作到支付环节时因安全顾虑等原因而退出支付系统等。有必要时可以委婉地先与客户沟通，如"亲爱的××先生（××女士）您好，在我们××店面订单栏目看到您已经竞拍成功的订单信息，但是尚未进行下一步的订单处理，不知××先生（××女士）是否有需要我们帮助的地方？"进一步核实真正原因，以便下一步的处理。

（一）消费者因为自身原因临时不便作出购买决定的情况

客服人员应当做好一个完善的与消费者进行交互的系统，例如能够针对这个订单自动发送一封邮件给客户，使用委婉的说法提醒用户这个订单的存在。因为在网上购物常为消费者的即兴行为，客户忘记也是常有的现象。

（二）消费者在支付页面时，心存各种顾虑的情况

网店客服人员应该做好网店的各项基本工作，比如产品描述、售后服务、支付工具的安全性能等，从各方面解决顾客的疑虑。

（三）网购新手体验购买流程的情况

在网络购物中这种情况比例很小，因为这一类型的消费者绝大部分只会浏览商品信息和网站的各个条款页面，并不会深入到购物流程中的形成订单环节。能够深入到订单环节的消费者只是那些有深度好奇心的消费者。

针对这一类型的客户如果你的网站能够给他们带来兴趣，让他们记住你的网站，同时可以给对方发送一份有关自己店面的导航流程说明（要求精炼、易学，尤其图文并茂的效果会更好）。当他们有需求时还会回来。他们也会将这些内容推荐给朋友，无形中也是一种口碑营销。

六、合理处理顾客投诉

（一）顾客投诉概述

投诉就是顾客向商品和服务提供商表达心中不满，并提出打折、退货、换货、免费维修、索赔、道歉等权益主张的行为。投诉的方式主要有电话投诉、信函投诉、当面投诉，在网络交易中，通常以电话投诉、信函投诉为主。

无论在传统营销还是在网络营销过程中，顾客投诉事件都屡见不鲜，尤其在淘宝网评分规则体系中，凡是遭到顾客正当投诉属实者，对店主扣分比值都非常高。另外，网上开店人员对投诉事件处理是否妥当，直接关系到网店的经营状况，影响到卖家的信誉度，引发不必要的经济纠纷，甚至还可能导致店铺关门停业的严重后果，因此，开店人员对投诉事件处理至关重要。如何处理顾客投诉问题，是对网店经营者或客户服务人员的一项严峻的考验，也是每一位网店经营者或客户服务人员必修的课程。

投诉通常分为两种类型：一种是善意的投诉，也就是确实因为产品、服务、配送、价格等方面的实际原因而引起的顾客投诉；另一种是恶意投诉，也就是出于敲诈钱财、破坏声誉、打击销售等为目的的投诉。根据数据统计显示，顾客对于产品的正当投诉范围主要包括：（1）产品在质量上有缺陷；（2）产品实际规格、等级、数量等与合同规定货物清单或商品宣传不符；（3）产品技术规格超出允许误差范围；（4）产品在运输途中受到损害；（5）产品送货不及时；（6）因包装不良造成损坏；（7）存在其他质量问题或违反合同问题等。

（二）投诉事件的处理

1．善意的投诉处理技巧

（1）热情缓和并稳住客户情绪。顾客投诉的根源是不愉快的购物体验。这种不快，来自于顾客心理的落差（也就是顾客期望值与得到的实际价值之间的落差）。这种落差，有可能指向有形的产品，也可能指向无形的服务。假若这种心理落差未得到有效控制和补偿，那顾客就会把这种感受转变成抱怨的行为，于是产生投诉。

凡顾客出现投诉情况，多数态度都不友善，甚至有些顾客态度很恶劣，作为店铺经营人员或客户服务人员，要善于理解顾客的不友善甚至恶劣态度行为，都应该热情周到，以礼相

待，视如贵宾，一方面能体现店方处理投诉的态度，另一方面体现了“顾客是上帝”的原则，再者可以舒缓顾客的愤怒情绪，避免双方的对立局面，为后续工作的顺利开展做好铺垫。

（2）坦然面对顾客的投诉，认真倾听顾客投诉内容。作为经营者必须正确看待顾客的投诉行为，更要尊重顾客，切忌对顾客产生不满情绪。首先，要以谦卑的态度认真、冷静倾听，并翔实记录《顾客投诉登记表》。对顾客要和颜悦色，无论顾客说的对与错、多或少，甚至言辞激烈难听，都不要责难、诘问，顾客言谈间更不要插话，这样一方面便于自己思考解决问题的办法，另一方面便于顾客把想说的话一口气说出来，把所有的怨气全部发泄出来，尽早消除内心的怨气，有利于下一步的问题解决。

（3）真诚道歉。待听完顾客的倾诉后，经营人员要真诚地向顾客道歉，比如诸如类似歉意表达：“某某先生（或某某女士）对您使用本产品（服务）给您带来的不便，我代表公司（某某店铺）向您表示歉意，实在对不起”，“繁忙之中，让您费心了，实在抱歉”等。歉意表达要恰当，要有原则性，既要达到让顾客泄愤的目的，也要注意维护公司（店铺）品牌尊严，道歉的目的一方面表示愿意承担责任，另一方面为了进一步消除顾客的怨气。

（4）分析顾客投诉的具体原因、类型、出现问题的关键及顾客的要求。根据顾客的诉说内容分析顾客投诉问题类型（如是质量问题、服务问题、使用问题、价格问题、配送问题等）、分析问题产生的原因（如属于上游供货商产品质量原因、物流企业方的配送原因、自己店铺的经营原因、还是客户自己的使用原因等）及问题责任承担的最终归属者属于谁(如具体责任应属于自己承担，还是该由物流部门、由供货方或者由顾客本人承担等)，同时更要注意从顾客口述中分析顾客投诉的要求是什么，要求是否合理。

（5）合理解决问题，尽量满足顾客的合理要求。如果问题属于顾客违规操作使用所致，责任不属于自己承担的，要很友善地与顾客解释，说明问题的原因，要让顾客充分理解，有必要时还可以主动帮助（协助）顾客解决问题。提升顾客对公司或店铺的好感。

如果问题属于自己经营方面所致，或者属于其他企业所致，要敢于主动承担责任，依据本公司（店铺）的相关制度，参考《消费者权益保护法》等相关法律规定，及时作出处理决定（是经济赔偿、以旧换新、产品赔偿、更换配件、上门维修，还是培训顾客指导使用等）。并把解决方案告知顾客，如顾客同意，则及时按照约定履行解决，并认真记录处理情况；如果顾客不同意，看争议在哪里，同顾客协商解决，不卑不亢，以“息事宁人，保护名誉”为最高原则，尽量满足顾客要求。如果自己确实无法解决顾客投诉，则立即引荐给上层领导解决，以期圆满解决顾客投诉。

当然，如果顾客要求确实“太离谱”的话，则走法律途径，通过法律来解决顾客投诉。顾客投诉如当时无法立即解决，需要说明原因和确切解决时间，届时主动约见顾客。对于一些盲目投诉(本来不应该投诉)的顾客要详细解释，或操作示范，或专家答疑等，应动之以情晓之以理，使其心服口服，同时展示公司（店铺）的良好形象。

另外，如果自己属于公司客户服务人员或店铺服务人员的，还必须掌握以下相关解决技巧，注意对于顾客投诉的地点与层级接待选择，如解决顾客投诉应尽量避免在公开场所，受理投诉以谁受理谁负责最为合适，如果因权力限制需要及时向领导请示或请求授权批准，严禁推诿扯皮，这一点对办事处、分公司等分支机构尤其注意。当然当地如有售后服务等专门处理顾客投诉的部门，需直接把顾客投诉交由专职部门来处理。

2．恶意的投诉处理技巧

对于恶意的投诉，应该义正词严，有必要应该严令其立即放弃恶意投诉。如果恶意投诉情节恶劣，或对公司（店铺）业务造成不良影响的，或对本企业销售造成损失，则直接通过法律途径来解决。一般而言对于网上店铺经营者，尤其是在淘宝网上开店者，如果遭到恶意投诉的，应该及时向平台提供方负责部门反映情况，有必要还可以请求他们的帮助处理。

小故事

××酸牛奶中喝出了苍蝇

2001年某日，顾客李小姐从某商场购买了××酸牛奶后，马上去一家餐馆吃饭，吃完饭李小姐随手拿出酸牛奶让自己的孩子喝，自己则在一边跟朋友聊天，突然听见孩子大叫："妈妈，这里有苍蝇"，李小姐循声望去，看见小孩喝的酸牛奶盒里（当时酸奶盒已被孩子用手撕开）有只苍蝇。李小姐当时火冒三丈，带着小孩来商场投诉。正在这时，有位值班经理看见便走过来说："你既然说有问题，那就带小孩去医院，有问题我们负责！"顾客听到后，更是火上加油，大声喊："你负责？好，现在我让你去吃10只苍蝇，我带你去医院检查，我来负责好不好？"边说边在商场里大喊大叫，并口口声声说要去"消协"投诉，引起了许多顾客围观。该购物广场顾客服务中心负责人听到后马上前来处理，赶快让那位值班经理离开，又把顾客请到办公室交谈，一边道歉一边耐心地询问了事情的经过。

询问重点：

（1）发现苍蝇的地点（确定餐厅卫生情况）；

（2）确认当时酸牛奶的盒子是撕开状态而不是只插了吸管的封闭状态；

（3）确认当时发现苍蝇是小孩先发现的，大人不在场；

（4）询问在以前购买××牛奶有无相似情况？

在了解了情况后，商场方提出了处理建议，但由于顾客对值班经理"有问题去医院检查，我们负责"的话一直耿耿于怀，不愿接受顾客服务中心负责人的道歉与建议，使交谈僵持了两个多小时之久，依然没有结果，最后商场负责人只好让顾客留下联系电话，提出换个时间与其再进行协商。

第二天，商场负责人给顾客打了电话，告诉顾客：我商场已与××牛奶公司取得联系，希望能邀请顾客去××牛奶厂家参观了解（××牛奶的流水生产线：生产—包装—检验全过程全是在无菌封闭的操作间进行的），并提出，本着商场对顾客负责的态度，如果顾客要求，我们可以联系相关检验部门对苍蝇的死亡时间进行鉴定与确认。由于顾客接到电话时已经过了气头，冷静下来了，而且也感觉商场负责人对此事的处理方法很认真严谨，顾客的态度一下缓和了许多。这时商场又对值班经理的讲话做了道歉，并对当时顾客发现苍蝇的地点——并非是环境很干净的小饭店，时间——大人不在现场、酸奶盒没封闭、已被孩子撕开等情况做了分析，让顾客知道这一系列情况都不排除是苍蝇落入（而非牛奶本身带有）酸奶的因素。

通过商场负责人的不断沟通，顾客终于不再生气了，最后告诉商场负责人说："既然你们真的这么认真地处理这件事，我们也不会再计较，现在就可以把购物小票撕掉，你们放心，我们会说到做到的，不会对这件小事再纠缠了！"

该故事中客户投诉处理给我们什么启示？如果你是李小姐，请谈谈你的前后心理反应变化？

（故事内容选自"大学学科网"中《管理学通用案例》）

七、做好客户关系管理，维护好客户关系

（一）建立好客户信息档案

客户信息档案包括客户名册、客户资料卡、客户数据库三种类型。客户名册由客户登记卡和客户一览表组成。其中，客户登记卡主要列示客户的基本情况，客户一览表则是根据客户登记卡简单综合地排列出客户名称、地址等内容的资料库；客户资料卡分为潜在客户调查卡、现有客户调查卡和旧客户调查卡三类；客户数据库指利用专业系统建立的数据库。

（二）进行客户分类

（1）按照客户为公司带来的利润划分，可分为大客户、小客户。

（2）按照客户所需产品的特点，可分为拥有高、中、低不同档次产品购买力的客户。

（3）按照与客户的关系程度分类，可分为潜在客户、新客户、老客户等。

（三）对客户满意度进行评价

判断客户满意度的标准如下。

（1）美誉度：如客户是否经常赞扬公司或者业务员？

（2）知名度：如客户是否指名要公司的产品或服务？是否指名要某位业务员与他合作？

（3）回头率：如客户什么时候会再次来咨询、购买？是否经常购买？

（4）抱怨率：如客户是不是经常抱怨？都抱怨些什么？

（5）销售力：公司在这位顾客这里的销售量是不是比较大？利润是不是比较高？

正确认识和处理客户的不满：仔细聆听；正确、及时地解决问题；追踪调查客户对于抱怨处理的态度。

（四）认识客户忠诚及其价值

忠诚客户通常是指会拒绝竞争者提供的优惠，经常性地购买本公司的产品和服务；甚至会向家人或朋友推荐的客户。尽管客户满意度和忠诚度之间有着不可忽视的正比关系，但即使是满意度很高的客户，如果不是忠诚客户，为了更便利或更低的价钱，也会毫不犹豫地转换品牌。

1．测量客户忠诚度的标准

（1）客户重复购买次数：重复购买次数越多，越忠诚。

（2）客户购买挑选时间：挑选时间越短，忠诚度越高。

（3）客户对价格的敏感度：如果客户对竞争者不感兴趣或没有好感则忠诚度高。

（4）客户对产品质量的承受能力：如果客户对改品牌产品的忠诚度较高，当产品或服务出现问题时，他们会采取宽容、谅解和协商的态度。

2．建立客户忠诚度的方法

（1）选择有保留价值的客户，制订忠诚客户计划。

（2）了解客户的需要并有效地满足其所需。

（3）与客户建立长期稳定的互需互动关系。

（4）持续超越客户的期望。

（五）充分借助商务管理工具进行客户管理

目前市场上商务管理工具比较多，每一种管理工具都有其特有的优点与缺点，总体而言阿里巴巴商务管理工具功能较全面，使用更方便。

阿里巴巴商务管理系统是阿里巴巴为中小企业提供的商务管理工具，其中的客户管理系统模块能全程跟踪客户，了解客户与公司的业务状态，最大限度地获得订单。

1．阿里巴巴商务管理系统的功能全面

（1）完整、统一地记录客户资料，不再担心资料丢失。

（2）随时随地地查找客户资料，及时联系客户。

（3）图像化地统计分析客户信息、销售情况。

（4）管理阿里巴巴网上留言，发掘更多销售机会。

（5）全面掌握公司业务信息，杜绝人员离职导致客户流失。

2．客户管理系统可以建立多个子账号，赋予不同权限，给下面的多个员工使用。新建子账号的权限只有总经理才有。

3．阿里巴巴客户管理系统可以为客户分级，以区分不同客户的重要程度，同时也可以将客户进行分类，以区分不同客户目前与本公司的业务进展情况。

4．可在贸易通中将默认的组“未分组商友”分组自建。根据个人喜好或许可自建为：长期客户、合作客户、论坛好友、需回复客户、询盘客户、意向客户、原料供应商等。

（六）客户管理经验

（1）平时注意整理客户档案和分类。

（2）多收集客户资料。

（3）从一开始就将管理进行到底。

任务训练

能够利用阿里旺旺给自己的店铺进行客服服务，体会面对不同消费者的方法。

素质拓展

网络客服沟通的技巧

作为客服，你面对的是每一个各不相同的来电者，个性、心境、期望值各不相同的个体。你既要有个性化的表达沟通，又必须掌握许多有共性的表达方式与技巧。下面举一些比较好的客服沟通例子。

1．选择积极的用词与方式

在保持一个积极的态度时，沟通用语也应当尽量选择体现正面意思的词。比如说，要感谢客户在电话中的等候，应该把常说的“很抱歉让你久等”转变成“非常感谢您的耐心等待”。

如果一个客户就产品的一个问题几次求救于你，你想表达你让客户真正解决问题的期望，你不要直接说，“我不想再让您重蹈覆辙”。这会让感觉非常不好，可换成“我这次有信心这个问题不会再发生”。 是不是更顺耳些呢?

又比如，你想给客户以信心，于是说“这并不比上次那个问题差”，按上面的思路，你应当换一种说法“这次比上次的情况好”，即使是客户这次真的有些麻烦，你也不必说“你的问题确实严重”，换一种说法“这种情况有点不同往常”不更好吗？你现在可以体会出其中的差别了吗?

下面是更多的例子（供参考）。

习惯用语：问题是那个产品都卖完了。

专业表达：由于需求很高，我们暂时没货了。

习惯用语：你怎么对我们公司的产品老是有问题。

专业表达：看上去这些问题很相似。

习惯用语：我不能给你他的手机号码。

专业表达：您是否向他本人询问他的手机号。

习惯用语：我不想给您错误的建议。

专业表达：我想给您正确的建议。

习惯用语：你没有必要担心这次修后又坏。

专业表达：你这次修后尽管放心使用。

2．善用“我”代替“你”

在下列的例子中尽量用“我”代替“你”，后者常会使人感到有根手指指向对方。

习惯用语：你的名字叫什么？

专业表达：请问，我可以知道你的名字吗?

习惯用语：你必须……

专业表达：我们要为你那样做，这是我们需要的。

习惯用语：你错了，不是那样的!

专业表达：对不起我没说清楚，但我想它运转的方式有些不同。

习惯用语：如果你需要我的帮助，你必须……

专业表达：我愿意帮助你，但首先我需要……

习惯用语：你做的不正确……

专业表达：我得到了不同的结果。让我们一起来看看到底怎么回事。

习惯用语：听着，那没有坏，所有系统都是那样工作的。

专业表达：那表明系统是正常工作的。让我们一起来看看到底哪儿存在问题。

习惯用语：注意，你必须今天做好！

专业表达：如果您今天能完成，我会非常感激。

习惯用语：当然你会收到. 但你必须把名字和地址给我。

专业表达：当然我会立即发送给你一个，我能知道你的名字和地址吗？

习惯用语：你没有弄明白，这次听好了。

专业表达：也许我说的不够清楚，请允许我再解释一遍。

3. 在客户面前维护企业的形象

如果有客户一个电话转到你这里，抱怨他在前一个部门所受的待遇，你已经不止一次听到这类抱怨了。为了表示对客户的理解，你应当说“我完全理解您的苦衷”。

另一类客户的要求公司没法满足，你可以这样表达：“对不起，我们暂时还没有解决方案”。尽量避免不很客气的手一摊：“我没办法”。当你有可能替客户想一些办法时，与其说“我试试看吧”，为什么不更积极点：“我一定尽力而为”。

如果有人要求打折、减价，你可以说：“如果您买 10 台，我就能帮你”而避免说“我不能，除非”。客户的要求是公司政策不允许的，与其直说“这是公司的政策”不如这样表达：“根据多数人的情况，我们公司目前是这样规定的”。如果客户找错了人，不要说“对不起，这事我不管”，换一种方式：“有专人负责，我帮您转过去”。

另外，不要把方言中的一些表达方式应用在普通话中。比如“一塌糊涂”、“不会啦”等上海或港粤台味道的表达，不应带到普通话的规范表达中。

语言表达技巧也是一门大学问，虽然现在提倡个性化服务,但如果我们能提供专业水准的个性化服务，相信会更增进与客户的沟通，不要认为只有口头语才能让人感到亲切。我们对表达技巧的熟练掌握和娴熟运用，可以在整个与客户的通话过程中体现出最佳的客户体验与企业形象。

（文章节选陈世聪的《网络客服沟通的详细语言技巧》）

任务 3　谈判与沟通技巧

要求能掌握谈判沟通的相关知识，培养一定的谈判能力，能独立开展简单的客户谈判工作。

工作过程

文明友好的交流法则→与买家的有效沟通技巧

相关知识点

一、文明友好交流

找到客户资源以后，就要考虑如何与客户沟通、与客户建立关系，把潜在客户变成新客户。但是有效沟通的基本准则是文明友好交流，而文明友好交流沟通必须掌握以下法则。

1．卖家在做一件事情或是发表一些言论之前，想想这么做会不会伤害别人。

2．不要恶意侮辱、批评他人，尊重建立在相互的基础上，只有你尊重了别人，别人才有可能尊重你。

3．在论坛、新闻组发帖的时候应该尽量做到主题明确，别人回复你以后不管说的对还是不对，都应该感谢对方（当然，对于那些恶意捣乱的人你没必要这么做）。

4．不同的提问方式，结果可能也是不同的，礼貌和尊重很重要。

5．如果你的要求被对方拒绝了，也不要出言攻击对方，因为别人没有为你服务的义务，所以就算对方连理都不理你，也是有充分理由的（尽管这么做不怎么礼貌，也很冷漠）。

6．争论是正常的现象，但是要以理服人，不要进行人身攻击。

7．应该尊重他人的生活习惯。

8．尊重别人的劳动成果，不剽窃别人的作品，不要试图对别人的作品做一些作者明确禁止的事情。

9．不要做一些有失尊严的事情。你可能只是想表达自己的某种心情，但别人也许会认为你是个没有尊严的人。请记住，一个没有自尊的人别人是不可能尊重你的。

10．远离连环信的活动。在网上（尤其是 QICQ）可能经常收到类似“把这个消息告诉你的十个朋友你将得到什么好处”的信息。如果你不幸收到了，请不要将它继续下去，更不要做一些诅咒对方家人的事情，这极有可能让你成为一个不受欢迎的人。作为一位优秀的网络沟通人员是不应该参与这些连环信活动的。尤其更不能向自己的客户发送。

11．记住人的存在。互联网给予来自五湖四海的人们一个共同的地方聚集，这是高科技的优点，但往往也使得我们面对电脑屏幕时忘了是在跟其他人打交道，我们的行为也因此容易变得更粗俗和无知。网络礼节的第一条就是“记住人的存在”。

12．在现实生活中大多数人都遵纪守法，同样，在网上也应如此。网上的道德和法律与现实生活是相同的，不要以为在网上与电脑交易就可以降低道德标准。

13．同样是网站，不同的论坛有不同的规则。在一个论坛可以做的事情在另一个论坛可能不宜做，建议最好先趴一会儿墙头再发言，这样可以知道坛子的气氛和可以接受的行为。

14．在提问题以前，先自己花时间去搜索和研究，很有可能同样的问题以前已经问过多次，现在的答案唾手可得。不要以自我为中心，别人为你寻找答案需要消耗时间和资源。

15．给自己在网上留个好印象。以为网络的匿名性质，别人无法从你的外观来判断，因此你的一言一语就成为别人对你形象的唯一判断依据。

16．分享你的知识，除了回答问题外，还包括当你提了一个有意思的问题并得到很多回答，特别是通过电子邮件得到以后，你应该写份总结与大家分享。

17．尊重他人的隐私。别人与你用邮件或私信（ICQ/OICQ）的记录应该是隐私的一部分，如果你认识的某个人用笔名上网，在论坛上你未经同意将他的真名公开，也不是一个好的行为；如果不小心看到别人打开电脑上的电子邮件或密码，你不应该到处广播。

18．不要滥用权利。管理员版主比其他用户有更多权利，应该珍惜使用这些权利。游戏室内的高手们应该对新手手下留情。

19．宽容。我们都曾经是新手，都会有犯错误的时候。当看到别人写错字、用错词、问一个低级问题或者发表没有必要的长篇大论时，不要在意。如果真的想给他提议，最好用电子邮件私下提议，人都是爱面子的。

20．做个网民，仅用文字来表达情感、意图或语调通常很困难，因此早期的 Internet 用户发明了图译。图译是通过基本键盘字符做出的虚拟表情，之后聪明的工作人员又把它们制作成了图片，用户只需要点击相应的表情图片就可以了。

21．聪明的网民喜欢将常用的短语简化为几个简单的字母。

二、与买家的有效沟通

（一）有效沟通的概述

1．何谓有效的沟通

有效沟通就是双方之间语言和思想上的高效互动，是指通过听、说、读、写等思维的载体，通过演讲、会见、对话、讨论、信件等方式准确、恰当地将自己的思想向对方表达出来，以促使对方接受。在商务中，能否进行沟通，沟通有效程度如何，直接关系到交易能否继续，影响到客户的忠信程度。

2．达成有效沟通必备的条件

首先，信息发送者清晰地表达信息的内涵，以便信息接收者能确切理解；其次，信息发送者重视信息接收者的反应并根据其反应及时修正信息的传递。免除不必要的误解，两者缺一不可。

3．真确看待网络沟通工具

在网上开店，通常以淘宝旺旺、邮件等为主要沟通工具，一般以文字交流为主。此类沟通的优点是卖家容易显得从容，表达更加充分。可以掩饰语言交流上的弱点，容易给买方留下第一好的印象。同时也存在不少缺陷。如虚拟沟通不直接，不易凸显个人的沟通魅力优势，与对方建立信任感需要较长的时间。

（二）有效沟通的技巧

1．懂得尊重顾客，并且要从内心深处尊重客户

每一个个人，受尊重都是人生价值的一种体现，我们需要别人的尊重，顾客也一样需要受到尊重，并且人都容易被尊重而征服。因此，有经验的优秀店主，不管客户以哪种姿态和自己交流，无论客户是善意还是敌意，都会以诚相待客户，真心尊重顾客。如遇到网络新手客户，通过即时通讯工具进行咨询时，尤其当对方打字速度比较慢时，客户服务人员应该耐心等到，并认真解答对方的询问。同时在与对方的通信中，尽可能多用礼貌用语及尊称、如“您”、“某某先生”、“某某女士”等，书写内容多用较短的语句，别让客户久等。如客户使用邮件等工具进行咨询时，要即时回复对方邮件。

2．学会对客户使用恰当的赞美

赞美是满足人虚荣心的杀手锏，是赢得客户芳心的有力武器。作为店铺经营人员或客户服务人员，应学会如何赞美客户，尤其通过聊天交流时，发现客户的优点后，应该学会合适的语句赞美对方。但是，赞美是一门艺术，无论在用词上，还是赞美时机、赞美频率都必须恰如其分，否则会适得其反。

3．巧用沟通工具提供的表情

表情是沟通的润滑剂，有时能起到“润物细无声”的效果，目前许多即时通讯工具都提供丰富多彩的表情，比如旺旺工具里就具有许多美好的表情符。当然也要讲究表情的使用技巧，如初步接触时以多用“微笑”、“握手”为宜，大家经多次接触熟悉后，可以升级到“憨笑”、“大笑”、“干杯”等表情符，注意一般在与客户沟通时，无论你与客户有多熟悉，尤其和异性沟通时，建议尽量少用类似“飞吻”、“拥抱”等的表情，甚至不用为妙。

4．学会换位思考

换位思考是我们了解对方、理解对方的最佳方式，在商务沟通中，只有通过换位思考，我们才容易读懂客户，知道客户想说什么，想做什么，甚至理解客户，包容客户，从而最终征服客户。

5．实事求是，不遮不掩

要想长期巩固市场，留住老客户，拓展新客户，除了提高产品质量和服务质量之外，获得客户的信任也是成功的关键因素。店主在与客户沟通时，尤其在产品介绍时、服务介绍时等方面，必须做到实事求是，不遮不掩，在网购中，由于客户对产品的了解多数是通过店铺上的产品信息介绍和图片宣传信息，如果夸大其词，往往会引起客户过大的心理反差，很多购物纠纷缘起于卖家的不求实际或有意隐瞒。事实上网上交易过程中不求实际或有意隐瞒，不仅会影响自己的信誉度，而且还会为自己带来大批量客户退货的麻烦和经济损失。

6．态度一致，热情服务

目前市场上很多卖家，在客户购买前，热情如火，服务非常周到，待产品出售后，对买家不理不睬，过于冷漠。在电子商务迅猛发展的今天，上述的客户服务态度必定自酿苦酒，将付出沉重的代价。事实上卖家真正的热情不是在成交前，而是成交之后，只有热情能持之以恒的卖家才会博得客户芳心，留住老客户，迅速发展新客户。

7．区别对待

网络客户有很多类型，在与客户沟通时应该注意辨别客户的类型，并区别对待。

8．调节气氛，以退为进

在说服时，首先应该想方设法调节谈话的气氛。如果和颜悦色地用提问的方式代替命令，并给人以维护自尊和荣誉的机会，气氛就是友好而和谐的，说服也就容易成功；反之，在说服时不尊重他人，拿出一副盛气凌人的架势，那么说服多半是要失败的。毕竟人都是有自尊心的，就连三岁孩童也有，谁都不希望自己被他人不费力地说服而受其支配。

9．争取同情，以弱克强

渴望同情是人的天性，如果想说服比较强大的对手时，不妨采用这种争取同情的技巧，从而以弱克强，达到目的。

10．消除防范，以情感化

一般来说，在和要说服的对象较量时，彼此都会产生一种防范心理，尤其是在危急关头。这时候，要想使说服成功，就要注意消除对方的防范心理。如何消除防范心理呢？从潜意识来说，防范心理的产生是一种自卫，也就是当人们把对方当作假想敌时产生的一种自卫心理，那么消除防范心理的最有效方法就是反复给予暗示，表示自己是朋友而不是敌人，如这种暗示可以采用种种方法来进行，如嘘寒问暖、给予关心、表示愿给帮助等。

11．投其所好，以心换心

站在他人的立场上分析问题，能给他人一种为他着想的感觉，这种投其所好的技巧常常具有极强的说服力。要做到这一点，“知己知彼”十分重要，唯先知彼，而后方能从对方立场上考虑问题。

12．寻求一致，以短补长

习惯于顽固拒绝他人说服的人，经常都处于“不”的心理组织状态之中，所以自然而然地会呈现僵硬的表情和姿势。对付这种人，如果一开始就提出问题，绝不能打破他“不”的心理。所以，你得努力寻找与对方一致的地方，先让对方赞同你远离主题的意见，从而使之对你的话感兴趣，而后再想法将你的主意引入话题，而最终求得对方的同意。

小故事

高明客服如风水先生不见面也能猜出买家样子

金牌客服沙沙可以通过网上聊天来判断买家的性格和心理。有一次，一个女生咨询一双男装鞋的款式布料，沙沙立刻想到这位小姐是给男朋友买鞋子的。“要什么码数的呢？”“39 码的。”这时沙沙其实已通过码数知道了她男朋友的大致身高，从而也知道了她男朋友应该是比较瘦的。通过这名女生网上聊天的语气，沙沙还知道她是开朗和喜欢做主的女生。根据“互补原则”，她男朋友应该是比较听女朋友管教的。

“我猜你男朋友是戴眼镜的。”“你怎么知道呢？”这名女生还给沙沙发了一张照片，里面有五个同样穿着伴娘装的同龄女生，让她猜是谁。沙沙想，一个开朗、喜欢做主的女生应该是站在显眼位置而且穿着时尚、惹人注意的，于是立即猜出了谁是这个女孩。这么一来，这个女孩便觉得她和沙沙“太有缘分”了，距离一下子拉近了很多。后来，沙沙不仅让这位女生买了件男装给她男朋友，还帮衬她买了一件女装。

试分析此故事中沙沙都用了哪些谈判沟通技巧？请说说沙沙是如何做到这一点的？类似成功的沟通客服人员应该具备什么样的素质？

（文章节选《时尚频道——网络客服经典案例》）

任务训练

1．结合传统营销对消费者心理分析的有关知识，对比分析网络消费的心理，试论述二者之间的关系。

2．查询有关资料，结合自己的所见所闻，试分析目前的网络骗局类型，应该如何防范。

3．试分析优秀的客服人员在客户沟通中应该具备哪些素质。

4．查询有关资料，说说客服人员如何说服不同类型的客户。

素质拓展

1．访问当当网店铺，分析当当网在对客户关系管理方面的处理办法，并对比分析淘宝的客户管理，谈谈自己的看法。

2．结合所学知识，了解身边的同学，尝试与对方沟通，并总结自己的沟通效果。

情景十一　如何宣传自己的店铺

知识目标

熟悉店铺推广体系，理解每个环节的营销方法，熟悉淘宝网免费和付费推广资源的推广运用，掌握店内促销推广工具的使用。

技能目标

具备多种途径、多种方式的店面推广技能，能够独立开展店面推广工作。

素质目标

了解淘宝相关推广资源的使用协议及规则，进行安全的信息交流与推广，学会网上沟通的技能。具备独立开店、创业的店铺推广素质。

任务导入

细心店主教你内外兼修地宣传自己的店铺

小吴在淘宝上经营了一家球鞋店铺，目前这家店铺平均利润达到了 4000 元/月，他也从原来的兼职小卖家成为 4 钻信誉的专职大掌柜。

在小吴看来，在淘宝上开店，货源和价格是首要条件，但是真正想把生意做好做大，还需要宣传，要将自己的店铺和产品宣传得尽人皆知。

对于店铺的宣传，小吴有他的独到之处。进入小吴的店，给人印象最深刻的恐怕就是店铺的装修。时尚动感的色彩搭配、大气却又不乏细致的布局、鲜亮的宝贝图片，加上闪闪的 4 钻信誉，立即给人正规可靠的感觉。据小吴介绍说，这个旺铺模板是他专门请专业的设计师设计的，开门做生意形象很重要，由于店铺经营的都是品牌球鞋，所以只有装修上去了才可以衬托出产品的档次，让顾客感到物有所值，甚至物超所值。

由于在淘宝上给客户展示商品的方式主要是通过图片和文字介绍，所以店中宝贝的图片除了球鞋厂商提供的产品介绍图外，为了方便顾客挑选，小吴还为库存的每款球鞋从多个角度拍摄了照片。虽然整个过程工作量很大，但是多角度的实物拍摄，免去了很多顾客的顾虑，也减少了顾客因为实物和图片有所出入而导致的退货问题。

店铺装修、店铺名称、宝贝名字以及宝贝描述等都属于内功，只有练好了内功才可以留住来访问的客户，而吸引客户访问则需要练好外功。以下是小吴常用并且收到了一定效果对外宣传手段。

1．购买旺铺以及加入消费者保障服务

旺铺拥有普通店铺无可比拟的优势，其模板可自定义的项目更多，模板布局更为大方，卖家可以通过图片和文字更好地对自己的宝贝进行展示。消费者保障服务可以在一定程度上提高卖家的信誉度，同时也可以减少消费者的购物顾虑，让消费者放心购买。

2．充分利用自己的空间

在个人空间写点关于自己和所经营产品的文章，可以让客户更加了解自己，从而拉近与客户之间的距离。

3．积极到消费者社区发表帖子

消费者社区是淘宝网的消费者购物交流的平台，拥有很旺的人气，卖家经常在社区发表帖子和回复帖子，可以提高自己的知名度。如果自己的帖子被设置为精华帖，将带来不少的浏览量，同时也会为店铺带来潜在的客户。

4．交换友情超链接

合适的友情超链接可以给店铺带来不小的流量，挑选一些经营的商品与自己的经营项目相关但是又不构成竞争关系的店铺交换友情链接。

5．参加淘宝举办的各种促销活动

淘宝举办的促销活动有免费的和收费的，卖家可以根据自己的实际经营情况有针对性地参加。目前比较流行的促销活动有淘客推广活动，按成交量付费，适合大部分卖家。当然，有一定财力的卖家也可以购买淘宝的广告位，虽然价格不菲，但是带来的效果是十分可观的。

6．店内开展促销活动

在自己的店铺中经常举办一些促销活动，除了在店铺的促销栏中进行宣传外，还可以通过更换阿里旺旺的头像、论坛签名以及通过阿里旺旺群发消息等方式进行宣传。需要注意的是，群发消息容易引起消费者的反感，甚至导致投诉，需要慎用。

（注：文章出自吴琪菊、费一峰编著的《淘宝网开店与交易》案例）

任务提示

很多初学网上开店的朋友都认为，网上开店，只要把店面装修好，把产品上架后就算完成，接下来就是等待订单，可是事实并非如此，其实开店就是一个完成营销推广过程，为了让大家系统地把握店铺的宣传推广，在此将该部分内容分成六个分任务，希望大家在理解第一个人任务内容的基础，分别从多个方面掌握各种推广方法，并提升推广技能。

任务提出

任务 1　店铺宣传与推广体系

任务 2　运用淘宝网免费活动资源宣传店铺

任务 3　运用店内常规宣传方式宣传店铺

任务 4　运用店内促销工具宣传店铺

任务 5　运用淘宝网付费营销方式宣传

任务 6　店铺宣传技巧

任务 1　店铺宣传与推广体系

要做好店铺的全面推广，必须熟悉店铺推广的整体思路，明确每一个推广环节的任务及推广方法。

工作过程

寻找信息接触点→构建店铺推广体系→梳理店铺宣传与推广的总体步骤

相关知识点

一、店铺推广中的信息接触点

店铺推广中的信息接触点主要指在店铺推广过程中，卖家所发布的信息能被买家发现或查询到的地方，也就是从事店铺推广、宣传时的信息投放区域。一般而言，目前买卖双方的信息接触点主要包括站内搜索区、论坛空间、搜索引擎、促销活动区、达人区、淘宝页面广告位、友情链接、其他网站或论坛等。

系统了解信息接触点，熟悉每个接触点的信息发布类型、信息特点、推广优势等知识，是做好店铺推广的先决条件。

二、基于买家购物流程的店铺推广体系

熟悉店铺推广体系有利于大家对店铺推广中各个环节的整体把握，为了更好地掌握店铺推广，以下紧扣买家购物流程，详细描述了店铺推广体系及相应的推广方法，如图 11-1 所示。

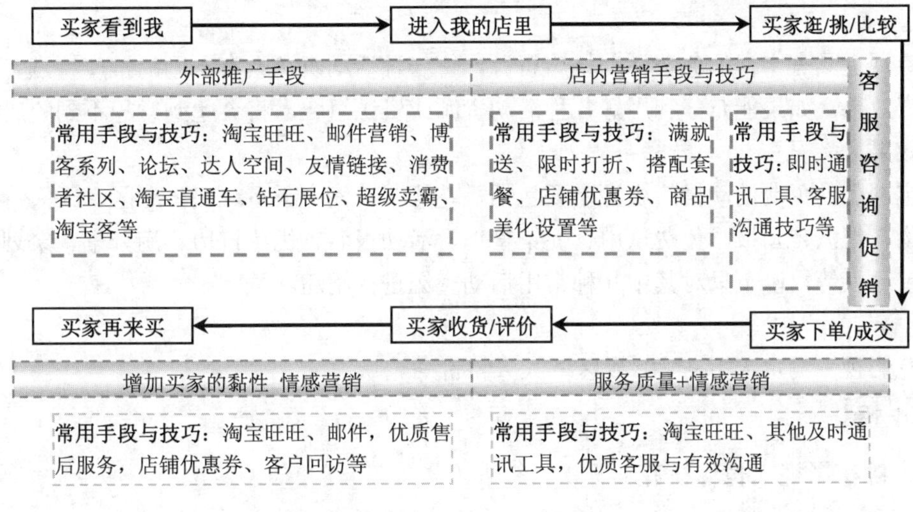

图 11-1

三、店铺宣传与推广步骤

第一步：寻找目标买家能够接触到的信息点，分析信息点中信息的特点，确定信息发布类型及发布方式。

第二步：结合客户群体特征，制作并投放让目标客户感兴趣的信息内容。

第三步：合理运用各种营销推广技巧，吸引目标客户的关注，增加店铺总流量。

第四步：综合运用一定的促销手段及沟通技巧，提升客户的购买欲望，将流量变为销量。

第五步：合理采用一定手段与技巧，在开发潜在客户的同时，增加原有客户的黏性，提高原有客户的回头购买率。

任务训练

简述店铺推广的流程体系。

素质拓展

网络营销案例分享

网络营销案例是网络营销中一个很重要的部分，作为方案策划之后，案例的出现将会对于策划一个很好的检测与评价。现在来分享一下网络营销案例。

深圳电信效益型网络营销

深圳电信是中国电信系统内的优秀单位，其网上客服中心网站作为深圳电信业务服务平台，也具有行业领先性。为了进一步提升 SZ10000 网站的用户满意度和网站使用率，深圳电信需要从一个第三方的客观角度、用户的角度找出影响用户使用网站的不方便因素，全面提升网站的用户满意度，达到人气旺盛，增加网上渠道业务量的目标。深圳电信同时通过网站平台开展了大规模的“我为电信献良策”有奖调查活动，由于电信用户对 SZ10000 网站的较高忠诚度，活动每周都收到大量反馈意见，显示网站建设及运营的细节问题对于用户带来的各种困扰。在对用户体验问题进行深度挖掘并给出解决方案的同时，针对深圳电信业务的网站特点总结了一份“网站易用性建设规范”，作为其长期参考的管理文件。这个案例也成为现在网络营销案例中一个很经典的效益型网络营销案例。

任务 2　运用淘宝网免费活动资源宣传店铺

淘宝网上具有丰富的免费活动推广资源，每一种活动资源具有不同的推广特点、推广形式及推广效果，如果能充分利用好各种活动资源或资源组合，将会起到意想不到的店铺宣传及推广效果。

淘宝网上的免费活动推广资源主要包括桃花影视、淘宝天下、VIP 专区、天天特价、论坛、礼物、帮派、画报、免费试用、促销管理、活动报名、优惠日历、淘分享、聚划算、钱庄、淘宝达人等，以下只对其中几种常用活动资源进行阐述。

工作过程

桃花影视→淘宝天下→VIP 专区→天天特价→论坛

相关知识点

一、桃花影视（也称桃花娱乐）

（一）桃花影视概述

桃花影视属于数字分享交易平台，以短篇的形式展现音频、视频、电子图书、图片、文字作品等各类电子数字化作品以及与数字化作品相关的内容。一般可以展示视频短片，店铺推广者可以将广告短片、产品信息、品牌信息等通过视频的形式在这里展示，从而达到对店铺宣传的目的。同时该平台更适合用于游戏、影视等虚拟商品的宣传推广。

（二）桃花影视资源的特点

1．宣传内容信息量较小

利用桃花娱乐资源进行产品宣传时，主要以短片形式进行宣传，决定了每则宣传内容信息量较小，因此在进行宣传内容设置时，要做到精心准备，对宣传内容进行精心设计。

2．宣传形式生动，感染力强

桃花娱乐多以音频、视频、电子图书、图片、文字作品等各类电子数字化作品为主，在宣传过程中能产生强大的声音、视频冲击力，形式生动直观，从而能起到很好的宣传效果。

3．对视频编辑能力要求较强

由于桃花娱乐资源形式多样，尤其采用音频、视频进行宣传时，要求店主不仅能精心策划宣传内容，而且还需要具有较强的音频、视频编辑能力。

（三）桃花影视资源的宣传操作流程

1. 通过淘宝页面的“桃花娱乐”页面点击进入桃花影视首页面，如图 11-2 所示。

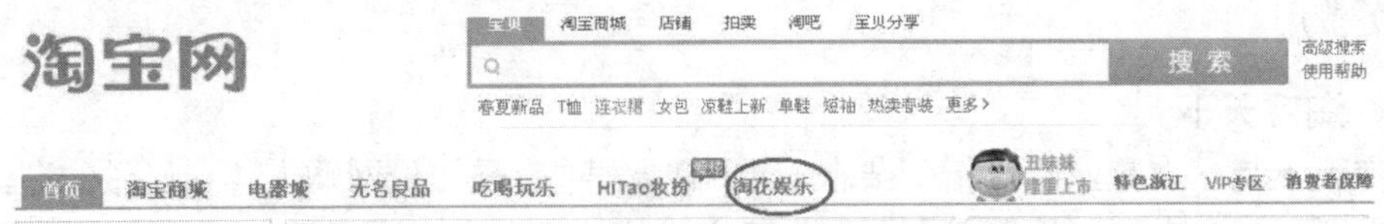

图 11-2　桃花娱乐连接节点页面

2. 通过桃花娱乐注册页面进行会员注册（如果已经注册的用户可直接通过“登录”或“我要开店”按钮键进行登录），如图 11-3 所示。

图 11-3　桃花娱乐会员注册页面

3. 注册成功后，点击“我要开店”直接登录，填写完成基本信息，如图 11-4 所示。

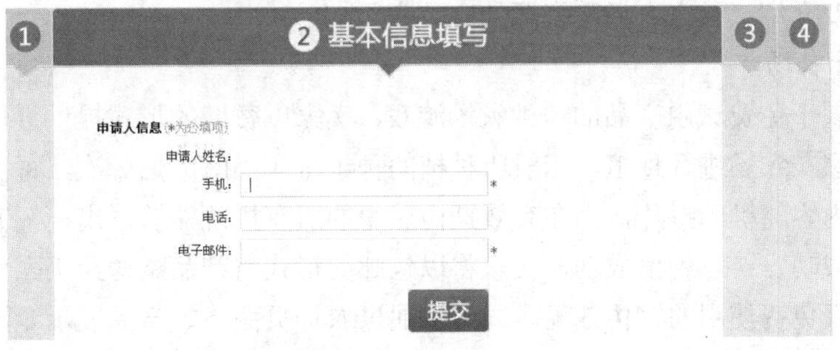

图 11-4　基本信息填写页面

4. 分别进行“淘花网协议签署”及“支付宝代扣协议签署” 即可完成注册，如图 11-5 所示。

请签署支付宝代办代扣协议和支付宝授权协议，然后返回当前页面，完成入驻.

图 11-5　签署支付宝代扣协议页面

特别提示：桃花影视属于免费宣传平台，但是将来有收费的可能性，其收费模式主要是针对卖家通过该平台所出售产品所得的一定百分比，换句话说产品没有销售出去，就不收取任何服务费用。

二、淘宝天下

淘宝天下是一本专业网购指南杂志，属于官方媒体，是一份网购人群自己做的潮流周刊，让网购人群互相分享自己的消费方式、生活方式的社区。淘宝天下类似于传统的报刊杂志，在淘宝天下发布产品信息广告如同在传统商业报刊登记商业广告，但是其版面广告位一般需要付费购买。

淘宝天下主页面包括“淘宝城市”、“淘宝秀场”、“我爱淘折”、“神奇农场”、“品牌中心”、“壹报壹店”、“天下聚划算”、“淘社区”等频道专区，目前不少专区是以免费资源的形式为用户提供，如神奇农场、天下聚划算、淘社区等，淘宝天下主页面如图 11-6 所示。

图 11-6　淘宝天下主页

在这里主要介绍“神奇农场”资源的宣传应用。

（一）神奇农场

神奇农场属于免费试用产品的一种农场游戏，卖家以赞助的形式提供宣传产品作为种植种子，通过买家在农场进行种植，一般所种植的种子每 4 小时成熟一次，每次收获时都会获得数量不等、内容随机的拼片，当在有效期内获得的所有拼片能够拼出一幅完整的种子拼图时，就算种植成功，一旦种植成功，卖家将以包邮的形式将产品赠送给买家免费使用，从而达到对产品进行免费使用的宣传效果。同时也通过农场页面下方产品展示专区，为卖家进行店铺信息宣传，从而达到向用户进行实时宣传的目的。产品展示专区页面如图 11-7 所示。

图 11-7　神奇农场产品展示专区页面

（二）神奇农场资源推广操作流程

1．卖家通过淘宝天下页面的“神奇农场”入口点击登入农场页面，如图 11-8 所示。

图 11-8 “神奇农场”入口页面

2．通过神奇农场主页面中的“我是卖家”节点进入卖家报名页面，点击“卖家报名”入口进入买家信息填写页面，如图 11-9 所示。

图 11-9 卖家报名页面

3．完成卖家基本信息内容填写后，就可以继续进行商品上架处理，具体步骤：登录后台签订赞助协议→填写店铺及商品信息→等待审核→审核通过→支付宝充值→冻结保证金及红包→商品上架。

4．宣传产品：在商品上架后，商品便进入种植宣传阶段，如果有买家种植成功的，卖家就以免邮费的形式向买家赠送商品。

特别提示：

（1）神奇农场宣传产品时，一定要认真阅读游戏规则；

（2）买家在选择该宣传模式时，一定要做好足够的为买家赠送产品的心理准备；

（3）该模式比较适合拟定产品试用推广的卖家使用。

三、VIP 专区

（一）VIP 专区概述

VIP 专区也就是 VIP 会员俱乐部，淘宝 VIP 是淘宝最有价值的活跃用户，VIP 会员俱乐部是淘宝网为 VIP 提供以购物为核心的多方位、一站式服务以及尊荣特权；并不断开创更多更好的线上线下消费体验，全心全意服务于 VIP 用户的服务平台，在这里会定期举办针对 VIP 会员的推单品活动。

VIP 用户将享受淘宝网与合作伙伴的多种 VIP 服务。目前已包括购物折扣、特惠专享、旺旺身份等。

（二）VIP 商品推广的优势

无论商品是以打折或者优惠价格等出售，成交价格在销售记录中显示原价，对于商家而言这有利于获得商品的价格效应。

（三）VIP 推广操作流程

1．在淘宝页面点击“VIP 专区”，进入 VIP 会员主页面，如图 11-10 所示。

2．在 VIP 会员主页面下方的商家招募入口。通过“马上申请入住”，即可进入到 VIP 淘宝招兵买马帮，加入该帮派，如图 11-11 所示。

特别提示：

所有报名参加 VIP 活动的商品，商家均需要在报名前设置好 VIP 店铺 LOGO，如果没有设置店铺 LOGO 的商品，将不能通过审核。

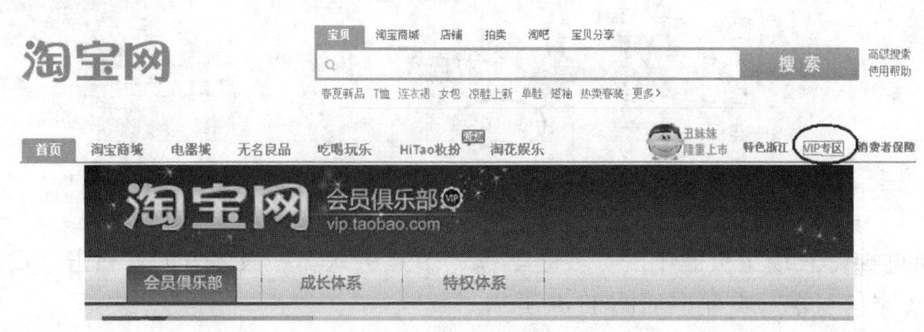

图 11-10 VIP 会员登录及 VIP 专区主页面

图 11-11 申请 VIP 会员入驻页面

四、天天特价

（一）天天特价概述

天天特价频道为淘宝网促销频道，域名为 tejia.taobao.com。频道每日精选 26 件超低实惠特价包邮商品，更有 9.9 包邮促销商品，每天 10 点开始抢购。

（二）天天特价推广优势

1．买家以优惠价成功购买，但是商品历史成交记录显示为原价。

2．首页面会在抢购前，发布一个促销预告，买家会随时关注特价商品，从而绑定更多的消费群体。起到很好的促销效果。

（三）天天特价推广操作流程

1．在淘宝页面点击“天天特价”按钮，进入天天特价主页面。

2．通过主页面下方的“马上申请加入”即可进入天天特价招兵买马帮页面。

3．在天天特价招兵买马页面下方或者右上方点击“商家报名”，选择入口节点。

4．按照审核要求及流程进行申请审核即可，天天特价商家申请审核流程如图 11-12 所示。

图 11-12 天天特价商家申请审核流程

（四）报名要求

1．商品必须是全国包邮。

2．商品折扣必须是 5 折起。

3．报名时需要在店铺左侧加上活动标识，作为审核标准之一。

（五）天天特价活动参与技巧

1．充分做好活动前的准备

（1）设置完全。按活动要求进行好相关设置。

（2）货物准备充分。都要有现货（确保能够 3 天内发货，不然买家的体验会不好），并且能够先将大部分的商品打包好，准备好足够的快递单。

（3）合理安排人员。活动开始之前客服准备到位，设置好相应的快捷回复，及时地回答顾客的咨询，独立设置一个能够专门和频道小二以及护法联系的号码，不分流，确保能够及时联系（确保活动刚开始时大量流量进入的情况下有电脑是不死机的）。

2．做好关联工作

（1）搭配套餐：搭配套餐的商品的价格不能太高，要有一定的优惠力度；搭配套餐的商品最好是和活动商品有一定的关联，是买家在购买活动商品时马上能够联想到的商品（套餐商品的价格太高了，或者是和活动商品完全没有联系，大家购买的欲望就会降低）。

（2）调整宝贝描述：把官方允许添加的一些需要添加在商品详情的内容添加好；把买家可能碰到的一些问题的解答也添加到宝贝描述里，减轻客服的压力；除了套餐外的关联销售。

（3）要把本店铺“有商品要做活动”的消息提前通知老顾客，给予老顾客足够的关怀。

（4）同时，在自己的店铺提前做好参加活动商品的预告（通过自身流量的带来的一些额外销售额）。

3．活动过程中

（1）确保活动刚开始时大量流量进入的情况下有电脑是不死机的，并且确保活动负责人的旺旺是买家未知的，仅于频道小二或者护法联系。

（2）确保活动时间内和频道小二或者护法联系的旺旺的在线。

（3）确保客服能够及时解答买家的疑问。

4．活动结束以后的回访

包括在三天后（一般的顾客都可以收到货了），了解客户的收货情况，如果有意外及时处理。使用一个月后回访使用情况，并给顾客提供适当的专业解释（这有利于增加买家的黏性）。

五、消费者社区

（一）消费者社区概述

消费者社区本质上属于网上论坛，是消费者云集的网络场所，在社区里汇集了众多淘友，大家以帖子的形式发表自己的见解、分享成功经验、寻找潜在客户等。所以搜贴、发帖及回帖是每位社区平台交流者必备的基本技能。

淘宝网消费者社区分为“淘宝大学”、“经验畅谈居”、“诚信防骗店”等多个版块，每个板块的帖子内容各有侧重，其谈论主题各不相同。

1．“淘宝大学”社区板块主要提供了大量的关于在淘宝上开店与购物的详细知识，为初学开店和淘宝网上购物新手淘友提供从入门到提升的相关知识，并开展系统的培训活动。

2．“经验畅谈居”主要是专门为淘宝成长中的卖家提供的经验交流场所，具有论坛分类细、知识针对性强的特点。

3．“诚信防骗店”主要向买家或卖家揭露不法人员的网络诈骗现象、欺诈手段及方式、诈骗鉴别等相关内容，尽可能提高交易双方的网络安全交易处理意识及应对能力。

（二）社区运用

1．社区论坛操作流程

（1）进入淘宝首页，通过页面右上方的“消费者社区”链接登录社区页面。

（2）点击社区页面的“论坛”按钮，在弹出的论坛版块页面中选择论坛类型，并进入该论坛主页。

（3）点击“个人中心”进入论坛登录页面，并以淘宝会员用户进行登录，如图 11-13 所示。

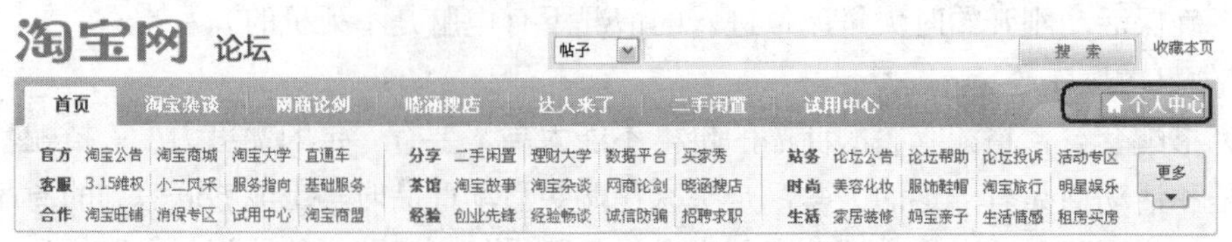

图 11-13　论坛登录页面

（4）创建帮派，在论坛里可以创建自己的帮派，帮派创建的基本信息填写页面如图 11-14 所示。

填写帮派基本资料

帮派名称：*　最多30个字

标签：　标签之间用 空格 分开 清楚的标签更容易吸引江湖志士的关注

简介：　向淘友描述你的帮派，建议不超过 30个字。

帮派状态：*　◉ 公开　加入帮派无需审核，任何人可浏览、回复帮派帖子

○ 半公开　加入需要管理员审核，任何人都可以浏览和发表回复，但是只有帮内成员可以发表新帖

○ 私密　只有帮派成员知道帮派的存在，只有接受帮内成员的邀请后才能加入

☑ 阅读帮派管理协议，您已同意淘宝帮派管理协议

创建帮派

图 11-14　帮派创建的基本信息填写页面

第一步：填写帮派资料，“选择帮派类目”—“填写帮派基本信息”—“创建帮派”。

第二步：上传帮徽。

第三步：邀请好友加入帮派。

（5）访问别人的帮派。在论坛主页上进行帖子搜索，查看感兴趣的淘友帖子，发表评论，或者发表自己的帖子等操作。

（6）如果有淘友对自己发表的帖子进行评论、咨询等时，应及时对对方的咨询进行帖子回复。

2．社区论坛推广技巧

（1）设置好个人信息。由于回帖时将会在消费者社区中显示作者的头像、姓名、旺旺号等信息，有利于树立自己在帮派中的个人形象；而对于发帖者便于卖家橱窗推荐。所以在论坛运用中要设置好个人基本信息。

（2）充分利用“创建帮派”资源，为自己的店铺宣传打好基础。首先，创建帮派有利于确定帮派的类目主题和帮派名称，并设置相关的标签，有助于间接地提高店铺宣传效果（特别提示：在创建过程中务必认真阅读相关协议，在不违反帮派创建协议的前提下，灵活确定

主题）；其次，通过自己的帮派管理，可以确定有特定爱好的好友，便于目标群体的确定。

（3）提高发帖、回帖质量

① 多发布有趣的原创帖子，提高原创帖子的写作质量，便于获得提高自己的流量、为自己获得更多的加分、获得更多的广告位等好处。

② 对帖子进行加精处理或推荐到首页，便于获得提高自己的流量、为自己获得更多的加分、获得更多的广告位等好处。

③ 多发布“买家真人秀”、“购物心得”、“风尚搭配”之类的帖子，来吸引买家注意。

④ 多关注社区赞助或主题赞助。

⑤ 提高自己的论坛级别，丰富论坛编辑器功能。

目前最新推出的论坛编辑器，增加了图片批量上传、视频上传、音乐上传、文本自动保存、编辑历史恢复等功能，方便大家使用，但是升级后的论坛，对论坛级别要求比较严格，如表 11-1 所示。

表 11-1　论坛级别权限

会员等级	限制权限
0	限制发帖权限
1	限制 html 代码；限制超链接，视频，音频；限制上传图片
2	限制 html 代码；限制超链接，视频，音频
3	限制 html 代码
4	限制 html 代码

卖家应该按照论坛获得积分的正确途径，获取积分（每发表一篇主题帖子获得积分 2 分，每日上限 20 分；每发表一个帖子回复获得积分 1 分，每日上限 10 分；帖子被志愿者或者系统自动删除获得积分–3 分，没有上限；回复被志愿者或者系统自动删除获得积分–1 分，没有上限；每日登录论坛获得积分 3 分，限每日一次），从而提升论坛等级，这样可以获得更多的论坛信息编辑、发布权限，发布图文并茂的帖子，增加帖子的点击率及回复率，提升自己的论坛形象。

特别提示：切记不能直接发布商品广告，以免被拉入黑名单，影响到自己的推广。如果一旦被拉入黑名单，应该即时联系商场客服，说明自己的情况，尽快解除黑名单。

（三）社区广告位

1．社区广告位概述

社区广告位通常属于有偿使用类型，因此卖家要想通过社区广告位进行店铺宣传，需要支付一定的租用银币。社区广告位分为首页广告位、站内信广告位、论坛广告位等多种类型。每种广告位除了有效期（一般为 1 天）、工作人员对广告位的申请审核及发布时间相同外，广告位的开放预定时间、每个位子的租用成本、广告数量等都各有不同，但是每种广告位都适合店铺或商品的推荐。

2．社区广告位租用的银币获取方式

（1）新注册用户时获取银币。

（2）通过多发高质量的帖子加精获取银币。

（3）积极参加淘宝论坛活动获取银币。

3．社区广告位的申请方式

（1）进入消费者社区页面，点击右下方的“预定广告位”链接按钮，进入预定社区广告位页面。

（2）选择社区广告类型（社区首页广告、站内信广告和论坛广告）及广告欲发布的论坛类型（淘宝大学、经验畅谈居、诚信防骗店等）。

（3）编写广告语、输入店铺或商品的链接地址，并输入校验码后，通过点击“预定”按钮完成广告位的预定工作。

（4）等待淘宝工作人员审核。

任务训练

1．试分析神奇农场与QQ农场的营销价值区别？在QQ农场可以进行营销推广吗？

2．简述类似淘宝神奇农场的娱乐式活动推广资源和其他活动推广资源相比较，有什么优势和劣势。

素质拓展

秒杀

（信息来源：百科名片 http://baike.baidu.com/view/2724065.htm#6）

“秒杀”是指网店店主推出限量的热门商品，然后规定由某日的几点钟开始销售，那么如果有大批网民在很短时间内守候在那里等待开始抢购，十几秒就抢完了，造成每秒都有多次成交、差一秒就没买到这种热火朝天的形势，被网民们形象地比喻为“秒杀”。

淘宝管理员解释：有些“秒杀”完全是卖家自己在自卖自夸，事先注册很多新用户，或者叫好一帮朋友，到时间后就一窝蜂上去抢购，造成生意很好的假象。

揭开秒杀的面纱

网购中的商家发布“秒杀”产品无非有两种目的。第一种：秒杀的价格低到与商品本身的价值没有什么关系，比如：一元钱秒杀汽车。秒杀的本质已经不是购买汽车，而是炒作事件，宣传本次活动，借本次活动达到商家想要达到的宣传目的，商品就是商家付出的广告费。目前这种手段不止被淘宝等电商巨头利用，也被很多B2C企业、Eshop网上商城所利用，如赛网定期举办秒杀羽毛球拍活动等。第二种：利用网民对“秒杀”的认识，销售商品，取得暴利。网民受秒杀事件营销的影响，认为秒杀的商品都异常便宜。部分无良商家抓住网民这种心理，对商品进行秒杀包装，ps的美图隐藏了商品的真品质真面目，吸引网购群体秒杀，从而赢得暴利。往往消费者拿到手里的商品不值秒杀的价格。秒杀原是电脑游戏中的名词，现已延伸到网络购物，指网络卖家发布一些超低价格的商品，让所有买家在同一时间通过网络进行抢购的一种促销方式。由于商品性价高，往往活动一开始就被抢购一空，所需时间甚至以秒计算。

如何运用好淘宝秒杀

如何吸引更多的人气和买家？如何提升网店的流量和知名度？秒杀是淘宝非常常见的一种促销方式，而且在促销频道天天都有秒杀。那作为一个卖家到底怎么才能做好秒杀活动呢？秒杀虽然只是短短一秒钟的时间，但为这一秒要做的事情简直太多了。首先要有清醒的认识，秒杀不是目的，而是促销手段。单靠秒杀是不能赚银子的。

看看你的店是否适合秒杀！

1．既然是秒杀，秒杀宝贝的价格就必须够震撼，一个不痛不痒的价格是无法吸引买家疯抢的。但并不是说卖家要把价格低到白送的程度。所以必须研究一件宝贝到底以什么价格秒杀才是最佳的。研究价格的方法：参考淘宝其他店铺日常的价格情况，不能做到行业最低，那至少做到品类或者型号最低。否则就不要去选择这样的宝贝秒杀。

2．如果店铺开店时间不长，秒杀的宝贝一定不要选择一直无人问津的宝贝，宝贝都没有人评价过优劣，是很难让买家对你的宝贝充分信任的。无人问津的产品当然也可能是因为价格高没人买，但更可能是没人喜欢这样的宝贝，这个可以参考一下宝贝的浏览量可知。

3．秒杀的宝贝如果是店铺的主销产品，那需要根据实际情况决定是另外再上架一个同样的宝贝专做秒杀用，还是就拿主销产品的宝贝页面作为秒杀用。选择的原则在于，如果秒杀活动后对主销产品产生严重的后遗症，比如再有买家来买都希望用秒杀价买，你不降价就不买的情况比例太高，那就应该另外上架一个宝贝做秒杀用。当然这个需要大家在实践中去总结。

4．秒杀的宝贝最好是比较受欢迎的一类，也就是购买人群基数大的宝贝，很难想象没什么人需要的宝贝能让大家去疯抢。因为即使你价格低，买家也会因为对其用处不大而没有兴趣参加秒杀，在这里推荐大家选择人们日常生活中经常用的宝贝。

5．秒杀的宝贝最好是店铺货源充足宝贝，秒杀的数量不宜过多也不宜过少，如果你的宝贝在 2 秒钟内秒完下架，会有很多买家认为你在作弊。因此，秒杀的数量最好能维持 1 分钟抢拍。这里需要说明的是，单位时间秒杀的数量取决于你的价格设置，价格过低那 1 分钟内秒杀的数量就会很大，卖家很难承受。

阅读思考题：分析天天特价与秒杀两种活动资源的异同点。

任务 3　运用店内常规宣传方式宣传店铺

要求掌握常规站内宣传工具的相关知识，掌握各种宣传工具的应用技能和技巧，能合理运用各种店内宣传方式开展店铺宣传工作。

工作过程

宝贝推荐→店铺交流区→友情超链接→个人空间设置→阿里旺旺

相关知识点

一、宝贝推荐

（一）宝贝推荐概述

宝贝推荐是淘宝网专门为卖家提供的一种基于店铺推荐位的商品信息推荐工具，宝贝推荐不仅能使卖家商品信息在店铺中间最显眼位置展现出来，而且还可以在每件商品详细页面底部也获得同步展现，同时，还能在阿里旺旺聊天对话框中显示推荐产品信息的。宝贝推荐具有同步的全方位推荐功能，有利于卖家店铺商品获得高度“曝光率”从而大大提高卖家店铺的流量。

（二）使用宝贝推荐的商品选择及设置要求

1．所推荐的商品必须为店铺中最具有竞争优势的产品，其性价比在店铺的同类商品中也需具有较大的优势。

2．推荐商品的图片在设置过程中，必须具有高清晰度，整体美观效果好，能足够吸引买家的注意力，对商品的描述要做到详细、全面，描述内容措辞得当。

3．利用橱窗推荐时，为了获得每次商品能在相对靠前的位置展现，一般尽可能利用即将下架的商品开展宝贝推荐活动。

（三）宝贝推荐的常用推荐方法

目前，淘宝网上的宝贝推荐方式有很多种推荐类型，其中最常用的推荐方法有掌柜推荐宝贝、同类宝贝推荐、橱窗推荐宝贝等。每一种推荐方式都有其独特的优势和各自的缺点，在使用时建议多种推荐方式配合使用，扬长补短，这样将会获得更好的推荐效果。

二、店铺交流区

（一）店铺交流区概述

店铺交流区主要用于卖家与买家进行互动，尤其为卖家提供基于留言信息功能的商品优惠信息发布，而为买家提供宝贝购买事项及购买技巧方面的帮助的信息平台。

在店铺交流区里，可以通过交流区中交流信息量的多少直接判断出该店铺的受关注程度，同时，卖家可以通过优质的服务提高交流区的得分率，增加买家的信用度，从而进一步获取更大的店铺流量。

（二）店铺交流区的操作流程

1．点击店铺交流区中的“我要发帖”链接，进入留言交流区的页面。

2．编辑帖子标题、帖子内容并输入校验码，通过“确认”按钮进行提交即可完成信息发布任务。

3．在获得别人的回帖后，发帖人可以对别人的回帖内容进行回复、编辑、置顶、精华、锁定、删除等操作，一般而言，为了提高自己店铺的人气，增加店铺的流量，同时提升自己在贴友心目中的地位，进而增加自己店铺的交易概率，建议发帖人应该注意诚恳地多回复贴友的信息。

三、友情链接

（一）友情链接概述

友情链接是指为了提高店铺的流量，增加客户对店铺的访问率，店铺和其他店铺之间通过店标或店铺名称等为链接载体，所进行的的相互链接。

在进行友情链接时，对对方店铺的选择一般要求，对方店铺所经营的产品和自己店铺经营产品具有一定的内在联系关系，但是两者之间没有直接的竞争行为，切记不要在自己店铺中增加过多的或者与店铺毫无任何关系的友情链接，否则不但没法达到预期效果，反而会弄巧成拙。

（二）友情链接操作步骤（以淘宝开店为例）

1．进入“我的淘宝”页面，点击“管理我的店铺”，进入“店铺管理平台”页面。

2．点击“友情链接”按钮。在所弹出的“友情链接设置”对话框中进行设置。

3．点击“添加新链接”按钮，在淘宝会员文本框中输入对方会员名字后，点击“添加链接”按钮完成友情链接。

4．在“管理已有链接”栏目中可以查看到所添加成功的链接会员的店铺名称，并且可以对已经添加的友情链接进行删除等管理操作。

四、个人空间设置

（一）个人空间概述

个人空间对大家来说都不会陌生，其中个人博客、个人主页、个人 QQ 空间就是个人空间的典型代表，是一个利用度非常高的宣传窗口。如果对个人空间进行精心设置，并经常发表自己有关店铺（商品）信息的文章，编写高质量的个人日记等信息，并且进行相应的标签设置、店铺地址的超链接等操作，无形中将大大提高自己店铺的流量，获得意想不到的店铺访问率，效果比较明显。

但是在个人空间设置时，其基本信息要求真实，空间装饰不仅要精美且符合大众欣赏眼光，而且还得凸显个性；博客文章或者日志编写时，需要精心设置，既达到对店铺或商品的宣传效果，同时还得注意用词表达方式，更注意不能为了宣传产品而宣传产品，应该讲究一定的艺术性，否则将会给访客一种商业目的过重的感觉。对日志及博客文章编写不是一朝一夕就可以速成的事情，需要平时多注意观察，多练习文章撰写的基本功。另外还得经常登录个人空间，进行更新等维护。

（二）个人空间的设置步骤

1．设置个人信息

（1）在“我的淘宝”页面进入个人空间，点击“修改资料”。

（2）在个人空间资料修改页面，完成个人头像的设置。

（3）在个人签名栏目完成个人签名设置，并在橱窗位推广页面，设置所推荐产品信息，进行推广。

2．撰写文章或日志

（1）在我的淘宝空间页面进入个人博客（淘宝个人空间实际上就是个人博客）页面。

（2）撰写博客文章，注意博客文章撰写时，文章标题，文章分类、标签等信息的设置，并且应注重博客文章内容的设置及内容编写质量。

（3）发表个人文章。

五、阿里旺旺

（一）阿里旺旺概述

阿里旺旺是淘宝网和阿里巴巴，在原有的淘宝旺旺与阿里巴巴贸易通整合而成的，为商人度身定做的免费网上商务沟通软件，能助卖家轻松地寻找客户、发布、管理商业信息，有利于卖家及时把握商机，随时进行生意洽谈。

阿里旺旺分为阿里旺旺（淘宝版）和阿里旺旺（贸易通版）两个版本，这两个版本之间支持用户互通交流。在不需要同时使用与淘宝网站和阿里巴巴中文站相关的功能时，可以不必同时启动淘宝版和贸易通版。

（二）阿里旺旺功能设置及使用技巧

1．“旺遍天下”

（1）功能介绍

将阿里旺旺状态发布在互联网上点击“和我联系”，买方便可随时随地与您联系，买卖宝贝，广交淘友，“旺遍天下”给您更便捷的淘宝体验。

（2）“旺遍天下”功能设置及应用

第一步：登录淘宝首页，找到左边的“阿里旺旺”点击进入。

第二步：选择卖家版点击进入。

第三步：点击“旺遍天下”按钮。

第四步：选择在线状态图片风格、填写文字提示信息、生成代码、复制代码。

第五步：完成选择在线图片状态风格、填写文字提示信息、生成代码、复制代码后进入到出售中的宝贝点编辑，点编辑后将复制的代码输入到宝贝描述中的编辑源文件，点击宝贝描述设置中的“编辑源代码”。

第六步：在编辑源文件跳出的宝贝描述框中输入复制过来的代码，点击确认。

第七步：查看旺遍天下设置成功后在宝贝描述中的效果。

2．聊天记录截图

（1）聊天记录截图功能作用

聊天记录截图主要用在交易中会员需提供阿里旺旺聊天记录截图给客服作为凭证的，请注意需提供有完整边框的历史记录截图。

（2）截图功能操作流程

第一步：进入消息管理器：打开您与对方的对话框，点击“查看消息记录”，点击右下角“更多”，显示信息记录。

第二步：在消息管理器页面通过翻页和拖动滚动条找到您想要截图的聊天记录。

第三步：点击旺旺对话框上“屏幕截图”按钮的下拉菜单，选中“截图时隐藏当前窗口”，点击“屏幕截图”图标，切换到截图功能。

第四步：用鼠标选定整个消息管理器（包括完整的边框），再鼠标双击（或者点击右键菜单选定“完成截图”）完成截图，并对所截图片进行保存。

3．聊天记录举证功能

（1）聊天记录举证功能介绍

适用范围：淘宝上需要使用阿里旺旺聊天记录作为证据的会员。

适用阿里旺旺版本号：从阿里旺旺 2009（6.16）版本开始支持聊天记录举证功能。

特别说明：阿里旺旺举证时间只能为最近 75 天，同时举证号有效期为 15 天。

（2）举证号提取方法

步骤一，进入消息管理器：打开与对方的对话框，然后点击“查看消息记录”，再点击右下角“更多”按钮，显示交易号码。

步骤二，在弹出的消息管理器页面右上角点击“举证”。

步骤三，在弹出的页面选择需要“举证的日期”，点击“提交证据”。

步骤四，在页面上复制跳出的“举证号”即可。

4．阿里旺旺头像宣传功能

由于卖家在使用阿里旺旺聊天工具时，阿里旺旺的头像会一直出现在对方聊天窗口中，因此设置一个以店铺标志或商品图片为头像，有利于对店铺或商品的变相宣传，如果能配合好自己的沟通技巧，获得对方的信赖，这样将大大提升自己商品或店铺的品牌知名度和信任度。

一般而言，阿里旺旺的头像图片尺寸大小以 120×120 像素为最佳，通常支持 jpg 和 gif 两种格式文件。具体设置步骤如下。

（1）通过图片处理工具设置好一幅商品或店标图片。

（2）登录阿里旺旺页面平台，在“菜单”栏目选项中弹出的下拉菜单中选择“个人设置”命令后，在打开的对话框中单击“修改个人头像”按钮。

（3）在弹出的对话框中点击“上传头像”后，通过“浏览”按钮选择制作好的头像图片，点击“确认”按钮即可完成头像的上传编辑任务。

5．发布广告功能

广告信息通常可以利用状态信息、商机助理、旺旺群、阿里助理等信息通道进行发布，但是在利用旺旺群进行广告发布时应谨慎，否则将会引起群友的反感，最直观的广告发布通道主要是状态信息。一般默认情况下，状态信息显示“我有空”或者“机器闲置”，不少卖家为了更好地宣传自己的商品或店铺，往往将状态信息修改为重要促销信息或者主要经营产品信息，其操作如下。

（1）在阿里旺旺平台界面，选择“菜单”中“更改我的状态”，点击“设置状态信息”命令，打开“系统设置”对话框。

（2）点击“添加”按钮，在对话框中输入欲设置的广告内容，点击“确认”按钮完成设置。

（3）返回“系统设置”页面，点击“确认”按钮后返回到阿里旺旺操作界面，点击“我有空”或“机器闲置”下拉菜单，在菜单中勾选添加的状态即可完成状态信息的广告设置。

另外阿里旺旺还有群发功能，视频、语音功能，手机绑定功能，离线发送功能等。

任务训练

1. 试分析站内宣传工具（如宝贝推荐、店铺交流区、友情超链接、个人空间设置等）的使用对店铺经营的影响主要表现在哪些方面?

2. 请结合淘宝网的相关活动资源设置，试分析“凡客诚品”网有哪些推广资源？这些资源的推广应用与淘宝有什么区别?

素质拓展

如何在淘宝店铺外进行店铺推广

（信息来源：网店之家）

淘宝店铺的推广，除了淘宝店铺内的推广，还有淘宝店铺外的推广。这里主要介绍下如何在淘宝店铺以外推广自己的淘宝店铺。

方法一：到各大搜索引擎中注册、登记

说明：搜索引擎是一个进行信息检索和查询的专门网站，是许多网友查询网上信息和在网上进行冲浪的第一去处，所以在搜索引擎中注册您的店铺，是推广和宣传店铺的首选方法。注册的搜索引擎数目越多，店铺被访问的可能性就越大。

要诀 1（自行提交）：虽说在搜索引擎注册是使站点扬名的主要办法，这里也有技巧问题，并非注册它就了事。其中搜索的关键词（Keywords）的作用非常重要。在淘宝里，你在店铺的主营业项目里设置过关键词，后来在店铺的分类也属于关键词，因此这里该怎么写，还有位置该怎么排列必须好好考究。

要诀 2（让搜索引擎快速抓取店铺）：自行提交后，搜索引擎需要较长时间才会收录，有没有其他方法能更快地让搜索引擎快速收录店铺信息呢？这里有一些方法可以尝试，效果不错。其一：由于搜索引擎是按照 PR 值来恒定一个网站受欢迎的程度，所以，可以到一些 PR 值较高，而又和你内容相关的网站的社区论坛去发布信息，在信息后加上签名，注意必须是活动的签名，也就是必须能链接到你的店铺的。这样，由于搜索引擎对 PR 值高的网站进行抓取信息比较频繁，因此能最大限度检测到你的活动链接，如果你的链接出现的频率高，就会引起注意从而被抓取后收录。其二：可以注册 googlesitemap 查询店铺被收录的情况，注册方法为进去 google 大全，选择右边的 googlesitemap，这是网站的营销方法，虽然淘宝店铺无法提交 sitemap 文件，但是网上店铺营销方法和网站是一样的。

方法二：在聊天室、BBS 上发出邀请

说明：我想很多人上网的一个主要目的就是交流，想交到更多的朋友，交友当然首先就去聊天室了。在聊天室里您可以适时地向这些网友发出邀请，请他们访问您的店铺，并谦虚地请他们给您的店铺提出一些宝贵建议，同时您在与他们聊天之际，可以把您店铺特色的内容大肆宣传一番，以引起网友们足够的兴趣和注意。

要诀如下。

1．交流第一，掌握好度。切不可完全变成广告，否则适得其反。

2．论坛里用好头像，签名。头像可以专门设计一个，宣传自己的品牌，签名可以加入自己店铺的介绍和连接。

3．发帖要求质量第一：发帖不在乎发贴的数量多少，发的地方多少，而帖子的质量特别重要，为什么呢？因为发得多，但总体流量不多，发帖关键是为了让更多人看，变相地宣传自己的店铺。

方法三：在新闻组上发布您的店铺

说明：参加过网络新闻组的网友们可能经常在相关的新闻组讨论区中见到诸如“某某某网站今天正式开张啦！”、“某某某店铺最新商品上市了，增添了许多特色的商品”、“欢迎各位网友常到某某某店铺做客！”等信息，这其实就是这些网站或店铺的站（店）主们在通过新闻组来宣传自己的主页。新闻组中的其他成员一旦看到上述信息后，如果觉得有需要就会去访问您的网站或店铺。

要诀：一是要将帖子发布到合适的主题讨论区，也就是说如果您的店铺是以电脑为主题的，那就不能将帖子送到娱乐类讨论组中，否则将引起其他成员的反感；二是充分利用好主题行的作用，把要发布网店这样的事件用言简意赅的词语表达出来，以增强帖子的可读性。虽然通过新闻组来发布信息能起到一定的宣传效果，但由于新闻组访问人数有限，因此这种宣传方式的效果也不太明显。

方法四：使用专门注册工具提交店铺

说明：目前搜索引擎已经有好几千个了，如果一个一个地向它们申请将自己的店铺的加入进去，而每次又都在做类似的事情，相信您一定会失去耐心的，因为这样可能需要花费几个月的时间；这时您可以使用专门的注册软件，它只需几分钟的时间就能自动在搜索引擎的相关目录下和主题下注册。这方面的软件很多，大多都是免费的，您可以去网上输入关键字“搜索引擎登录工具”搜索下。

要诀 1：要选择一个好的登录工具。自己去搜索下，然后注意筛选下。

要诀 2：可以选择按照推广网站的方法将自己的店铺供求信息发布到各大商业平台、门户网站。由于工作量比较大，所以，仍然要借助软件来发布，有很多免费的，大家自己去搜索。

搜索技巧：技巧关键词——网站推广+软件

方法五：邮件广告模式宣传

说明：如果您手中有许多朋友或者客户的电子邮件地址，您可以考虑利用电子邮件来通知他们来访问。利用这种方法来宣传主页的关键之处在于要留心收集用户电子邮件的地址，您拥有的电子邮件数量越多，就意味着您的主页蕴藏着越大的访问量。您也可以利用邮件搜集工具，只要您输入关键字，就可以搜索您想要的邮件，然后您可以利用邮件群发工具把您店铺的情况发到这些邮箱。

要诀如下。

1．标题建议：吸引人、简单明了。不要欺骗人。

2．内容建议：采用 HTML 格式比较好，另外排版一定要清晰。

方法六：信息登录工具宣传

说明：专门有登录买卖信息的商务工具，可以在几分钟内把您的店铺买卖信息提交给和您店铺商品相关的主题网站上，而这些网站基本上有比较多的浏览量。

要诀：店铺信息描述不能太长，但一定要吸引人，一定要留下店铺的网址、电话、QQ等联系方式。

方法七：利用一切可能的方法帮助宣传

说明：除了上面的宣传方法，您还可以在您的店铺中放上计数器，通过排行榜来吸引访客；您可以动员您周围的亲朋好友一起行动起来，利用大家的智慧和力量帮助您进行宣传；在日常生活中，您可以印制一些名片，在名片中放上您店铺的地址，在与人交往时可以通过名片来宣传您的站点。

要诀：其实方法很多，关键自己要用心，用心去做事，您才能取得更好的效果。

方法八：口碑相传宣传宣传店铺

说明：您必须用心服务顾客，争取回头客，而他们是您最好的口碑相传的资源。

要诀如下。

1．服务好每个顾客，和顾客建立朋友关系，能从顾客角度出发考虑问题。

2．商店名字不能太长，不能有不明符号：这点很重要，有不少店铺名字里含有一些奇怪的符号，虽然一定程度上能吸引眼球，但是要知道，别人替我们宣传的时候，是宣传店铺名字的，“××店铺很好啊，下次你去看看，我就是在那买的！”这是人们的习惯用语，而别人说名字的时候只会说店铺名字的能识别的汉字，不会说没有实际意义的符号。

3．店铺的主营关键字要设置正确或者店铺类型要设置正确，方便如果口碑相传中没有记住您的店铺名字，还能通过搜索方式找到您。

4．您的用户名最好能用汉字，而且好记，和主题相关。

阅读思考题：

店铺外的商品推广与店铺内的商品推广有什么区别与联系？试着总结店铺外的推广方式有哪些？你通常选择什么推广方式？

任务4　运用店内促销工具宣传店铺

目前，不同网店交易平台提供的店铺促销工具各有不同，总体上看，淘宝网上店铺促销工具相对比较完善，功能较强大，其中包“满就送”、“限时打折”、“搭配套餐”、“店铺优惠券”、“会员关系管理工具”等。在此以淘宝店内主要促销工具为主进行店铺推广、宣传介绍。

工作过程

满就送促销宣传→限时打折促销宣传→搭配套餐促销宣传→店铺优惠券促销宣传→会员关系管理促销宣传

相关知识点

一、满就送促销宣传

（一）满就送推广工具概述

满就送推广工具是淘宝网基于旺铺，为卖家所提供的便于进行价格让渡、礼品赠送、积分赠送及邮费减免等促销活动快捷设置的店铺营销平台。通过这个营销平台可以给卖家带来更多的店铺流量。让卖家的店铺促销活动可以面向全网推广，将便宜、优惠的店铺促销活动推广到买家所寻找的店铺购物路径当中，缩减买家购物途径的购物成本。在该平台中包括满就减、满就送礼、满就送积分、满就免邮费等基本功能。

（二）满就送的促销效果

1．提升店铺的流量：通过满就送推广工具，便于店铺和产品在促销频道上，在店铺街等促销区域进行推荐，使卖家能高效地参加淘宝促销活动，从而有利于提升店铺的流量。

2．提高转化率：满就送推广工具的有效运用，能大大提升促销活动的宣传效果，便于更好的开发潜在客户，把更多流量转化成有价值的流量，让更多进入店铺的浏览者转化成购买用户，提高闲逛者向购买者的转化率。

3．增加客户订单数量和订单额度：通过满就送促销活动，无疑能大大提高店铺的促销宣传效果，尤其对冲动型和贪图小便宜型的消费者，满就送促销活动对其更能产生强烈的冲击力，往往能获得巨大的营销效果，从而提升店铺的整体交易额。

（三）满就送推广工具的操作流程

1．进入卖家平台："我的淘宝"—"我是卖家"—"营销中心"，点击"满就送"链接，进入"满就送"页面，如图 11-15 所示。

2．进行满就送信息内容设置（拓展版用户可以自主选择是在淘宝店还是在官方网店开展促销活动，和原版本相比，拓展版更方便卖家进行页面管理及页面的便捷设置），如图 11-16 所示。

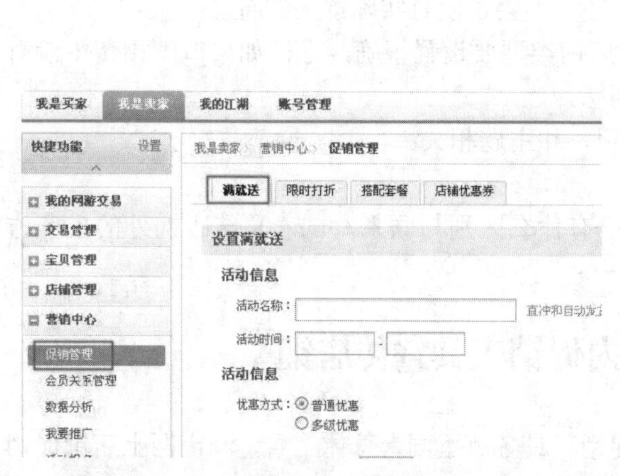
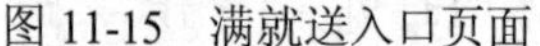

图 11-15 满就送入口页面

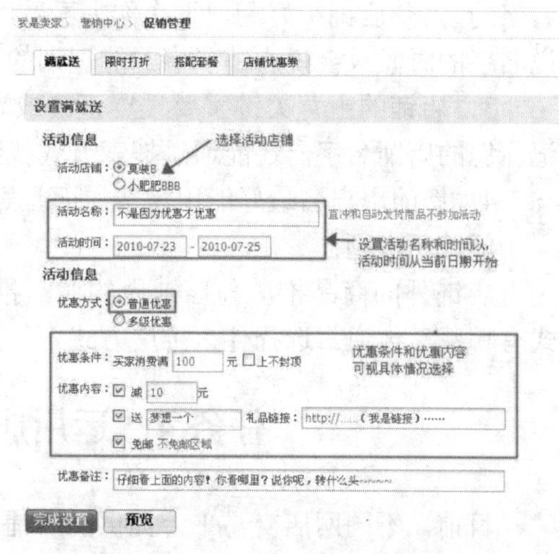

图 11-16 满就送信息设置页面

"活动店铺"选项卡是针对具有多个店铺的卖家才可以显示并使用，没有多个店铺的卖家则没有活动店铺选择功能，店铺属于不可选状态。

3．根据提示及需求，进行多阶梯促销活动设置（多级优惠最多可同时设置 5 个不同的主题活动），从而使店铺促销方式多样化。活动设置完成后，可以点击"预览"功能键查看设置效果，确定设置内容后，点击"完成设置"按钮进行保存并提交所设内容，如图 11-17 所示。

4．可以对已经设置好的活动信息，进行更改或取消编辑，还可以将所设置好的信息内容代码复制到其他页面开展同版本、同步、多渠道的促销活动。保存并发布设置内容后，在商品详情页面就可以立即显示满就送活动内容，如图 11-18 所示。

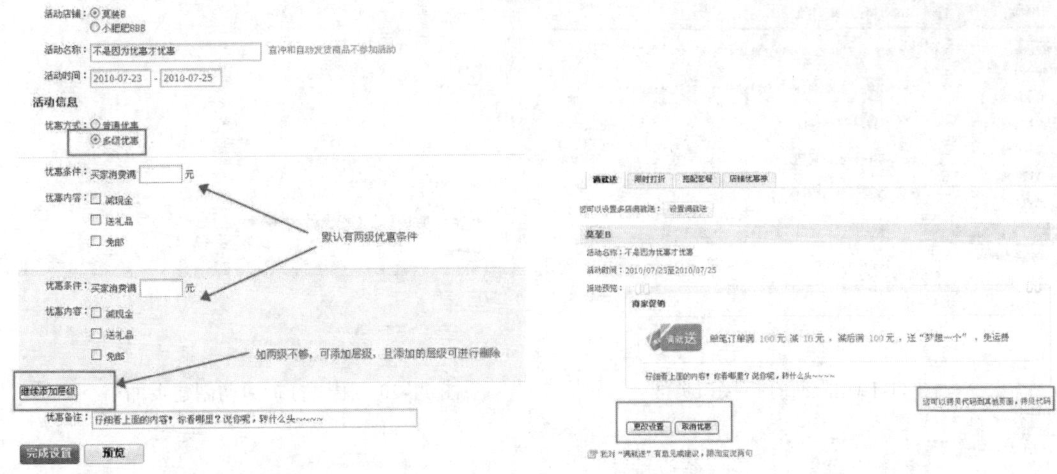

图 11-17　满就送多阶梯促销活动设置页面　　　　图 11-18　信息修改及编辑页面

特别提示：

1．活动开始时间的设置不能晚于活动结束时间；

2．活动到期时，卖家可根据需要延长活动时间。

二、限时打折促销宣传

(一)限时打折推广工具概述

限时打折是淘宝针对在自己店铺中选择一定数量的商品在一定时间内以低于市场价进行促销活动的卖家，所提供的一种对店铺进行快捷设置的促销工具。卖家通过订购方式（目前商城卖家不需要订购，可以直接免费使用）获得此推广工具后，便可以开展商品限时打折促销活动的推广。在活动期间，买家可以在商品搜索页面根据“限时打折”筛选条件快速搜索到所有正在打折中的商品。但是该工具目前不支持虚拟类商品，并且限时打折活动商品也不支持购物车购买的交易方式。

(二)限时打折的促销效果

限时打折与满就送具有同等的促销效果，但是在二者的促销推广方面具有本质性的区别：限时打折促销活动强调在促销期间，所有参加打折活动的产品对所有购买者都具有相应的同等价格折扣优惠；而满就送活动则强调买家对参加活动的产品或服务，在购买额度上达到或超过所设置的最低限度额时，才可以享受相应的优惠内容。其促销效果主要表现在以下几个方面：

1．提升店铺的流量；

2．提高转化率；

3．增加客户订单数量和订单额度。

(三)限时打折推广工具的操作流程

1．进入卖家平台：“我的淘宝”—　“我是卖家”—　“营销中心”，如图 11-19 所示。

2．点击限时打折进入设置菜单，创建限时打折活动信息内容，如图 11-20 所示。

3．设置限时打折促销的活动时间段，如图 11-21 所示。

4．选择促销商品及商品下架时间，如图 11-22 所示。

图 11-19　限时打折接口页面

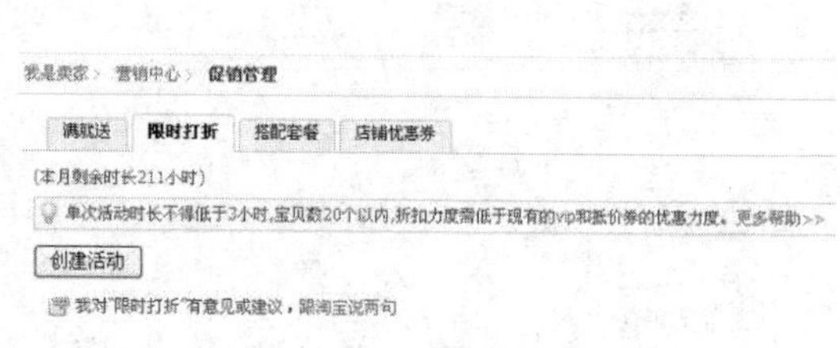

图 11-20　限时打折活动创建页面

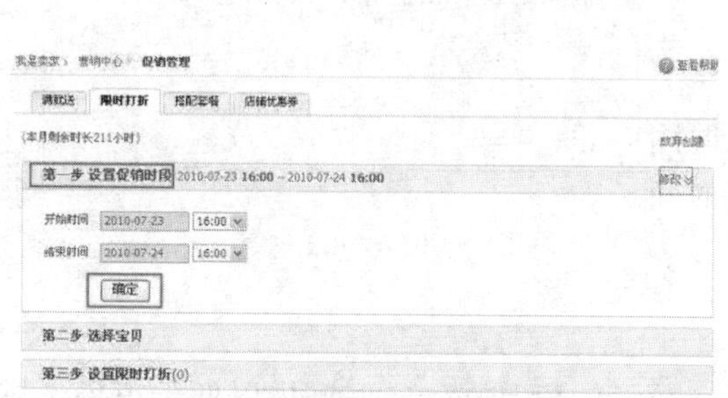

图 11-21　促销时间设置页面

图 11-22　促销商品选择及上下架设置页面

其中，对促销商品选择时，如果商品显示页面商品数量过多时，可以直接通过搜索条进行关键词搜索，在搜索结果页面选中所需要参加打折活动的产品，并点击在该商品后的“参加打折”按钮后，即完成商品的限时打折设置。同时也可以批量选择并完成商品的限时打折设置。

在选择商品时，如果“操作”中显示为“不参加了”状态时，则说明该类商品已经进行了限时打折设置，此时可根据需要点击“不参加了”按钮，进行打折取消设置。

5．设置限时打折活动内容。

6．完成创建后，可在菜单页面上选择修改。并且可以进入商品详情页面查看具体秒杀活动内容。

三、搭配套餐促销宣传

（一）搭配套餐推广工具概述

搭配套餐是基于淘宝旺铺，针对欲将几种商品组合在一起，形成套餐组合进行捆绑销售的卖家所提供的快捷促销推广工具。通过促销套餐可以让买家一次性购买更多的商品，有利于提升店铺销售业绩，提高店铺购买转化率，增加销售订单数和商品曝光力度，节约人力成本。

（二）搭配套餐的促销效果

1．增加订单量和店铺人气，大大提高推广效果。

2．利用套餐组合商品的价格优势，提高购买商品者的人数比例，同时增加商品的整体销售数量与规模。

3．利用商品套餐组合的捆绑销售手段优势，发挥密切商品之间的互带促销作用，提高相关商品的整体销售量与交易额。

4．便于巧妙利用套餐组合中价格透明并广为人知的商品的超低价促销策略，进而带动价格不透明的商品或新上市商品的合理化高价销售，提高营销技巧。

（三）搭配套餐推广工具操作流程

1．进入卖家平台："我的淘宝"—"我是卖家"—"营销中心"—"促销管理"中选择"搭配套餐"。点击"搭配套餐"进入设置页面，创建搭配套餐促销活动信息。

在创建页面还可以对已创建的搭配套餐促销活动进行查看、编辑和删除等编辑。

2．填写搭配套餐促销标题、价格和上传商品图片等信息内容（注：如果搭配商品组合的总价高于单个商品原价总和时，将按原价总和出售）。

3．选择用于搭配促销的商品，点击"添加搭配宝贝"进行欲组合套餐商品的添加（注：在套餐商品组合中，每个套餐组合最多可以添加 5 件宝贝）。

也可以通过"添加套餐商品"页面中搜索工具进行欲组合商品的搜索，进而完成组合套餐商品的添加任务。

4．认真填写套餐描述，详细介绍具体的促销套餐活动及商品详细信息。完成信息填写内容后，点击"发布"按钮完成套餐组合设置。

信息发布后，可以进入商品详情页面查看具体搭配套餐活动信息内容。同时，也可以在单个商品页面查看搭配的相关产品信息。

四、店铺优惠券促销宣传

（一）店铺优惠券概述

店铺优惠券是在卖家开通营销套餐或会员关系管理后，淘宝以店铺为单位，无需卖家预先存钱而发放给卖家的并具有一定面值的，用于卖家在店铺经营期间，作为店铺优惠券并按照若干面额和数量分发给自己店铺会员，限于会员第二次在本店铺内购买商品时直接抵用的一种虚拟电子现金券。是淘宝额外给卖家开通的一种超强促销工具。

店铺优惠券仅限于会员，卖家应根据实际情况谨慎选择发放的面额、数量以及有效时间，尤其是大面额的店铺优惠券，一旦优惠券过期后即无法再用于消费抵用；一张店铺优惠券仅限于一个会员单笔订单消费抵用，不可拆分。并且一笔订单仅限于使用一张店铺优惠券；买家最多只能拥有同一个店铺尚未消费抵用的 5 张店铺优惠券，超过 5 张的买家将无法接收新的店铺优惠券。优惠券发送后，买家可以在"我的优惠卡券"中查看到信息。

（二）店铺优惠券的促销效果

1．类似现实商场发放的购物券、现金券等使用原理，充分利用优惠券的买家有效使用限制条款，驱使买家在同一店铺进行第二次商品购买，大大提高会员回头购买率。

2．以营销消息的形式将店铺优惠券发放到会员手里，有利于拓展销售方式，提高店铺流量。

3．通过店铺优惠券的超强促销吸引力，在维护老会员的同时，有利于不断发展新的会员。

4．通过订购消息通道获赠店铺优惠券的方式，拓展全新营销手段。

（三）店铺优惠券推广工具的操作流程

1．进入卖家平台："我的淘宝"—"我是卖家"—"营销中心"，如图 11-23 所示。

2．选择优惠券面额，查看优惠券发放情况（目前支持会员关系管理发放、满就送发放以及通过优惠券活动由买家自行领取三种发放形式）。

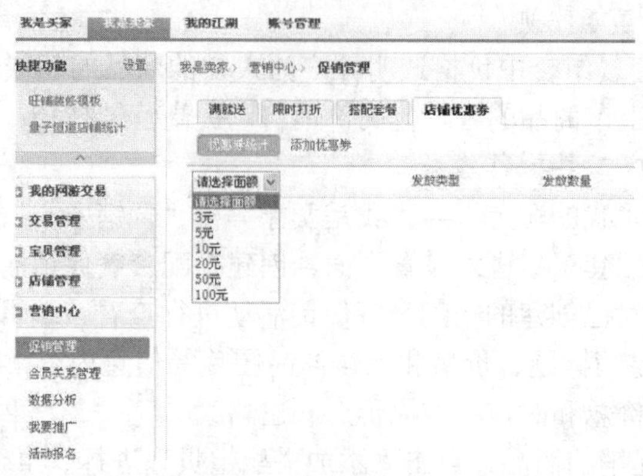

图 11-23　店铺优惠券入口页面

3．添加优惠券，创建优惠券活动，设置优惠券面额、有效期、结束时间、领用总量、限领数量和使用条件等信息，并点击“确定”完成设置。

4．设置完成以后，可对原有优惠券进行重新编辑修改。同时也可将优惠券的代码复制到店铺中进行推广。

另外，还可以对于不再需要的优惠券进行失效操作处理，失效后的优惠券将不再继续领取，但已经被买家领取的优惠券仍然可以按照事先设置的条件继续使用。

五、会员关系管理工具促销宣传

（一）会员关系管理工具概述

会员关系管理工具是帮助卖家管理自己会员的工具。通过会员关系管理工具卖家可以充分了解自己会员的信息；针对不同的会员帮助推荐更合理的营销方式；同时卖家还可以通过该工具加强自己店铺和会员之间的联系，提高会员忠诚度。

（二）会员关系管理工具的促销效果

1．会员有效管理

（1）会员信息查询：卖家可以查询自己店铺的会员信息。

（2）会员信息维护：卖家可以设置会员的等级和备注信息。

2．实现会员层级差异化管理

卖家可以根据顾客购买的金额和件数设置会员等级要求，同时设置不同等级会员对应的折扣。会员根据卖家设定的要求成为卖家会员后即可获取卖家店铺的会员卡。

3．开展会员营销

卖家可以利用消息通道（email 和站内信）配合相应的促销活动对会员进行营销。

（三）会员关系管理中消息通道的规则

1．一个买家一个月只能接收 20 条促销信息。

2．一个买家 1 天只能接收到 1 条促销信息。

3．一个买家 7 天内只能收到一个卖家的 1 条促销信息。

（四）营销效果统计

营销效果指收到促销信息的买家点击促销信息中链接的数量（一个买家多次点击链接只作一次点击量统计）。

原有的营销效果统计方式通常是对买家点击站内信或者 email 的数量作为点击统计量，

而新的营销效果统计方式则直接统计买家点击收到的促销信息中链接的数量，二者相比较而言，虽然新的营销效果统计方式下，卖家点击量可能会偏低，但是对于卖家来说统计结果要更精准许多。为了提高点击数量，卖家不得不对促销信息编写方面下工夫，优化促销信息，尽可能编写具有较强吸引力的促销信息，从而吸引买家点击链接，提高营销效果。

（五）会员关系管理工具操作流程

1．进入卖家平台："我的淘宝"—"我是卖家"—"营销中心"，点击会员关系管理，卖家可以设置自己店铺会员需要符合的条件以及会员可以享受的优惠措施。

2．点击会员管理下面的会员详情，输入查询条件，系统将显示符合要求的会员。卖家通过后面的会员资料即可查看会员详细信息，点击交易详情，系统会显示会员在卖家店铺的交易情况。

3．在会员资料详情页面，对会员资料里的会员等级和备注信息进行手工维护。

设置完成后，在买家的旺旺对话框中，将买家详细信息及以往在该家店中的购物信息显示在旺旺名片中，便于卖家对买家全方位的了解及买卖双方之间的更好沟通。

4．卖家对需要进行营销活动的会员条件进行设置，在系统显示符合条件的会员后，再进一步对营销内容进行设置，并通过消息通道（邮件或者站内信）系统发送营销邮件或站内信到对应的会员邮箱。消息通道需要卖家另行订购。卖家设置营销内容时，可以直接选择商品，由系统自动生成内容，也可以自己用 html 编写代码，设置营销活动页面发送给自己的会员。

5．在会员管理关系中，进行分员等级、交易时间、交易额、交易量等分析。

任务训练

1．申请阿里旺旺账户，并对阿里旺旺的相关功能进行设置。

2．简述会员关系管理工具在店铺推广中的应用。

3．结合现实生活，分别对满就送、现实折扣、优惠券及搭配套餐的营销应用进行深入的理解，并结合一个事例，讨论如何选用上述几种营销方式。

素质拓展

浅谈"微博"的兴起与网络营销价值

随着 3G（通俗地说就是指第三代：The Third Generation）手机投入市场，一种新的网络应用形式——"微博"也应运而生。

目前，"微博"成为了网络时代的新名词，"微博"的实用价值也越来越显现出来。探索"微博"营销价值对企业开展网络营销具有积极的意义和应用价值。

一、"微博"的定义与现状

"微博"即微型博客，是 Web 3.0 新兴起的一类开放互联网社交服务，国际上最知名的"微博"网站是 Twitter，目前 Twitter 的独立访问用户已达 3200 万，超过 Digg、LinkedIn 等网站，国内的"微博"网站包括:随心"微博"、做啥、滔滔、分享网、贫嘴等。

国外 Twitter 网站打通了移动通信网与互联网的界限。相比传统博客中的长篇大论，"微博"的字数限制恰恰使用户更易于成为一个多产的博客发布者。著名流量统计网站 ALEXA 的数据显示，Twitter 日均访问量已近 2000 万人次，在美国、英国、加拿大等地的网站排名中均列前 15 位，在中国也排在第 140 位左右。

目前，国内"微博"望站尚处于"慢热"状态。在尚无法吸引到风险投资的眼光之前，他们最需要做的，是如何靠自己的能力继续活下去。叽歪网创始人李卓桓表示，现在“微博”网站能做的就是“继续积累用户，形成规模效应，等待市场机会”。

二、“微博”兴起的原因

较之传统博客，“微博”草根性更强，操作更简单方便，且广泛分布在桌面、浏览器、移动终端等多个平台上，有多种商业模式并存，或形成多个垂直细分领域的可能。“微博”这种新的网络应用形式已经成为继传统博客、RSS、IM 即时信息之外的一类有影响力的惊人新媒体。

面对这种新媒体，企业如何用它来达到其营销目标将是企业面临的营销新课题。与传统博客相比，“微博”具有如下特点。

1. 准入门槛低。传统博客强调版本布置与语言组织，因此博文的创作需要考虑完整的逻辑性，也就是说，在 Blog 上写文章的门槛还是很高的;但是，哪怕是一个没有受过严格中文训练的人，只要会发短信，也就能使用“微博”。闲得无事，更新一下签名，就被记录了。

2. 即时通讯的原创性。对于每篇“微博”140 个字符的信息量特别适合手机上网用户使用，无论你是在咖啡厅还是在地铁站，都很容易通过手机完成自己的“微博”。因此，“微博”的即时通讯功能非常强大。很多“微博”网站 ，即便在没有网络的地方，只要有手机也可即时更新自己的内容。一些大的突发事件或引起全球关注的大事，如果有“微博”在场 ，利用各种手段在“微博”上发表出来，其实时性、现场感以及快捷性，甚至超过所有媒体。

3. 更强的互动性。与博客上面对面的表演不同，微型博客上是背对脸的 follow(跟随) ，就好比你在电脑前打游戏，路过的人从你背后看着你怎么玩，而你并不需要主动和背后的人交流。可以一点对多点，也可以点对点。在手机或 IM 上:登录到手机或 IM 账户中，发送一个 follow username 命令，这样就可接受来自于该用户的消息了。你也可以通过发送短消息 add phonenumber 到 40404 来邀请朋友，同时你也会成为该用户的跟随者。如果该用户还没注册的话，他就会接受到邀请信息后加入进来。在 Web 浏览器中管理你的朋友是非常方便的，但如果你想在手机中进行管理的话同样是非常方便的，具体可查看 Twitter 的帮助页，可获取更多的命令及其详情。当你 follow 一个自己感兴趣的人时，两三天就会上瘾。移动终端提供的便利性和多媒体化，使得微型博客用户体验的黏性越来越强。

三、“微博”的网络营销价值

1. 借势“微博”提升个人名气，同时提升公司知名度。以国外 Twitter 网站为例，好的 Twitter 用户能提高个人美誉度，他们发帖讲述有趣的故事、消息，吸引了大量跟随者阅读。随着用户个人名气的增加，其中的一部分也不可避免地影响到了所在公司。Twitter 提供了一套提升个人信息及其所属企业信息的方案，这有助于提高这些企业的名气，因为人们认为它们雇佣了有影响力的管理人员。在此基础上，Twitter 发布有关公司的各类帖子，如企业成就、新闻稿或推广网站的链接、回答 Twitter 用户关于企业品牌的各类问题，同样也会获得跟随者的追捧，无形中提升了公司的知名度。用这种方式开展网络营销，是“微博”最直接的价值体现。

2. 以更低的成本维持顾客关系。企业管理者可以借助“微博”平台发表观点，读者可以发表评论，管理者可以回复读者的评论，因为“微博”的实时实地性，管理者与读者的沟通会更及时、更便捷，因此可以更好地维持与顾客的关系。

3.“微博”可以降低网站推广的费用。Baidu、Google、Yahoo 等搜索引擎有强大的博客内容检索功能，可以利用“微博”来增加被搜索引擎收录的网页质量，提高网页搜索引擎的可见性。利用这一优势只要在“微博”网站上开设账号即可发布文章，而且目前发布“微博”文章都是免费的。

另外，当一个企业网站知名度不高并且访问量较低时，往往很难找到有价值的网站给自己链接，此时则可以利用“微博”为本公司的网站做链接。

最后，企业管理者还可以在“微博”内容中适当加入企业营销信息达到网站推广的目的，这样的“微博”推广成本低，且在不增加网站费用的前提下，提升了网站的访问量。

（来源：中华会计网校：http://www.chinaacc.com/new/287_294_201011/23yi200910570.shtml）

阅读思考：

结合所学习的营销推广工具及营销方法，对比微博的信息沟通模式，试说明采用“微博”进行店铺对广的营销价值。

任务 5　运用淘宝网付费营销方式宣传

工作过程

淘宝直通车促销宣传→钻石展位促销宣传→超级卖霸促销宣传→淘宝客促销宣传

相关知识点

一、淘宝直通车促销宣传

（一）淘宝直通车店铺推广概述

淘宝直通车店铺推广是淘宝直通车单品推广的一种补充形式，在满足卖家同时对多个同类型商品进行推广的同时，进一步满足传递店铺独特品牌形象的需求，特别适合向带有较模糊购买意向的买家，推荐卖家店铺中的多个匹配商品。

譬如，买家搜索“皮革箱包”，淘宝直通车就可以根据卖家事先为店铺推广设置好的推广位展现卖家店铺形象，并吸引买家进入到店铺中所有皮革箱包商品的集合页面，为买家展现更多的皮革箱包产品，在为买家扩大商品选购范围的同时，也为卖家店铺带来更多的流量，并提高商品成交概率；淘宝直通车店铺推广还可以推广除单个宝贝的详情页面外的店铺任意页面，如导航页面、分类页面、宝贝集合页面等。

（二）淘宝直通车店铺推广原理

淘宝直通车店铺推广原理和淘宝直通车单品推广原理一致。选择需要推广的店铺页面，设置推广关键词和出价，当买家搜索到卖家事先设置好的关键词时，则会快速展现店铺推广信息。

一般而言，一个店铺推广页面最多可以设置 1000 个关键词。每个关键词最低起价为 0.2 元，加价幅度至少为 0.01 元。 因此为了提高推广效果，降低推广成本，对店铺推广时要求卖家应掌握关键词设置的相关知识，具备一定的对关键词设置的基本技能。

（三）淘宝直通车店铺推广的展现规则

淘宝直通车店铺推广的排序规则跟单品推广关键词的排序规则一样，会由匹配关键词的出价和质量得分，共同来决定店铺推广信息的展现位置。一般来说，关键词的质量得分越高，每次点击的费用就越低，同时，推广信息的展现排名也会随质量得分的提高而升高。

（四）淘宝直通车店铺推广的操作流程

进入淘宝直通车系统后台→点击页面右上角“我要推广”→选择“推广计划”→点击“推广店铺”→选择店铺页面→编辑推广内容→设置默认出价→设置完成。

第一步：进入淘宝直通车系统后台，点击页面右上角“我要推广”。

第二步：选择“推广计划”。

第三步：点击“推广店铺”。

第四步：选择页面。

第五步：设置推广图片、标题、副标题和推广关键词。

第六步：设置默认出价，完成设置。

（五）淘宝直通车店铺推广的店铺页面类型及推广页面的选择

1．店铺页面类型

淘宝直通车店铺推广可以推广除单个宝贝的详情页面外的店铺任意页面，如导航页面、分类页面、宝贝集合页面等。

2．推广页面的选择

使用淘宝直通车店铺推广工具对店铺页面进行推广时，对店铺页面的选择可以有以下三种选择方式。

（1）店铺已有的导航页面

推广的页面可以选择店铺中已有的导航页面（只有首页和自定义页面会被同步）。当买家点击店铺推广的展现信息时，页面就会自动跳转到这个设置好的店铺页面上来。

（2）店内宝贝集合页面

淘宝直通车店铺推广工具会根据买家所输入的搜索词，将店铺中符合该搜索词的宝贝标题进行筛选，重新生成店铺中的一个新的宝贝集合页面，向买家进行推广。

其中店内宝贝集合页面中包括关键词、宝贝价格和宝贝分类三个设置栏目。

① 关键词栏目推荐原理。直通车店铺推广工具通过买家输入的关键词，来锁定店铺内的搜索结果，当买家搜索任何关键词，点击推广信息进入店铺后，一方面，如果店铺默认关键词为买家搜索的关键词时，直通车店铺推广工具将买家在搜索页面输入的关键词，传入店铺中进行搜索，并将店铺中符合该搜索词的商品标题进行筛选，重新生成店铺中的一个新的商品集合页面，买家点击推广信息进入店铺后，将看到标题中包含该关键词的所有商品，同时直通车推广工具还可以给不同搜索意图的买家展现个性化商品集合；另一方面，如果店铺设置中的默认关键词无符合买家搜索的关键词时，页面将将显示空白页面。

② 宝贝价格推荐原理。直通车店铺推广工具通过卖家自行设置的价格区间，来限定店铺内展现商品的价格区间，买家按照自选价格区间进行搜索，并点击推广信息进入店铺，看到的就是符合其购买需求的价格区间内的商品集合。同理如果店铺设置的价格区间没有符合买方选择的价格区间的，页面将显示空白页面。

③ 宝贝分类。这里会同步出卖家店铺中所有的商品分类，卖家可以根据推广需求选择合适的分类页面，买家点击推广信息进入店铺后，即可看到该分类页面下的所有商品。

（3）自定义页面

除单品的详情页面链接外，可以复制粘贴店铺内任意一个店铺内页面链接，进行自定义页面设置。

（六）店铺推广标题的合理化设置

店铺推广信息可以同时展现两个标题，即主标题和副标题。主标题建议突出店铺的特点和经营范围，而副标题是主标题的补充，建议突出店铺营销、折扣等信息。譬如满就送、包邮、折扣等。

（七）店铺推广图片的合理化设置

所推广的图片不能违反有关国家法律的规定以及淘宝规则，例如涉及侵权、色情等信息。

展现的图片有两种选择：一种是从店铺中的图片空间中选取一个认为适合的图片，尽量可以体现店铺的特点，比如：主营类目、店铺品牌、宝贝主要品牌、店铺促销活动、店铺风格；另一种是通过点击“我要制作创意图片”，链接到 banner.alimama.com，用以制作推广图片。

在对店铺进行图片设置时，图片中需要包含至少一个单品，并且图片应以正方形的形式进行设置。

二、钻石展位促销宣传

（一）钻石展位概述

钻石展位是专为有更高推广需求的卖家量身定制的推广工具。在展位选择时，所有展位都是通过对淘宝最优质的展示位置进行精选而来，通过竞价排序，按照展现计费。性价比高，更适于店铺、品牌的推广。

（二）钻石展位的促销效果

1．低成本获取优质展示位：即使卖家花很少的钱，也可以在淘宝上获得最有价值的展示位进行信息发布。

2．获得超炫展现：通过钻石展位，使得所展现信息形式更加炫丽，展现位置更大，展现效果更好，从而大大提高信息促销效果。

3．超优产出：利用钻石展位时，如果信息没有被预期展现，淘宝将不会收取任何展现费用。卖家可以自由组合所需展现信息发布的时间、位置及费用，真正达到最优异的投产比效果。

另外，钻石展位还可以为卖家提供最大弹性的效果提升空间，其中促销活动、推广入口、推广产品等都会成为影响展现效果的直接因素，如果卖家能对以上因素进行合理的搭配，将会产生爆炸式的连锁效果。

（三）钻石展位的推广操作流程

进入产品系统→确认服务协议→挑选展示位→账户充值→创建计划→创建图片→等待投放

钻石展位使用补充说明：

1．产品为在线自助服务，卖家在购买钻石展位之前必须登入我的淘宝。

2．卖家在竞价创建之前，必须选择某一个展示位。

3．卖家在创建钻石展位计划之前，必须保证已拥有一个符合尺寸大小的图片或 Flash，图片或 Flash 由卖家自己制作，并且卖家必须保证有对图片或 Flash 的使用权。

4．卖家可以自主选择在创建钻石展位计划之前或之后，履行消费账户的充值义务，但必须保证在投放开始的前一天消费账户上有充足的展现费用。

（四）钻石展位适合发布的信息内容

钻石展位不仅适合发布卖家的商品信息，更适合发布店铺促销、店铺活动、店铺品牌的推广等信息。卖家可以充分利用钻石展位为自己的店铺带来充裕流量，增加买家对自己店铺的好感和粘度。

（五）钻石展位适合的卖家群体

钻石展位适合相对成熟的卖家，首先要求卖家可以制作漂亮的展示图片或 Flash，其次要求卖家有对相关促销活动信息的发布意识，可以以最适合的噱头推广最合适的产品。

（六）钻石展位的收费标准

钻石展位是按照展现次数进行计费，如果卖家的推广图片不需展现或者没有获得展现时，不会产生任何费用。CPM 单价是根据您的竞拍成交价来计算。譬如，卖家支付一块钱竞得 1 个 CPM，就意味着卖家的推广图片将被展现一千次。

（七）钻石展位竞价方式

卖家可以对自己喜欢的展示位置的某个时间段的“千人展示成本”的单价进行自由出价，出价高的卖家的推广信息将被优先展示。钻石展位的竞价时间段单位为 1 小时，也就是说卖家实际上所竞拍的是某个位置某个小时内的发布权。

（八）钻石展位中图片处理要求

卖家可以随意创建自己展示用图，但是展示图片必须审核通过才能使用。卖家需要保证图片内容的合法性，图片链接地址必须是淘宝商品或商铺的链接。一般的审核时间是 24 小时；卖家在图片内容审核通过后可以修改图片相关信息，但是不允许再次修改图片。如果修改了链接，需要等到次日后展示才会重新生效。并且在每天 15 点后卖家就不能进行任何信息（包括出价）的修改，但是可以新增计划。

（九）钻石展位的实际费用结算方式

系统会每天 15 点后冻结第二天的计划日预算，投放完成后结算余额返回卖家的消费账户。系统根据展现的量进行收费，不显示不收费。收费按低于您出价的下一位有效出价加 0.1 元进行结算。

三、超级卖霸促销宣传

（一）超级卖霸概述

超级卖霸是针对不同类型卖家的推广需求所制定的不同主题的促销推广活动，并保证每周进行一次不同主题的更新，是淘宝网重拳推出的商品展示集中营，该集中营搜集了全网最热卖的商品，将其集中展示在全网客流访问量最大的位置，具有超大活动流量、完美主题策划、投入费用优惠、效果数据监控等突出优势。

（二）超级卖霸活动的参与流程

登陆超级卖霸→活动报名→上传素材→挑选位置→付款→活动上线

（三）参与超级卖霸前的准备工作

1．挑选店铺中的性价比最高的货品或意欲大力推广的产品。

2．准备足够的人手：由于超级卖霸推广力度较大，可能会导致店铺短期内流量急速上升，因此需要准备足够的客服人员。

3．与淘宝店小二做好充分的沟通，以保证活动中出现意外状况时能及时避免或更正。

（四）参与超级卖霸的商品挑选要求

1．选择拳头产品：指性价比高，照片效果好，且之前的销售纪录良好。一旦潜在买家看到之后，购买的可能性就比较高。

2．合理定价：参照淘宝网上其他售卖该产品的价格，合理定价，争取做到淘宝最低价，增加产品吸引。

3．备货充足、拥有稳定货源：对于推广效果较好的产品，其销售非常快，因此准备好足够的货品是非常必要的。

4．符合当季流行趋势，商品特色鲜明。

（五）参与超级卖霸商品的图片选择要求

1．素材提需供统一尺寸（即 200×200，大小不得超过 15K）。

2．图片素材不得有边框，商品背景尽量单一，不要过于复杂，图片上不得有文字或水印、LOGO 等，商品居中，画面主体只有一个，商品特点突出。

3．参与超级卖霸的商品图片，尤其是服装产品不能为明星代言穿着拍摄图片。

四、淘宝客促销宣传

（一）淘宝客概述

“淘宝客”是指帮助卖家推广商品获取佣金报酬的专业群体，是一种按成交付费的变相广告形式。只要通过淘宝商品的推广代码在网站、博客、论坛或其他地方推广宣传链接，使买家通过卖家的推广链接进入淘宝店铺购买商品并确认付款后，就能获取由卖家支付的 0.5%～ 50%不等的佣金报酬。该群体无需投入成本，实现零成本创业。

（二）淘宝客推广流程

推广流程如图 11-24 所示。

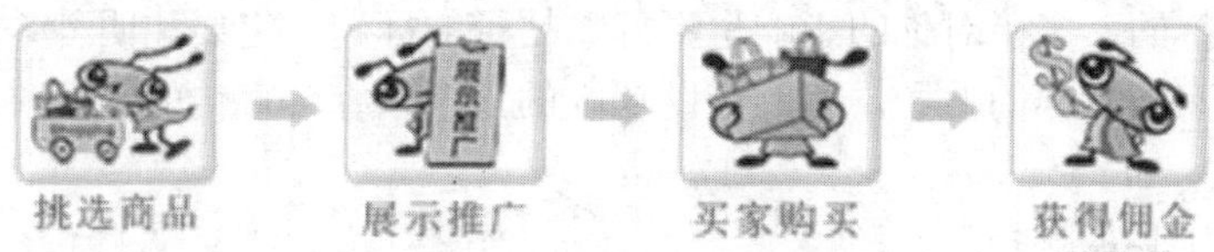

图 11-24　淘宝客推广流程

1．淘宝客取得要推广的商品，特别提示：取得商品的主动权是在淘宝客，而非卖家。

2．淘宝客通过自己的各种推广方式，如 QQ 空间、博客、论坛等方式，向网民推荐卖家的商品。

3．买家完成购买交易成功后，淘宝客的推广任务就算完成了。

4．系统自动从卖家销售所得中扣除淘宝客的佣金，并转入淘宝客的账户上。

（三）淘宝客所从事的推广活动

活动类型有商品推广、店铺推广、搜索推广、频道推广、活动推广等多种形式，具体推广方式相同，在这里就只以对商品的推广为例进行叙述。

（四）卖家投放推广商品的操作流程

1．进入淘宝→我是卖家→营销中心→我要推广，就可以进入淘宝客页面了。

2．点击淘宝客页面下方的“马上进入”按钮，进入淘宝联盟（后台）主页面，选择新增主推商品（可以是一件也可以是全部选择）后。进入佣金比例设置页面，进行佣金比例设置，点击下一步。

设置完佣金比例后，在推广列表中就会出现所选择的商品，以后就是等待淘宝客来选择帮助推广了。

任务训练

1．请登录淘宝网，查询申请淘宝直通车进行店铺推广时，需要哪些条件。

2．以买方身份分别进入钻石展位、超级卖霸促销页面，查看相关推广产品，分析两者的区别于关系。

3．访问淘宝客促销页面，简述淘宝客和客户之间的完整流程图。

素质拓展

店家亲自分享如何利用秒杀提高店铺流量

第一，什么是秒杀？

答案就在社区/经验畅谈居。平时多逛社区、帮派。其实有很多知识都是从社区、经验畅谈居学到的，这些都是群英荟萃的圣地，大家有时间要多去了解下帮派里的那些亲们是如何秒杀的。当然，最好就是自己亲自去体验一下，秒杀别人的宝贝也好，当你秒到时，你会发现那种感觉真的很棒!!

第二，秒杀前准备

当你准备要做一次轰轰烈烈的秒杀时，很有必要知道如何让更多的买家知道你的秒杀活动，还是需要去社区多了解那些秒杀高手都是如何宣传的。

1．旺旺宣传让你的顾客、潜在顾客以及朋友知道你的秒杀活动。记住要群发啊，要不会被锁号24小时的!

2．QQ宣传　这点就不用多说啦

3．社区发帖这点尤其重要啊同志们！你们不知道有一批淘友每天都在找寻秒杀的消息。哈哈因为本人也走火过一段时间，深有体会。发帖要发对地方，这点大家要重点注意了，发错地方了会被删掉的，多了对你的影响也不好。帖子的标题一定要注明秒杀时间以及价格，这样买家才会容易搜到你的帖子。有的借助社区的力量来综合宣传的。这种方法也是效果大大的。

第三，秒杀宝贝的选择

需要选择一个有吸引力的，就是让人看了就想买的宝贝，成本要相对较低的。对于我们新手卖家来说，要算算不能赔太多（注：秒杀是肯定要赔本的）

第四，秒杀宝贝的编辑

选择好秒杀的宝贝后就要编辑宝贝资料了。编辑宝贝数量是可要注意了（这点可千万不要忘记，要是不小心设置了100件宝贝秒杀那你可要哭死了。呵呵，这样的错误一般不会犯）。然后在宝贝描述里编辑秒杀规则（这个也很重要的，比如一个IP只能秒一件，不能匿名秒杀等）。宝贝定时上架（这一点为了防止秒杀器的抢秒，大家可以自行设定提前或者延迟5分钟开始）

第五，秒杀定位

参加秒杀的宝贝的价格都要有绝对的诱惑力，一般都是5折以下。最好是1元包邮秒杀，这个效果非常的明显（不过赔的就心痛了）。

第六，秒杀进行时

一切准备就绪后，你就等着享受那“叮咚”、“叮咚”的美妙音符吧，反正第一次是这样的心情，比秒到宝贝的人还激动呢！心动的赶快体验一把！

好啦！啰啰嗦嗦说了这么多，大家可能都看烦了。总之让我们大家都一起秒杀吧!!! 祝愿大家：不管是给别人秒的还是秒别人的都能秒得痛快！

（文章节选“中国网店网”：http://www.kaigewangdian.cn/tuiguangjingyan/112228066614.htm）

阅读思考题：

请根据上文所讲述的内容说说什么是秒杀？其原理是什么？同本节所学习的所有推广

模式相比，秒杀与哪一种推广模式更相近？

任务6 店铺宣传技巧

工作过程

合理选择付费营销推广方式→商品三要素推广技巧

相关知识点

一、合理选择付费营销推广方式

1．淘宝网上付费营销推广方式

目前在淘宝网上的付费营销推广方式包括淘宝客、直通车、钻石展位、超级卖霸、硬广投放等。

2．卖家营销方式的合理选择

卖家营销推广方式的选择标准比较多，在这里主要从对卖家营销需求分析角度入手，分析营销方式的合理选择，如表11-2所示。

表11-2 卖家营销需求分析

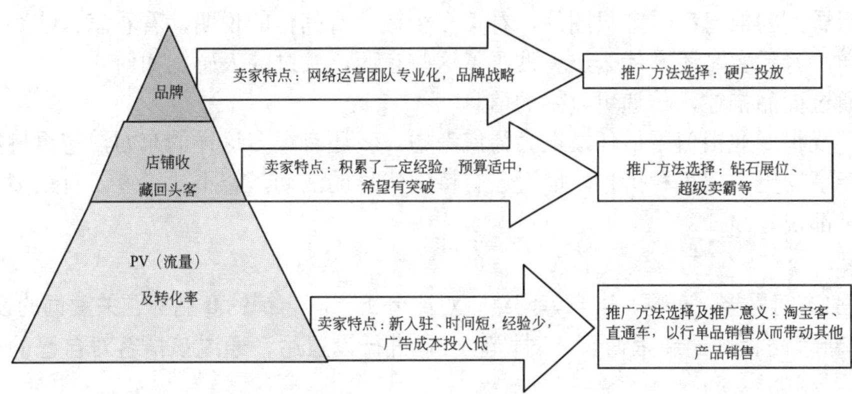

一般而言，对于具有一定经验、一定资金势力的卖家，为了打造品牌店，提升回头率，这时店铺提供的诸如满就送、限时折扣、等免费营销推广方式已经不在满足他们的需求，他们往往会选择一些付费营销推广方法，总的来讲，什么样的卖家具有什么样的营销需求，就会选择相应的营销推广方式。

二、商品三要素推广技巧

（一）商品三要素

1．标题。

2．图片。

3．描述。

（二）推广技巧

1．设置好商品标题关键词

（1）尽可能设置较多的关键词，从分利用网店提供的关键词空间。

（2）科学地设置关键词。

关键词的常规设置方法有以下几种。

① 品牌+名称+型号，如佳能数码相机 A630

② 优惠+名称+品牌+型号，如特价数码相机　佳能 A630

③ 标志+信用+品牌+型号+名称+服务，如 冲双钻 佳能A630 数码相机 全国联保 含发票含快递

④ 品牌+名称+型号+优势+服务，如 佳能 Canon 数码相机 A630【实体店铺 大陆行货 全国联保】

（3）关键字设置误区

① 宝贝属性不明确，没有从买家角度思考。

② 关键字少，没有充分利用 30 个字的空间。

③ 没有设置热门关键字，很难被买家发现。

④ 没有名称或品牌，对顾客没有提示作用。

⑤ 不尊重事实滥用关键字，违反淘宝规则。

（4）充分利用热门关键字。

2．利用图片推广技巧

（1）全方位多角度的图片展示。

（2）大小图图片有机结合。

3．写好好商品描述

（1）完整的信息描述，描述不能太简单，也不要感到累赘。

买家想看到的信息：看宝贝图片，看卖多少钱，看其他的说明，看看怎么购买，看卖家商品怎么样，看看卖家还卖什么，看谁买了这些东西，买过的人感觉如何。

（2）通过商品描述，传递更有效的信息

例如：我很专业很值得信任，很会为您考虑。我还有很多这样的东西，您再挑挑看。买得多您还能享受更多优惠和折扣。最近还有特别优惠的活动，您不要错过。有很多人买了我的东西大家都说好。

任务训练

1. 分别访问易趣、有啊、当当等网络，对比分析不同店铺的商品标题关键词的设计情况。

2. 在新浪网上开通新浪博客，对博客内容进行设置后，通过该博客对自己的店铺进行宣传。

3. 利用 QQ 空间博客、社区等工具对店铺进行宣传，试分析总结 QQ 空间有哪些工具可以作为营销推广之用，分别适合什么情况下使用?

4. 结合多种推广方式，对自己的店铺商品推广制作一份推广计划，要求尽可能多并且合理地运用所学的推广工具。

素质拓展

网店店长如何利用博客进行网络店铺推广

中国店长信息网文：这几年博客是最火爆的网店推广方法之一。博推广，简单地说，就是日记形式的网站。利用博客进行营销，它的本质在于争取话语权。或者说得直白一点，写博客就是为了昭告天下，这里有这么一号人，他的言论是应该被注意的。有了话语权，网店营销迎刃而解。

网店博客推广并不是直接发布店铺产品，也不是发布新闻而是获得话语权，建立权威地位后偶尔提一下产品或者服务，在潜移默化中影响用户的购买决定。博客要发挥作用，首先要被人信任。要想靠博客争夺话语权，就必须分享自己的经验、体会，而不是直白地推销产品。

1．博客推广确立目标：先要明白要成为一个什么样的博客，对于淘宝的卖家来讲，博

客推广商品最好的莫过于考虑这两方面的内容：淘宝购物与淘宝买家的知识、宝贝有关的知识和体会。

2．博客内容个人化：这个具体体现在博客的口号，也就是在博客名称下面对博客的说明。当然了，博客的名称最好是跟店铺的名称一样。而一个独特的口号，可以立即确立个人化特征，让人记住。

（1）博客内容设置，首先当然是所有专业话题内容都要有自己独到的观点，如果是人云亦云或者转载抄袭是毫无意义的，这个大家在淘宝发帖的时候也知道了。

（2）当读者与作者建立了关系之后，心里感觉已经认识到作者的时候，会对作者的一些私事其实也是挺感兴趣的。因为所有的人都有很八卦的一面。我自己也有同样的感受，一些我长期阅读的博者，作者偶尔发发牢骚，说说生活烦恼、私人八卦，我都会读得津津有味。更重要的是，这些个人化的内容才真正让读者体会到博客背后是个大活人，而不是纯粹为了营销而写的作者。

（3）博客主在博客上，也可以讲故事说自己的事情，重点要真实。

3．文章风格要追求容易让人产生共鸣，这样才让人赶到亲切。

4．对于博客的链接。

我想建立起博客后，第一件事，就是把淘宝的店铺的链接设置到博客上。但是对于淘宝上的宝贝资料先不要放上去（参考以上的说法)。在建立一段时间之后，就要积极去寻求链接了，然而，在链接的过程中，不止是可以把博客的地址链接到别人的博客，还可以把店铺的地址链接到其他的博客，然后其他的博客又有别的人进行访问，想想那个访问量吧。

在这里，我要说说我的百度空间，我现在才用的名字是并不是我的店铺名称，而是“丁丁的袋子”，因为当时也没想到博客营销会有多少效果。只是在我发表了一些文章“淘宝的知识”受到了一定的关注后，加入花艺的知识，发现了流量之后，才改成现在的名字，当然了，在我的博客里，我的店铺“佛罗伦萨花艺馆”的链接也被关注到了。

文章营销，其实这本该是一个独立于博客之外的方法，但可以把写好的文章放置于博客中起到双重作用。

博客推广内容文章写些什么？

首先，博客推广文章的写作应该抱着帮助用户的心态，而不是卖东西的心态。其次，文章应该把注意力放在为用户提供行业基础知识、常见问题回答、产品使用敲门、历史沿革、行业新闻、产品使用趣闻等对用户有实际价值的东西上。

很多人对原创内容感觉很头疼，觉得没有什么东西可写。其实关键在于开阔思路，大概从以下几方面入手。

（1）从产品历史和沿革出发。你的产品是怎么制作出来的，有什么变革的过程等。

（2）从原材料出发，利用什么材料制作出来的，不同的材料有什么不同的价格。由于仿真花，人们对它都很陌生，所以一旦我在博客上写除了它的材料和制作工艺，有很多的人来主动联系我。

（3）从客户出发，将会有哪些人使用你的产品，你的产品给了他们什么好处，客户是怎么评价你的产品的。

（4）从本行业出发，有关你的产品行业有什么新闻。

（5）从产品用途出发，产品使用情况介绍、使用敲门、应用领域，可以帮客户做些什么？怎样维护保养？怎样排除故障等。

（6）从产品技术出发，产品的工作原理介绍，包括了哪些科技等。

（7）有关产品的趣闻，或者说有哪个名人与这样的产品有关等，但必须以事实为依据。

（8）最后在文章的结尾加上你的店铺或者宝贝链接吧。

请保证你所写的内容为原创，原创文章给网站自身带来原创内容。

文章写好后，自然首先发表在自己的博客上或者店铺的空间上面。同时也可以通过网上的很多文章交换目录进行。不少站长其实很缺乏实质内容，所以会有可能跟你交换这样的文章，而在文章的末尾，记住写明“版权所有，欢迎转载，转载时需要保留作者及原出处，并提供链接”就好了。

在这里，设置网页标题的方法得当的话，也会起到一个很好的作用。大多数博客软件所生成的网页标题格式都是：博客名称——分类名称——帖子标题。

建议对标题更改成这样：博客帖子标题——分类——博客标题。

大家去试一下，就会发现后面这个标题被搜索到的概率大大提高，别忘了，博客的标题和你店铺的名称一样。

接下来要做的是：怎样推广博客

1．常定时更新，因为是类似日记的形式，所以经常更新才能留住老读者，吸引新读者。

2．在其他博客留言，看到感兴趣的话题，在其他博客上留言发表自己的想法也是推广自己博客的重要手段。如果你在留言时，也留下你店铺的链接，更加事半功倍。

3．回答别人在你博客中的评论，并回访。

4．讨论其他博客，如果见到你感兴趣的话题，如果你的感想足够写一篇新帖子，也可以在自己的博客中发一篇帖子，就其他博客的话题进行讨论，有的时候甚至提出不同意见。同时，最重要的是，在自己的帖子中一定要链接到对方博客上你所讨论的那篇帖子，还有自己店铺的地址。

[信息来源：中国店长信息网（www.gx598.com）会员提供]

阅读思考：

1．利用博客进行店铺推广与论坛推广有什么区别？

2．请申请一个博客空间，尝试对自己的店铺进行推广，进一步探索其中的推广技巧。

情景十二 分析电子商务物流服务对网店运营的影响

知识目标

了解物流对网店的重要性，学会通过优质的物流服务推广自己的店铺，同时学会规避和分散不良的物流服务给店铺带来的负面影响。

技能目标

要求掌握简单的包装技法，熟悉店铺运费模板的设置与使用，学会选择合适的物流服务商。

素质目标

通过其他店铺的店铺评论找出物流服务对网店经营的影响表现在哪些方面，分析自身店铺经营过程中采取何种有效方式解决相应的问题，达到灵活利用物流来促进销售的目的。

任务导入

替谁背了黑锅?

小李在淘宝上开了家花店，生意一直不错，通过与客户的情感维系，小李的店铺评价也一直挺好的。小李也一直很细心的做好每一个环节，凡是在他店里买花束的，他都会问明用途，然后给予不同的包装。遇到节日或客户生日，还会附上小礼物和卡片。因此，尽管其中也有一些客户有时候不太满意快递的送货速度，但是考虑到小李的服务，依然给了好评。小李看到店铺日渐兴旺，心理特别高兴，尤其是那百分百的好评率。要知道，凡是淘宝的卖家，没有一个不害怕差评的。但是怕啥来啥，最近的小李特别郁闷，原因无他，被差评了，怎么回事呢?

几次联系客户小王，都被痛骂了回来，小李百思不得其解，自己在小王下单付款后，完全按照客户的要求进行了包装，还附赠了卡片和小礼物，并且马上就发了快递，按理来说不应该出现什么差错。小李心想，难道遇到恶意中差评师?可是根据小王的反应来判断，这种可能性不大，于是他决心弄清楚原因。也许是被小李的坚持打动了，小王与小李进行了沟通，通过沟通，小李才明白事情的原委。原来小王在买花之前与女朋友吵架了，女朋友闹着要分手，这小伙子想来想去没啥招，女朋友呢也一直不理他，最后电话也不接了。可巧了，还几天就是女朋友的生日，女孩子不都喜欢花吗?于是他决定上网订一束她最喜欢的鲜花作为生日礼物，借机会道歉请求原谅。在小李店内下单付款以后，就等着女朋友给他打电话说原谅他。可是等到女孩生日后的第二天，他接到了分手电话。再过了一周女孩甩给他一束枯萎的鲜花，就再也没出现。

小王后来才知道由于物流公司的缘故，导致邮件延迟了一周才到，女朋友的生日早过了，鲜花也枯萎多时了。女孩更气愤了，感觉小王并没有把她放在心上，坚决地分手了。而小王在欲诉无门的情况下，把责任都算在小李头上了，小王认为，如果不是快递的原因，女朋友也不会与他分手，要怪就怪小李选错了合作商，坚决的给了个差评。

于是好好的一单买卖就砸在这中差评上了。小李多次请求撤销差评，无果。

小李为谁背了黑锅？从案例中你学到了什么？如果是你，你如何避免上述事件的发生？或者，发生类似事件，你将如何处理？

任务提示

类似小李这种情况的案例在网店经营的案例中比比皆是，许多卖家和买家的矛盾的争议点也多来源于对物流服务的满意度。根据案例，我们可以通过分析淘宝的评价规则，中差评对卖家的影响，进而分析中差评的成因，物流服务与中差评之间的关系。如何减少中差评？如何提高物流服务质量？请通过对其他网店的店铺调查数据来进行分析，进而对自己的店铺在物流服务商的选择，物流服务质量的提高提供帮助。通过任务的完成来实现店铺的推广与营销。

任务提出

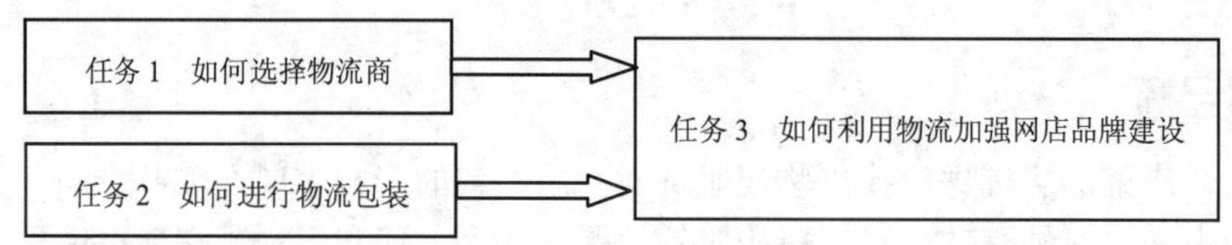

任务 1　如何选择物流商

请利用互联网搜索现有物流商，并对不同的物流商所具有的优势特点进行分析。通过对比来分析自己的网店将会选择什么样的物流商来提供物流服务，并说明原因。

工作过程

搜索现有物流服务商→分析各个物流服务商的特点→比较优势、劣势→选择物流商

相关知识点

一、物流与物流服务商

什么是物流？国际上关于物流概念也没有一个统一的说法。早期我们称物流为 PD，即物发生的从一个地理位置到另一个地理位置的在时间空间上的运动。后来经过各个学科的融合，随着物流的发展，我们逐渐接受了美国二战期间对于军用物资的管理理念。而物流的概念也发生了根本性的变化。

小知识

从 PD 到 Logistics

1917 年出版的《理论后勤学——战争准备的科学》是由美国海军陆战队中校乔治・塞勒斯・索普所著。书中从拿破仑战争开始进行阐述，详尽地分析了几大战争失败的一个重大因素在于后勤（logistics）。拿破仑没有意识到军事后勤的地位，因此他最终惨遭滑铁卢。书中对于后勤的定义做了广义与狭义之分，其中广义的后勤是指：“Logistics”是准备和提供进行战争的手段(人员、物资、设施、勤务)的理论和艺术。它包括军事行动中的物料的研发设计、筹措、仓储、配送、维护、撤离与处置，人员的运输、撤离、医护，设施的建造、维护、运作与处置，服务的筹措与提供。而狭义的后勤是指“物资的运输与供应”。尽管索普对于狭义的后勤持批判观点，认为它不够全面。但美国陆军比较认可该观点，认为后勤就是运输与供应。此时，物流在民间的应用仍然是 PD（Physical distribution）。

二战期间，围绕战争物资供应，美国军队建立了后勤理论，将管理学、逻辑学、运筹学等各个学科的理论进行整合，对当时物资生产、采购、运输、配给等活动作为一个整体的布置，以求战略物资的补给更为及时，费用更低，速度更快，服务质量更好。可以说，美国在二战中取得的硕硕战果与他们的军事后勤管理是分不开的。二战结束以后，美国物流学家通过研究战争物流，认为应该把 logistics 的理论引入 PD 的概念中去，而民用物流主要考虑的是运输与供应，其他的因素对于民用物流来讲没有意义。因此，引入狭义的军事后勤就足够了。自此物流的概念开始由 PD 向 Logistics 发生转变。到了 1986 年，美国物流管理协会（N.C.P.D.M National Council of Physical distribution Management）改名为 C.L.M(The Council of Logistics Management)，正式将物流由原本的 PD 改为 Logistics。

我国国家标准《物流术语》里对物流给出的定义为：物流是指从供应地到接收地的实体流动过程，根据实际需要，将运输、储存、装卸、搬运、包装、流通加工、配送、信息处理等基本功能实施有机结合。

而物流服务商则是提供物流服务的企业。第一方物流是制造者本身，第二方物流是提供功能性的物流服务的企业，第三方物流是现在通常意义上的物流商，多从传统的功能性物流服务提供商中独立出来，专门从事物流服务的。除此以外还有第四方物流商与第五方物流商。而与网店经营息息相关的，则是通常意义上所说的第三方物流服务商。

第三方物流服务商有的前身为运输企业，有的前身为仓储企业，有的起源于货运代理企业，有的起源于信息服务公司。这些不同性质的企业所分离出来的物流商有着各自的优势。运输企业的运输网络大而全，仓储企业的仓库多，管理技术专业，货运代理企业有着专业的物流管理知识，信息服务公司则拥有庞大的信息量。

那么第三方物流服务商如何影响网店经营的呢？

二、物流对中差评的影响

我们知道淘宝的店铺评价规则是淘宝买家对卖家做出的关于宝贝描述，卖家发货速度，卖家服务态度以及物流公司服务这四项构成的。信用评分从评分等级来看有好评、中评、差评三等。卖家的好评率越高，消费者的信任度也就越高，产生的购买率也就越来也高。因此，一个良好的信用评价记录对卖家来说至关重要，每一个卖家都希望每一笔交易下来，信用评价都是好评。

然而在四项评价中作为卖家无法控制的，但又是最能引起中差评的就是物流公司服务这一项了。我们来看一下下列几则评价记录，如图 12-1 所示。

物流超慢，从年前到2月
[2011.03.05 10:41:55]

椅子还可以，就是物流不给力，地址搞错了，很慢，最后通过老板才运过来的，店主不错。
[2011.03.01 19:12:46]

还行，只是没想到要自己提货
[2011.03.01 18:17:54]

货不怎么样，转椅下面的脚轮槽。坐一下就裂了，还好我又有一个旧的。要不退起货来更麻烦，建
保质呀。
[2011.02.25 23:23:07]

真的非常不错哈!
就是时间长了点。。。
[2011.02.25 00:05:47]

除了发货速度，其他的都比较满意
[2011.02.22 15:05:02]

质量没看上去的好，运费太贵了
[2011.02.17 21:01:30]

椅子还不错，就是要自提有点麻烦
[2011.02.17 13:27:10]

不错
[2011.02.01 13:19:01]

卖家人很好，由于快递的问题导致货物延迟了很久才收到，客服还帮我和快递公司联系~很负责~

图 12-1

从上图的评价中可以看到，基本上都是针对物流商所提供的服务质量问题所作出的回应。这是整个电子商务活动中普遍存在的问题。

物流商能够给网店经营者提供物流服务，而物流是网上实现商流的最终保障，物流商的运营范围，物流商的服务效率和服务质量，直接影响消费者对店铺经营者的服务质量评价。

顾客从网上购物付款后，一直到拿到商品为止要经历以下流程，这些都是物流服务商所提供的服务，如图 12-2 所示。

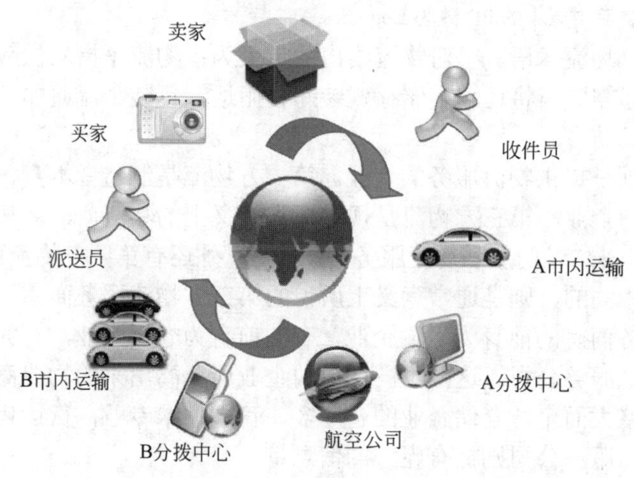

图 12-2

从图 12-2 中能够看到买家在拿到商品之前，商品已经经过多次经手。即使在网上购物，商品没有经过渠道商的中转，只是通过物流商的物流服务，在流通过程中都很难保证商品不被磨损、偷换。

因此，为了避免在物流过程中发生问题，卖家应当了解现有的物流商的服务质量，从中选择信誉和服务品质都良好的合作伙伴。如本任务中任务引导案例提到的卖家小李，就是因为物流商的原因导致店铺被差评。

三、现有的物流商的优缺点

目前网上大多数买家选择的物流合作商有邮政、申通、圆通、顺丰、韵达快递、天天快递等。在这么多的物流服务商中，有的服务质量好，使得买家对其服务评价高，进而对卖家的服务表示满意，有的服务质量不够，直接影响到买家对卖家的服务评价。下面来对比一下国内的物流服务商各自的优缺点。

（一）E 邮宝

这是邮政推出的一项低价位产品，有着 EMS 一般的售后服务，价格比 EMS 低廉。与 EMS 不同的是，EMS 使用的是航空运输，而 E 邮宝使用的是全陆运，通过汽车或者火车进行运输，因此 E 邮宝的速度较之 EMS 来说要慢一些，价格也要低一些。由于邮政快递有着庞大的运输网点，因此对比其他的快递来说，E 邮宝的运输范围更广，服务质量更让人放心，因此很多卖家都与邮政签约，把 E 邮宝作为合作推荐物流。

E 邮宝与 EMS 的区别

作为 EMS 的低端产品，E 邮宝的出现受到淘宝卖家的青睐，更有许多卖家以 EMS 为幌子，收 EMS 的价格来发 E 邮宝。那么如何区分 E 邮宝与 EMS 呢？我们从以下几个方面来分析。

首先还是要讲资费，EMS 的标准资费是全国起重资费为首重 500g 收费 20 元，超重部分每 500g 根据地区级别分为一区 6 元，二区 9 元，三区 15 元。而 E 邮宝起重资费为首重 1 千克收费 15 元，超过部分每千克按地区分为一区 4 元，二区 6 元，三区 10 元。省内与江沪浙地区互寄和京津地区互寄更便宜到首重 10 元，续重每千克 3～4 元。

其次，从揽件和派件方面范围来区分。从区域上来看，EMS 的揽件区域是全国，派件区域也是全国范围，E 邮宝只开通了全国范围内的派件区域，而揽件区域则受到限制，只有部分地区开通了揽件功能。在揽件时效上， EMS 和 E 邮宝网上业务暂不提供实时揽件的功能，换句话说不能随叫随到，在网上下单以后，只能在固定的时间范围内由邮政的工作人员上门取件，目前来看，邮政取件有两个时间段，在凌晨五点至十一点半之前下单的用户，当天下午就会有邮政的工作人员上门取件，而十一点半至次日五点下单的用户，邮政则会在上午联系用户取件。而标准 EMS 服务则可以通过邮政服务电话 11185 来获得实时揽件服务。

第三是派件时效的 PK，也是最让买家心痛纠结的一件事。一般来讲，EMS 标准业务在全国六十余个中心城市的核心城区能够做到今发明至或今发后至，也就是说在一至三天内能够到达。一般情况下，非核心城区延迟一天左右。E 邮宝的短线业务与 EMS 基本上无差别，长线业务一般来说会延迟一到两天左右。而偏远地区，由于 E 邮宝不负有限时到件的责任，因此延迟时间为五到十天，甚至更久。E 邮宝目前只能通过支付宝下单才能享受服务，其他渠道的业务邮政则不予受理。

因此，对于卖家来讲，这是个很好的空子。许多卖家借由节约邮费，以 E 邮宝混充 EMS 以赚取中间差价。要判断来件到底是 EMS 还是 E 邮宝，从速度上就能够判断出来。另外，凡是以 E 邮宝发来的件会加盖“E 邮宝”印章。

（二）顺丰快递

顺丰快递的服务是国内快递行业内首屈一指的，而且配送速度快，比邮政的 EMS 的配送速度快得多，而且相对稳定，全国可送范围三天内就能到达，在二线城市之间使用顺丰一天也就到了。这对需要急件的企业和消费者来说，无疑是很可靠的。而且顺丰快递在没有客户许可的条件下一般不会对快递做退回处理。美中不足的是，顺丰的价格相对其他快递来讲价格偏高，覆盖率也不够。

（三）申通、圆通

对于申通、圆通等其他物流服务商来讲，优缺点都差不多，价格比 EMS 便宜，速度和 EMS 差不多，是众多卖家选择合作的物流服务商，但是受到地域的限制，覆盖面不够广泛，服务质量因其加盟商素质因素各有不同。卖家经常受到不同服务质量的加盟商的影响。

四、物流查询

为了保证买家能够顺利拿到商品，卖家在打包发货之后要留好每一单包裹的运单号，以方便及时与物流服务商联系，了解快递的即时状况。一般来说都可以通过网络直接输入运单号查询快递的情况，如图 12-3 所示，进入 EMS 网站首页。

图 12-3

例如 EMS 和 E 邮宝，就可以登录 http://www.ems.cn 进行查询。如图所示，登录主页以后，在导航下方就能看到 EMS 号码的输入框及验证码输入框，把运单号输入进去，输入附加验证码，就能够查询到当前的快递状态。点击查询后，能够清楚地显示出快递何时投递、何时抵达何处、是否妥投等。根据查询显示的详情来预测该件大概能在什么时间内到达目的地。除了登录进行业务查询，还可以通过拨打邮政服务电话 11185 来进行邮件的查询。除邮政业务开通了网上邮件查询业务以外，民营快递如顺丰快递、圆通快递、申通快递等也都有相应的查询站点。

卖家应当在发货以后及时通过旺旺联系买家，并主动提供运单号，以方便买家进行查询。

如果发生了丢件的情况，卖家应当及时与物流商进行联系，讨论赔付的相关问题。同时及时通知买家，表示歉意，最好能先将商品补发给买家，或者将货款退回给买家，避免引起买家的不满。

为了明确丢件的责任问题，也为了减少卖家损失，建议卖家在邮寄贵重商品时选择保价。不同的物流商制定的保价规则不同，但无论怎样计算，保价的商品在丢件或者商品受损时都能够获得赔偿。因此卖家也要提醒买家在签收时注意及时检查商品是否完好无损，明确责任归属。

中国速递服务公司为中国邮政集团公司直属全资公司，主要经营国际、国内 EMS 特快专递业务，是中国速递服务的最早供应商，也是目前中国速递行业的最大运营商和领导者。公司拥有员工 20000 多人，EMS 业务通达全球 200 多个国家和地区以及国内近 2000 个城市。

EMS 特快专递业务自 1980 年开办以来，业务量逐年增长，业务种类不断丰富，服务质量不断提高。除提供国内、国际特快专递服务外，EMS 相继推出国内次晨达和次日递、国际承诺服务和限时递等高端服务，同时提供代收货款、收件人付费、鲜花礼仪速递等增值服务。

EMS 拥有首屈一指的航空和陆路运输网络。依托中国邮政航空公司，建立了以上海为集散中心的全夜航航空集散网，现有专用速递揽收、投递车辆 20000 余部。覆盖最广的网络体系为 EMS 实现国内 300 多个城市间次晨达、次日递提供了有力的支撑。

EMS 具有高效发达的邮件处理中心。全国共有 200 多个处理中心，其中北京、上海和广州处理中心分别达到 30000 平方米、20000 余平方米和 37000 平方米，同时，各处理中心配备了先进的自动分拣设备。亚洲地区规模最大、技术装备先进的中国邮政航空速递物流集散中心也于 2008 年在南京建成并投入使用。

EMS 还具备领先的信息处理能力。建立了以国内 300 多个城市为核心的信息处理平台，与万国邮政联盟（UPU）查询系统链接，可实现 EMS 邮件的全球跟踪查询。建立了以网站（www.ems.com.cn）、短信（10665185）、客服电话（11185）三位一体的实时信息查询系统。

EMS 一贯秉承“全心、全速、全球”的核心服务理念，为客户提供快捷、可靠的门到门速递服务，最大程度地满足客户和社会的多层次需求。2005 年先后荣获“中国消费者十大满意品牌”、“全国名优产品售后服务十佳”和“中国货运业快递信息系统和服务规范金奖”等奖项。

资料来源:www.ems.com.cn

五、运费模板与推荐物流

许多买家在进行网购时，除了考虑商品价格以外，还注重物流的速度与价格。许多卖家都会遇到类似的问题，就是不停地有买家询问购买一件商品用平邮多少钱，快递多少钱，EMS 多少钱，分别需要多少天才能收到，超重如何计费等。有不少卖家为了避免重复回答，大多通过设置常见问题答案让买家自行阅读，但这种方法依然不奏效。

为了避免这种重复无意义的工作，通过设置运费模板即可。买家在购买时只需要选择目的地，即能自动计算出所需支付的运费。运费模板的生成很简单，只需要在后台点击设置运费模板，再逐个填写宝贝使用不同的物流邮寄时首重计费及超重计费。具体费用需与物流商谈妥，避免过高或过低。

在设置物流时，要考虑到推荐物流的使用。淘宝所采用的推荐物流政策对卖家和买家都是有好处的，淘宝通过与物流商签约，对物流商的服务进行监督，使得网购中因物流产生的纠纷得到缓解，降低了索赔难度。因此，使用推荐物流能够保障消费者的权益，也能使得卖家的权益得到维护。

如果运单过多的话，可以在交易管理中选择我有货物要运输，选择第二个标签“从 EXCEL 导入运单信息”，这样可以批量导入运单。选择从 EXCEL 导入运单信息首先需要下载 EXCEL 模板，对应填入运单信息然后保存。再进入导入页面，选择“浏览”找到 EXCEL 文件，点击“导入”即可完成，如图 12-4、图 12-5 所示，其中图 12-4 是从 EXCEL 导入运单信息，图 12-5 为从 EXCEL 导入运单信息中 EXCEL 模板。

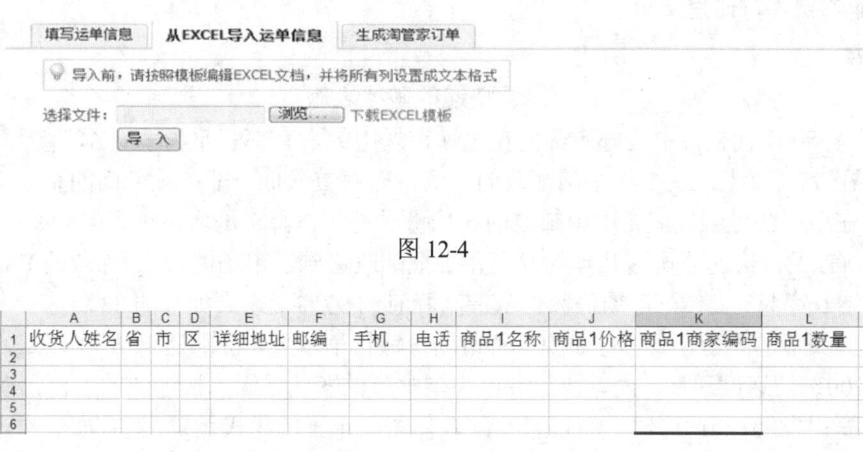

图 12-4

	A	B	C	D	E	F	G	H	I	J	K	L
1	收货人姓名	省	市	区	详细地址	邮编	手机	电话	商品1名称	商品1价格	商品1商家编码	商品1数量
2												
3												
4												
5												
6												

图 12-5

淘管家是是一款面向淘宝平台 B2C、C2C 商家，专注于电子商务订单管理的软件；淘管家以提供高效的订单处理手段为目标，提供了一套包括采购、销售、仓储、客户关系、账款、售后服务、数据收集、分析等全面管理功能的综合业务管理系统。在淘宝店铺的后台也提供相关生成淘管家订单功能。具体如图 12-6 所示，图 12-6 为生成淘管家订单界面。

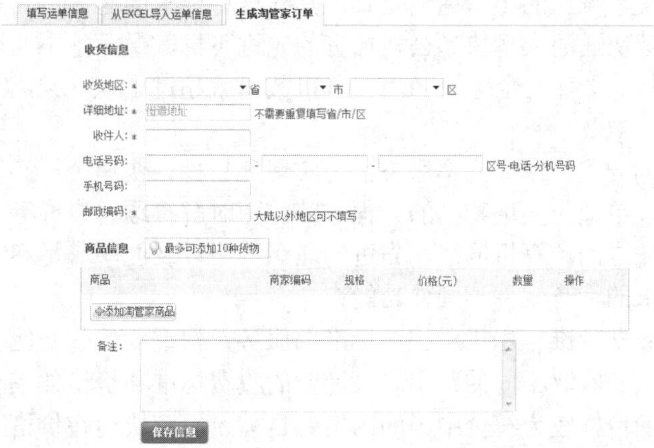

图 12-6

在填写完上图中标有“*”标志的内容后，可以通过单击添加淘管家商品添加具体的商品，如图 12-7 所示。

图 12-7

任务训练

1. 进行一次发货处理，熟悉发货的全过程。
2. 能够熟练打印发货单。

素质拓展

民营快递的破冰之旅

20 世纪 80 年代初，中国邮政部门在速递市场中的占有率几乎为 100%，直到 1987 年以前仍保持在 95%以上。1991 年中国邮政的市场占有率首次低于非邮政部门的企业，随着国际速递公司在中国的迅猛发展，中国邮政的市场份额逐年下降（平均每年丢失 4%），目前已降到 40%左右。民营快递公司这几年的发展几乎把邮政逼到了市场的边缘。邮政的 EMS 从 1995 年起，年增长率只有 2%，市场份额也从最高峰时的 97%下跌到如今的 33%左右。而民营快递则依靠其灵活的经营模式，行业规模和市场份额日渐增大，特别是 1998 年以来，每年都以 120%至 200%的速度递增。民营快递突破中国邮政的垄断、国际快递业的入侵，在本土市场上立足并赢得发展，与此同时一直以来在邮政体制改革上的积极运筹，就有如一次破冰之旅。

民营快递与邮政

尽管民营快递和邮政寄递的物品有时是相同的，如一个小包裹，既可以找邮政寄，也可以找快递企业寄，但这两个部门在接收小包裹及接收小包裹之后所提供的服务是完全不同的。这种差别，很像旅客运输中的公路运输、铁路运输与航空运输之间的差别。尽管载运客体是一样的，但提供的服务不同，收费方式也不同，因而可以划分成不同的行业。

快速和灵活方便是民营快递的灵魂。快递运输必须具备完成长途运输的快速运输工具和负责集散货物、分发、派送的小型运输工具，具备这种要求的运输工具是飞机和各种类型的专用汽车。承揽全球快递的大型快递公司拥有的先进飞机数量，绝不亚于世界著名的航空公司所拥有的飞机数量。飞行在全球的 FedEx 飞机数量就超过了 600 架，UPS 自有飞机与租用飞机共约 500 架。

提供快递物品的门到门或桌到桌服务。为实现此目标，快递公司必须及时、准确地接收顾客信息，快速处理单证，实现物品的全程跟踪，随时解答顾客查询等。为实现这些功能，快递公司必须配备先进的计算机网络、先进的通讯网络以及能够满足和实现各种个性化的、特殊的快递服务需求的特有软件和硬件功能。

有自身独特的收费标准。由于承担高标准的服务，快递业的收费比传统邮递业要高。快递业还根据具体的服务收取不同的费用。快递业的收费标准和价格体系与传统邮政业是完全不同的。民营快递的价格较为符合中国的国情。目前，民营快递在价格上远远低于邮政快递 EMS，在服务上的附加值却高于 EMS。例如宅急送开展了“全国小件快递门到门”业务，更好地满足社会零散小包裹快速增长的市场需求，给广大用户享受优质优价的服务提供了更多的选择。

民营快递的主要业务是商务快递。从市场定位看，居民个人使用快递较少，90%以上是有进出口业务的企业，例如三资企业、国际货代公司、船务公司、集装箱公司、进出口公司、海关、商检、旅游公司等。

打造价值链

目前的民营快递业务呈现出一个非常分散的局面，除了少数民营快递，如民航快递和大通等，大多数的民营快递只是区域性的，甚至只能承接同城业务，并且所提供的服务都没有差异性。但是，虽然民营快递公司规模小，却数字庞大，有些城市存在上百家的快递公司。

在快递市场方面，未满足的市场需求已超越了单纯运输速度考虑。从事国内快递业务的民营快递公司最大的差距存在于信息系统、服务即时性及附加价值服务提供等方面。民营快递公司与国外快递公司在满足市场需求的能力存在极大差异，强弱项也不尽相同。另外，由于国外快递公司在国内许多网点仍是经过与中国的地方运输公司合作，在服务可靠度上尚未完全达到客户严谨的要求。

中国国内快递服务的各环节间衔接紧密，而且运输的物品小批量、多批次，因而增加了分拣环节。民营快递公司迫切需要打造自己的价值链。在航空运输之前，民营快递主要承担地面收货、物品暂时存储、物品快速分拣、选择运输方式和路径、寻找合适的航空公司承运、运输单证处理、收款等角色。而货物出机场或货站后，民营快递及当地的代理企业主要承担从机场提货，支付提货费用，从机场到收货人的地面递送或者从分拣中心分拣再安排转运的工作。国内民营快递应尽快突破区域性同城业务的单薄局面，打造全方位、综合性、跨区域的物流服务网络，实现民营快递价值链的提升。

借力航空

我国的民营快递企业要在货物运输过程中，以第三方的身份，为客户提供全方位、综合性的物流服务，所提供的服务可能是企业自身无法完成的，需要将部分服务项目委托代理给其他专业性较强的公司来协助完成。在整个运作过程中，民营快递企业完全可以不进行固定资产再投资，只需运用自己成熟的第三方物流管理经验，就能为客户提供高质量的服务。

采用这种模式的民营快递企业应该具有很强的实力，陆空俱全，同时拥有发达的网络体系，这样的企业在向物流转型时能做到综合物流代理，从而为客户提供全方位的服务。

我国民营快递公司由于运输方式的单一，空运代理、网络的整合能力欠缺。面对现实，应该从区域客户的需求出发，根据公司的实际情况，从提高物流环节的服务附加值入手，实现物流环节的系统化和标准化，为客户提供物流服务。虽然物流环节的几个主要步骤快递企业都做过，但从现代物流的角度出发，先前的概念已发生了很大改变，因此一定要重视系统观念，使物流的整体综合效益达到最佳。

目前借力航空必须注意以下环节。多种模式的运输能力（提供航线齐全的全货机和腹舱，公路运输的能力）、流程效率（全货机航线、分拣中心、全天候24小时运作）、品牌（品牌宣传、统一的服务模式、统一的价格策略）、IT 系统（统一规划的信息系统，具有标准化、可靠性、兼容性和可扩展性）、服务质量（完善的绩效考核及质量监控体系、质量管理认证）、地面运输网络（自身的同城网络、若干城市的市内投递站）。

突破垄断

一直以来邮政极力把快递行业纳入自己的专营范围内，采取种种打压手段，而快递企业认为邮政的做法有违市场规则，从而力争使快递属非专营范围。民营快递在邮政体制改革上积极运筹。在新《邮政法》出台之前，中国的民营快递企业紧盯着有关这部法律的每个细节，试图在新法出台前的中国快递业复杂、微妙局面中寻找平衡。邮政专营范围、邮政普遍服务基金等一直是双方争议的焦点。新《邮政法》第五稿民营快递就单位重量500克以下信件寄送由邮政专营，国务院另有规定的除外；从事信件快递业的非邮政企业应缴纳邮政普遍服务基金；非邮政企业从事信件快递业务必须取得邮政监管机构的许可；分别对从事市内、省内、跨省快递业务的企业限定注册资本为100万、500万和1000万元，这四个条款有过集体抗议。《邮政法》第六稿，北京、上海、广州、天津四地的部分民营快递企业曾被邀请到北京，与国务院法制办、商务部等部门的相关人员就最新出炉的《邮政法》修改座谈。

新邮政法修改案第七稿即将出炉，或许会改变目前的状况，给民营快递带来更宽泛的市场环境，但是民营快递还是需要在细分行业市场的同时，发挥自己的本土化核心竞争力，充分利用现有的政策快速打好国内市场根基。另一方面，目前国际快递巨头和中国民营快递也要合作抵抗中国邮政的垄断性打压和排挤。国际巨头要想实现本地化，真正立足中国市场，还需要借助于中国民营快递业的各种资源和优势；民营企业要想突破中国邮政的垄断，发展壮大，也需要借力于国际巨头的经验技术以及资金。因此民营快递应积极跟国际巨头联合，在不同的市场定位中互相合作，尽量避免同质化，共同开发快递服务市场，从而突破垄断、携力破冰。

任务2　如何进行物流包装

请给服装、化妆品、书籍等几种不同属性，不同外形的商品选择相应的包装材料进行包装，并说明选择该种材料的理由，以及所采取的包装技法有什么讲究之处。

工作过程

选择商品→选择包装材料→整理与填充→打包封箱

相关知识点

一、包装对物流的影响

(一) 什么是包装

包装是指在流通过程中，为保护产品、方便储运、促进销售，依据不同情况而采用的容器、材料、辅助物及所进行的操作的总称。从概念上来看，包装的作用是为了保护商品，方便储运和促进销售。因此在物流过程中，需要使用包装来保护和储运商品。

(二) 包装的材料

常见的包装材料有纸包装材料、塑料包装材料、复合类软包装材料、金属包装材料、陶瓷材料、玻璃材料、木材等。

在选择包装材料时，应该考虑商品本身的属性，从外形、质量、性质等方面来选择合适的包装材料，以保证选用的包装材料能很好地保护商品。在满足保护商品这一目的时，要考虑一个重要的因素，那就是所选包装材料的价格。

物流包装的价格决定着买家的物流成本，这直接会体现在商品的价格上。很多买家不能接受商品价格低廉但运费昂贵这一事实。一个懂得精打细算的卖家能够很聪明地选择最合适的包装材料。

以服装为例来讲，服装的特点是容易潮湿，容易被虫鼠啃噬，不怕碰撞，因此在选择包装材料时，在众多可选材料里，以塑料袋的成本最低，而且质量轻薄，不影响商品重量，也不容易被弄湿。因此对服装来将，塑料袋是最为合适的包装材料。

再举个例子，如果要包装书籍，为了保证书籍到达买家手中时是完好无损的，在进行物流包装时要注意包边，用硬质纸壳给书籍的四角做好防护包边，这样在运输过程中就不容易对边角造成磨损。为了防止潮湿，也可以使用塑料袋给书籍做好内包装，再封箱打包。这样就万无一失了。

（三）如何包装商品

从图 12-2 中可以看到商品从卖家发货直到买家收到为止要经过的环节有很多，在流通环节中很容易因为包裹相互挤压而造成商品损伤，买家收到如此状态的商品，心情可想而知。淘宝的很多中差评都因为包装受损，或是商品缺失。而卖家会觉得很委屈，因为在发货时包装还是完好无损的，而且也相当牢固的。因此，为了避免在流通环节中出现问题导致引起消费者不满，作为卖家应当学会如何包装好商品。图 12-8 中的商品包装就是在物流环节中受到了严重的磨损，已经不能作为礼品送出去了。

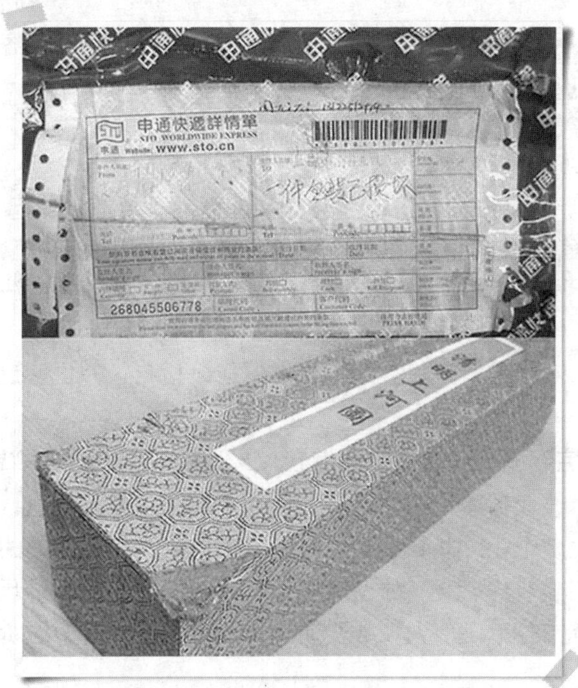

图 12-8

第一步，选择合适的包装方式，要根据商品性质的不同选择不同的物流包装。容易受潮的商品尽量不要选择纸质包装，如果非要用纸质包装，那么应该保证里面有一层塑料隔膜或者塑料袋。方形的商品应该选择方形的包装，有棱角的商品应当保证其棱角不会被包装材料磨损掉。

第二步，在做好内包装的同时，还要做好外包装。为了进一步确保商品不会被损坏，在保证不会超重的前提下，使用外包装。换句话说叫做内外兼修。通过外包装以及填充物把商品内外包装隔离起来，这样可以在物流运送过程中起到缓冲的作用，减小了伤害。如图 12-9 所示就是一种内外兼顾的包装。

第三步，封口之前用填充物把内包装与外包装之间的空隙塞满。注意，选择的填充物应该质量轻薄。试着封箱摇晃一下，看看箱内是否有晃动的声音。一定不要留有空隙使得箱内物品能够晃动，这样才能确保箱内商品的安全。如图 12-10 所示是一种严丝合缝的包装。

图 12-9

图 12-10

最后，用胶带给商品封箱，齐缝处要用胶带封死，保证封口处不容易渗漏。这样箱子就不会容易受潮，对在内的商品也就没什么影响。

以上就是基本的打包步骤了。

（四）包装应注意的事项

包装时应当注意以下事项：第一，会起化学反应商品不要放置一起，避免引起化学变化；第二，不同的食品最好独立包装；第三，干物和湿物应当分开装袋，食品与非食品应当非开装袋；第四，重物置于下层，轻质易碎的商品应置于上层，包装上应注明切勿倒置。

任务训练

给书籍、化妆品、衣服进行打包。选择合适的包装材料，并说明选择该种材料的原因。

素质拓展

淘宝客服务年末物流业爆仓　义乌商人强迫提前栖息

春节即将来临，本该业务繁忙的义乌商人楼仲平却提早开始休息。他开办的双童吸管厂是世界上最大的吸管生产企业，并开设了专门在网上销售义乌小商品的“淘金百货”。

像楼仲平面临的困惑一样，义乌的仓库里堆满了各式各样的新鲜玩意儿，这些小商品本应该在春节期间卖到全国各地，但大多数快递公司却早早停掉春节送货服务，让这些义乌商人只好提前休息。

“今年的电子商务物流，格外不给力。”义乌网商协会的秘书长童元智形容道，在小商品交易量巨大的义乌，今年大多数快递公司比往年更早停止接单，大部分公司到 1 月 20 日左右基本上都停掉了，义乌商人们已经不敢在网上接单。

不仅如此，全国各大电子商务网站，普遍停掉了本该热闹无比的节假日促销活动，一些以“巨划算”吸引眼球的团购活动，也纷纷取消。

强势快递

义乌商人们永远忘不掉快递员接单时那副牛里牛气的表情：小的单子不接，答应来接的单子几天都不来，总是一副爱理不理的样子……

“快递公司在我们义乌这边很强势。”义乌网商协会秘书长童元智告诉记者，在大多数时候，义乌商人们都要看着快递公司的脸色过日子，由于义乌做网上生意的以小商人居多，发货量巨大，而快递公司又总是爆仓，因此快递公司一直具有强势的话语权。

楼仲平则向记者抱怨道，在过去的一年当中，除了顺丰快递，其他的快递公司的服务都不敢恭维，服务质量直线下降。原来发货从义乌到杭州，可能当天下午就能到，但现在动辄要拖上四到五天。许多快递公司的员工素质也不敢恭维，在服务过程中态度蛮横，服务意识很差。

到了比较繁忙的节假日，许多快递公司基本不接单，只能选择相对较贵的顺丰快递。对于一些货物价值较小的订单来说，物流成本实在过于昂贵。

“我一个月工资 1.5 万，会为了你这 2000 块的礼品丢这个饭碗么！”这是在网上广为流传的一个段子，说的是一位顺丰快递的快递员在某公司和一位货主争执时讲的一句话。

在大多数业内人士看来，这个段子具有相当的真实性，以直营为主的顺丰快递收费是普通快递公司的两到三倍，因此其送货人员的收入也很高，在这背后反映的是快递业务量的猛增。

童元智表示，义乌的电子商务每年都增长一倍，但物流却很难跟上发展。虽然几大快递公司都在义乌建有面积庞大的仓储，但在迅速增长的发货量面前还是屡屡爆仓，今年春节期间爆仓的现象尤其严重。

一些头脑灵光的义乌商人，干脆把货物先拉到临近的东阳或者武义，从那里的快递渠道发货，因为那边的物流压力比义乌要小。

淘宝网相关负责人向记者表示，目前国内物流业的发展相比起电子商务的迅速发展，确实有些滞后，这在某种程度上制约了电子商务的快速发展。

目前仅淘宝网一家电子商务企业，每天产生的快件量就达到 60 万～70 万票，2011 年将激增到 200 万票以上，相当于顺丰或申通每天的全部业务量。

自建物流

1 月 19 日下午，当阿里巴巴的马云在北京激情澎湃地宣扬将投入 200 亿～300 亿元自建物流时，台下悄悄坐满了宅急送、星晨、佳吉、德邦、新杰、虹迪、中远等物流行业的领军人物。

马云宣布，阿里巴巴将与金融合作伙伴投资 200 亿～300 亿元人民币，逐步在全国建立起立体式的仓储网络体系，以此推动电子商务加速发展。

这一战略，在中国物流界犹如核弹爆炸一样起了连锁反应。

在当天阿里巴巴物流战略的发布会结束之后，一帮物流公司的老总一起去喝酒聊天，共同讨论着突如其来的变革。

“大家觉得这是非常重要的机会。”长期专注于物流业和电子商务的汇通天下总裁翟学魂向记者形容道，物流界的大佬们普遍表示，面对阿里巴巴抛出的这一招，他们没有理由不接，这可能给物流界带来更多的业务量。

淘宝网一位相关负责人向记者表示，本次阿里巴巴自建物流主要是为淘宝网和淘宝商城服务的，他强调阿里巴巴绝不会去做物流公司现在做的收货和发货的事情，这部分业务仍然将由专业的物流公司承担。

阿里巴巴希望的是，通过体系的植入让物流企业有电子商务运营的理念。“为什么现在物流行业跟不上电子商务的发展？这是因为物流业还在用传统的方式来应对电子商务。”淘宝网相关负责人告诉记者，因此中国物流很容易爆仓。

中国快递业务量增长有 80%来自电子商务，而作为连接电子商务与消费者之间的“最后一公里”快递业的服务水平一直广遭诟病。

在一些电子商务企业看来，快递企业不关心客户体验，只关心低成本。由此导致的结果是，消费者网购在最后一个收货环节服务体验很差，这也直接影响了电子商务的发展。

物流重塑中国电子商务竞争格局

除了阿里巴巴，京东商城、当当网等一大批电子商务企业，也在物流上加大投入。中国电子商务的竞争格局，在未来很大程度上将由物流来决定。

由于淘宝和京东商城的物流战略区别较大，因此翟学魂预计，未来两家公司会走上两种不同的发展道路，并在一年之后就能看出孰优孰劣。

在翟学魂看来，马云花如此大的力气自建物流，更多的是为了淘宝商城服务，这是因为相比起淘宝网的一枝独秀，淘宝商城正面临着京东商城、当当网、凡客诚品等一系列竞争。

上述淘宝网负责人表示，阿里巴巴是希望和众多第三方物流公司去做物流平台的搭建工作，搭建一些大仓库，这不仅是一个仓储的概念，货物的整理、排序、质量管理甚至快递包装，“这些东西看似微小，确实影响物流速度的关键因素。”

这相当于由阿里巴巴这个“盟主”来搭建一个大的物流平台，然后让各行各业的专业物流公司到这一平台下找生意。

翟学魂表示，阿里巴巴推出的物流计划，相当于电子商务的 2.0 模式，其高明之处在于让物流行业的人更多的不是感到威胁，而是阿里巴巴需要这些物流公司的帮助，一起来解决淘宝面临的物流瓶颈，因此物流公司普遍反映这是一个机遇。

“也许马云自己也想不到，中国会有这么多面向不同行业的专业物流公司。”翟学魂指出，送电冰箱的物流公司和送花的物流公司，是很不一样的，当马云搭建一个物流业的开放平台时，会发现淘宝卖每种商品时都有不同的专业物流公司过来帮忙。

不过，一些以加盟方式运营的快递公司，典型的如申通，成了阿里巴巴物流战略发布后最不开心的一方。

目前采用加盟方式的快递公司主要有“四通一达”（申通快递、圆通速递、中通速递、汇通快运、韵达快运），“四通一达”的老板都来自浙江桐庐，他们先从低门槛的江浙沪区域快递做起，逐步建立起覆盖全国的快递网络。

翟学魂谈到，这就好像在江湖中，盟主不需要太多，已经有个叫做申通的盟主了，但是现在马云要做盟主了，势必对其构成威胁。

相比之下，以京东商城为代表的自建物流方式，被概括为电商物流的 1.0 模式，京东提出了要建成全国五大快递公司之一，并已有了数千人的快递队伍，在一些一线城市建设了现代化的配送中心。

京东式的自建物流模式，使其在一线城市的服务十分周到，一些上午下单的电子产品，可能下午就到货了，并且货物损耗也有限降低。目前京东超过 70%的配送业务由自有物流承担。

但在更广袤的二三线市场，自建物流的成本过于高昂，京东于 2010 年底停掉了多数地县级市的 COD（货到付款）服务，这反映出京东商城在二三线城市的发展受到的物流的瓶颈。

因此翟学魂表示，目前还很难评判阿里巴巴和京东的自建物流方式，到底谁更好，这取决于各自对物流的需求，但他表示，双方孰优孰劣将在一年之后很快见分晓，物流将在很大程度上决定中国未来电子商务的格局。

文章来源：傻子站长 http://soft.shazi88.com

任务3　如何利用物流加强网店品牌建设

工作过程

上网搜索知名网店的品牌建设方案→分析其中物流因素的影响→比较自己网店在品牌建设上的不足→设计方案

相关知识点

我们在进行网上购物时，经常会注意到一些店铺，意识中这些店铺的口碑较好，而且买的人也比较多，相比同类商品的其他店铺而言，人们更愿意去这些品牌店铺购买。这是为什么呢？

通过调查我们可以得知，这些店铺已经在同类商品中形成了自有品牌，而这些品牌的形成，很大一部分来自于物流的辅助。因此，利用物流来加强网店的品牌建设，能够帮助卖家赢得更多的客户。

一、物流对与品牌的影响

我们在前面的学习中了解了物流的作用，以及物流对于电子商务的影响。其实这也是一种品牌影响。在新商业时代，依赖网络使得店铺的口碑相传的速度非常快，也十分透明。在每一个店铺的评价里，物流评价有时候能决定这个店铺的成交量。因此，作为卖家要时刻监督合作的物流商所提供的服务的质量。

二、利用物流加强网店品牌建设的方法

（一）包装法

选择一些精美的包装，符合消费者的审美情趣，这样可以达到一个促销的目的。要知道赏心悦目的包装能够让顾客获得附加的情感收获，有美感和惊喜。在包装上打上网店的LOGO，能够在配送的过程中吸引别人的眼球，在生活中形成可移动的广告牌。这无疑是免费的品牌宣传，而且范围广，辐射面大。

（二）名片法

在包装内放置一些精美的名片，可以打上店铺的近期促销活动，买家在收到商品时能够同时了解到店铺的促销，还能够帮忙把促销卡片送给朋友，这样的话，不但能够吸引买家进行二次消费，也能够帮助卖家招揽更多的客户。

（三）使用说明书

很多的新奇特商品能够吸引大批客户购买，但是很多顾客在买回商品后不懂得如何使用，又要到网店进行询问，为了给客户提供便利的增值服务，建议卖家在打包商品时在包装里放置产品的使用说明和注意事项。这样能够很好地指导客户使用商品，同时又能体会到卖家的贴心服务，更够帮助卖家抓住客户。

以家居这块来讲，家居产品的种类很多，以墙贴为例，如今网上墙贴卖的相当火爆，墙贴的种类很多，有一代墙贴、二代墙贴、立体墙贴等，再细分下来有沙发背景墙贴、电视背景墙贴、开关贴等。与其他室内装修材料相比，墙贴价格便宜，操作简单，款式多样，这也是为什么现代家装中到处可见墙贴的影子。在各家卖墙贴的店铺里，我们看到的大多都是墙贴的效果图，而实物则需要购买者通过自己动手DIY制作。在动手制作的过程中，初次接触的人拿到墙贴时大多都有点手足无措，不知道从哪开始。而购买之后的沟通有时候会造成不

愉快。一张小小的纸片就能够很好的帮助店主解决这个问题。在打包寄件之前把墙贴的使用说明打印出来放进包装里，既能够减少客服的重复工作，又能够为客户提供便利的增值服务，还能够在使用说明书上打上店铺的LOGO和地址，甚至是促销广告，给店铺进行宣传，一举数得。

以上方法都能够很好地帮助卖家进行品牌建设，卖家可以结合店铺自身的特色去思考更多更好的方法。

任务训练

1．给自己的店铺设置运费模板，根据不同物流商的收费情况来区别不同地区的收费标准。

2．给自己的商品设计LOGO，并应用到物流包装上，最大面积地宣传店铺。

3．写出关于店铺通过物流进行品牌建设的详细方案。

素质拓展

网店掌柜发货要注意的四个问题！

发货！简单的几乎不能再简单的问题，或许您早已有一套行之有效的方法，仁者见仁，智者见智！如今发帖，仅提供个人思路，具体方法是因店而异了。

一、旺旺上与客户的发货沟通。

1．在客户付款成功的瞬间，复制地方的收货地址、电话等信息给买家确认。如：请您确认收件地址，这样有很多好处，想必很多卖家都有所体会。一是完善收件信息，而经过客户认可的信息，对以后出现各种问题时，便于解决。二是显现您的细心，也便于买家完善或更改信息。这是确保收发件的基础。

2．在客户一确认收件信息的时候，即刻完成发货（当然这是指向我们做全职的有库存，手头有各家物流的单据号码），并告知对方什么时间走件，现在正在做什么（如打印清单或者包装宝贝等），这反映您有现货，并有一定的库存，没搞“空手道”，“空手道”可是买家最忌讳的。

3．制作一些常用的提示型语言作为快捷语言用。如，各种提示结束后，发送：再次感谢您的选购，如果喜欢该宝贝请您帮助收藏，或者收藏本店铺，对此我表示万分感谢。或者：您需要的宝贝正在包装，因在本次邮资范围内还能同行一些宝贝，有利于节省费用，如果您有空，请再次浏览本店，或许有您喜欢的 DD。谢谢！切记！别让对方一付款就被冷落。可提示：您需要的宝贝正在包装，请您稍后！让客户知道您在做什么事情，一般客户都理解的，这样避免有被冷漠的嫌疑。

二、包装

我是全职卖家，也是买家，在很多时候收到包裹，感觉不是很爽，为什么？我精挑细选的宝贝，被随便一个鞋盒子用一个废纸裹裹，盒子破乱，单据模糊不清，东西是没错，那感觉还是怪怪的。如果客户买的产品超过2件的，一定要打印发货清单，一方面免除自己发货出错，另一方面客户一看明了，照单清收，更方便照单在快递面前清点签收。

三、快递单

为什么要单一说明这条的重要性，因为他是客户见到的第一眼，就向两个人见面的第一印象，他是非常重要的。模糊不清，字迹潦草的单据感觉不是很好。所以我就作了各家物流打印单据的模板。

有了第一好印象，子随着包裹的打开，您的友情提示，宝贝整齐的摆放，详细清楚的货物清单，清清爽爽的整体包装，一下子就拉近了与客户的距离，回想您在旺旺中的沟通和热情的服务，让客户再次感受您的细心周到、专业规范和做事认真的态度，对这样的卖家，买家信得过！还有利于投递人员送件，免得因错认或漏认而耽误。手写的经常容易出现错别字或漏写的，真的不安全，强烈建议有条件的一定复制后打印，确保送件顺畅。

四、发货时间

一是各家物流公司集中走件的时间不一样，一定要做到心中有数，准确无误地掌握时间，灵活安排走件。准确告知客户，千万别“一问三不知”。

二是不能随意告诉客户物件到达的时间，大家都知道物流是我们无法控制的，包括物流公司自己也无法准确确定，因为很多事情是无法预见的，时间上只能按照常规情况下的经验判断，如平邮寄 7～15 天、快递 3 天不等。要让客户知晓不能确定时间的原因，和了解大概到件的时间，切不可定死。宝贝被物流取走后，一定要给客户留言，内容就是单据号码和查询的网址、什么时候可查询等信息，能详尽应尽量详尽。对客户是尊重，对自己也是一种服务体现和提示责任。

三是不可随口承诺宝贝到达时间，尤其是对方买该宝贝有自己时间安排的时候，你也不知道，容易造成时间上出现耽搁。轻者道歉事小，弄得不好，哭都来不及。（资料：挺棒网 www.tingbang.com）

细心决定成败，淘宝处处有体现，这仅仅是个人体会出的经验，冰山一角，需要朋友们一起开动脑筋，心动不如行动，更加促进服务的完善。

摘自：http://blog.china.alibaba.com/blog/tingbang08/article/b0-i22759527.html

情景十三　学习网店数据的搜集、统计与分析

知识目标

了解网店数据的用途，学会获取网店数据的方法，能够对网店数据进行统计分析，懂得利用网上数据统计工具，能够依托网店数据来帮助设计网店的经营方案。

技能目标

学会给店铺安装统计工具，学会操作统计工具，学会对统计数据进行分析。

素质目标

通过查阅成功网店经营者具备的素质，分析自己从事网店经营管理的优势与不足，充分发挥优势弥补不足，树立信心，做一个成功的网店经营管理者。

任务导入

拿什么勾引你，我的上帝

当网购已经成为一种时尚，当团购无处不在，当计划经济已经变成越来越遥远的历史时，作为草根的卖家想要通过互联网创业成功也变得越来越艰辛了。

无论是通过平台开店，还是通过自建网站经营，在层层林立的商铺中能够打败众多竞争者，形成品牌的只有 5%。如何能够让自己的网店变得知名，如何让网站的点击率增加，如何让来访者流连忘返？追根究底，我们需要了解顾客需要。顾客就是上帝，顾客就是卖家的衣食父母。要让“上帝”满足我们赚钱的愿望，要让“父母”心甘情愿养活我们，那么我们就需要当好“上帝”的蛔虫，做“父母”贴心的小棉袄。

小李是开服装店的，本身对于经营就不太懂行，2008 年跟着朋友一起开了个网店，但是销量一直上不去。他只好跟着旺铺走，看人家的打什么广告就卖什么产品，为了扩大店铺销量，到处打广告，但是效果仍然不太好。小李想，要是能够及时了解顾客的喜好，那么就不愁卖不出去了。2009 年阿里巴巴的统计工具小艾分析出世了，小李通过小艾分析，掌握了店铺流量数据，并能够预测未来的消费趋势。在小艾分析的帮助下，小李的店铺开始变得红火起来。

任务提示

许多的网店或网站经营者都会有这样的问题，就是如何增加店铺流量，如何把点击转化成购买行为。这不是一种盲目的行为，而是有迹可循的。需要通过对访问者的行为分析来得出结论，寻找消费者的心理诉求，了解他们需要什么，他们喜欢什么。那么，怎样从看似杂乱无章的点击中寻找规律呢？统计工具能够帮我们做到这点。本章的任务就是学会使用统计工具，学会分析统计数据，学会从数据分析中找到经营办法。

任务提出

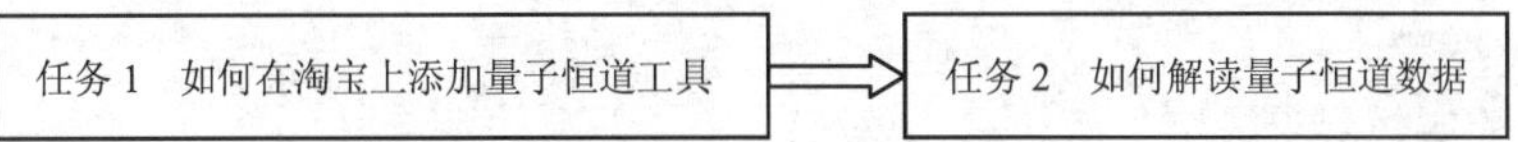

任务 1　如何在淘宝上添加量子恒道工具

登录自己的淘宝店铺，给店铺添加量子恒道统计工具。通过量子恒道进行数据分析，为自己店铺的经营管理提供数据资料，有利于店铺的健康发展。

工作过程

登陆量子恒道→注册→关联店铺→查询

相关知识点

一、添加量子恒道统计工具的方法

首先介绍在淘宝网上添加量子恒道统计工具的具体操作过程，步骤如下。

第一步，登录 http://www.linezing.com 网站，新用户注册，已有用户直接登录，如图 13-1 所示。

图 13-1　量子统计官方网站

第二步，找到“添加”按钮，添加淘宝店铺地址。

第三步，进入之后可以看见页面的右下角会弹出很多对话框，可以选择对话框里的内容免费使用，如图 13-2 所示。

第四步，那么如何把量子统计加入到淘宝店铺中呢？首先看到淘宝量子左边栏中有个百宝箱，选择其中的个性化统计图标，可以在里面选择自己喜欢的图标，如图 13-3 所示。

选择好了之后在页面的下方可以看到一个复制图片地址，点击复制，如图 13-4 所示。

然后进入“我的淘宝”，在店铺管理中选择“宝贝分类管理”，在分类里添加新的分类——量子统计，如图 13-5 所示。然后在打开的界面，选择编辑图片中的图片地址，如

图 13-6 所示。

图 13-2 首次登录提示

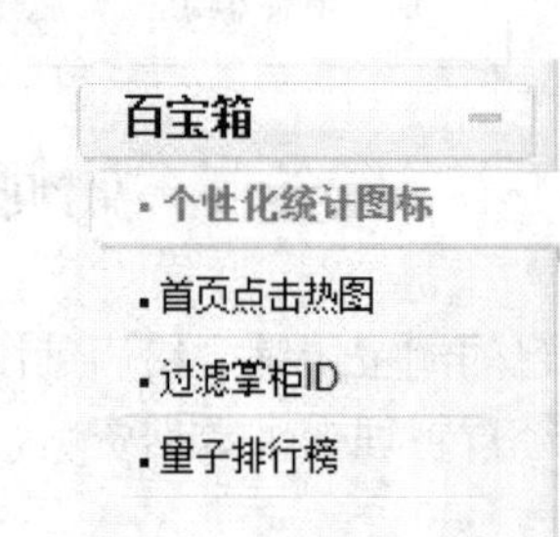

图 13-3 量子统计的个性增值服务

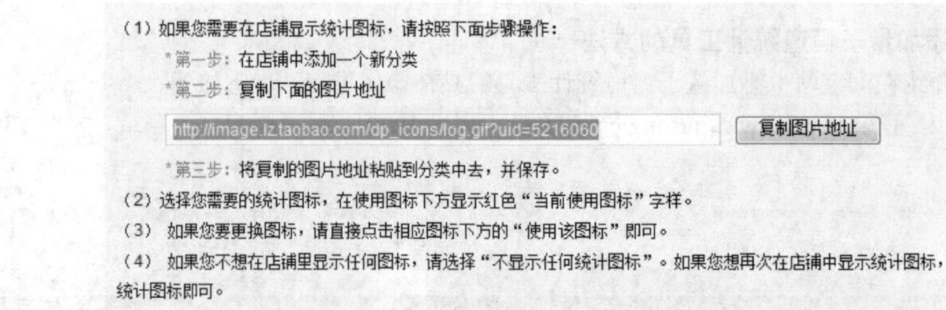

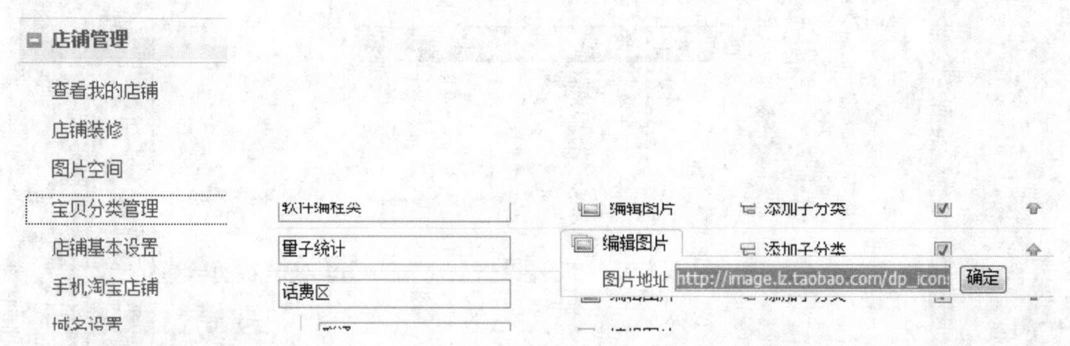

图 13-4 给店铺添加量子统计图标

图 13-5 添加新二分类　　　　图 13-6 添加量子统计代码到店铺

把刚才复制的地址粘贴到编辑图片地址中，之后点击确定和保存，大功告成！

要了解店铺流量统计工具，首先要了解什么是流量，流量统计对店铺的影响表现在哪些方面，下面首先从网站流量来进行分析。

二、网站流量统计

通常所说的网站流量是指一个网站的用户访问量，是用来描述访问一个网站的用户数量以及用户浏览网页的数量指标。常用的统计指标包括网站的独立用户数量、总用户数量（含重复访问者）、网页浏览数量、每页用户的页面浏览数量、用户在网站的平均停留时间等。这其中较为重要的指标有以下三种。

IP（独立 IP）：即 Internet Protocol，指独立 IP 数。00:00～24:00 内相同 IP 地址之被计算一次，即每天同一 IP 地址登录同一网站的次数最多计一次，同一 IP 地址重复访问的量不计入 IP 指标。

PV（访问量）：即 Page View， 即页面浏览量或点击量，用户每次刷新即被计算一次。即用户访问网站同一页面的次数可以无限次计入。

UV（独立访客）：即 Unique Visitor，访问网站的一台电脑客户端为一个访客。00:00～24:00 内相同的客户端只被计算一次，如图 13-7 所示。

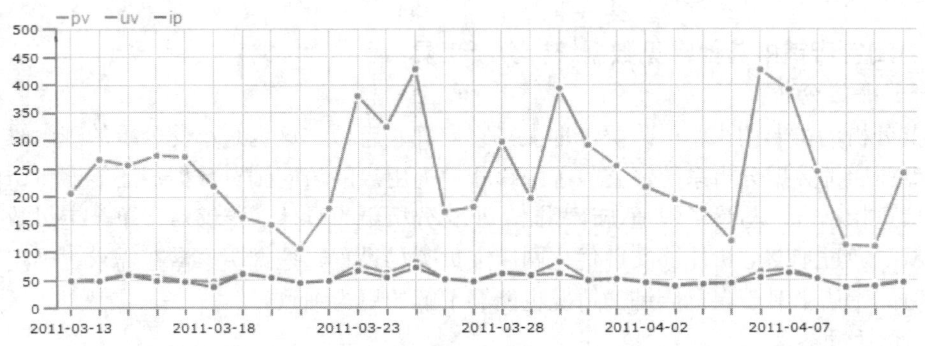

图 13-7　量子统计 PV、UV、IP 数据

小知识

IP、PV、UV 的区别

IP（独立 IP）：某 IP 地址的计算机访问网站的次数。这种统计方式很容易实现，具有真实性。所以是衡量网站流量的重要指标。

PV（访问量）：PV 反映的是浏览某网站的页面数，所以每刷新一次也算一次。就是说 PV 与来访者的数量成正比，但 PV 并不是页面的来访者数量，而是网站被访问的页面数量。

UV（独立访客）：可以理解成访问某网站的电脑的数量。网站判断来访电脑的身份是通过来访电脑的 cookies 实现的。如果更换了 IP 后但不清除 cookies，再访问相同网站，该网站的统计中 UV 数是不变的。

网站流量分析，从营销角度来讲，是指在获得网站访问量基本数据的情况下，对有关数据进行统计、分析，从中得出用户访问网站的规律，将总结出来的规律与网络营销策略结合，从中发现现有的网络营销策略中存在的问题，为营销策略的修正和重整提供有效的依据。对于店铺来讲，这些流量统计指标都存在网店的网站日志里，通过人为获取比较困难，而获取这些指标的最佳方式，就是利用专门的流量统计工具。

三、网站流量统计工具

目前国内外的网站流量统计工具有很多，例如在北美最有影响力的 GoStats.cn 就是一个免费的网站流量统计分析服务提供商，据称能为所有的网站、博客、网店、第三方统计等用户平台提供网站流量监控、统计、分析等专业服务，它分为免费版和专业版两种，当然，专业版属于付费服务。尽管 GoStats.cn 在国外颇具影响，但在中国的市场还没能打开。我国目前使用的统计工具有“我要啦”网站流量统计（http://www.51.la），百度统计（http://tongji.baidu.com），量子恒道统计工具（http://www.linezing.com），PHPStat 网站流量统计工具（http://www.phpstat.net）等。

51.啦统计在国内来讲算是最早的统计工具之一，严格意义上来来讲，它是一家个人网站，从发布至今一直致力于为个人站长提供免费服务。51.啦的所有者和发布者阿江早期开发了一套单机版的统计分析程序，而51.啦正是在这套单机版统计分析程序的基础上发展而来的，由于它操作便利、界面简单，因此受到许多小网站的青睐。但由于系统程序的不稳定、设备有限等因素的影响，间或出现一些小问题，因此不适合大型网站和店铺选择作为统计工具使用。

百度统计作为百度旗下的产品之一，在2010年5月重装上线。百度统计同样打出免费服务的旗号，与51.啦相比起来，百度统计借百度搜索平台的强大实力，因而在处理突发问题，以及相关问题的防范上能做的更好，服务器的稳定性更好，百度统计的功能界面应用方便，查询速度快。并且与百度的其他相关产品紧密联系，因此对于与百度有商业关系的网站来讲百度统计不失为一个好的选择。

四、淘宝店铺中其他常见数据统计分析工具

（一）小艾分析

小艾分析的得名由来于一只萨摩耶犬，它安静、忠诚，这也是小艾分析的理念雏形。作为一款专业店铺数据分析系统，它除了跟踪和捕捉用户的访问浏览数据，还能够将访问流量与业务信息相结合，与量子恒道统计相比，小艾分析更为具体，能够对于单个宝贝数据进行流量分析。通过小艾分析能够实现优化网店宝贝类目设置、挖掘买家潜在需求、确定宝贝推广最佳时间。店主对于自己店铺的情况也能够了解的更为细致。

（二）行情参谋

淘宝的行情参谋在使用过程中很多用户颇有争议。行情参谋的作用在于帮助店主查询宝贝在淘宝中的排名情况，对于同行间的价格及销量情况，了解热搜关键字。通过这些数据的搜集来优化设置宝贝名称，优化宝贝点击排行。但在实际使用过程中，行情参谋还存着很多缺陷。例如在查询宝贝排名时，出现的数据与实际情况不符，以至于数据可靠性不高，来源不明确。

（三）淘宝数据魔方

淘宝数据魔方分为标准版和专业版两种，专业版在标准版的基础上在功能等方面有着进一步的提升。淘宝数据魔方的作用是通过共享海量数据让用户了解市场趋势，辅助营销，帮助开拓和稳固市场，掌握热卖商品，了解访问者行为习惯和买家的购买习惯。卖家可以通过数据魔方及时分析宝贝的热卖情况，设置宝贝标题关键词，提高搜索率。

任务训练

1. 登录量子恒道官方网站，注册用户并登录，给店铺添加统计工具图标。
2. 旺铺先申请量子恒道（淘宝官方版）一个月免费使用，再登录设置统计工具图标。

素质拓展

7k7k 小游戏与百度统计

“百度统计不仅功能强大易用，更为重要的是提供安全稳定的服务和准确可靠的数据，这一点是其他任何一款统计工具无法比拟的。7k7k 小游戏正是基于百度统计强大的功能和可靠的数据，不断优化网站，把控内容的优劣把控和网站布局上更加得心应手。”

——7k7k 小游戏 COO 刘学

7k7k 小游戏世界（www.7k7k.com）于2003年5月1日成立，2004年被评为“中文非主流网站100强”，2005年挺进“全国中文站点2000强”，2007年进入“中文网站200强”，2008年入主60强，在2009年进入百度搜索风云榜前五十名。创始人主要来自百度，microsoft，Yahoo!、Google 等业内大型网络公司，作为国内最专业的老牌休闲游戏网站，7k7k 拥有的

粉丝数量相当庞大。发展至今，每天 PV 量超过 1 亿次，IP chaoguo 550 万人次。

随着网站规模的不断扩大，7k7k 小游戏世界对于网站流量统计的需求也越来越迫切，对于统计工具的专业性和稳定性也提出了更高的要求，这关系到 7k7k 的发展方向和发展前景。为了能够及时了解访问客户的兴趣爱好，访问时段等信息，7k7k 经过对比，最后选择了百度统计。在百度统计工具的使用过程中，7k7k 从未遇到网站中毒和服务器中断等情况，保证了统计结果的准确性，百度统计的服务对 7k7k 来说是稳定可靠的。

7k7k 小游戏的页面中有大量的游戏链接，这些链接的形式多种多样，有不同大小、颜色的文字，也有图片，文字和图片在网页上的布局也差别很大。普通的统计工具根本无法反映出什么形式的链接最受用户关注，用户浏览页面的习惯是什么。而百度统计的热力图以一种直观的方式展示了用户在每一个页面的点击行为，进而帮助理解用户，通过优化网页布局和链接形式，成功地把用户吸引到重点推广的内容信息上。

因此 7k7k 对与百度统计一直赞誉有加。这也是百度统计与其他网站合作的成功案例之一。

任务 2　如何解读量子恒道数据

百度统计为百度有啊平台做统计分析，淘宝则选择了量子恒道统计工具为卖家店铺做统计分析。本书任务重要以淘宝为平台介绍网上开店的相关知识，因此，下面重点来介绍一下量子恒道统计工具。

工作过程

登录量子恒道统计→查询店铺相关流量指标→数据解读与分析→分析结果

相关知识点

一、店铺版量子恒道统计

量子恒道统计工具与淘宝合作开发了专门用于淘宝店铺流量统计的淘宝店铺版的量子恒道店铺统计，与普通版量子统计工具不同，在界面上，在数据上都发生了一些变化，针对淘宝卖家店铺的统计需求来设计。通过访问使用者店铺的用户行为和特点来帮助使用者正确了解和分析用户的兴趣和喜好，以便更好地开展店铺推广。

二、量子恒道店铺统计数据的解读

首先从量子恒道店铺统计来进行店铺数据解读，采用的统计工具为量子统计（淘宝官方版）。

要想统计店铺数据，首先需要完成任务 1 的要求的基础上，进行如下操作。

第一步，打开 IE 浏览器，输入 lz.taobao.com 登录量子统计主页，如图 13-8 所示。

第二步，输入淘宝账号、密码，登录后就可以使用量子统计（淘宝官方版）。打开主页一般进入的是普通版的登录界面，普通版的量子需要首先注册账号，而淘宝官方版量子统计可以使用淘宝账号进行登录。因此首先要点击淘宝官方版登录界面，在登录窗口输入淘宝账号，密码就能够直接登录了，如图 13-9 所示。

图 13-8 2011 量子统计（淘宝官方版）首页

第三步，登录完成后可以通过查看左侧流量分析，了解店铺的基本信息。在左侧有一组信息分类导航，通过分类导航可以看到淘宝官方版量子恒道统计工具提供了流量分析、销售分析、推广效果、客户分析这几大块服务板块。流量分析包括流量概况、实时客户访问、按小时流量分析、按天流量分析、宝贝被访排行、分类页被访排行、店内搜索关键词，销售分析目录下有销售总览和销售详解两块，推广效果目录下有流量来源构成、淘宝搜索关键词、直通车数据，客户分析里主要是访客地区分析。除此之外还提供了类似百宝箱、个性图片等增值服务，如图 13-10 所示。

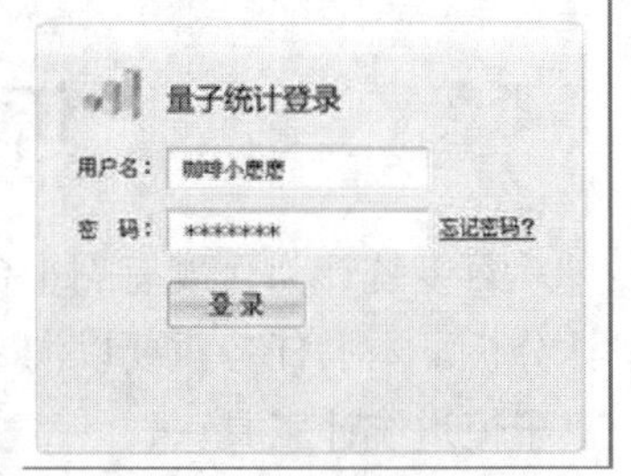

图 13-9 量子统计登录界面

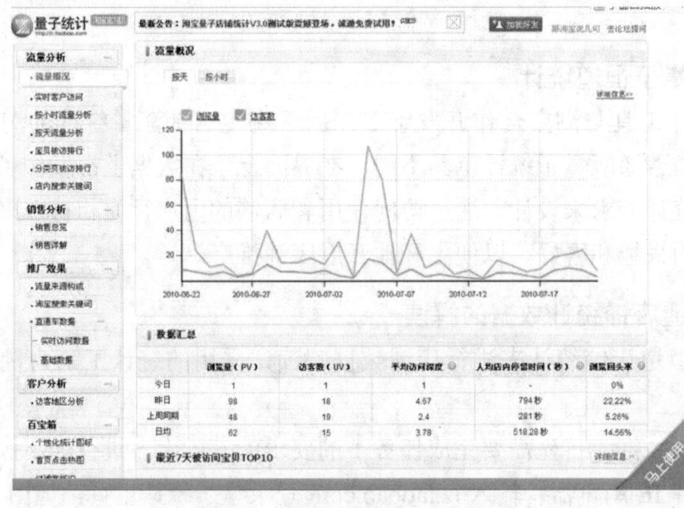

图 13-10 量子统计官方网站

在学会开通量子统计工具以后，接下来将根据量子统计（淘宝官方版）的具体内容进行简单分析、解读，通过具体内容的解读来学习如何应用这些数据实现网店的推广与营销。

（一）流量概况

如图 13-11 所示，流量概况是将访问量跟时间（可以按天或者小时分布）形成坐标，通过店铺实时的访问数据形成对应的曲线，可以让店主轻松地了解到店铺的日访问情况和每个小时的访问情况，以及访问量的变化。浏览量与访客的比值体现了客户对店铺的关注程度，比值越大，说明用户在店铺中产看的页面越多，反之，则越少，此时应该多加强宝贝之间的关联，从而吸引用户更多的关注店铺中的产品。

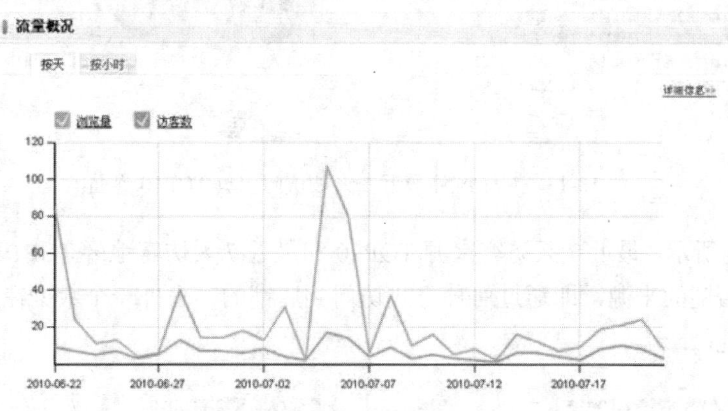

图 13-11　量子统计流量概况界面

作为店主可以通过每日的流量感慨来对店铺的访问人数与访问情况做出统计，掌握访问者动态，根据访问者动态来设计方案，从而吸引客户对页面的兴趣和关注。

（二）数据汇总

如图 13-12 所示，数据汇总通过浏览量（PV）、访客数（UV）、平均访问深度、人均店内停留时间（秒）、浏览回头率这五组数据来反馈店铺的数据，通过今日、昨日、上周同期、日均这不同的时间上的五组不同的数值，让店主对店铺的数据心中有数。这五组数据能够反映出店铺商品对浏览客户的吸引程度。

数据汇总

	浏览量（PV）	访客数（UV）	平均访问深度	人均店内停留时间（秒）	浏览回头率
今日	1	1	1	-	0%
昨日	98	18	4.67	794秒	22.22%
上周同期	48	19	2.4	281秒	5.26%
日均	62	15	3.78	518.28秒	14.56%

图 13-12　量子统计数据汇总界面

（三）最近 7 天被访问宝贝 TOP10

如图 13-13 所示，最近 7 天被访问宝贝 TOP10，是通过统计告诉店主店铺中被访问次数最多的宝贝，让店主轻松了解宝贝的受欢迎程度，可以及时调整宝贝品种和店铺的布置。

从图中可以看到该店铺经营邦贝宜和贝贝怡品牌的因而用品，不同的商品的被访问量不同，其中一款商品的访问量最高，达到 17.39%，是该店铺点击访问次数最多的。也就是说该商品比起店铺内的同类商品，更能吸引访问者关注。营销的第一步就是要吸引消费者，接下来才是从兴趣变为购买行为。因此，可以在掌握到访问者兴趣爱好的情况下，将产品摆放在店铺橱窗最显眼的位置，以吸引来访者的注意，再在旁边摆放与之相近或相关的产品，促使来访者进行价格质量等方面的对比，再通过相关产品产生连带购买。

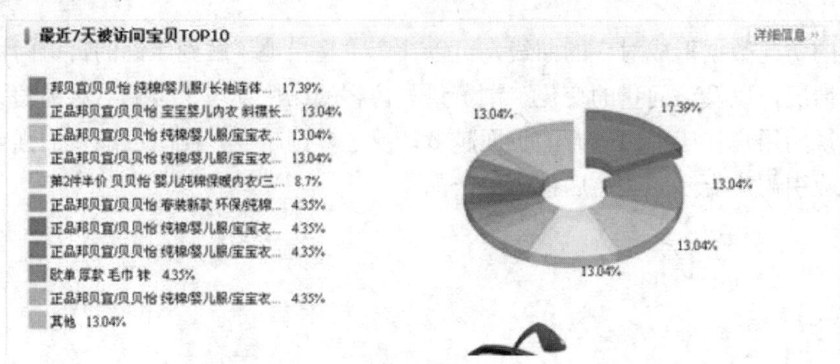

图 13-13　量子统计最近 7 天被访问宝贝 TOP10 界面

如图 13-14 所示，最近 7 天访客来源 TOP10 和最近 7 天访客地区 TOP10，是反映店铺最近一周来访问店铺的来源，即通过何种方式访问到店铺的，另外一个数据在显示访问店铺的访客来自于何地。

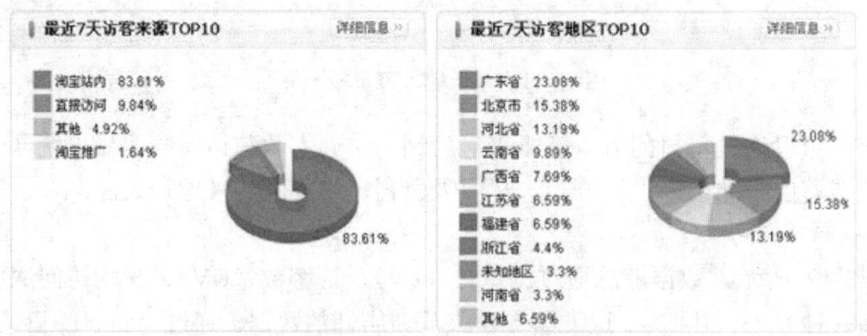

图 13-14　量子统计最近 7 天方可来源及访客地区 TOP10 界面

通过访客来源能够得知用户是通过何种方式找到店铺的。这组数据决定着店主将采取何种方式进行有效的店铺推广。有不少卖家选择直通车或者选择首页广告，但不是所有做直通车的都能够做到有效推广。不同的商品针对的消费者也不同，这些消费者的上网习惯如何掌握呢？通过访客来源能够得到这些消费者或潜在消费者的网络足迹，根据他们的上网习惯来进行广告宣传。这样能够简单有效地找到目标群体，向目标群体进行有针对性的宣传。宣传效果要比花大价钱进行推广要来得快，来得好。

我们知道，不同地区的收入情况不同，文化背景也不相同。这种差异化决定了来访者的购买行为。短期访客来源地区能够反映出不同地区的消费者和潜在消费者共性与个性的兴趣爱好，根据反映数据来进行差异化的商品营销。在进行店铺商品类别和商品品种的选择时，就可以根据这种地区差异来进行有层次的组合，使得店铺商品能够满足不同消费者的多层次多样化的需求。

如图 13-15 所示，实时客户访问是让店主时刻了解店铺内客户的访问情况，店铺数据每分钟更新一次。实时访问反映数据偏重于时点的波动。与日流量不同，它反映的情况更为细致，更为具体。通过实时客户访问的数据反映，能够明确地看到店铺流量的波动情况，及时掌控店铺访问量的波动原因，及时作出响应。

实时客户访问

序号	访问时间	入店来源	被访页面	访客位置	顾客跟踪|回头客
1	14:12:01	淘宝收藏	首页	云南省	顾客2
2	11:28:04	淘宝其他店铺	童装尺码对照表	云南省	顾客1
3	11:28:00	淘宝其他店铺	童装尺码对照表	云南省	顾客1
4	11:27:56	淘宝其他店铺	童装尺码对照表	云南省	顾客1
5	11:27:49	淘宝站内其他	本店首页	云南省	顾客1
6	11:27:37	淘宝其他店铺	小王子	云南省	顾客1
7	11:27:10	淘宝站内其他	本店首页	云南省	顾客1
8	10:25:03	直接访问	首页	北京市	顾客0

1 共1页 到第 1 页 确定

图 13-15　量子统计实时客户访问界面

例如某店铺在 4 月 1 日打出愚人节新品促销活动，在相关产品发布过程中，某整蛊玩具上线之后，实时客户访问量开始激增，结合宝贝被访数据发现该整蛊玩具的点击量大增，进而得出结论：消费者对这类玩具感兴趣。因此该店铺开始大量铺货，并调整货架，关联其他同类产品或相关产品，正是因为及时对实施客户访问数据作出反应，因此该店铺的当日销售量大大提高了。

如图 13-16 所示，按小时流量查看可以使店主对各时段用户浏览量和访客数一目了然。并提供流量查看和流量对比功能，其中流量查看可以让店主选择任意一天查看报表，并且对各时段用户的浏览量和访客数一目了然。

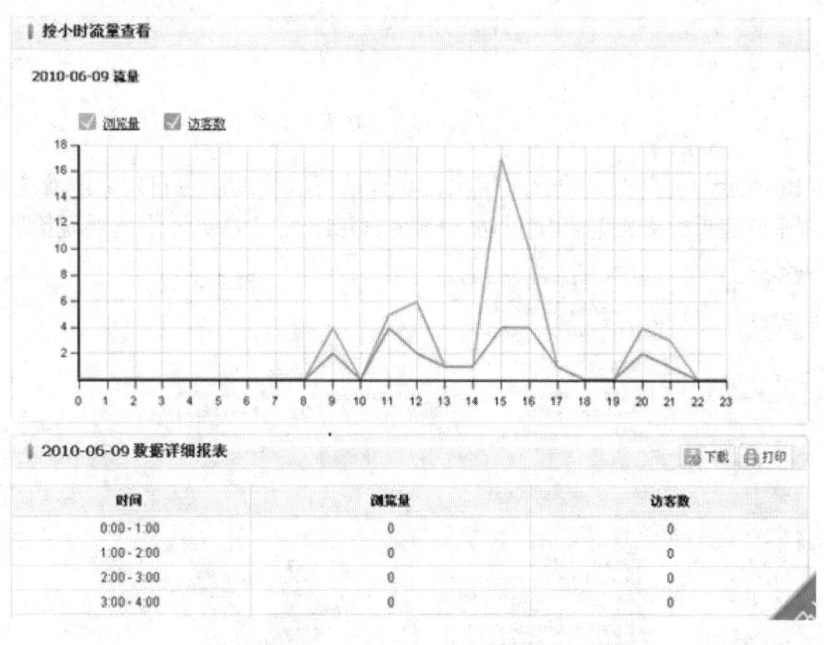

时间	浏览量	访客数
0:00 - 1:00	0	0
1:00 - 2:00	0	0
2:00 - 3:00	0	0
3:00 - 4:00	0	0

图 13-16　量子统计按小时流量统计界面

举例来讲，如果是主营游戏点卡充值业务的店铺，那么店铺面对的消费群体则是在校学生，当然也有部分白领，但大部分还是在校学生。结合在校学生的作息时间来分析，可以发现学生在每日傍晚六点以后，以及周六周日全天，网上活动数量激增。这是因为除了这些时间段，学生则处于课堂学习中。因此，在每日六点以后，这类做游戏充值类的店铺访问量开始激增直到达到每日高峰。到熄灯时间之后则开始急速下降。同样的以在校学生为主要营销目标群体的店铺，实施访问量的波动情况也雷同。而以白领为主要营销群体的店铺则在每日正常上班时间，即上午九点至十一点，下午两点至五点这段时间会迎来实时客户访问的高峰期。

那么，根据实施客户访问数据的波动情况，店铺能够调整每日时点的工作任务，在高峰期能够安排更多可客服代表提供销售服务，提高服务质量，并且调整营销策略，提高销售量。合理安排作息时间。这对于店铺来讲能够起到事半功倍的效果。因此实时客户访问对于店铺的作用和影响是相当大的。

流量对比是可以同时对比任意两天的浏览量和访客数信息。数据的对比也是对消费群体行为进行分析的必要手段。

如图 13-17 所示，按天流量分析可以自定义查看不同日期的统计数据。

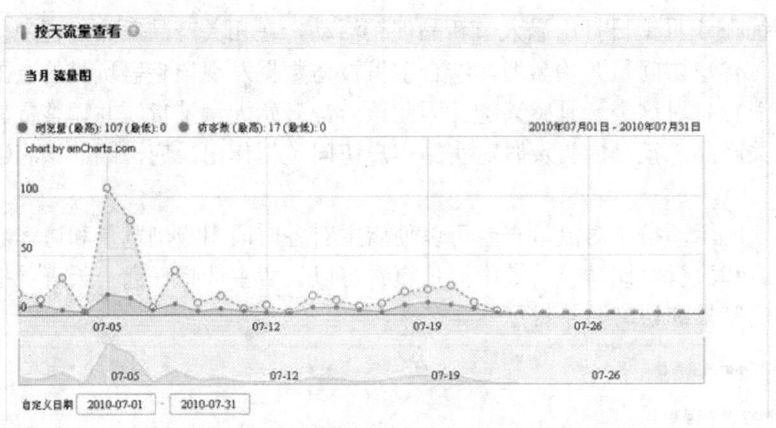

图 13-17　量子统计官方网站按天流量查看

如图 13-18 所示，宝贝被访排行、宝贝被访详情可以帮助店主自定义产看任意时间段得宝贝情况，并通过宝贝数据汇总和宝贝访客排行 TOP15 将信息更详细的展现给店主。

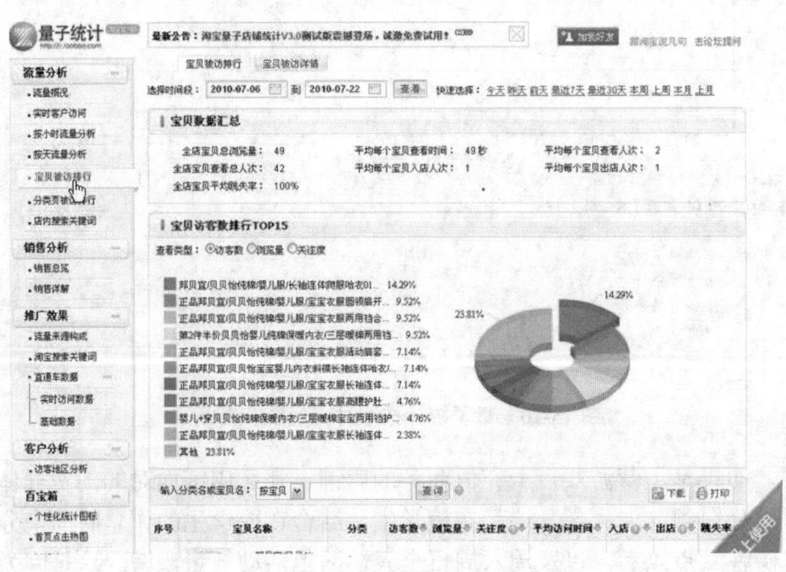

图 13-18　量子统计宝贝被访问排行界面

如图 13-19 所示，宝贝搜索关键词，可以给店主展示访客一般的搜索偏好，因此为店主更好的设计关键词和调整宝贝分类提供客观依据。

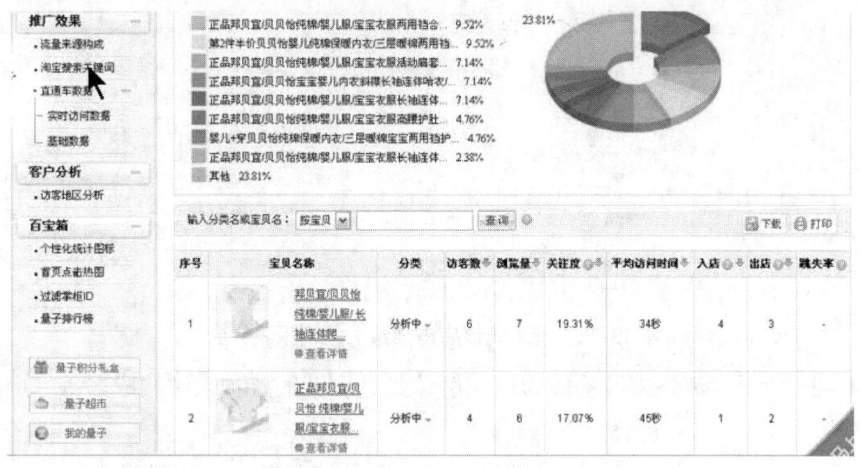

图 13-19　量子统计淘宝搜索关键词界面

如图 13-20 所示，分类页被访排行可以通过输入分类名称，点击查询即可查看所选分类页各项数据信息。

分类名称	浏览量	访客数	入店人次	出店人次
6个月宝宝(66cm)	4	3	0	3
新生儿(52cm)	4	3	0	2
9个月宝宝(73cm)	4	2	0	0
上衣	3	3	0	1
小王子	3	3	0	0
[illegible]	2	2	0	1
宝贝内衣	2	2	0	1
24个月宝宝(92cm)	2	2	0	1
宝宝用品	2	2	0	0
婴幼儿教育	2	2	0	0
宝贝列表页	2	2	0	2
最新宝贝	2	2	0	2
宝宝外衣	1	1	0	0
[illegible]	1	1	0	0
连体衣	1	1	0	0
哈衣爬服	1	1	0	0
12个月宝宝(80cm)	1	1	0	0

图 13-20　量子统计分类页被访问排行界面

如图 13-21 所示，店内搜索关键词为店主提供店内查找宝贝所使用的关键词统计信息。

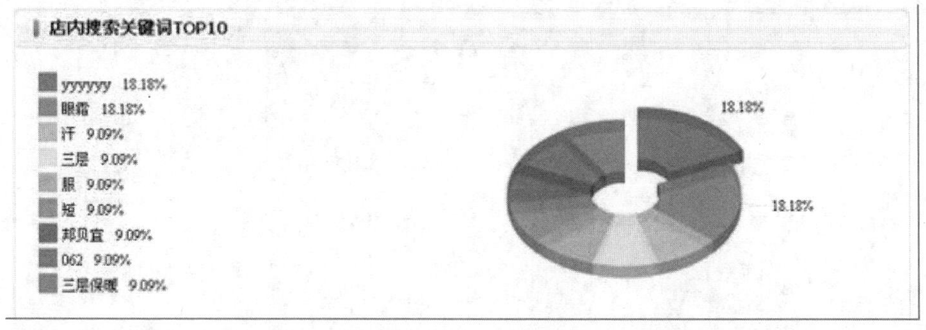

图 13-21　量子统计店内搜索关键词 TOP 10 界面

如图 13-22 所示，店内搜索关键词报表可以帮助优化宝贝名称提供参考。

店内搜索关键词报表　　下载　打印

序号	关键词（价格区间）	搜索次数	跳失率	趋势
1	yyyyy	2	0	查看
2	眼霜	2	0	查看
3	汗	1	100%	查看
4	三层	1	100%	查看
5	服	1	100%	查看
6	短	1	0	查看
7	邦贝宜	1	0	查看
8	062	1	100%	查看
9	三层保暖	1	100%	查看
	全店平均水平	1.22	55.56%	

图 13-22　量子统计店内搜索关键词报表界面

如图 13-23 所示，流量来源构成为店主解读到达店铺的各种来源构成。

来源	详细	到达页面流量	百分比	趋势
搜索引擎	百度	1	5.56%	查看
	合计	1	5.56%	
淘宝站内	淘宝其他店铺	9	50%	查看
	淘宝管理后台	3	16.67%	查看
	淘宝站内其他	2	11.11%	查看
	淘宝收藏	1	5.56%	查看
	淘宝搜索	1	5.56%	查看
	合计	16	88.89%	
直接访问	直接访问	1	5.56%	查看
	合计	1	5.56%	

图 13-23　量子统计流量来源构成界面

如图 13-24 所示，淘宝搜索关键词 TOP10，显示淘宝搜索排名前十位的关键词以及每个关键词所占的搜索比例。

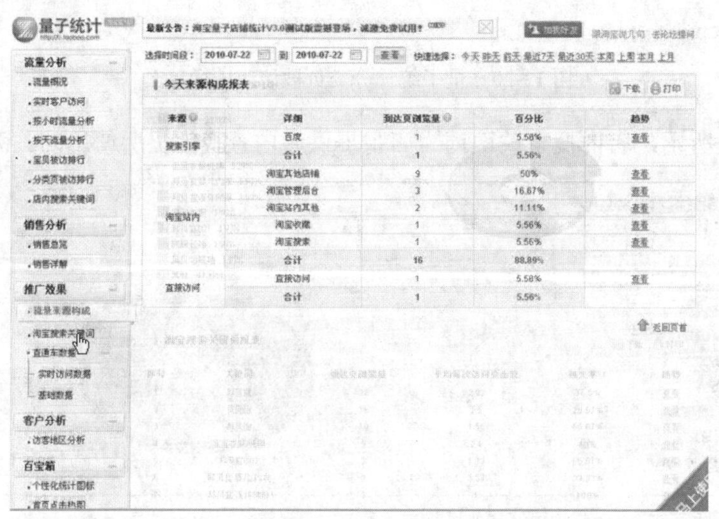

图 13-24　量子统计淘宝搜索关键词来源界面

如图 13-25 所示，访客地区比例可以直观浏览访客地区数据，点击可以查看该地区访问趋势。

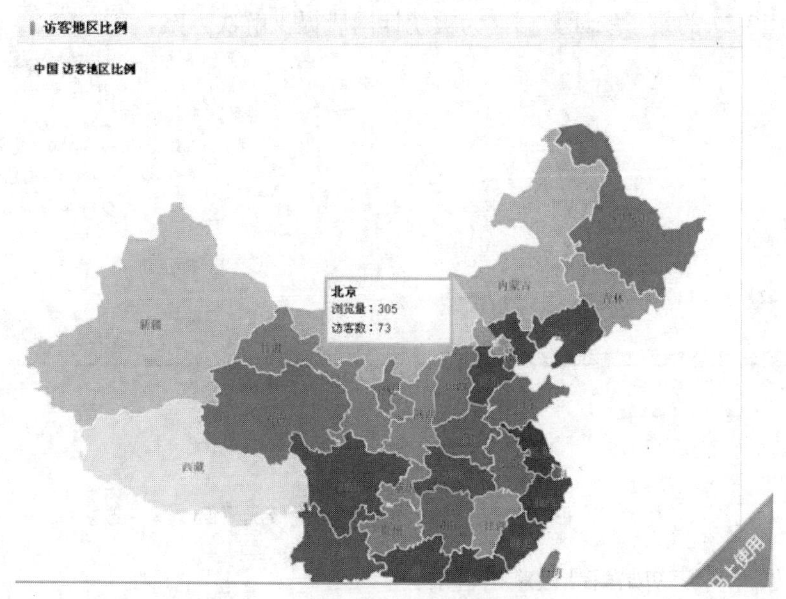

图 13-25　量子统计访客地区比例界面

量子恒道还有其他个性化的功能，如图 13-26 所示，百宝箱、量子积分礼盒、量子超市、我的量子等，这些个性化的功能也得到使用者的喜爱。

三、普通版量子统计工具的使用

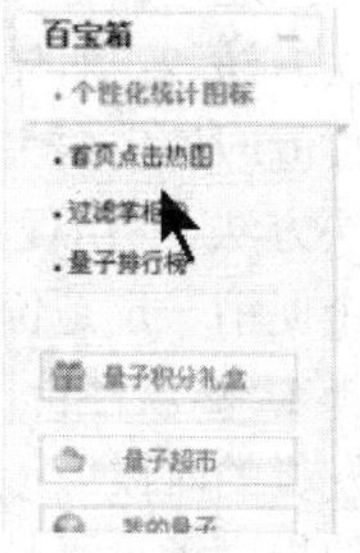

图 13-26　量子统计百宝箱界面

定制淘宝官方版量子统计工具除旺铺能免费使用一个月以外，其他都需花钱定制才能够使用。这对一些新手卖家而言，觉得经营成本提高了，投资风险增大了。因此想通过免费的统计工具来对店铺数据进行统计。那么，接下来介绍量子统计的免费版如何关联淘宝店铺。

第一步，登录量子恒道官方网站。

第二步，注册账号，输入账号密码登录个人页面。

第三步，添加淘宝店铺地址。

第四步，获取页面量子恒道统计图标。

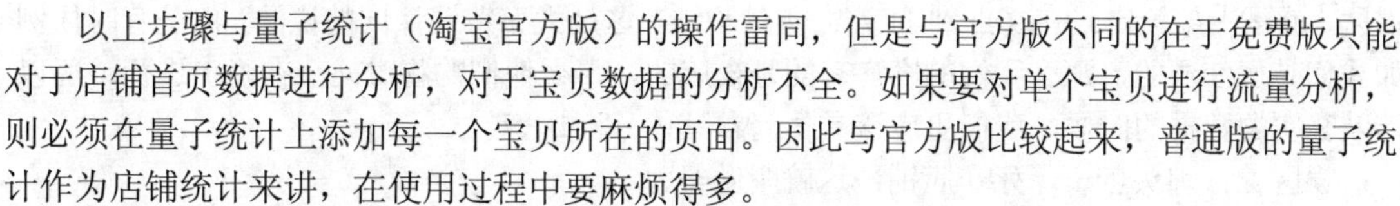

以上步骤与量子统计（淘宝官方版）的操作雷同，但是与官方版不同的在于免费版只能对于店铺首页数据进行分析，对于宝贝数据的分析不全。如果要对单个宝贝进行流量分析，则必须在量子统计上添加每一个宝贝所在的页面。因此与官方版比较起来，普通版的量子统计作为店铺统计来讲，在使用过程中要麻烦得多。

作为店主，可以根据店铺的经营状况来选择不同版本的量子统计工具。

任务训练

1. 分析两个版本的统计数据有何异同。
2. 通过量子恒道统计数据来分析店铺的经营状况，并提出改进方案。

素质拓展

让量子统计教你做网店吧！

请根据图 13-27 的量子统计数据，为被统计网店提供解决方案。

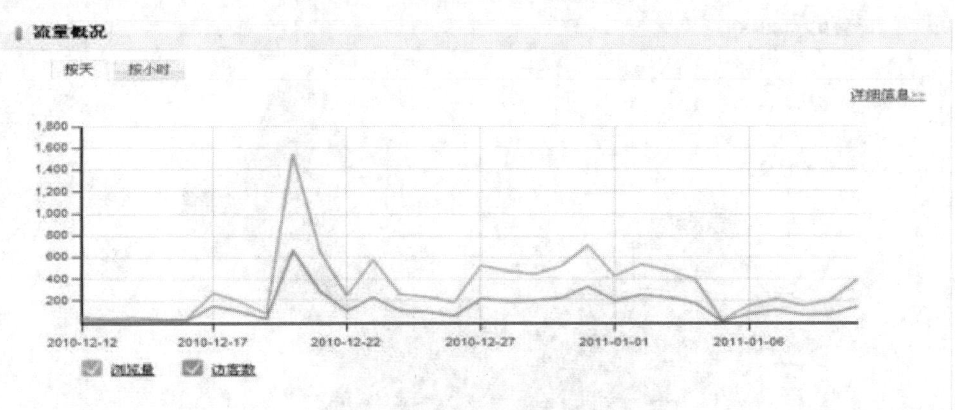

图 13-27　某网站量子统计流量概况界面

误区一：新手开店初始商品很难销售出去。

解决方法 1：提供周到的服务，顾客有时候是很懒惰的，一般顾客联系我们的旺旺的时候，还需要点到最上面，然后旺旺我们，似乎很麻烦，如果能够在顾客第一时间产生欲望的时候就可以直接联系到我们，势必更为周到，所以我们可以在左侧做一个旺旺的客服中心或者在宝贝描述里加上阿里旺旺的图标链接，让顾客可以更方便的询问！

解决方法 2：对比同类产品的价格，在淘宝上买家通常买东西都会货比三家的，所以这个时候你就应该也要去做这个动作，让价格设计得更让人容易接受！

解决方法 3：用促销来冲击顾客的最后防线，在你的店铺首页最醒目的位置，做上促销，当然这个促销一定是价格可以冲击到顾客心理底线的，如果大家对于促销的力度不大，新手可以选择 1～2 款性价比比较高的产品用来刺激顾客，获得最开始跟顾客接触的机会，至于在后期，发货的时候应该注意维护好与顾客的关系，尽力让顾客能为你转介绍，这样就能够弥补促销的损失了，不是有舍才有得，而是由技巧的舍才有得！

误区二：上架最佳时间是 9～11，15～17，19～21

毒品解说：从这张图片里，我觉得对我们来说很重要的参考意义在于能够确定店铺人流的高峰在哪里，对我们的宝贝上架时间起直接的指导作用，毒品经常说很多新人会进入一个误区，就是上架一定是在 9 点到 11 点之类的说法，这是大家普遍认同的说法，但是有时候例如我们是卖红酒的，那么我们的客户有的是夜店的，那么他们购物时间会在晚上进行，所以涉及真实的数据的时候，我们更应该具体问题具体分析！

误区三：埋头苦干，死守店铺，这就叫做努力

毒品解说：在这里毒品还要说的是，我们很多人认为创业应该是一件很艰难的事情，所以一定要通过自己的不懈的努力，才觉得是价值得到体现！但是大家可以一定要知道每一个礼拜，甚至每一个月的大致高峰期都会有一定的规律，那么大家只要通过一段时间的分析就可以知道自己的人流高峰期在哪，那么我们就可以更加切合我们店铺实际的情况设置好上架时间，更重要的是，我们就可以更加合理地安排我们的作息时间了，我知道淘宝创业是很艰辛的，很多新人每天都很少睡觉，包括现在很多人都是这样，晚上熬夜优化店铺，还要学习、

推广，真的很累，但是身体毕竟永远是创业的本钱，不能年轻的时候用命换钱，老了的时候用钱换命，那就不值得了！所以有了这个作为依据，在人少的时候希望新手好好的安排休息的时间！

如图 13-28 所示，具体的数据主要有浏览量、访客数，这个参考价值不大，我们主要想看看人均店内停留时间和浏览回头率给我们什么参考意义！

数据汇总

	浏览量（PV）	访客数（UV）	平均访问深度	人均店内停留时间（秒）	浏览回头率
今日	394	142	2.63	190 秒	9.15%
昨日	203	74	2.31	336 秒	9.46%
上周同期	478	228	2.03	93 秒	4.39%
日均	232	107	2.05	156.27 秒	5.47%

图 13-28　某网店量子统计数据汇总界面

误区四：有了流量就有订单

毒品解释：新手很多人都会很在乎流量，这点是无可厚非的，但是流量不能很好地转化，或者得不到强有力的转化，一切流量都是纸老虎，所以我们在获得流量的时候，一定要注意处理如何有效转化的问题！根据量子统计，大家首先要掌握什么是人均店内停留时间，我们都知道了，顾客在店铺里呆着的时间越长，我们的宝贝被相中的机会就越大！那么什么影响到我们的人均店内停留时间呢？举 3 个例子如下。

案例 1：假如你女朋友到你家里，假如你家里一进去，地上都是垃圾，卧室乱七八糟，甚至是还有一股特殊的味道，很难想象你女朋友还会在里面呆很长时间吗？

案例 2：假如你去逛实体店，想买一件衣服，但是店里的衣服就只有几件，你一眼就看完了，选择的余地都没有，你会在里面呆很长时间吗？

案例 3：不知道你有没有这样的一个经历，平时我们去理发店，如果人太多了，我们就很有可能换另外一家了，但是很多聪明的服务人员会先让我们坐下来，还会给一本杂志给我们看一看，这对你又有什么启发呢？

毒品支招：毒品觉得大家第一点要做的就是第一印象要让顾客有留下来的欲望，所以这里又回到店铺的装修，你可以不美观，但是一定要整洁，例如你的店铺颜色不要太花哨，服装类的店因为顾客很多是白领，在网上浏览了很多网页，如果很花哨，就会让顾客很疲惫，尽量去给顾客一些舒适的感觉！记住，顾客只会给你一次给他第一次印象的机会!谨记!

具体操作方法：

1．定位你店铺的一个主打色调，例如白色或者红色等。

2．在选择装修的素材的时候，尽量最简洁的凸显你宝贝的特点，当然，在颜色上也要尽量控制在几种颜色以内。

3．合理的放置在一起，每一个页面都应该颜色上面有层次感，这样给顾客的感觉最好！

第二点，我觉得就应该是宝贝描述了，我一直把那个案例放在心里面，因为总可以让我们受到灵感举一反三，那就是有一家母婴用品店的掌柜把孩子每天成长的照片处理之后放在描述里，还记载了每一天孩子的变化，顾客进去以后，停留时间大多都在 8 分钟以上，所以大家也可以从这个案例出发，去想想应该在店铺里添加一些怎么的内容，能让顾客呆的时间加长，这其中，最近还有一些砸蛋的一些店内推广工具，我觉得这些东西也是可以提高这一方面可能性的内容！，顾客停留时间的增加，也会多些对宝贝的了解，自己店铺转化率自然会提高！

具体操作方法：

1．建议新手可以把你的工作场景，以及包括你的宝贝进货的来源都可以拍成照片放在描述里，其实大家要知道，每个人都有自己的故事，同样，你的故事也会让你的顾客驻足来欣赏！

2．增加我们的描述，通常一个最基本的模板内容，大家应该需要有买家须知、宝贝的图片，还有使用说明、邮费说明，还有可以加入你包装的信息，这些都是必需的，很多新手买家描述做的很简单，以为单纯的描述一下宝贝就行了，其实不然，描述是顾客了解宝贝的第一个窗口，所以只要顾客希望知道的事情，我们都尽可能地在描述里写完整！

第三点：毒品觉得大家一定要多一点宝贝，并且展示在页面上，如果是卖服装的，可以加些配饰之类的东西搭配一下，这是现实店铺很多都采用的手法，卖衣服的会放几条裤子，会放几顶帽子，我相信大家看到的很多，如果你的店铺只是单一的服装，一个不利于搭配销售，不利于提高单次销售额！所以在这一方面多想想吧！毒品给新手的建议是前期开店至少商品在 20 件以上，这样才不会显得很空！

具体操作方法：毒品建议新手为了避免店铺比较显得空荡荡，教大家的方法就是可以去进一些很便宜的商品作为补充，一方面顾客在买东西的时候，可以推荐他们附加的买一件这样的小物件，就类似当作赠品使用，不仅可以增加好评分数，也同时也能丰富一下自己的店铺，当然新手准备的东西最好是与你的主营宝贝相关的小物件，比如手机就加点手机挂饰，毛衣就加围巾，鞋子就加袜子等！

另外我还要说说回头客，这个大家应该更有感觉了，什么时候你会回头啊？看到美女，看到特别的东西，你都有可能会，那么店铺也是一样，你的店铺一定要有自己的特色，没有特色别人很容易就会忘记你，不管你用什么手段，一定要注意这方面的研究！除此之外，还可以辅助一些其他的方法，比如发送红包或者优惠券，用折扣来吸引顾客，就像毒品以前做业务的时候，故意留本书在客户那里，然后下次就可以找个机会回访，这里的原理不是差不多吗？你要给顾客一个理由，让他回头来看你！

具体的操作方法：

1．给老顾客发送红包，然后让他们领取使用；

2．新货上架或者找一个理由，给所有的好友群发信息，或者群里广而告之，让大家知道店铺的最新信息，也会增加回头率的机会，当然在之前要么在店铺有相关促销的提前预告，要么就是发送信息之前要准备相关的促销手段，以此来吸引顾客！

如图 13-29 所示，这是一张客户实时访问的数据，那么这里面给我们的诊断意义在于，我们可以通过这个数据及时的了解我们的店铺哪些页面是吸引到顾客的，通过这些数据，我们知道我们导航栏里，哪一个板块更喜迎顾客，特别是旺铺的，那么我们就应该在这个页面下功夫，如果是某件单品被关注的多，说明这件宝贝是他们最喜欢的，或者可以说是这件宝贝的图片是最吸引顾客的！很简单的道理，就像非诚勿扰，24 个女孩，总会有一到两个女嘉宾会成为男嘉宾心动女生！我们的店铺也一样如此！

误区五：店铺装修中宝贝分类图片，宝贝图片最重要

毒品解释：大家经常装修店铺，最关注的地方就是大的方面，但是很少有人会去关注一些小的地方，其实通过量子这张图，我们不难发现，顾客会经常会受导航栏的影响，他就像我们超市的指示牌一样，哪里是信用评价，哪里是交流区，哪里是店铺介绍，所以在这一块，新手应该在这一块注重以来，可以在导航栏的地方设置一些特殊的模块去吸引买家的注意，比如说促销专区，比如说买家须知等，这些都是导航栏会产生作用的区域，所以新手卖家不

可小视！

实时客户访问

序号	访问时间	入店来源	被访页面	访客位置	顾客跟踪
1	21:27:38	淘宝站内其他	本店首页	广西省南宁市	顾客211
2	21:27:20	店内浏览	店铺介绍	福建省	顾客208
3	21:27:15	店内浏览	[illegible]	福建省莆田市	顾客207
4	21:26:44	店内浏览	所有宝贝	福建省莆田市	顾客207
5	21:26:36	淘宝管理后台	本店首页	福建省莆田市	顾客207
6	21:23:57	直接访问	本店首页	河南省	顾客210
7	21:23:18	淘宝信用评价	本店首页	福建省莆田市	顾客207
8	21:23:13	店内浏览	交流区	福建省	顾客208
9	21:22:38	店内浏览	交流区	福建省	顾客208
10	21:22:13	淘宝信用评价	[illegible]	福建省	顾客208

图 13-29　某网店量子统计实时客户访问界面

如图 13-30 所示，这是一张宝贝访客排行榜的表单，那么大家可以通过这张图清新可见的是我们店铺被访问比例最高的宝贝很多人说不知道什么时候主推哪件宝贝，那么这个对于我们来说就是起这很标准的参考了，特别是对于新手来说！

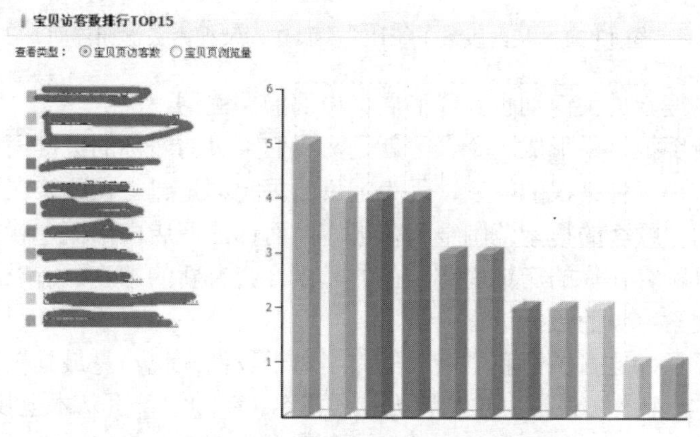

图 13-30　某网店量子统计宝贝访问数 TOP15 界面

误区六：掌柜推荐有 16 件宝贝，宝贝推荐越多越好

毒品解释：最近我发现，很多新手喜欢在掌柜推荐里推荐很多宝贝，恨不得把所有的宝贝都展示上去，但是大家不要忘记了，都是重点就没有重点，所以每件宝贝都主推，也就失去了主推的意义，那么大家在根据量子统计确定好主推宝贝以后，就应该重点的进行推广和宣传，而且应该是尽量单独的放在首页掌柜推荐里！而不是蜂拥而上！

具体操作：那么在掌柜推荐的时候，新手往往只是单方面将宝贝设置成掌柜推荐或者放在首页展示，这样做的效果实际上是不明显的，建议新手在选择好主推的宝贝后，最好在 3 到 4 件左右，甚至只有一件也行，然后橱窗推荐也要同时用上，并且还可以把淘宝客利用起来主推这几件宝贝，还要确定好最佳上架时间，只有这样联合起来，效果才会达到最好！

如图 13-31 所示，通过这张图片的内容，我们可以轻易的知道用户访问店铺采用的关键词，大家唯一的注意的就是千万不要以一天的数据说明问题，一般都是一个月为最基础的参考期限！因为这个数据最为标准！这里面毒品唯一要加强说明的就是，大家要通过关键词的排名，知道客户对我们所有宝贝的关注点在哪里，是衣服的款式，还是衣服的价格，还是衣服的折扣，还是衣服的品牌，那么我们通过这个为导向，就可以修改我们的主打分类，主打宝贝展示了！

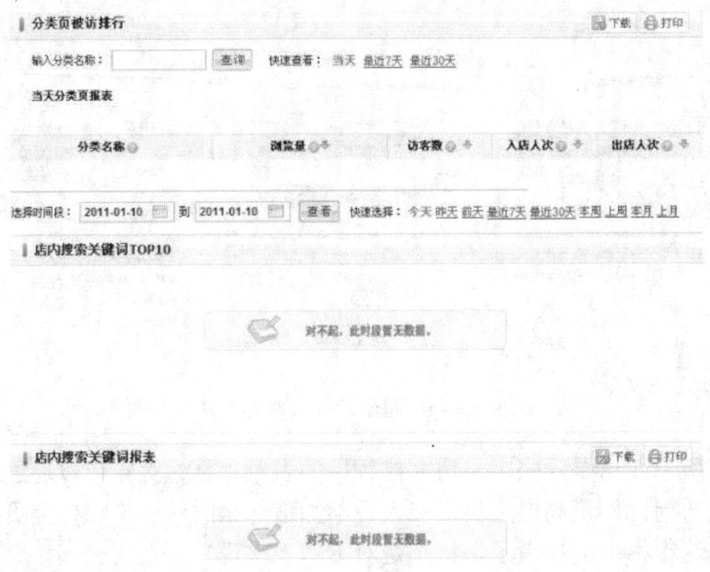

图 13-31　某网店量子统计分类页访问及搜索关键词界面

误区七：宝贝搜索的关键词也是我们店铺内部的关键词

毒品解说：新手很容易形成一个误区就是，我们宝贝的名称的关键词都会用到店铺首页上面，事实上，这是一种错误的做法，因为宝贝的关键词是建立在顾客在淘宝网首页搜索的时候才会关联到的，顾客的搜索范围很大，很广，而你的网店内部概念就完全不一样，你的商品有限制，所以顾客在你的店铺内部点击的时候，会有新的态度，所以这个关键词就来源于我们在左侧的搜索宝贝的数据进行分析了！

如图 13-32 所示，这张图给我们最大的作用对于我们来说，是最具核心的，也是大家一直最为迷糊的地方，很多人说没办法和别人竞争排名，在淘宝首页基本上找不到自己的位置，毕竟做的好的店铺太多了，你在做优化的同时，别人也在做，所以总会排在你前面，所以不需要什么抱怨，当然我们不做只会更加没有机会，基本的关键词优化还是有必要的，但是我们还要另辟蹊径才行！

选择时间段：2011-01-10 到 2011-01-10 查看 快速选择：今天 昨天 前天 最近7天 最近30天 本周 上周 本月 上月

今天来源构成报表　下载 打印

来源	详细	到达页浏览量	百分比	趋势
淘宝站内	淘宝站内其他	137	75.27%	查看
	淘宝信用评价	18	9.89%	查看
	阿里旺旺非广告	7	3.85%	查看
	淘宝其他店铺	6	3.3%	查看
	淘宝搜索	1	0.55%	查看
	淘江湖	1	0.55%	查看
	合计	170	93.41%	
直接访问	直接访问	12	6.59%	查看
	合计	12	6.59%	

图 13-32　某网店量子统计今天来源构成报表界面

误区八：推广就是要花钱才有流量

毒品解释：事实上对于新人来讲，盲目的花钱去推广只会是急功近利，因为我们还对淘宝整个系统，整个平台都不是特别的熟悉和了解，所以在前期引进流量之前，我们最好还是要先将人气给带动起来，就像新店开店，都会去放鞭炮，原因就在这里，要告诉别人你开始卖东西了。而且在开店之初，是有很多方法是可以帮助我们获取流量和人气的！

毒品支招：大家应该看到上面的数据，我们很容易发现哪些地方时可以引进流量的，站内信用评价和站内其他都是从社区来的流量，所以经常在社区分享和回帖，是一个不可忽视的方法！上次我已经写了一篇帖子，很具体的讲到这个方法，这里就不做赘述！

资料来源：淘宝论坛（网址：http://www.helptaobao.cn）

参 考 文 献

[1] 孙良军．网店开门红：淘宝、易趣、拍拍开店全攻略．北京：人民邮电出版社，2009.

[2] 王凯．网上开店做赢家：网上开店创业指南．北京：企业管理出版社，2009.

[3] 张佐政．网店经营做赢家．北京：企业管理出版社，2009.

[4] 吴晓萍．网络营销．北京：北京交通大学出版社，2008.

[5] 肖伟民．网络营销．北京：电子工业出版社，2010.

[6] 吴琪菊，费一峰．淘宝网开店与交易．北京：清华大学出版社，2010.

[7] 淘宝网 http://www.taobao.com

[8] 拍拍网 http://www.paipai.com

[9] 易趣网 http://www.eachnet.com

[10] 中国互联网络信息中心 http://www.cnnic.net.cn

[11] 阿里巴巴商人博客 http://blog.china.alibaba.com

[12] 阿里学院 http://www.china.alibaba.com